《奋进华中大》编委会

主　　编：谢正学
副 主 编：詹　健　万　霞　粟晓丽　李　萌
参编人员：范　千　汪伟颋

华中科技大学70周年校庆丛书

奋进华中大

主编 谢正学

华中科技大学出版社
http://www.hustp.com
中国·武汉

图书在版编目（CIP）数据

奋进华中大/谢正学主编．—武汉：华中科技大学出版社，2022.9
（华中科技大学70周年校庆丛书）
ISBN 978-7-5680-8739-1

Ⅰ.① 奋…　Ⅱ.① 谢…　Ⅲ.① 华中科技大学-校史　Ⅳ.① G649.286.31

中国版本图书馆CIP数据核字（2022）第163734号

奋进华中大
Fenjin Huazhongda

谢正学　主编

策划编辑：杨　静	
责任编辑：肖诗言　林凤瑶	
封面设计：刘　卉	
版式设计：赵慧萍	
责任校对：张会军	
责任监印：朱　玢	
出版发行：华中科技大学出版社（中国·武汉）	电话：（027）81321913
武汉市东湖新技术开发区华工科技园	邮编：430223
录　　排：华中科技大学出版社美编室	
印　　刷：中华商务联合印刷（广东）有限公司	
开　　本：710mm×1000mm　1/16	
印　　张：27.25　插页：2	
字　　数：430千字	
版　　次：2022年9月第1版第1次印刷	
定　　价：78.00元	

本书若有印装质量问题，请向出版社营销中心调换
全国免费服务热线：400-6679-118　竭诚为您服务
版权所有　侵权必究

前言
PREFACE

与共和国同行，与新时代共进。华中科技大学在新中国的朝阳中诞生，在共和国的旗帜下成长，在改革开放中腾飞，在新时代迈向世界一流，被誉为"新中国高等教育发展的缩影"。2022年10月，华中科技大学将迎来建校70周年。

七秩薪传，春华秋实。70年来，华中科技大学坚持党旗领航，传承红色基因，秉持"明德、厚学、求是、创新"的校训精神，以立德树人为根本，以服务国家为己任，敢担大任、勇攀高峰，顶天立地、追求卓越，努力办好让党放心、让人民满意、让国家赞誉的大学。学校的教学质量、学术水平、科研实力、社会美誉度和国际影响力持续攀升，核心竞争力和综合实力不断增强，中国特色世界一流大学建设取得系列进展，为高等教育创新发展、科技自立自强和经济社会发展作出了重要贡献。

根深蒂固，枝繁叶茂。院系作为大学的基本单元，是各项大学职能的具体实施者和体现者。全面系统地来考量，院系的发展轨迹清晰地反映着学校的发展脉络。所以说，华中科技大学70年来科学、高效、快速的发展离不开各院系的鼎力支撑，各院系的有效治理也构成了学校稳步前行的坚实基础。近年来，学校顺应时代发展的需要，大力推行管理体制改革和管理重心下移，院系的办学自主权进一步扩大、办学主动性进一步增强、办学特色进一步凸显，发展成效显著、建设成果喜人。

知史鉴今，观照未来。作为《华中科技大学70周年校庆丛书》之一，《奋进华中大》一书由党委宣传部牵头协调、各院系组织撰写，以致敬、总结砥砺奋进的七秩华章，思考、谋划中国特色世界一流大学建设的崭新征程。该书记载了各院系在党的建设、人才培养、学科发展、师资荟聚、科学研究、社会服务、文化传承创新、国际交流合作等方面的发展历程和成效，回顾总结各院系在建校之初的拓荒垦教、前进途中的栉风沐雨、发展过程的奋斗不息，全面展现院系工作勤于思考、敏于行动、敢于创新、勇于实践的勃勃生机。于细微处见知著，各院系铿锵有力的发展步伐，充分彰显了"矢志一流、理念先行、平台聚人、团结务实"的华中大发展模式。

踔厉奋发，笃行不怠。华中科技大学将坚守"为党育人、为国育才"初心使命，担当贡献"国之大者"时代重任，校院协同再谋更高质量发展，以七秩积淀共逐一流梦想，乘势而上续写新中国高等教育新的辉煌。

目 录
CONTENTS

机械科学与工程学院——
  追逐一流梦想　群星辉耀征程　　　　　　　　　_ 001

光学与电子信息学院——
  追光逐电　双向赋能　融合创新　争创一流　　　_ 010

材料科学与工程学院——
  七十载砥砺同行　新时代材料强国　　　　　　　_ 017

能源与动力工程学院——
  能动奋进七十载　双碳赋能新时代　　　　　　　_ 024

中欧清洁与可再生能源学院——
  中欧新征程　能源新时代　　　　　　　　　　　_ 035

电气与电子工程学院——
  七十正芳华　电气创辉煌　　　　　　　　　　　_ 044

电子信息与通信学院——
  肩负承重墙学科责任　六十二年电信英才辈出　　_ 060

人工智能与自动化学院——
  智能赋能领未来　奋楫笃行谱新篇　　　　　　　_ 070

计算机科学与技术学院——
  半世纪砥砺只争朝夕　新时代扬帆逐梦一流　　　_ 077

船舶与海洋工程学院——
  船稳当奋楫　风好正扬帆　　　　　　　　　　　_ 086

土木与水利工程学院——
　　砥砺奋进七十年　守正创新谱新篇　　　　　　　　_093
建筑与城市规划学院——
　　砥砺深耕四十载　踔厉奋发新时代　　　　　　　　_103
环境科学与工程学院——
　　二十二载踔厉奋发　生态振兴强国有我　　　　　　_119
航空航天学院——
　　六十载风雨锤炼　新时代逐梦空天　　　　　　　　_128
网络空间安全学院——
　　奋力谱写网络强国建设华中大篇章　　　　　　　　_139
软件学院——
　　使命呼唤勇担当　立德树人谋发展　迎难而上谱新篇　_146
生命科学与技术学院——
　　四十二载忆生命礼赞　凤鹏正举扬时代风帆　　　　_151
数学与统计学院——
　　数往知来深耕育人　统心聚力勇毅笃行　　　　　　_161
物理学院——
　　矢志培养科学家　开拓进取新时代　　　　　　　　_168
化学与化工学院——
　　砥德砺行四十载　团结奋进新时代　　　　　　　　_180

武汉光电国家研究中心——
　　筚路蓝缕启山林　秉烛追光砥砺行　　　　　　　_189
同济医学院——
　　点燃现代医学火种　铸就百年同济辉煌　　　　　_205
基础医学院——
　　杏林育人百余载　基础强国奔一流　　　　　　　_213
公共卫生学院——
　　七秩耕耘风雨成长　登高望远共创未来　　　　　_224
药学院——
　　明德求真育英才　弘药济世谱新篇　　　　　　　_232
护理学院——
　　栉风沐雨护佑苍生　砥砺奋进报效祖国　　　　　_239
医药卫生管理学院——
　　进德修业　自强不息　　　　　　　　　　　　　_248
法医学系——
　　奋楫笃行履践致远　弦歌不辍桃李芬芳　　　　　_254
生殖健康研究所——
　　面向国家需求四十载　科研创新服务谱新篇　　　_261
口腔医学院——
　　风雨不改口腔志　振衣濯足展襟怀　　　　　　　_266

协和医院——
　　百年协和　敢为医先 _271
同济医院——
　　赋能高质量发展　助力健康中国 _282
梨园医院——
　　扬帆起航四十载　再接再厉谱新篇 _294
哲学学院——
　　崇学明道达至善　立德笃行以成人 _300
经济学院——
　　经世济民　与时代同行 _312
社会学院——
　　三十七载奋进正芳华　勇立潮头踏浪逐红日 _322
法学院——
　　守正创新谋发展　踔厉奋发谱新篇 _329
马克思主义学院——
　　厚积薄发七秩奋进　立德树人争创一流 _334
教育科学研究院——
　　博学笃行敢为先　立己达人天地宽 _342
人文学院——
　　知行合一　以文化人 _350

外国语学院——
　　栉风沐"语"来时路　韶"华"不负向未来　　354

新闻与信息传播学院——
　　四十载求新博闻　融合发展共奏华章　　363

管理学院——
　　阔步四十载　同频新时代　　371

公共管理学院——
　　敢想勇为廿一载　矢志一流育英才　　385

体育学院——
　　强健体魄塑造品格　华中体育筑梦强国　　395

艺术学院——
　　喻家山下艺育六十载　　406

继续教育学院——
　　服务大局　融入贡献　　413

国际教育学院——
　　砥砺奋进　不断开创来华留学工作新局面　　419

后记　　426

机械科学与工程学院——
追逐一流梦想　群星辉耀征程

筚路蓝缕，沧桑砥砺，七秩奋进，春华秋实。华中科技大学机械科学与工程学院（简称"机械学院"）在70年的办学育人过程中，始终秉持"为党育人，为国育才"的初心使命，与共和国的制造业发展同频共振，引领制造装备自动化、数字化、智能化的发展，形成了自己独特的学科优势和办学风格，在世界机械工程领域享有盛誉。

回眸70年，机械学院的发展史是一部自强不息、团结拼搏的奋斗史。学院起源于华中工学院机械制造系，1965年机械制造系分为机械一系和机械二系，1994年机械一系更名为机械科学与工程学院，并沿用至今。经过几代"机械人"的砥砺奋进，机械学院已经发展成为华中科技大学规模最大、实力最雄厚的学院之一，入选首批国家"双一流"建设学科，在教育部第四轮学科评估中被评为A+学科，形成了一支以院士和国家领军人才领衔的高水平教师队伍，培养了一大批以学界泰斗、工商翘楚、政界精英和时代先锋为代表的杰出校友，为科技进步、国家发展和社会进步做出了重要贡献。

·汇聚各方英才，艰辛创立·

建校初，华中工学院机械制造系由当时的武汉大学、湖南大学、南昌大学、广西大学四所学校的机械系合并组成。依靠优秀的师资队伍、炽热的办学热情，机械制造系（简称"机械系"）的师生自力更生，不断探索，开拓了一条辉煌的育人之路，为学院的发展打下了坚实的基础。

机械系建立之初，全系有教师128名（1955年），汇集了以赵学田、高宇昭、陈日曜、李如沆、路亚衡、余俊等为代表的优秀师资队伍，为机械系的发展奠定了人才基础。建国之初，百废待兴，机械系针对新中国国家建设需要，通过学习苏联经验，开展教学体系改革，逐步完成机械工程专业设置，建立了统一的教学体系。在保证基础理论学习的情况下，强化实验、实习等实践性教学环节，在大学阶段完成工程师的基本训练，为新中国的建设培养了大批紧缺的人才。

针对创建之初缺乏专业教材的情况，机械系动员组织教师自编教材，并注重将科研工作中的经验成果编入其中。机械系组织教师编写的《机器制造工艺学》（1960）、《互换性与测量技术》（1960）、《画法几何及机械制图》（1961）是全国通用教材，一直是全国机制专业的首选教材，影响巨大。图学专家赵学田教授为中国工程图学学会的创始人，长期从事机械制图教学和科普工作，总结出"长对正、高平齐、宽相等"九字诀，编著的《机械工人速成看图》系列图书在全国发行，连续再版19次，总发行量超过了1600万册，同名科教片在全国发行、上映，也深受工人群众喜爱。赵学田教授1956年在北京受到毛主席的亲切接见和勉励，1978年被全国科学大会评为"先进工作者"，1984年被授予"对中国科普事业作出卓越贡献的科普作家"称号。

创建初期的实验室条件十分简陋，机械系师生通过自行研制和购买，大幅改善实验室条件，并建成多个专业实验室，培养了一批实验技术人才，为提高教学质量和科研水平发挥了重要作用。当时机械系科研工作的主要特点是将面向生产服务和与教学相结合，通过和校外工厂、企业合作科研，解决了一大批生产技术问题，锻炼、培养了一批优秀科研人才。1959年在党总支的领导下，成立了轴承自动化车间研制指挥部，完成多项设计制造任务，其中钢球麻点光电检查仪在洛阳轴承厂试用时，刘少奇同志到厂视察，听取了研制汇报，该成果还在莱比锡国际博览会展出。20世纪60年代开始，机械系与上海机床厂等长期合作，1965年建立了精密工艺实验室，得到一机部二十多万元的科研经费，成为全国高校率先建立的精密工艺实验室。1966年至1970年，由机械系中青年教师组成的科研小分队与上海几个工厂协作开展科研，成功研制的"曲轴动平衡自动线"和"连杆称重去重自动线"，受到一机部、教育部的充分肯定，获1978年全国科学大会奖。

· 抢抓改革先机，逐渐崛起 ·

"文革"后，机械一系（简称"机一系"）抓住改革开放之机，积极配合响应"建设现代化理工大学，追赶世界科技先进水平"的口号，不断自我调整，改革创新，改善办学条件，加强师资队伍建设，推动学科发展。科研方面硕果累累，创新人才层出不穷，逐渐走上崛起之路。

改革开放以后，学校和学院非常重视人才队伍的培养，采取一系列举措，如开办教师英语和数学补习班，送一批优秀教师出国进修，积极招聘国外留学人员，大胆重用和提拔年轻教师等，来加强学术带头人的培养，大力加强人才梯队建设，因而先后涌现出了一批在学术界有较大影响力的学术带头人。在20世纪90年代，有三位教授当选为院士，杨叔子、熊有伦荣膺中国科学院院士，周济荣膺中国工程院院士。

恢复高考后，机一系顺应改革开放和社会主义现代化建设需要，高度重视本科生的教育培养，在专业建设和老专业的改造、教学内容体系改革、教学基地建设、教材建设等方面做了大量颇具特色而又成效显著的工作，到20世纪末，获国家级教学成果奖6项，国家级优秀教材奖4项。伴随着学科发展，研究生的培养规模逐步扩大，1978年招收第一批硕士研究生，1982年招收第一批博士研究生，充实了科学研究的队伍，为国家培养了一批高层次科技人才。现英国皇家工程院院士、博士校友蒋向前，其论文1999年荣获首届百篇全国优秀博士学位论文。

改革开放后，科学研究进入蓬勃发展时期。传统的制造技术进一步与信息科学、材料科学、生物科学、现代管理学、自动化技术、激光技术等密切交叉。机械学院夯实基础，瞄准前沿，在已有的基础上，逐渐形成了4个主要的学科方向：数控技术与装备、CAD/CAM技术、测试技术与故障诊断、计算机集成制造技术与系统。同时，基础研究得到进一步发展，在国家标准制定、机械制造基础理论研究方面做出了重要贡献。在液压、激光、医疗等自动化装备开发，测量仪器研制，机器人技术、精微加工技术等领域也取得一批重要成果。1977 年至 1999 年，机械学院承担和完成了一大批国家重大科研项目、省部级科研任务、国际合作项目和校企合作项目；取得的科研成果包括国家级科研奖励 13 项，省部级奖励 120 余项，1999 年荣获国际制造工程师协会的"大学领先奖"。

20 世纪 90 年代，按照"学研产协调发展"的要求，机械学院开拓创新，服务社会，在推动高科技成果转化方面开展了富有成效的工作，一批有竞争力的产品走向市场，孵化出了华中数控、华中软件、开目集成、华工机电等产业公司。

·沐浴世纪朝阳，快速腾飞·

21 世纪之初，机械学院站在新的起点，坚持以人为本，坚持在传承中创新，开始了新一轮的大发展。教学改革和平台建设硕果累累，学科建设和研究水平蒸蒸日上，人才队伍和社会服务蓬勃发展，为打造世界一流的机械学科而努力奋斗。

机械学院党总支明确"围绕中心抓党建，抓好党建促发展"的指导思想，以"三个代表"重要思想和科学发展观为统领，结合各项实际工作，努力加强学院基层党组织的思想、组织、作风建设，为学院的发展提供有力保障。2009 年机械学院党总支被评为"全国教育系统先进基层单位""湖北省大学生思想政治教育工作先进基层单位"。在学校党委的支持下，2011 年机械学院成为学校首批成立党委的院系。

机械学院落实"一流教学、一流本科"的办学方略，形成了"加强学科基础、拓宽专业面向、重视实践创新、发展健康个性"的办学思路，积极推广"开放式教学模式"，结合业界需求和学科发展，优化课程体系与教学内容，促进学生全面自由的发展，着力培养高素质的实学创新人才。2000 年至 2012 年，学院先后获批国家工科机械基础课程教学基地和国家机械实验教学示范中心 2 个国家级教学平台、2 个国家级教学团队，2 名教师获评国家级教学名师。

立足学科前沿，机械学院在机械制造装备的"自动化—数字化—智能化"发展过程中产生了重大影响；在数控技术、CAD/CAM、CAPP、MES、FMS等数字化制造技术方面形成了学科特色与优势；在电子制造、微纳制造、智能制造等领域形成了具有活力的学科方向，并牵头制定了国家智能制造技术发展路线图。学院注重团队建设，科研力量得到有效组织。以邵新宇教授为学术带头人的科研团队，分别于2004年和2011年入选教育部创新团队和国家自然科学基金创新群体。截至2012年，机械学院拥有4个国家级研究平台：数字制造装备与技术国家重点实验室、制造装备数字化国家工程研究中心、国家数控系统工程技术研究中心和国家企业信息化应用支撑软件工程技术研究中心，成为学院发展道路上强有力的后盾，为学院的科技创新发展提供了完善的保障，奠定了坚实基础。

这一时期，学院重视通过有组织的产学研合作解决行业重大关键共性技术，注重技术成果转化。进一步发展产业公司，其中两家公司先后独立上市，并成为行业领军企业，还衍生出以广东华中科技大学工业技术研究院为代表的一批面向区域经济发展服务的技术转化平台。

· 乘新时代东风，逐梦一流 ·

进入新时代，机械学院以习近平新时代中国特色社会主义思想为指导，深入学习贯彻习近平总书记有关教育工作的重要论述，坚持社会主义办学方向，牢牢抓住全面提高人才培养能力这个核心点，落实立德树人根本任务，加速建设世界一流机械工程学科。

突出党建引领，推动高质量发展。学院党委充分发挥政治核心作用，铸魂育人，不断优化运行机制，落实党建工作重点任务，提升师生思想政治工作质量，促进学院各项中心工作取得优异成绩。学院党委2016年获评"湖北省高等学校先进基层党组织"，2018年获评学校"先进基层党组织"，2020年学院获评学校"疫情防控先进集体"，入选学校首批"三全育人"综合改革示范院系；2018年数字制造装备与技术国家重点实验室党支部入选教育部首批"全国党建工作样板支部"，并获评2021年"湖北省高等学校先进基层党组织";博士生林建斌获评全国"百名研究生党员标兵";近两年,4个班级分别以总评第一的成绩获评学校"胡吉伟班"和"黄群班"。

强化引育机制,打造优秀师资队伍。机械学院坚持党管人才,全方位培养、引进、用好人才,充分发挥院士传帮带作用,强化师德师风建设,引导广大教师潜心育人,打造一支高水平师资队伍。目前学院拥有专任教师220余人,其中有中国科学院/工程院院士7名,加拿大工程院院士1名。党的十八大以来国家级人才计划入选者50余人,省部级人才计划入选者40余人。学院广大教师秉持优良传统,对照"四有好老师"标准,辛勤耕耘在教书育人一线,当好学生的"四个引路人"。学院涌现出一大批师德先进典型,如何岭松教授先后荣获"全国模范教师""湖北省师德先进个人""荆楚好老师"荣誉称号。

围绕"四个面向",凝练学科发展方向。基于国家工科机械基础课程教学基地、国家机械实验教学示范中心、数字制造装备与技术国家重点实验室、国家数字化设计与制造创新中心等10个国家级平台,打造"人才培养—基础研究—技术研发—成果转化—行业应用"创新链。围绕"四个面向",机械工程学科设立机械设计、机械制造、机械电子、测控技术、工业工程等重点学科方向,开拓了智能制造、微纳制造、医疗装备等交叉学科方向,在数字制造、电子制造、高端装备、共融机器人等方向形成了优势与特色。机械工程学科在教育部第四轮学科评估获A+,2017年入选国家首批"双一流"建设学科;在U. S. News 2021世界最好机械工程学科排名中,我校排名世界第6;2021年7月,在教育部首轮"双一流"建设成效评价中,我校机械工程学科的7项指标均获得第一档评价,首轮建设成效显著,入选新一轮"双一流"建设学科。

坚持五育并举,提高人才培养质量。机械学院秉承"家国情怀、科学精神、大工程观"的教育思想,强化数理基础,鼓励前沿交叉,引导产教融合,积极推进"课程思政",努力构建德智体美劳全面培养的教育体系,为制造强国培养科技创新领军人才。通过打造高水平/国际化课程、高水平实验课程,建设智能制造工程训练实践平台,显著提升了面向工业4.0的智能制造人才的培养能力。"十三五"期间,学院获国家教学成果一等奖 1 项，获批 4 门"国家级一流课程（金课）"，2 个专业入选首批国家级一流本科专业建设点。2021 年，获国家教材建设奖先进个人称号 1 人，全国教材建设奖一等奖和二等奖各 1 项。学风建设持续向好，学生创新创业硕果累累，培养质量稳步提升。"十三五"期间，机械学院学生在各项学科竞赛中获得国际和国家级特等奖/金奖/一等奖 80 项、二等奖 90 项；青年校友中，3 人入选福布斯亚洲 30 位 30 岁以下创业精英榜，并产生了高伟（世界杰出青年创新家）、李淼（全国创新创业英才）等青年才俊，杨扬（全国人大代表、东海舰队某部首位女副作战长）、杨一帆（蛟龙号潜航员）等服务国家重大战略的行业尖兵。

面向国家需求，提升科学研究水平。板凳甘坐十年冷，文章写在车间中。机械学院勇担制造强国使命，潜心攻坚，全力打好科技创新突围战、攻坚战，把文章写在祖国大地上。面向航空、航天、航海等国家战略行业和新型产业重大需求，瞄准世界科技前沿，获批建设国家智能设计与数控技术创新中心、国家自然科学基金"机器人化智能制造"基础科学中心，强化"1"个基础学科方向（数字化和智能化设计与制造）、巩固"3"个优势学科方向（机器人化智能制造、高端电子器件制造、高端仪器和医疗装备）、扶持"X"个前沿学科方向（增材制造、超精密加工、仿生/生物制造、共融机器人等），参与国家重大工程，解决关键核心技术问题。近十年，学院承担并完成国家和企业科研项目千余项，科研经费连续成为华中科技大学前茅；先后获得国家科技奖、国家级教学成果奖、国家优秀教材奖等共 50 余项，其中国家科技进步一等奖 2 项，省部级科技奖 100 余项；获得国家发明专利 2000 余项。

服务地方经济，主导科技成果转化。机械学院打造"行业＋区域"双轮驱动的政产学研用创新生态体系，社会服务实现引领。牵头建设国家数字化设计与制造创新中心、教育部高端数控装备集成攻关大平台，攻克航空航天、轨道交通、电子信息等行业工业软件和高端装备"卡脖子"技术。牵头成立 6 个驻外研究院，服务国家重大区域战略，走出科技成果转化的"华中大工研院"模式，其中广东华中科技大学工业技术研究院被誉为"全国新型研发机构的典型代表"，无锡研究院被誉为"江苏省旗帜性新型研发机构"，共计 200 余项成果转移转化，涉及金额 1.5 亿余元。牵头多项发展战略研究，为国家制造强国战略发挥智库作用。熊有伦院士主持中科院智能制造领域咨询项目；段正澄院士牵头撰写全球工程前沿报告（机械与运载工程领域）；周济、李培根院士等牵头撰写中国工程院制造强国战略报告；丁汉院士牵头实施基金委机械工程学科"十四五"规划、共融机器人重大研究计划；邵新宇院士主持完成教育部"制造学科"高校自主创新能力发展规划。

扩大交叉互融，拓展国际合作深度。机械学院一贯重视国际合作与交流，与世界一流高校、顶级研究机构和行业龙头企业开展广泛合作。"十三五"期间，获批国家智能制造创新引智 111 基地、湖北省智能制造技术国际联合研究中心等平台，开展首次学科评估，聘请 23 位外籍专家来校工作，开设国际化课程，共派出约 250 名学生参加国际交流项目。发起智能制造国际联盟，创办中国工程院院刊《机械工程前沿》（FME）、施普林格《智能机器人与应用》（IJIRA）、《协同智能制造》（IET CIM）3 个国际期刊及举办智能机器人与应用系列国际会议，提升学术影响力，在国际智能制造领域形成"华中大品牌"，支撑我校工程学进入世界前列。

弘扬时代精神，传承创新优秀文化。机械学院注重以文化人、以文育人，在 70 年的办学过程中，形成了特色鲜明的"自强不息、团结协作、敏捷响应、尽职尽责"（Striving、Teamwork、Agility、Responsibility）的"STAR"文化，支撑一流学科建设。学院坚定文化自信，将社会主义核心价值观贯穿教书育人全过程，重点加强科学精神教育和诚信建设；积极推进文化素质教育，将科学、艺术、人文教育有机融合，开展形式多样、格调高雅的校园文化活动；深度挖掘"STAR"文化内涵，发扬其中的学术思想、科学精神和育人理念，建设学科物态文化，打造网络育人矩阵，讲好华中大机械人故事，传播科学理性与人文情怀。育人故事《一切为了学生》获得 2020 "讲好中国故事"创意传播大赛湖北分站赛一等奖，微电影《继往开来》获 2021 "讲好中国故事"创意传播大赛特等奖。在建院 70 周年到来之际，成立院史宣讲团、校友导师团，发布升级院徽和 70 周年院庆 VI。密切配合学校宣传部，创作排演以段正澄院士事迹为原型的学校首部"大学大师剧"话剧《生命之重》。

追逐一流梦想，群星辉耀征程。华中大是新中国高等教育发展的缩影，机械科学与工程学院是华中大发展模式的最好诠释。七十载弦歌不辍，继往开来，再谱华章。机械学院将秉承"STAR"文化，与共和国制造业同行，与新时代华中大共进，以 70 周年校庆、院庆为契机，进一步凝心聚力、谋划未来，为培养时代新人，推动高质量发展，加速建设世界一流机械工程学科而不懈奋斗！

（机械学院　段政）

光学与电子信息学院——
追光逐电　双向赋能　融合创新　争创一流

栉风沐雨，桃李芬芳。伴华中大七十载光辉岁月，创光与电六十年硕果累累。光学与电子信息学院（简称"光电学院"）的历史可以追溯到1960年华中工学院创办的无线电电子学系。在中国著名教育家朱九思等老一辈领导的关心推动下，光电学院在国内较早开展了激光、光电子、半导体等专业方向建设。

1947年美国贝尔实验室发明了晶体管，开创了固体电子技术时代。1956年中央提出"向现代科学进军"，将半导体技术列为十二个重点发展领域之一。在这个背景下，1960年，华中工学院创办无线电电子学系（后改为无线电工程系），包括无线电器件与材料和半导体元件与材料等专业，成为光电学院"电子"基因的历史发端。同年，世界第一台激光器在美国问世，其后近一年，我国第一台红宝石激光器研制成功，激光技术成为当时我国与国外差距最小的高科技领域之一。1971年，华中工学院院长朱九思以敏锐的洞察力和果断的决策力，决定白手起家，在机一系创办光学仪器专业和激光专业，组建激光科研组，孕育了光电学院的"光子"基因，并抢先从第四机械工业部（即后来的电子工业部，经多次合并改组为现在的工业和信息化部）获得光、电、机多学科交叉的"激光加工集成电路"重大科研项目。在学院初创之际，"光子"和"电子"就双向赋能，融合创新。

经过几十余年发展，2012年，光电子科学与工程学院与电子科学与技术系强强联合，组建成立光学与电子信息学院。学院继承了"光子"和"电子"学科双向赋能、融合创新的历史传统，开启了新的建设篇章，已经成为华中科技大学规模最大、实力最雄厚的院系之一。

学院承建光学工程、电子科学与技术、集成电路科学与工程3个一级学科，以"光电信息学科群"纳入教育部"双一流"规划重点支持。学院拥有2个国家重点学科（其中"光学工程"A+）、4个本科专业（全部入选国家"双万计划"专业）、3个博士学位授权一级学科和7个二级学科以及2个博士后流动站。学院依托武汉光电国家研究中心，建设3个国家级科学研究和人才培养平台。光电学院是国家试点学院，作为我国高等教育改革"特区"之一，获"全国教育系统先进集体"和国家级教学成果一等奖等系列国家级荣誉。每年培养约650名本科生和450名研究生，是我国光电子和集成电路产业高级专业人才培养的重要力量，为中国光学和电子学科的发展发挥了重要作用。

学院现拥有4个"双万计划"本科专业（光电信息科学与工程、电子科学与技术、集成电路设计与集成系统、微电子科学与工程），3个一级学科（电子科学与技术、光学工程、集成电路科学与工程），2个一级学科博士后流动站（电子科学与技术、光学工程），已形成包括本科、硕士、博士、博士后的完整人才培养体系。学院现有2个国家级重点学科，包括一级学科"光学工程"和二级学科"微电子学与固体电子学"。

学院以习近平新时代中国特色社会主义思想和党的十九大精神为指导，以师德师风为基石，以课程思政为核心，规划下一轮学科建设，深化试点学院改革，凝练学科发展方向，落实立德树人根本任务，探索五育并举的思政育人模式，持续打造"教在光电、学在光电、创在光电"的教育品牌，弘扬"团结·创新·博学·自立"的院训精神，力争建设世界一流光电学科。

坚持党旗领航，推进党建工作。学院党委高度重视党建和思想政治工作，坚持以习近平新时代中国特色社会主义思想和党的十九大精神为指导，全面贯彻党的教育方针，坚持党要管党、从严治党，全面推进党的政治建设、思想建设、组织建设、作风建设、纪律建设和制度建设，不断提高党建和思想政治工作质量，努力培养德智体美劳全面发展的社会主义建设者和接班人，为学院改革发展提供坚强的组织保障，奠定坚实的思想基础。学院 2019 年荣获"全国教育系统先进集体"，2018 年光通信与光网络系第二党支部获评首批全国高校"百个研究生样板党支部"，2021 年光卓 1801 团支部获"全国活力团支部"，2021 年光通信与光网络系教工党支部获"湖北省高校先进基层党组织"。学院 2014 年获评"湖北省先进工会集体"，2016 年获评"湖北省先进基层党组织"，连续多年获校"先进基层党组织""宣传思想文化工作先进集体""五四红旗团委""社会治安综合治理先进单位"等荣誉。

坚持统筹建设，打造一流学科。学院现承建光学工程、电子科学与技术、集成电路科学与工程等 3 个信息领域重要的一级学科。"光学工程"在第三轮学科评估中并列全国第一，在第四轮学科评估中名列 A＋学科，2018 年至今蝉联软科中国最好光学工程学科排名第一。2017 年和 2022 年，光学工程学科连续两轮入选国家"双一流"建设学科名单。"电子科学与技术"在第四轮学科评估为 B＋，2022 年软科中国最好电子科学与技术学科排名全国第 13。学院 2021 年正式获批集成电路科学与工程一级学科，正式建设国家集成电路产教融合创新平台（全国 8 家，中部唯一），打造国内一流的集成电路人才培养高地。2018 年，学院获评国家级教学成果一等奖。2019 年，光电信息科学与工程、集成电路设计与集成系统入选国家"双万计划"。2020 年和 2022 年，电子科学与技术、微电子科学与工程分别入选国家"双万计划"。

目前学院拥有 3 个一级学科学位授权点，1998 年获批电子科学与技术一级学科博士点，2000 年获批光学工程一级学科博士点，2020 年新增了集成电路科学与工程一级交叉学科，2021 年该学科获批博士、硕士学位授权点。2002 年获批光学工程专业学位授权点，2006 获批集成电路工程专业学位授权点。学院拥有二级学科学位授权点 7 个：光电信息工程、物理电子学、电路与系统、微电子学与固体电子学、电磁场与微波技术、电子信息材料与元器件、半导体芯片系统设计与工艺。2020 年开始牵头建设电子信息专业类别学位点，招生领域包含：新一代电子信息技术（含量子技术等），通信工程（含宽带网络、移动通信等），软件工程，集成电路工程，光电信息工程。在 2014 年—2019 年学位授权点合格评估中科学学位和专业学位均通过合格评估。

培育引进发力，优化教师队伍。学院坚持优秀教师国际公开遴选，以高水平科研带动高质量教学。学院现有教职员工 206 人，包括教授（研究员）82 人，副教授（副研究员）76 人。学院与武汉光电国家研究中心一道，推进学科发展和教育创新，已建设实力雄厚的师资队伍，其中包括国家级人才（计划入选者）38 人次，省部级人才计划入选者 28 人。近年来，学院优秀教师不断涌现，有湖北五一劳动奖章获得者 1 人，湖北高校省级教学团队 1 个，"宝钢优秀教师奖"获得者 1 人，学校"课堂教学卓越奖"获得者 1 人，"师德先进个人"获得者 1 人，"伯乐奖"获得者 3 人，"教学名师"获得者 3 人，"三育人奖"获得者 5 人，"我最喜爱的教师班主任"获得者 3 人。

坚持五育并举，助力学生发展。学院始终牢记和践行为党育人、为国育才的初心使命，已成为国内知名的光电子、微电子人才培养摇篮。

以德育为引领，学院不断加强组织建设，提高思想教育水平，光通信与光网络系第二党支部获评教育部首批全国高校"百个研究生样板党支部"。学院融合学科特色，打造了"中国芯"专业思政实践课，获得国家级荣誉多项。学院涌现出全国大学生自强之星标兵、全国高校百佳心理委员获得者、全国大学生百强社会实践团队等一批政治素质过硬、业务能力精湛、育人成效显著的先进典范。

以智育为支撑，学院大力弘扬优良学风，建设"双百工程""学业加油站"等学风建设品牌，优良学风班比例和本科生深造率屡创新高，100％的本科生参与到科技创新活动中，涌现出中国青少年科技创新奖获得者等先进典型；近三年，学院本科生毕业生继续深造率为 75％左右，各项指标均位居学校前列。2017 年至 2021 年期间，光电学科学生先后荣获省级及以上学科竞赛奖励 569 项，其中，242 人次累计荣获国家级一等奖及以上奖励 73 项，其中在"互联网＋""挑战杯""创青春"三大赛获金奖／一等奖共计 13 项。在国内外重要学术期刊上，本科生以第一作者身份发表学术论文 90 余篇，授权发明专利 56 项。

以体育、美育、劳育为载体，强健学生心智，增长能力才干，学院文化体育氛围浓厚，在各类文化体育赛事中获得冠军多次。"大光电、强光电、名光电"的形象深入人心，学院近6年5次夺得校运会甲组团体总分第一，近5年4次夺得华工杯篮球赛冠军，4次获华工杯足球赛冠军，华工杯排球赛、羽毛球赛等多项赛事中均有夺冠战绩，彰显着光电学子敢于拼搏、团结奋进的文化体育精神。

输送领军人才，服务社会发展。学院培养的毕业生对武汉·中国光谷，乃至全国的光电子信息产业、全国微电子及集成电路产业起到较大支撑和辐射作用。学院为湖北省200多家激光企业以及武汉通信光电子器件研发和生产单位提供了绝大部分的技术骨干和高层管理人才，国内从事磁性材料研究的骨干力量多为我院校友。学院目前成立1个校友分会，建立近20个各地校友联络群，连续四年举办深圳校友论坛等。目前有千余名校友活跃的深圳校友会，是各院系中规模最大、凝聚力最强的校友会之一。

建院以来，学院累计向社会输送优秀毕业生2万余名，许多毕业生已成为学界精英、商业巨子、社会活动家、政界领袖。如美国工程院院士汪立宏，中国科学院院士朱中梁、骆清铭、方忠，中国工程院院士罗锡文，美国总统奖获得者蔡巍等，安徽省政协主席唐良智、科技部原副部长陈小娅等，华为技术有限公司创始人之一郑宝用、传神公司董事长何恩培等，还有一大批还在默默奋斗和不断进取的青年校友们，2004级的金亦治、胡峻浩，2006级的陈晓迟、李恬先后入选福布斯30位30岁以下精英榜单，他们在各自领域实现人生价值的同时，也为社会的发展进步做出了贡献，对武汉·中国光谷，乃至全国的光电子、微电子及信息产业起到较大支撑和辐射作用。

对标前沿需求，力争科研突破。学院在科研方面成绩显著，共获得国家科技奖励7项，省部级科技奖励27项。近年来，共有8个项目获省部级科技奖励，牵头获批7个国家重点研发计划项目。学院拥有强大的科研平台，曾经拥有我国最早的激光技术国家重点实验室，现依托武汉光电国家研究中心，拥有激光加工国家工程研究中心、下一代互联网接入系统国家工程研究中心、国家集成电路产教融合创新平台等国家级科学基地，以及教育部敏感陶瓷工程研究中心、先进存储器湖北省重点实验室、光电子技术省部共建协同创新中心等众多省部级科研平台，参与光谷实验室、九峰山实验室以及江城实验室的建设。学院近年来在高端半导体激光器芯片、新型存储器件、大功率跳频滤波器、生物光学成像等方向取得了显著进展，相关成果入选国家"十三五"科技成果展，以第一单位第一作者发表文章于《科学》《自然》等顶级学术期刊等，为国家科技发展贡献光电学院的力量。

产学研相结合，成果转化共赢。学院通过与企业共建联合实验室的形式，打造面向产业的协同创新平台。近年来，牵头与行业重点企业如华为、长江存储、高德红外等共建9个联合实验室。学院积极服务国家战略和区域经济社会发展，对"武汉·中国光谷"的光电子信息人才培养、科技成果转化起到了重要的支撑作用，推动了华工科技、楚天激光、锐科光纤激光、安扬激光、帝尔激光等公司的发展壮大。在大学院制框架下，2015年9月以来，学院承担武汉国际微电子学院建设任务，筹建国家示范性微电子学院和集成电路学院，通过人才培养、科学研究、成果转化、国际合作、战略咨询，积极推进国家、湖北省、武汉市的微电子和集成电路产业发展，并于2021年5月获批建设国家集成电路产教融合创新平台。依托学院和相关产业，带动了"武汉·中国光谷"集成电路产业从无到有，参与支撑了总投资超1600亿元的国家存储器产业基地落户武汉，推动光谷打造千亿级集成电路产业。学院牵头建设温州先进制造技术研究院，重点打造光电材料与器件应用4个实验室，服务温州光电产业，助力区域经济发展。

拓展合作交流，提升国际影响。学院从2003年开始举办"中法班"，与巴黎萨克雷大学、巴黎高科等6所法国高校进行"3+3"联合培养，赴法国深造学生累计达400多名，接收近百名法国学生来我院实习交流。从2015年开始，学院与英国爱丁堡大学、美国东北大学、戴顿大学、瑞典皇家工学院、比利时根特大学等签订了"2+2"或"3+2"联合培养协议，至今已选送数百名学生赴上述高校攻读学位。学院精品讲坛"光电信息大讲堂"邀请各国院士等知名学者，迄今已为全院师生奉献205场精彩讲座。与加拿大多伦多大学、俄罗斯ITMO大学、日本理化学研究所等国际知名研究机构合作展开科学研究，发表多篇高水平文章。承办微电子国际学术会议、中俄激光精密微纳制造前沿技术研讨会、柔性电子国际研讨会等多个国际高水平会议，并邀请忆阻器之父蔡少棠在我校成立"华中科技大学忆阻器研究中心"，提升学院的国际知名度和影响力。

"雄关漫道真如铁，而今迈步从头越"，光电学院的昔日成就已永载史册，新时代的华章要继续书写。七十年春华秋实，风雨兼程，七十年开拓进取，沧桑砥砺。值华中科技大学建校70周年，光学与电子信息学院将以此为契机，坚持立德树人，坚持"四个面向"，更加开拓进取，更加奋力创新，为培养光电领域一流人才、建设世界一流光电学科而不懈奋斗。

（光电信息学院）

材料科学与工程学院——
七十载砥砺同行　新时代材料强国

七十年栉风沐雨，砥砺奋进；新时代春华秋实，奋进昂扬。伴随着校庆的到来，今年金秋时节，材料科学与工程学院（简称"材料学院"）也将迎来建院70周年。诞生、发展于国家工业化和现代化波澜壮阔的历史进程中，学院瞄准国家重大需求，全力支撑服务"国之大者"，始终牢记和践行为党育人、为国育才的初心使命，为国家现代化建设输送数万名优秀人才，为我国材料学科发展和行业进步做出了卓越贡献。

·砥砺同行中发展变迁·

1953年6月，华中工学院筹备委员会召开第一次会议，决定设立机械制造系等4个教学组织机构，机械制造系包括机械制造专业、金工切削机床及其工具专业、铸工专修科、金工专修科。1955年8月，华中工学院第72次院行政会议决定将机械制造系按专业划分为两个系，机械制造一系和机械制造二系，机械制造二系包括：铸造工程及机器、金属压力加工、铸工专修科等专业，机械原理、金属工学、金相热处理、铸工及压力加工小组等教研室。1958年11月，华中工学院将机械一系、二系和综合机械厂合并成为机械制造系，以便进一步贯彻党的教育方针，使教学、生产和科学研究三结合，以及教师、工人和学生三结合。

1965年8月，华中工学院第79次行政会议决定再次设立机械制造一系、机械制造二系。机械制造二系所属教研室有金属工学、铸造、金相热处理、工程经济、锻压工艺及设备，设有铸造、锻压工艺及设备、金属学热处理工艺及设备3个专业。1994年1月，机械制造二系更名为材料科学与工程系，1998年提升为材料科学与工程学院。2000年5月，华中理工大学与同济医科大学、武汉城市建设学院合并组建华中科技大学，材料科学与工程学院的名称也沿用至今。

为培养国家工业急需的材料专业人才，建校初期，材料学院（机械制造二系）设置金相热处理、铸造、锻压、焊接4个专业。1955年调整为铸造工程及机器、金属压力加工、铸工专修科等专业。1958年调整为铸工、压力加工、金属学及热处理车间设备3个专业及铸锻工艺及机器专修科。1965年，设有铸造、锻压、金属材料及热处理本科专业。1971年，增设焊接专业。1999年，材料学院对本科专业进行整合，设有材料科学与工程和材料成型与控制工程2个本科专业，2009年增设电子封装技术，2011年增设功能材料专业。其中，材料科学与工程专业2008年被评为"湖北省品牌专业"，2010年被评为"教育部高校特色专业"。材料成形及控制工程专业连续多年排名全国第一，2007年被评为"湖北省高校本科品牌专业"，2008年被评为"教育部高校特色专业"，2011年（首批）被教育部列入卓越工程师培养计划。

研究生培养方面，20世纪60年代，学院开始招收研究生，但只有研究生学历，并不授予学位。1980年，国务院颁布了《中华人民共和国学位条例》，1981年国务院批准的第一批硕士、博士授予点中，材料学院4个专业，即金属材料及热处理、压力加工、铸造、焊接，均有权授予硕士学位，金属材料及热处理专业有权授予博士学位。1981年，崔崑任金属材料及热处理专业博士生导师，是该院（系）第一位经国务院授权认可的博士生导师；1984年，金属塑性加工专业经国务院批准有权授予博士学位，黄树槐任博士生导师；1986年，铸造专业经国务院批准有权授予博士学位，王文清任博士生导师，同时增补张以增、肖景容两人分别担任金属材料及热处理专业、金属塑性加工专业博士生导师。1998年，学院获得一级学科博士学位授予权，设有材料科学与工程博士后科研流动站。

· 新时代奋发有为 ·

党的十八大以来，在习近平新时代中国特色社会主义思想的指导下，材料学院踔厉奋发，笃行不怠，始终牢记责任使命，不断强化责任担当，坚持立德树人，锐意改革进取，各方面事业取得跨越式发展。

——不断加强党的建设根本路线

学院党委认真组织全体党员干部和师生员工深入学习贯彻党的十八大、十九大精神，深刻理解习近平总书记系列重要讲话精神，贯彻执行华中科技大学第四届党代会精神。学院党委围绕校、院中心工作，充分发挥党委的核心作用，持续开展"党的群众路线""三严三实""不忘初心，牢记使命""党史学习"主题教育。坚持以习近平新时代中国特色社会主义思想为指导，切实增强"四个意识"，坚定"四个自信"，深刻领悟"两个确立"，坚决做到"两个维护"。坚持新发展理念，完善责任机制，坚持党对学院工作的全面领导，不断夯实党委主体责任。

围绕中心工作，发挥党建思想引领作用。开展"学党史、悟思想、办实事、开新局"主题教育，以"凝心聚力、创建和谐"为切入点，切实做好宣传发动工作。为此，学院专门成立宣传工作领导小组，开展"树正气，聚人心""弘扬主旋律，营造正能量"系列培育和践行社会主义核心价值观活动。近年来，学院涌现出一批优秀典型和先进集体。崔崑院士荣获"全国道德模范""全国优秀共产党员"、入选"中国好人榜"，翟天佑教授获评"省五四青年奖章"，校友周云杰获评"全国优秀共产党员"。数字化材料成形教师团队入选教育部第二批"全国高校黄大年式教师团队"。

筑牢组织"根基"，发挥战斗堡垒和党员先锋模范作用。为发挥党建对教学科研的引领，完成学院二级机构调整重组，新成立4个中心，在班子配备上探索出中心支委与行政班子交叉任职，支部书记兼任中心副主任、中心主任兼任支部委员的新模式，受到学校组织部充分肯定。选优配强党支部书记，教工党支部100%实现双带头人，其中，多位团队首席科学家担任党支部书记，使得中心的行政工作和党建工作相得益彰。精密成形技术中心党支部获评"省级高校先进基层党组织"、获批教育部第三批"全国党建工作样板支部"。

——不断创新一流学科特色发展

2007年"材料科学与工程"被评为国家一级重点学科,"材料加工工程"再次被评为二级学科国家重点学科,"材料学"被评为二级学科国家重点学科。2018年"材料科学与工程"一级学科被列入国家"双一流"建设学科,不仅首批入选国家"双一流"建设学科,而且顺利通过第一轮验收,作为学科建设典型案例上报教育部;2021年2月,再次入选国家"双一流"建设学科,进入"一流学科培优行动"申请名单。学科声誉大幅提升,2016—2020年,ESI、U. S. News、软科排名分别跃居全球第25、28、21位。

材料学院参照世界顶尖材料学科并结合自身特点,确立"理工并进、交叉创新"的发展思路。建设"新材料+"研究院,加强与化学、机械、信息等学科交叉融合,高质量建设"双一流"。近年来,学院依据学科特色和优势,面向材料科技前沿、国民经济发展和国防建设中的重大需求,确立了"材料制备成形数字化智能化""先进能源关键材料与系统集成""低维纳米材料与器件""新一代金属材料及应用""大型复杂精密模具智能设计制造技术""净成形成性工艺与装备"等6个重点学科发展方向,不断取得突破,具有较大的国际影响力;确立了"下一代能源材料与系统""4D打印技术""聚合物基复合材料的智能化制备成形技术"等3个瞄准国际引领的优势方向。近5年牵头获国家科技奖4项,发表SCI论文2739篇,其中ESI高被引80篇。

——不断提升人才培养质量

材料学院落实立德树人根本任务,立足新时代材料学科特点和学院特色,实施"锻造钢铁内核、铸就强国英材"育人工程。

加强思想政治教育。学院设立"思政教改专项基金",与马克思主义学院共建思政课程与课程思政教学实践基地,构建"思政导师+学术导师+企业导师"多元协同导师体系。学院"勤奋励志"育人计划入选"一院一品"思政课题并通过中期检查，2020材料本硕博班荣获"黄群班"称号；涌现出"大国工匠"孙红梅、"国家探月工程突出贡献个人"杨欢庆、"中国大学生自强之星"郭帮帮、"湖北省大学生自强之星"伍宏志等红色"菁材"工程师。

坚持科教深度融合，构建创新人才培养体系。学院践行"家国情怀—专业知识—创新意识—实践本领"的"四位一体"培养理念，设立本硕博贯通培养班，实行"导师制、国际化、小班化"的培养模式，优化学生成才路径；依托国家级教学团队、主编出版国家级规划教材20部，被全国200余所高校采用；发挥国家重点实验室、国家级教学示范中心、国家级实习实践基地等实践创新平台的育人作用，建立7个国家级实践创新平台；获得第八届湖北省高等学校教学成果奖一等奖，中国学位与研究生教育学会研究生教育成果奖二等奖，全国宝钢教育优秀奖等荣誉；设立9大首席教授团队，打破单一专业导师限制；推进校企合作，聘请海尔集团总裁周云杰等5位行业翘楚以及中国航发等国家关键企业和研发机构高级工程师担任企业导师，提升人才培养与国家需求结合度。

实践育人成绩斐然。学院将创新创业工作作为卓越人才培养的重要举措，建立"意识培养—实践强化—能力育成"全链条式创新创业教育体系。重点开展典型选树，举办创新创业竞赛分享活动，评选创新创业类社会奖学金，形成"培育—产出—回馈"的正面导向，培养学生创新创业意识。将学科竞赛作为人才培养质量的重要环节，结合学科特色，打造以专业学科竞赛为载体的科创平台。学院连续多年举办中国大学生铸造工艺设计赛校内选拔赛、全国大学生金相大赛校内选拔赛、全国三维数字化创新设计大赛校内选拔赛、"东风科尔杯"三维建模大赛等专业竞赛，引导学生将课内所学与课外科研实践有机结合，激发学生科研兴趣，培育学生创新创业能力。同时成立由院士领衔的创新创业竞赛指导专家库，提升竞赛指导与实践育人水平。近5年，学院学生共获得国际/国家级竞赛奖项171项，包括"挑战杯"全国大学生课外学术科技作品竞赛一等奖、"挑战杯"中国大学生创业计划竞赛金奖、中国国际"互联网＋"大学生创新创业大赛银奖、"挑战杯"全国大学生课外学术科技作品竞赛"揭榜挂帅"专项赛特等奖等。

——不断推进一流教师队伍建设

强化"人才强院"战略,通过国家重点实验室等科研平台汇聚海内外优秀人才,制定并实施"扶青、扶新、固强"等三项人才措施,构建"首席教授""青年优才"激励机制,培育和促进人才成长。学院共有专任教师 145 人,其中中国工程院院士 3 名,国家级人才计划入选者 43 名,省部级人才计划入选者 29 名,教育部创新团队 2 个。推动师德师风建设。持续优化引才育才环境,营造教书育人、潜心研究的良好氛围,建成一支"有理想信念、有道德情操、有扎实学识、有仁爱之心"的高水平师资队伍,涌现出"钢铁院士""湖北省杰出人才""湖北省五四青年奖章"等一批师德典型。教师队伍以立德树人为根本,专心人才培养、服务国家需要,涌现出一批以崔崑为代表的政治素质过硬、业务能力精湛、育人成效显著的先进典范。李德群等 4 人次获国家级师德表彰,周华民、翟天佑等 4 人次获省部级师德表彰,80 人次获校"师德先进个人"等师德荣誉称号。2020 年,国家级人才计划入选者 10 名(全校第一),湖北省人才计划入选者 3 人,入选 ESI 高被引科学家 3 人。

——不断增强科研水平

学院拥有材料成形与模具技术国家重点实验室和数字化材料加工技术与装备国家地方联合工程实验室国家级科研平台 2 个;同时拥有科技部快速原形制造技术生产力促进中心、湖北省先进成形技术及装备工程技术研究中心等 10 余个省部级科研平台。

学院科研水平和国际影响力持续提升。近十年,科研经费持续增长,累计到款超 10 亿元。牵头主持国家重大重点科研项目 50 余项,其中,项目总金额超过 1000 万元的项目有 10 余项;获批国家自然科学基金项目近 300 项。发表 SCI 论文超 5000 篇,其中在 *Nature*、*Science* 和 *Cell* 子刊上以第一单位发表论文近 30 篇,授权发明专利 1000 余项,实现转化超 100 项。累计有 90 余篇论文入选"高被引论文",黄云辉、翟天佑、胡先罗、袁利霞、杨君友、常海欣、姚永刚共 7 位教授先后入选全球"高被引学者"。

建院以来，获得国家级科技奖励近 20 项，2016 年以来，获国家科技进步奖二等奖 2 项、国家自然科学奖二等奖 1 项、国家技术发明奖二等奖 1 项。周华民教授团队突破注射成形智能化关键技术，被国际权威评价为"引领注射成形智能技术发展方向"，交出"塑料注射成形过程形性智能调控技术及装备"；史玉升教授团队创建高性能复杂零件的整体铸造成套技术，解决航空发动机机匣、航天发动机涡轮泵等复杂零件的整体铸造难题，提出"复杂零件整体铸造的型（芯）激光烧结材料制备与控形控性技术"；黄云辉教授团队提出构筑综合性能优异的锂离子电池复合电极材料理论与方法，设计合成系列高性能复合电极材料，阐释"储能用高性能复合电极材料的构筑及协同机理"；王新云教授团队突破精锻过程金属流动控制与高刚性装备设计等关键技术，被国际知名专家评价为自动化锻造的范例，创造"多工位精锻净成形关键技术与装备"。

——不断推动国际交流，加强对外合作

材料学院充分利用国家、学校的相关政策，提高国际交流与合作的能力。学院与日本物质材料研究所等多所国际知名研究机构签订了合作备忘录，建立中英先进材料及成形技术联合实验室等国际合作平台 3 个。吸引国际大师级人才加盟，邀请了 11 名海外教授参与学院本科生授课，邀请包括 3 位诺奖得主在内的 12 名国外知名学者担任顾问教授，交流授课超过 200 人次。材料学院面向世界知名高水平大学，探索建立多种形式的中外合作学术项目，学生受国家公派或学校资助前往美国麻省理工学院、德国亚琛工业大学、日本国立材料研究所等著名学术机构攻读学位和联合培养 29 人次，科研成果获瑞士日内瓦国际发明展特别金奖。

（材料学院）

能源与动力工程学院——
能动奋进七十载　双碳赋能新时代

薪火相传七十载，砥砺奋进新时代。1952年11月，华中工学院在东湖之滨、喻家山麓正式成立，由中南地区几所主要大学的动力方面的教师和专业组成的动力系也同时成立。动力系最早开设的热能动力装置、内燃机、水力动力装置3个本科专业，为华中科技大学（原华中工学院）的8个创始专业之3。

七秩积淀，逐梦一流。70年来，能源与动力工程学院（简称"能源学院"）始终站在改革和发展的前沿，学院党委入选"全国党建工作标杆院系"培育创建单位。学科实力稳居前列，动力工程及工程热物理是首批一级学科国家重点学科，连续两轮入围国家"双一流"学科，能源与动力工程、核工程与核技术、新能源科学与工程3个本科专业均入选国家级一流本科专业建设点。七秩芳华，造育栋梁。70年来，学院坚持"四个服务"，培养出2.5万余名莘莘学子，涌现出一批以院士、杰出企业家等为代表的学界泰斗、政界精英、科研翘楚、产业领袖，为服务国民经济和社会发展贡献智慧与力量。七秩奋进，步履铿锵。学院始终坚持"四个面向"，聚焦国家能源战略需要。建设有煤燃烧国家重点实验室、国家能源煤清洁低碳发电技术研发中心等国家级科研平台，牵头建设中美清洁能源联合研究中心清洁煤技术联盟等国际合作平台，中欧清洁与可再生能源学院被教育部、外交部誉为"中欧高等教育合作典范和旗舰项目"。

·艰苦创业，夯实发展根基·

——艰苦奋斗，搭建学科发展基石

建系初期，动力系坚持两个"中心"（教学中心、科研中心）的办学思想，以国家经济建设急需解决的课题为研究对象，采取一系列措施，鼓励广大教师积极开展科学研究。一批学术带头人和青年骨干教师不畏困难，大胆开拓，在传热传质理论、煤粉燃烧稳燃技术、煤燃烧过程的污染防治、新型制冷与低温技术、动力机械系统的故障诊断、仿真技术和计算机监控等方面取得了一系列的优秀成果，为学科发展打下坚实基础。

——育人为本，服务国家需要育才

动力系始终以服务国家需要为己任，努力培养国家需要的人才。建系初，教师工作环境艰苦，教学任务紧张，实验室筹建任务繁重，所有事务均需从头做起。为更好地完成课程授课、课程设计、毕业设计、生产实习等教学任务，教师们需预先试做、预先下厂，然后指导学生。经过各个教学环节的多次完善，教师的专业水平得到极大提高，教学效果得到明显提升，搭建起学科发展和人才培养的基础。老师和学生一起学习、研究，逐步成长提高，师生同心、共克时艰，为国家培养了大批从事能源生产、利用研究的专业技术人员。

——顺应时代，推进学科发展布局

为适应国家经济建设需要和学科发展需求，动力系的学科布局随时代发展不断进行变革。1952年，动力系成立之初设立了热能动力装置（热力发电厂设备）、水力动力装置2个本科专业（学校共8个本科专业）。汽车系下设内燃机专业。1954年，成立了热工、蒸汽动力设备、水力学及水力机械3个教研室和热工、水力学及水力机械2个实验室。1956年，增设工业热工学本科专业。1958年，重建内燃机及汽车拖拉机专业，增设水力机械本科专业。1959年，为满足三峡工程建设需要，动力系新增水力机械专业和水力学及水力机械教研室。1961年，学校进行专业调整，动力系设电厂热能动力装置、工业热工学、水力机械3个专业。1971年，武汉机械学院制冷与低温技术、压缩机专业并入动力工程系。同年，动力工程系分为动力一系和动力二系。1978年初，动力一系与电力系合并，动力二系改名为动力工程系。

·抢抓机遇，推动改革发展·

1978年，全国科学大会、全国教育工作会议胜利召开，我国的科学、教育事业迎来了真正的春天。动力系积极抢抓机遇，在学科建设、科学研究、人才培养等各方面勇于探索和改革，教学质量和学术地位全面提高，并荣获全省高校党建和思想政治工作先进单位。

——勇于探索，改革发展大力推进

动力工程系大胆进行教学改革，取得一系列改革成果，涌现出一批优秀的人才。1988年，学校党委批准了动力系的教学改革方案，同年下发《动力工程系深化改革的实施方案》的通知，将动力工程系作为华中理工大学最先的改革试点。教学改革对人事制度、专业设置、学生工作等诸多方面进行前瞻布局。先后获湖北省优秀教学成果奖一等奖1项、二等奖1项、三等奖1项。1门课程教材获评教育部和学校优秀教材奖。1人获"长江学者奖励计划"特聘教授称号，1人获湖北省十大女杰荣誉称号、湖北省三八红旗手称号。

——抢抓机遇，学科建设全面加强

1981年，国家开始实行学位制度，动力系紧抓机遇，瞄准国家建设需要，全面加强各学科的建设，学科水平迈上新台阶。电厂热能动力工程、内燃机、工程热物理、制冷及低温工程、热能工程、流体机械及工程先后获批博士学位授予点；电厂热能动力工程、内燃机、工程热物理、制冷及低温工程、流体机械及工程、热能工程、化工过程机械先后获批硕士学位授予点；增加工程热物理和内燃机本科专业。动力工程及

工程热物理获批一级学科博士学位授权学科，动力工程与工程热物理博士后流动站建站。

——聚焦关键，科学研究取得突破

聚焦国家重大科研攻关任务，建设重大科学研究平台，全面提升科学研究能力，研究成果不断涌现。先后成立煤燃烧国家重点实验室、工程热物理研究所、燃烧理论研究室、化工过程装备与控制研究所和教育部煤燃烧科学与技术网上合作研究中心。马毓义同志主持完成钝体燃烧器及稳燃理论研究和火电厂煤粉燃烧技术项目，获国家"六五"科技攻关奖，并获全国优秀科技工作者称号、全国五一劳动奖章。此外，学院获国家能源部科学技术进步奖一等奖 1 项，国家教委科学技术进步奖一等奖 1 项，国家重大技术装备成果奖二等奖 1 项，国家技术发明奖三等奖 1 项，国家科学技术进步奖三等奖 1 项，国家级星火奖 1 项，省部级奖项若干项。

· 聚力奋进，实现跨越发展 ·

——党建思政全面推进

2001 年 2 月，动力工程系更名为能源与动力工程学院。学院党委深入学习贯彻党中央关于学校思想政治工作的一系列重要指示和决策部署，深入学习贯彻习近平总书记关于教育的重要论述，坚持落实立德树人根本任务，坚持为党育人、为国育才。学院党总支先后获评省高校党建和思想政治工作先进单位、先进基层党组织，校先进党总支、先进基层党总支。煤燃烧国家重点实验室党支部获评校先进党支部。

——学科发展稳步向前

学院瞄准国家重大战略、科学技术前沿、学院优势特色三者的结合点，明确学科交叉核心主攻方向，将核心资源有效整合、精准投入，推进学科发展稳步向前。学院获教育部第一批研究生层次（博士、硕士）动力工程及工程热物理学科领域卓越工程师教育培养资格，动力工程及工程热物理博士后科研流动站获评我校首个"全国优秀博士后科研流动站"。动力工程及工程热物理一级学科，热能工程、工程热物理二级学科获评国家重点学科，热能工程获批国家"十五""211工程"重点建设项目。增设核工程与核技术和新能源科学与工程2个本科专业。热能与动力工程本科专业入选教育部卓越工程师教育培养计划，获评湖北省高等学校第一批本科品牌专业。热能与动力工程和新能源科学与工程本科专业入选国家高等学校特色专业建设点。

——教育教学成效显著

学院高度重视教育教学，持续深化本科教育教学改革，坚守课堂教学育人主阵地，切实满足学生的发展与成长需求，教学成果突出。学院先后获湖北省教学成果一等奖3项、国家级精品课程3项、省级优质课程2项、省级精品课程1项，参与共建国家级工程实践教育中心9个。热能与动力工程专业获评湖北省高等学校人才培养质量与创新工程本科品牌专业。多本教材被列为21世纪国家级"十五"重点教材和普通高等教育"十五""十一五"重点教材。

——人才培养亮点突出

新世纪以来，学院全面提高人才培养能力，科学制定人才培养体系，制定完善能源动力类人才培养的教学方案，教学质量持续提升，人才培养效果显著。学院本科就业率持续高位，2004届本科毕业生就业率达100%，创学校本科毕业生就业率新纪录。学院学子获评"全国优秀学生干部"，获得中国IBM网页设计大赛一等奖、ACM/ICPC国际大学生程序设计竞赛金牌、大学生节能减排社会实践与科技竞赛特等奖、"挑战杯·青春在沃"大学生课外学术科技作品竞赛特等奖等众多国际/国家级奖项。

——科学研究强势进发

学院坚持把握自身学科特色优势，服务国家创新驱动发展战略，助力国家科技自立自强。煤燃烧国家重点实验室以优异的成绩多次通过国家评估，成立教育部煤燃烧网上合作研究中心，建立现代教学实验平台。学院先后获国家自然科学奖二等奖 3 项，获国家技术发明奖二等奖 1 项，国家科学技术进步奖二等奖 2 项，教育部自然科学一等奖 1 项，国际低碳城论坛"全球可再生能源领域最具投资价值的领先技术蓝天奖"1 项，省部级奖项多项。

——人才优势日益凸显

面对科技革命和产业变革的新形势，学院坚持把人才作为支撑学院发展的第一资源，尊重人才和人才成长规律，把人才的需求、成长放在第一位，逐步形成了具有专业特色的创新人才体系。1 人曾获国家 973 计划项目首席科学家称号，总计国家级人才计划入选者 18 人，省部级人才计划入选者 23 人。

——对外交流持续开展

学院坚持不断推进对外交流，在交流中构建新理论、探索新技术、形成新产业。学院先后承办"国际能源转换与利用"学术会议、全国"能源动力学科发展战略和专业人才培养规范研讨会"、第二届全国大学生节能减排社会实践和科技竞赛等重大会议及各类科创比赛，学院知名度不断扩大。举行建院 50 周年庆典，筹建并成立中欧清洁与可再生能源学院，不断加深对外交流，学院影响力进一步扩大。学院担任中美清洁能源联合研究中心清洁煤技术联盟中方牵头单位。

·矢志一流，迈上新发展征程·

近年来，能源与动力工程学院高举习近平新时代中国特色社会主义思想伟大旗帜，落实学校第四次党代会精神，坚持和加强党的全面领导，牢记为党育人、为国育才的初心使命，深化立德树人，扎根中国大地，聚力内涵发展，抢抓机遇，团结务实，奋发进取，构建学院高质量发展格局，为加快建设世界一流学科、培养一流人才不懈奋斗。

——党的建设全面推进

学院党委始终与党中央保持高度一致，全面贯彻落实党的教育方针，全面推进党的建设工作。一是党委核心作用显著发挥。学院党委始终坚持谋布局、抓重点、求发展，以一流本科专业申请与建设、"双一流"建设和第五轮学科评估等工作为契机，全面谋划制定"十四五"发展规划。在抗击新冠肺炎疫情的战斗中发挥了关键核心作用，广大党员干部经受住了考验。二是运行机制健全完善。认真执行党委会会议议事规则和党政联席会会议议事规则，充分发挥党委会政治把关作用，重大事项由党委会研究决策，党政联席会部署落实。充分发扬民主，对党的建设、人才培养、学科建设等方面工作进行专题调研，不断改进。三是各级班子建设不断加强。定期开展党委中心组学习，开好民主生活会。稳妥推进基层支部换届，实现教师党支部书记双带头人100%，学生支部落实"两监督一测试一评比"制度，在重大关键问题方面，以党支部为核心，成立党员突击队，攻坚克难。四是全面从严治党持续深化。深入推进"两学一做"学习教育常态化制度化，扎实开展"不忘初心、牢记使命"主题教育，确保党史学习教育落实落细。2020年学院接受学校党委巡察，并扎实推进整改落实，党的领导和党的建设工作全面加强。

2022年，学院党委入选"全国党建工作标杆院系"培育创建单位，并先后获评湖北省高等学校先进基层党组织、学校先进基层党组织，学院获抗疫工作先进集体。1个教师党支部获评湖北省高等学校先进基层党组织。3个学生团支部获评全国高校活力团支部。1名教师党支部书记事迹入选教育部《基层党组织书记案例选编（高校版）》教材，1名本科生党员参与讲授首场全国高校党组织战"疫"示范微党课，1名学生党员获评全国百名研究生党员标兵，1名本科生获评中国大学生自强之星。

——人才培养迈向一流

学院始终围绕立德树人根本任务，遵循人才培养规律，在"三全育人"格局中构建起互融共进新模式。一是教学体系日趋完善。提出"以学生为中心、以课堂为核心、以实践为重心"的教学理念，构建以能源动力类创新人才培养体系为导向的全方位创新型人才培养体系，全体教授走上讲台为本科生授课。学院先后获得国家级教学成果奖二等奖1项，省级教学成果奖一等奖1项、二等奖2项，能源与动力工程、新能源科学与工程、核工程与核技术专业获国家级一流本科专业建设点。二是教学质量稳居前列。开展教学能力建设、教材体系建设、教学团队建设、国际化建设等。近五年，两个教学团队获批湖北高校省级教学团队，一门课程获首批国家级线下一流本科课程。获校级本科教学质量奖一等奖3人次、教师教学竞赛一等奖4人次、课堂教学卓越奖2人次，宝钢优秀教师特等奖提名奖1人次。获各类教研教改项目16项，教材建设项目30项，出版各类教材15部，发表教学论文48篇，核工系专业课程获选首批国家级虚拟仿真实验教学项目，本科教学实验"双一流"建设项目连续三年验收评估为优秀，获学校教学实验室工作考核一等奖。三是五育融合硕果累累。将课程思政融入教学全过程，建设优良教风学风、院风班风，营造浓厚育人文化氛围。为全部本科生班级配备教师班主任，先后有4人获"我最喜爱的教师班主任"称号，48人获评校"本科生优秀教师班主任"。搭建"5211育人计划"全员育人平台、"学习支持中心"学业发展指导平台、"美美与'工'"美育素养提升平台等。实施青年马克思主义者培养工程，获全国"三下乡"活动优秀社会实践团队。建设"节能减排"众创空间、新能源大学生创新创业基地，先后在国际工程力学竞赛、节能减排大赛、全国可再生能源大赛、中国研究生能源装备创新设计大赛等赛事中获特等奖5项、一等奖17项。近五年，毕业生平均就业率稳居全校前五，大部分去往国家重点行业企业就业，有61名学生成为选调生，有83名学生去往西部艰苦地区就业并获学校表彰。据调查，就业单位对学生总体好评率超过97%。

——教师队伍快速壮大

一是师资队伍实力显著提升。五年来共引进、培育"四青"以上人才20余人。新增国家级人才计划入选者24人，37位教师获聘"华中卓越学者"岗位（2位教学岗）。国际权威学术组织会士4人。二是师德师风总体良好。学院配备一名分管教师思想政治工作的党委副书记，加强政治把关，实行师德师风"一票否决"，构建"动力精神"的师德师风培育品牌，扎实开展师德师风教育。坚持严管与厚爱相结合，建立"理论学习＋实践学习＋国际交流"的工作平台，搭建沟通平台，每年解决10件民生实事。三是先进典型不断涌现。近五年，学院教师队伍中涌现出各类师德典型，1人获2021年度湖北省"高校优秀共产党员"，1人获2021年度湖北省"荆楚好老师"，1人获2018年湖北省"优秀共青团干部"，多人获评校"师德先进个人"等，形成"敬业立学、崇德尚美"的良好风气。

——学科建设亮点纷呈

学科方向与时俱进。学科发展坚持"四个面向"，重点建设五个前沿方向，在实现关键技术的突破及产业转化方面巩固和抢占制高点，包括能量转换与能源系统，跨尺度输运理论与方法，煤高效清洁利用，二氧化碳捕集、利用与封存，国防中能源与动力等方面。紧跟行业发展需要，本科新增储能专业。学科实力全面提升。学科完成国际评估，整体实力已达到国际一流水平。动力工程及工程热物理学科入选首批一流学科建设名单（首批入选该名单高校全国仅3所），在第四轮学科评估中为A－。在2020年度软科世界大学学术排名中的"能源科学与工程"学科领域，学院相关专业排名为全球第6位。2021年U.S.News世界大学学科排名中的"能源与燃料"学科，学院相关专业排名全球第6位。

——科学研究成绩丰硕

一是科研平台不断完善。煤燃烧国家重点实验室在国家评估中获历史好成绩，正积极谋划重组。新建国家环境保护燃煤低碳利用与重金属污染控制工程技术中心，能源动力装置节能减排教育部工程研究中心评估通过。二是标志性成果不断突破。获重点研发计划13项（含国际合作），领域包含煤炭、氢能、可再生能源、固废，在碳达峰的技术体系与质量标准等交叉方向也实现项目突破。与国家能源集团等大型企业签订战略合作协议。近五年科研总经费超6亿元，成果转化15项，授权发明专利530项，发表SCI论文1789篇。实现了在《科学》《自然》等顶级期刊发表论文的新突破，在国际燃烧会议上发表论文数继续保持国内领先、国际前列。获国际热科学大奖（Nukiyama Memorial Award）1项，国家自然科学奖二等奖1项，国家科学技术进步奖二等奖1项，省部级一等奖10项，中国专利优秀奖2项，3项研究成果入选华中科技大学年度十项重大学术进展。

——国际交流日益加深

一是国际合作基地持续巩固。中欧清洁与可再生能源学院建设成效显著，被教育部、外交部誉为"中欧高等教育合作典范和旗舰项目"。学院建设有中美清洁能源联合研究中心清洁煤技术联盟、煤清洁利用国际联合研究中心、湖北省CCUS国际产业促进中心等国际交流平台。高等学校学科创新引智计划（111引智）2.0、中美清洁能源联合研究中心建设取得重大进展，近5年获批国际合作经费1.5亿元。二是国际化人才培养渐成规模。积极搭建国际交流平台，先后主办"中澳煤与生物质"、第六届生物质能源等国际会议6次。学院资助本科生海外学习交流人数居全校前5，赴境外学习交流的学生达500多人次，境外学生来院超过300人次。

——社会服务不断深入

一是面向世界科技前沿。燃烧、热科学、动力机械奠定学科强基，在化石燃料燃烧及污染物控制、热科学交叉与前沿等领域已达到国际领先或先进水平。二是面向国家战略需求。建成"基础理论—技术研发—示范应用"的全流程科研平台和基地群，实现成果转化逾千万元，为企业创造直接或间接经济效益数百亿元。研发的系列大型工业换热装备成功应用于国内最先进的1000MW级大型火电机组、核电机组，出口巴基斯坦。三是面向经济主战场。创建了燃煤电厂多污染物超低排放协同控制系统，应用到国家能源、国电投、华电、华能、大唐、粤电、华润等中国大型发电集团的300余家电厂，涵盖了从超临界300兆瓦至超超临界1100兆瓦等各类型主力机组，相关技术出口至意大利、巴西、印尼等6个国家。四是面向人民生命健康。深耕富氧燃烧、碳捕集、污染物控制等方向研究，从源头解决严重雾霾等大气污染问题，研发成果被写入《中美气候变化联合声明》和《中美元首气候变化联合声明》，有力支撑了国家科技外交。35兆瓦富氧燃烧示范工程被评述为国际富氧燃烧的"里程碑"进展。

时代催人奋进，使命呼唤担当。能源与动力工程学院将以建校70周年和建院70周年为契机，在迈向"双一流"的征程上更加紧密团结、凝心聚力，以高度的政治责任感和历史使命感，以求真务实的科学精神、严谨自律的治学态度、锐意进取的精神风貌，坚守立德树人初心，携手砥砺前行，为实现学科建设新目标，奋力谱写学院高质量发展新篇章而不懈奋斗，为更好服务国家"双碳"战略，培养更多德智体美劳全面发展的社会主义建设者和接班人做出新的更大的贡献，以更加优异的成绩迎接党的二十大胜利召开。

（能源学院　孙伟　李成璞　孙春辉）

中欧清洁与可再生能源学院——
中欧新征程　能源新时代

中欧能源学院是中国政府和欧盟委员会在工程教育合作领域的第一个重要合作项目。十余年来，中欧清洁与可再生能源学院（以下简称"中欧能源学院"或"ICARE"）在学校"开放活校"战略指引下，扎根中国大地，与法国巴黎文理研究大学、巴黎高等矿业学校等世界知名高校开展合作办学，充分发挥国际化办学和多学科交叉优势，将中欧双方的优质教育资源转化为学院发展的内生动力，培养了一批具有家国情怀、国际视野、全球竞争力与世界担当的高素质创新人才，为促进中欧高等教育交流互鉴、服务国家"双碳"战略实施和全球可持续发展当好人才培养先行者，为学校建设成为中国特色、世界一流大学贡献智慧和力量。

· 凝心聚力，共创中欧高等教育新平台 ·

——整合优势资源，争取多方支持，积极组队投标

2008年4月，欧盟委员会主席巴罗佐携9位欧盟委员访华，其间教育部部长与欧盟科技委员让奈·博托什尼克签署ICARE项目合作意向书。知悉相关信息后，学校成立由校长李培根、副校长段献忠牵头的领导小组，整合校内优势资源，为申办学院创造条件，并接受了欧盟咨询专家组关于举办ICARE能力与条件的全面评估。随后，学校多次拜访教育部、

国家能源局、国家电网公司等单位，了解相关政策与国内行业状况，并调研走访上海交通大学和中国政法大学，了解中欧合作办学机构情况。9月，在前期调研基础上，学校成立以能源学院为主体，由能源学院院长黄树红任主任、易辉为副主任的ICARE项目筹备办公室，全面梳理能源学院、电气学院、材料学院、水电学院、电子系、环境学院等单位涉及太阳能、风能、生物质能、地热能及其他（水电、抽水储能、固体氧化物燃料电池、压气机燃料电池、氢能与燃料电池、热电转换、热声技术、能源材料、节能等）方面的师资和学科资源。11月，校长李培根带队访问丹麦、德国、法国、西班牙、葡萄牙等10所在清洁与可再生能源方面具有代表性的欧洲大学，学校也陆续接待巴黎高科、巴黎综合理工学院、英国帝国理工大学等多所欧洲大学代表来访，通过交流互访，初步确定中欧合作团队。

2009年3月30日，时任商务部副部长高虎城与欧盟对外关系委员瓦尔德纳在北京签署了项目政府间财政协议，约定ICARE的三大办学功能是围绕清洁与可再生能源领域，开展研究生3＋0学历教育、非学历培训和科学研究。学校在与相关欧洲大学积极组建项目团队、开展竞标工作的同时，主动向湖北省委省政府和武汉市委市政府汇报，为竞标项目落户武汉争取地方政府支持。5月，时任湖北省省长李鸿忠对欧盟驻华大使赛日·安博明确表示支持华中科技大学办ICARE，武汉市委书记、市长则促成与华中科技大学共建武汉新能源研究院，作为对项目的支持。6月30日，欧盟正式发布ICARE项目招标指南，明确"中欧清洁和可再生能源学院"由该领域的欧洲若干一流大学和中国一流大学合作建立，为非营利永久学院。7月，副校长段献忠带队访问巴黎高科，与5所欧洲合作大学代表见面，全面启动投标工作。9月，经校长办公会批准，我校作为中方主办大学参加项目投标，待中标之后提供配套资金用于学院前期建设和运行，并投入专项经费用于学院教学楼改造装修和教学条件建设。11月13日，经中欧双方合伙人多轮磋商形成的投标文件送达欧盟驻中国使团。

2010年1月25日，在教育部有关领导以及国际合作与交流司的关怀和指导下，华中科技大学作为中方主办大学，法国巴黎高科作为欧洲项目申报人，希腊雅典国家技术大学、西班牙萨拉戈萨大学、英国诺森比亚大学、意大利罗马大学、法国佩皮尼昂大学、东南大学、武汉理工大学、法国国际水资源协会组成的项目团队最终成功中标。5月12日，由欧盟驻华大使赛日·安博代表欧盟正式签署 ICARE 项目资助合同。6月中下旬，中欧项目团队相继签署合伙人声明及相关协议，明确各自出资及职责。7月1日，巴黎高科代表团队与欧洲委员会签署资助协议，标志着 ICARE 项目的正式启动。

——完善工作机制、落实欧方文凭，推进机构报批

项目中标后，学校成立中欧清洁与可再生能源学院建设工作专班，由书记、校长任组长，全面启动 ICARE 建设工作。

2010年7月26日，中欧合作双方在巴黎召开第一次工作会议，就 ICARE 运行方式、中欧团队分工及沟通机制、双边协议及章程等进行商讨。9月，中欧团队就双边协议初稿修改、欧方硕士学位问题、ICARE 实施战略及项目拨款和使用问题展开讨论，并明确巴黎高科负责推进欧方学位审批程序，华中科技大学负责推进向中国教育部申报中外合作办学机构审批进程，在获批前可先行启动职业培训、科学研究等工作。

2011年3月31日，法国高等教育和研究部签署决议，授权巴黎高科可为中欧清洁与可再生能源学院学生颁发能源科学法国国家硕士学位。5月25日，学校与巴黎高科正式签署《组建华中科技大学中欧清洁与可再生能源学院中外合作办学双边协议》《华中科技大学中欧清洁与可再生能源学院中外合作办学章程》《组建华中科技大学中欧清洁与可再生能源学院中外合作办学机构申请表》等文件，并于5月27日向湖北省教育厅申请设立"中外合作办学机构"。7月25日，湖北省同意我校与法国巴黎高科牵头合作组建 ICARE 学院并报教育部审批。2011年10月11日至13日，教育部专家组来校进行实地考察。

2012年1月11日，教育部专家组进行了第二轮评估。3月27日，学院获得教育部批准，正式启动办学，6个国家12所大学共同参与支持学院运作，这是湖北省乃至华中地区第一所正式设立的中外合作办学机构。4月11日，学校批准学院作为正处级二级单位启动运行，2010级、2011级兼修欧方课程学习的研究生纳入学院双学位培养。在学分互认基础上，学院结合欧洲"授课型"与中国"研究型"硕士生培养特点，构建出太阳能、风能、生物质能、能源效率、地热能5个研究方向的双学位学术型硕士培养模式。3月15日，学院启动2012届硕士招生复试工作，从校内10个院系遴选了预备生150名，最终有79名学生通过了中欧教授的面试筛选。5月3日，时任国务院副总理李克强与欧盟委员会主席巴罗佐见证《中欧能源安全联合声明》签订，《声明》指出"……中欧清洁与可再生能源学院项目（ICARE）将成为落实以上承诺的重要工具"。

2012年3月至9月，中法政府部门、欧盟驻华使团、法国高校及研究院所负责人、企业代表、学生团体相继来校交流。在中欧政府的鼎力支持和各合伙人高校的共同努力下，学院建立起完善的治理结构与运行机制、课程体系、研究生培养与管理体系、中欧教师队伍及相应的科研合作交流平台，并建立了与中欧政府、各合作高校的协调机制，为学院后期建设与运行搭好了框架、打下了基础。

2012年9月3日，学院举行首次开学典礼。9月16日至25日，2010级38名学生进行了欧方学位论文答辩。

2012年10月6日，学院举行揭牌仪式，教育部国际合作与交流司正司级巡视员刘宝利、欧盟驻华使团公使高佑瀚、巴黎矿业大学校长罗曼·苏贝朗和我校校长李培根共同为学院揭牌。

· 携手并进，共建中外合作办学新典范 ·

——"要扩大教育对外开放，同世界一流资源开展高水平合作办学，提升中国教育的世界影响力"

面向行业升级与全球能源挑战，学院专一开设新能源科学与工程专业中外合作办学机构，人才培养实行特色鲜明的"双（三）学位、双注册"学制，学位论文与国际前沿科研紧密结合，旨在发挥我国能源工程教育面向欧洲的窗口作用，培养能源领域高素质人才，并通过与欧洲一流工程教育大学建立长期合作关系，促进中欧能源与环境领域教育科研的合作与交流。作为首个在中国境内颁发法国国家硕士文凭的办学机构，2012年以来，学院累计444人获得中欧双方硕士学位，其中30人另外获得法国巴黎文理研究大学（2022年QS世界大学排名第44，法国第1）硕士学位。

——"为谁培养人、培养什么人、怎样培养人"始终是教育的根本问题

学院坚持思政育人"课内课外""国内境外"并行，围绕"为谁培养人、培养什么人、怎样培养人"这一根本问题，将责任感和道德感的培养融入整个国际化人才培养体系，以培养厚植爱国情怀、具有强烈使命感和国际视野的新时代国际化创新型人才为目标，结合学院使命愿景与国际发展大势，着力打造"中华优秀传统文化""红色革命文化""社会主义先进文化""多元进步的世界文化"四位一体的文化育人模式，解决了聚焦人才培养的价值观问题与思想教育的连贯性问题，培育了一批选调生和"红色工程师"，以国际视野和专业素养在基层和国防军工企业奉献自我、服务社会。学院学生连续5年一次性就业率超95%，学生重点企业（能源电力、航空航天装备制造、电子通讯等）就业占比75%以上，且呈逐年上升趋势，就业率和就业质量居全校前列。毕业生深受雇主欢迎，人才培养质量得到社会广泛认可。自2012年以来，共有12名毕业生选择成为选调生，其中2015级校友封华翼同学入职工信部选调生，目前在四川省南部县徐家桥村服务，积极参与基层扶贫，投身乡村振兴事业。

——"我们要认真吸收世界上先进的办学治学经验，更要遵循教育规律，扎根中国大地办大学"

学院坚持培养方案"国际本土化"与"本土国际化"并举，深度融合国际化课程教学和传统国内教学，采取任课教师国际化、授课形式国际化的小班课堂教学，坚持以高水平国际化师资团队引领课堂，中外共享教学资源，建设国际化的人才培养课程体系。创新性地提出研究实践以中国教授为主导、课程学习以欧洲教授为主导的双导师制学术型硕士研究生培养模式，指导学生形成良好的学术思维和国际视野。每年有近30名外籍教师承担18门专业课程教学任务，研究生的整体知识结构与最新世界知识

体系全面接轨。50余名外籍教授承担70余名学生的欧方论文指导,研究生的实践创新能力在参与前沿科研合作中逐步提升。

多名深度参与学院发展的青年老师逐渐成长为学术骨干,在国际重点科研合作项目申报、省部级科研创新奖项、欧盟"玛丽·居里学者"计划及全国"杰青""优青"等评选中脱颖而出。原欧方项目协调人Didier Mayer教授获2015年湖北省政府"编钟奖"。

——"坚持实施更大范围、更宽领域、更深层次对外开放。实现高质量引进来和高水平走出去"

围绕学院国际化办学特点,着力打造一系列面向来华留学生的优质交流活动。设立外国留学生专项奖学金,作为牛津大学在中国大陆首个派出学生进行科研实习的单位,中欧-牛津大学国际夏令营已形成品牌,成为华中科技大学与英国牛津大学两校文化交流的重要桥梁,也成为促进中英两国人民相互了解的重要载体。2013年至今,共有187名牛津学生申请,56名学生参加了该项目。学院先后于2019年和2021年获得牛津大学颁发的暑期金牌夏令营徽章,印证了我校高水平人才培养质量和管理水平的国际认可度。

着力培养本土学生国际胜任力,鼓励学生到国际组织实习任职、参加欧洲顶尖高校和研究机构的学习与研究交流项目。学院赴境外学习交流的研究生累计近300人次,来院交流境外学生100余人次,读博深造学生中有近半数拿到了巴黎文理研究大学、荷兰代尔夫特大学、新加坡南洋理工大学等世界名校邀请信。2020年,10名赴法研习学生成功申请到首届"法国政府-高校合作奖学金",获得多项费用减免支持。2018年,学院筹备成立了"学生全球治理与可持续发展协会",通过组织学生参加青年培训项目、国际组织调研等系列活动,培养有志于成为国际公务员的优秀学生进入国际组织受训、实习和任职。2021年,学院推动学校与国际劳工组织国际培训中心达成合作协议,经推荐,4名学生取得了赴联合国工业发展组织实习邀请。近年来,学院中方院长罗小兵牵头申请获批2021中国国家留学基金委"创新型人才国际合作培养项目"、欧盟"伊拉斯谟+"师生交流项目、英国工程和物理科学研究委员会"东北大学联盟可再生能源学博士站"项目,开辟全新海外留学交换途径。

——"我们强调自主创新,不是关起门来搞研发,一定要坚持开放创新,只有跟高手过招才知道差距"

学院紧扣国家能源发展战略,围绕清洁与可再生能源领域,出版6本书籍,共计380余万字。促进中欧交流与合作,开展各种国内外专家交流访问,成功举办大型高端学术会议,成为中国与欧洲国家交流的重要平台。组织中欧教授合作承担科技部国际合作重大项目、国家重点研发计划战略性国际科技创新合作专项及多项欧洲 Horizon 2020 项目,参与35兆瓦富氧燃烧碳捕获关键技术、装备研发及工程示范和国家科技支撑计划等,目前相关合作已拓展至"一带一路"沿线国家。

学院引进欧洲优质教育资源,不仅为国家、地方和区域经济社会发展培养了一批急需人才,也通过职业培训和研究合作直接加大了学校对社会经济发展的支持力度,促进中欧在可再生能源领域的新技术和设备交流合作,推广了新能源与节能减排技术。自办学以来,学院加强与法国新能源机构、国内企业、研究院所和政府机构的合作力度,已举办了20多期能源低碳利用、太阳能光伏技术、绿色节能建筑等培训及"绿色金融与新能源投融资创新大讲堂",其中"新能源及节能专业技术人才培训"作为学校代表项目入选国家专业技术人才知识更新工程2016年高级研修项目计划。学院作为见证中欧交流的中欧合作教育机构代表,被教育部推荐给中央电视台做系列专题片专访。科研中心主任胡松教授作为中欧关系的亲历者和中欧教育、科技领域合作的积极推动者,接受了专题片《不惑之交——见证中欧建交四十载》栏目组专访。他参与的科技部战略性国际科技合作项目"通过太阳能热的梯级利用来发电的关键技术合作研究",通过与巴黎高等矿业学校、佩皮尼昂大学、萨拉戈萨大学开展合作研究,共指导博士生5名(含1名联合培养双博士生),硕士研究生14名,发表高水平论文14篇。

——"搭建中外教育文化友好交往的合作平台,共同应对全球性挑战,促进人类共同福祉"

学院积极融入对外人文交流机制,针对全人类共同关注的问题,组织有影响力的机制性交流平台与活动，积极参与地方政府、法领馆等外国驻华机构在中国、欧洲的文化交流活动，并作为主要活动平台开展了关于新能源、温室气体排放治理等多项活动，让国际社会更多地了解到中国政府及高校在新能源和清洁能源领域的实质贡献。学院国际化办学成果得到了中欧政府及业界的广泛认可，被中国教育部、外交部誉为"中欧高等教育合作典范""中外合作办学的旗舰项目"。法国前驻华大使顾山先生在任期间曾访问学院，并致函肯定学院国际化办学成果，他表示："中欧能源学院作为中欧合作的窗口，对中国与欧洲在清洁与可再生能源领域的交流与合作有着战略意义。中欧能源学院学生的专业知识和技能是中国环境政策框架内实施可持续发展方案的核心优势。"

·奋发有为，共绘中欧融合发展新画卷·

笃行致远十余载，盛世华年守初心。朝乾夕惕勇前行，踔厉奋进谱新章。习近平总书记在中国人民大学考察调研时强调，要坚持党的领导，传承红色基因，扎根中国大地，走出一条建设中国特色、世界一流大学的新路。在"双碳"背景下，培养大批从事新能源领域的基础研究与工程技术人才成为我国发展新能源产业的关键。面向未来，学院将继续以习近平新时代中国特色社会主义思想掌舵领航，推动高水平中外合作办学提质增效，打造具有全球影响力的清洁与可再生能源学院，以实际行动和务实成效为学校建设成为世界一流大学注入新能量，为中欧高等教育科技合作做出新贡献。

——坚持为党育人、为国育才、落实立德树人根本任务

赓续红色基因，推进新时代思政育人体系、新工科国际化育人实践，引导学生致力行业发展，争当"双碳"实践者；服务国家需求，甘当基层建设者；培养世界眼光，勇当全球治理者。依托全球治理与可持续发展协会，做大国际组织人才蓄水池，形成持续性推送更多学生到国际组织实习任职的长效机制。依托"双导师"学术型硕士生培养模式，鼓励学生积极参加欧洲顶尖高校、研究机构的研习项目，增强"走出去"的国际化软实

力。依托"中欧-牛津大学国际夏令营"、欧盟"伊拉斯谟+"等优质交流项目，增进中外学生科研实践和人文交流，培养具有国际视野、善于讲好"中国方案"的青年人才。

——坚持质量优先、内涵发展、打造国际合作办学标杆

扎根中国大地，与世界知名高校开展合作办学，跨学科组建人才培养和国际科研团队，吸收借鉴国外经验，建设兼具中国特色与国际先进水平的多学科交叉融合人才培养体系，瞄准碳零排关键技术等世界科技前沿和国家重大需求结合点，开展高水平国际科研合作，稳步提升人才培养质量和学术声誉。拓展企业合作，新建实习实践基地，深化产教融合协同育人，联合培养致力于新能源领域重点行业发展的领军人才，合力攻克行业共性关键难题，不断提升学院的社会贡献度。

——坚持凝练特色、务实拓新、建设可持续发展学院

发挥品牌优势，按照建设永久性中外合作办学机构目标，打造具有中欧特色的研究生教育，逐步推进本科研究生一体化培养，努力搭建欧洲高校来华留学示范基地，培育特色国际联合研究平台，协助筹建全球碳中和技术创新联盟，为全球高等教育发展贡献中国方案。在服务学校战略的同时，争取办学资源，实现学院的可持续发展，将学院建设成为国内领先、世界知名的国际品牌学院。

（✍ 中欧能源学院　易辉　胡松　刘洋　谢春华　李之添　罗小兵　邹明清）

电气与电子工程学院——
七十正芳华　电气创辉煌

1952年11月，东湖之滨，喻家山下，一座高起点多科性工业大学——华中工学院应运而生，电力系也同时起步。70年，华中工学院发展成今天的华中科技大学，电力系成长为电气与电子工程学院（简称"电气学院"）。70年，电力系近千名园丁洒下了辛勤的汗水，三万余学子建功于祖国大地，践行着"明德厚学，求是创新"的校训，形成了"厚积薄发，担当致远"的电气精神。

· 筚路蓝缕厚基础 ·

——电力系与学校同步而生

新中国成立之初急需各类人才，1952年10月，全国进行高等教育院系调整，成立了华中工学院。由武汉大学、湖南大学、中山大学、南昌大学和广西大学等5所大学的电机学科，合并组建了华中工学院电力系，拥有电机电器、无线电、工业企业电气化、电气计量和发电厂电力网及电力系统等5个专业。作为建校之初的四大系之一，电力系师生勠力同心，从喻家山下的稻田开始，走上了校园建设和教学、科研齐头并进的道路。

——机构变迁与雄厚的学科基础

为适应国家经济建设和学科发展的需要，华中工学院对电气学科进行了机制调整。1958年组建电机工程系、水力电力系和动力工程系。1960年成立了电力动力系，从电机工程系分出无线电专业，成立了无线电系。1961年重新组建电机工程系和动力工程系。1977年，电力系改称电力工程系。1978年，中国开动了改革开放的历史巨轮，中国的高等教育也进入蓬勃发展时期，电力工程系准确把握历史机遇，进入了专业方向和学科发展的快车道，成为首批国家一级学科博士点、首批国家博士后流动站，一系列科研成果获得国家和省部级重大奖项。1989年电力系获准建立新型电机国家专业实验室，这是当时全国电机专业唯一的国家级实验室。学院所属电气工程学科是国内首批硕士点、博士点、博士后流动站和一级学科博士学位授权单位。

——新世纪的电气学院

2000年华中理工大学与同济医科大学、武汉城市建设学院等院校合并为"华中科技大学"，电力工程系也更名为"电气与电子工程学院"。进入新世纪以来，电气学院秉持"电气化＋"的发展战略，在思政工作和师德师风建设、特色研究方向开拓与平台建设、教育部学科评估、国际工程教育体系认证、本科生荣誉学位体系构建和电气学科办公楼群建设等多方面做出了突出成绩。在学科建设与专业发展的过程中，电气学院始终葆有强劲的竞争力。在2007年国家重点学科评选中，电机与电器、电力系统及其自动化顺利通过国家重点学科评估，电工理论与新技术增补为国家重点学科，"电气工程"学科被评定为国家首批一级学科重点学科。

——组织结构与学科构成

一代代电气师生奋发图强、不懈奋斗，取得了累累硕果。电气学院现已经具备完善的院系组织结构与学科构成。目前，电气学院下设电机及控制工程系、电力工程系、高电压工程系、应用电子工程系、电工理论与电磁新技术系、聚变与等离子体研究所、应用电磁工程研究所、强磁场技术研究所和电工实验教学中心，拥有脉冲强磁场国家重大科技基础设施、强电磁工程与新技术国家重点实验室、新型电机技术国家地方联合工程研究中心等国家级科研平台，以及教育部脉冲功率技术重点实验室、教育部舰船电力电子与能量管理重点实验室、教育部磁约束聚变与等离子体国际合作联合实验室、教育部电力安全与高效利用工程研究中心、教育部新型电机与特种电磁装置工程研究中心、湖北省电力安全与高效重点实验室、湖北省聚变与等离子体国际联合研究中心、新型电机湖北省工程研究中心、湖北省粒子加速器与应用工程技术研究中心等一批省部级科研平台。学科主要研究方向覆盖了电能生产、传输、应用、变换、检测、控制和调度、管理等的全过程，以及电磁场与物质相互作用研究领域，并拓展到聚变、等离子体、脉冲功率、加速器、脉冲强磁场、超导电力等领域。学院本科招生专业为电气工程及其自动化，研究生按电气工程一级学科招生和培养，学科覆盖了国务院学位办在电气工程一级学科下设立的所有5个二级学科，即电机与电器、电力系统及其自动化、高电压与绝缘技术、电力电子与电力传动和电工理论与新技术，并在国内率先获准设立了脉冲功率与等离子体和电气信息检测技术2个二级学科。

——新时代追求高质量内涵式发展

党的十八大报告明确提出"科技创新是提高社会生产力和综合国力的战略支撑"，面对新的发展机遇与挑战，电气学院秉持不忘初心之责，践行薪火相传之策，敢于竞争，善于转化，继续在人才培养、科学研究、社会服务等多方面取得了长足进步。

· 党旗领航促发展 ·

始终把坚持党的领导、加强政治建设放在首位。学院坚决执行党的路线方针政策和上级党组织决定，按照"统一思想、明确目标、解决难题、促进发展"的思路，不断优化运行机制，自觉把党的教育方针贯彻落实到工作的各个方面。1999—2000年，学院扎实开展"三讲"教育，在加强干部党员党性的同时，与时俱进地推进电气工程学科新发展方向的开拓，启动了脉冲功率、超导电力、磁约束核聚变、强磁场、加速器等研究。在2006年的科学发展观教育中，学院结合重点学科申报、国家重点实验室申报、本科教学质量工程等重点工作组织了"提高学科建设和人才培养质量"教育思想大讨论，使"育人为本、创新是魂、责任以行"的办学理念和"研究型、综合性、开放式"的办学定位深入人心。2008年，在纪念改革开放30周年活动中，学院进一步解放思想，确立将"创新和发展"作为学科建设指导思想，统一了"努力拓展学科建设新的发展空间，把人才队伍建设作为可持续发展的根本保证，建立优质的服务保障机制"的思想。2006年学院本科2002级11班获"全国先进班集体"荣誉称号，实验教学中心党支部被表彰为湖北省高校工委"先进基层党组织"。2007年学院获人事部、教育部"全国教育系统先进集体"、湖北省教育系统"树、创、献活动"先进集体荣誉称号。2009年潘垣院士当选湖北省劳动模范，卢新培当选湖北省十大杰出青年。2011年学院获评湖北省高校大学生思想政治教育工作先进基层单位。

十八大以来以党建推进各项事业不断迈进。学院坚持以习近平新时代中国特色社会主义思想为指导，深入学习贯彻党的十八大、十九大、全国思政工作会议和全国教育大会精神，全面贯彻党的教育方针，积极教育引导党员师生增强"四个意识"，坚定"四个自信"，自觉做到"两个维护"，秉承"厚积薄发、担当致远"学院精神，逐步形成了"目标导向，全员齐心，全院协同，打造学院共同体，争创一流电气学科"的发展理念，不断优化治理体系、提升治理能力、促进内涵发展，在全院师生中弘扬"想干、敢干、实干、苦干"的优良作风，凝聚共建新时代卓越华中大电气的磅礴力量。

积极开展一系列的党建和思想教育实践活动。2013年开展党的群众路线教育实践活动，党员干部思想进一步提高、作风进一步转变，党群干群关系进一步密切，为民务实清廉形象进一步树立。2015年开展"三严三实"专题教育，使党员干部做到自觉把党纪内化于心、外化于行，做到知行合一，以更加优良的作风干好本职工作，进一步明确了学院的发展目标和措施，确定了学院"十三五"规划，落实了党风廉政建设主体责任和监督责任，加强了师德师风和院风学风建设。2016年开展"两学一做"学习教育，解决了一些党员理想信念模糊动摇、党性意识淡化、宗旨观念淡薄和精神不振、道德行为不端等问题，确保了全体党员师生能够以"四有好老师""四有好学生"的标准严格要求自己，同步开展了"党员组织关系集中排查"工作、党组织建设的专项清理整治工作。2016年11月份，学院组织教职工党员前往红旗渠干部学院进行了"弘扬红旗渠精神，践行两学一做，创建世界一流学科"教育培训，使党员深刻领会"自力更生，艰苦创业，团结协作，无私奉献"的红旗渠精神内涵，激励了教职工党员在创建世界一流电气学科的伟大事业中树立信心，攻坚克难，勇当先锋，建功立业。2017—2018年开展学习贯彻全国高校思想政治工作会议精神和党的十九大精神，开展中央专题政治巡视整改；陈晋书记、文劲宇院长撰写的《以新时代要求引领电气学科建设和发展》在学校主页刊出；2018年10月组织党员教职工到韶山开展了"不忘初心，牢记使命"主题教育培训。2019年开展了"不忘初心、牢记使命"主题教育，接受了学校党委巡察并开展整改，学院提高了政治站位，有力推动了思想政治建设、立德树人与"双一流"建设工作；8月份组织党员干部到延安进行"守初心立德树人，担使命誓志一流"主题培训。2019年年底，武汉突发新冠肺炎疫情，学院党委坚持将党旗飘扬在抗疫一线，发挥"主心骨"作用，按照防疫任务分工合作，严防死守、狠抓落实，成立了"抗击疫情突击队"，98名教职工多次担负网格值守和抗疫任务；积极探索新形势下的线上教育教学工作，中央电视台新闻频道《毕业季开启：为毕业生举行学位授予仪式》、人民日报《武汉高校：全力服务毕业生就业》，以及中国青年报、"湖北之声"、经济日报等媒体相关栏目，均专题报道了学院关于创新做好有温度、有感情的学生毕业工作的相关做法。2021年，以庆祝党的百年华诞为主题开展党史学习教育，重点抓好"党组织书记讲党课""我为群众办实事"实践活动，全面完成中央巡视整改任务。

新时代党建工作得到了上级的肯定。2013年潘垣院士获得全国五一劳动奖章。2015年，强磁场中心获中组部等五部委"全国杰出专业技术人才先进集体"，学院工会荣获湖北省"模范职工小家"。2016年，李承获评湖北省"高校优秀共产党员"。2018年，学院离退休党支部获首批"湖北省离退休干部示范党支部"，黄江获湖北省"青年五四奖章"；学院党委书记陈晋到北京参加教育部培训作党建交流发言，党委副书记罗珺在教育部直属高校关工委第二协作组工作研讨会上作典型发言，文劲宇院长专访文章《把每个学生好好培养出来》在《人民日报》刊登。2019年，学院党委入选第二批"全国党建工作标杆院系"培养创建单位。2020年，学院获评湖北省"离退休干部先进集体"，获评华中科技大学"新冠疫情防控先进集体"。2021年，学院党委获评湖北省高等学校"先进基层党组织"，脉冲强磁场科学中心获第25届"中国青年五四奖章集体"，学院关工委获评湖北省"教育系统关心下一代工作先进集体"；潘垣院士荣获湖北省最高人才荣誉奖项"湖北省杰出人才奖"，韩小涛获评湖北省"优秀共产党员"；学院党委完成"全国党建工作标杆院系"创建工作并提交验收申请，在上级党组织组织的满意度测评中，党员师生对学院党委的满意率达到100%。

·人才培养创新风·

坚持"以本为本"，持续探索实践电气工程人才培养模式。2010年，电机学系列课程教学团队入选国家级教学团队。2011年，开始实行"卓越计划"，全方位整合优势教育资源，探索"明德铸魂、金课强基、实践赋能"卓越人才培养实现途径；新出版国家级规划教材3部，承办了全国电气工程学科青年导师研修班。2013年，初步建立了面向全校的电工基础系列课程的网上课堂，包括8门课程（电磁场、电路/电气大类、电路/电信大类、电路/计算机大类、电路测试、单片机、模拟电路、电力系统谐波）。2013年底至2014年，学院获批"电路理论（电气大类）""电机学""电路理论（信息大类）"3个校级责任教授团队。2015年全面实施院管教学。2016年，进一步完善教学团队选聘制度、教师首次授课的审核制度，建成跨8个二级学科的26个课程组，形成以课程组长、责任教授负责制的多元化教学团队群，覆盖全院开设的所有课程；改进教学质量跟踪管理机制，成立学院教学督导组，结合学生网上评教、学生学业跟踪管理形成课堂教学质量的多维度评价体系，以评促教，逐步提升教师教学水平。2016年中国成为"华盛顿协议"（国际本科工程学位互认协议）正式成员国后，学院当年即通过工程教育认证，实现了本科学位的国际互认。

2018年取得国家教学成果奖的新突破，"发挥学科优势，依托班级平台，创建研究型大学电气专业高素质人才培养体系"获国家级教学成果奖二等奖；教学成果"研究型大学电气工程专业能力导向人才培养体系构建与实践"获湖北省第八届高等教育教学成果奖一等奖；在中国大学MOOC网站上线"电路理论"（颜秋容）和"电力电子学"（段善旭）两门课程。2019年电工学教研组（负责人杨勇）获评湖北省优秀基层教学组织，"企业工程训练营"项目（负责人尹仕）获评2019年中国高等教育博览会"校企合作双百计划"典型案例。2020年，新冠肺炎疫情期间学院理论课程开课率100%，学生满意度超过80%；全面启动本硕博贯通培养计划，强化电气拔尖创新高端人才培养，面向"电气化＋"，重构电气工程专业卓越领军人才培养体系，通过高考直通车招收本硕博贯通实验班25人，实行3＋1＋X弹性学制。2020年3门课程获批首批国家级一流本科课程，其中"电路理论"和"电力电子学"获批国家级线上一流本科课程，"电磁场与波"获批国家级线下一流本科课程；学院牵头的教育部首批"新工科"研究与实践项目顺利结题，获评优秀。2021年《发电厂电气部分（第五版）》（第一作者苗世洪）获首届全国优秀教材二等奖，"高电压新技术科学训练营"项目（负责人贺恒鑫）入选2020年度中国高等教育博览会"校企合作双百计划"典型案例，"电磁能—动能转化机制探究教学平台"（负责人刘毅）和"HZDJ-2型电机学及电力拖动综合实验台"（负责人熊永前）分别获第六届全国高等学校教师自制实验教学仪器设备创新大赛一等奖和三等奖。5门课程获学校推荐，参评第二批国家级一流本科课程。

面向社会需要和国家需求不断改革专业课程体系。为充分反映社会需求，2013年将学生分为两个基本方向模块培养，A模块以服务电力系统为主，B模块以服务电气装备为主，由学生自由选择；将学科发展的最新成果融入人才培养过程，完善创新型电气工程人才培养课程体系，推广了脉冲功率技术、超导电力技术、加速器原理、工程等离子体与应用、核能与核聚变原理等彰显强电磁特色的系列课程。为应对全球能源战略结构变化，培养国家能源发展急需的未来高端创新人才，深化"新工科""双一流"改革实践，2020年在原有A、B模块基础上，增设C模块（储能模块），开设了储能科学基础、储能器件与装备、储能系统与应用等课程，旨在对学生从储能科学基础到器件与装备，再到系统与应用，开展全方位培养，为国家重大战略需求输送专业人才。

重构面向"新工科"建设的"电气化＋"的一体化实践教学课程体系。2016年开始，学院以大工程观视角重新审视课程、平台、能力的边界，提出"变、通、合"的实施途径。2016—2017学年度申报实践教学改革项目5项，其中教育部新工科项目1项，校级教改项目重大专科项目1项，面上项目3项；增加实验室信息化建设投入，完善对实验教学、实验平台利用率、更新率、维修率等的多元化评价和实验室准入制（设备使用和安全培训资格证），为开放式一体化实践教学创造预备条件；新引入实验室云平台和电子触摸屏等价值共153.1万元的设备，全面提升实验室硬件条件。2018年，成立"电气学院新工科建设工作小组"，面向"电气化＋"，全面启动面向新工科研究与实践的系列项目，重构电气工程本科实践教育体系与实践平台，开设实践课程4门，首次开设工程综合训练，以"企业工程训练营"方式在大学二年级暑期实施。

启动电气工程专业本科"荣誉学位"项目建设。2016年学院借鉴欧美"荣誉教育"理念，突破现行培养计划框架，以创新理念建立开放包容的个性化选修制度，吸引学生投身更具挑战性的学术研究类或工程实践类精深课程，突出创新思维和知识迁移能力；通过机制改革，建立荣誉教育的个性培养、多元化评价体系和导师团队管理制度，整个体系形成具有反馈机制的闭环结构，探索工程教育人才培养的"新模式"，打造具有国际竞争力的工程教育"新质量"。2017年暑假面向2016级学生开设第一门荣誉学位通识类课程——电气工程实践基础。2018年开展面向新工科的电气工程专业本科"荣誉学位"项目建设，创建由"明德—通识—专业—实践"四大板块构成的荣誉学位培养体系。2019年建设并首次完整实施了面向全体学生的4门新工科实践课程，以工程实践、创新实践、科学实践为主线的实践教育体系初步形成，大一暑假开设电气工程实践基础和创客训练营，大二暑假开设工程综合训练，大三暑假开设科学综合训练。2020年，2016级本科毕业生杜步阳、李弘毅、李勇、张浩博4名学生获荣誉学士学位，这是全校各院系首次授予本科生的荣誉学士学位。

课程思政建设取得国家级成果。2021年电路理论课程入选教育部课程思政示范课程，教学团队被评为教育部课程思政示范团队，课程负责人杨勇被评为教育部课程思政教学名师。学院主持编写的《新工科背景下专业课程思政教育指南》于 2022 年 1 月出版；学院开展全体教师课程思政专题培训，完成所有开设课程大纲修订，实现课程思政"进大纲，进课堂"全覆盖。

研究生培养突出过程管理和国际化课程建设。2011 年首次以"电气工程"一级学科招收研究生，在校研究生数量突破千人。2012 年研究生高水平国际化课程全面铺开，共 24 门课程，比例占全课程的 20％。2013 年，探讨"以完善导师负责制为中心、以培养创新人才为前提"研究生培养模式，健全和强化以科学研究为主导的导师负责制（导师资助制），将导师的招生数量与其科研经费，以及对学生的资助结合起来，进一步强化导师在研究生培养中的责任、权利和义务；5 门高水平国际化课程参加研究生院组织评估，辜承林开设的机电动力系统分析与仿真、曲荣海开设的现代电机设计 2 门课程被评为优秀，另有 3 门课程评估为合格。2014 年康勇指导的博士研究生陈宇获全国优秀博士学位论文提名奖；开始设立专项经费开展专业学位研究生校内实习基地的建设工作，"电力系统智能电网动态模拟实验平台建设"项目顺利通过验收。2017 年建设"双一流"建设专业学位研究生高水平实验课建设项目"现代电力系统综合实验"。2018 年圆满完成学位授权点评估工作，坚持"以评促建、以评促改、评建结合"，进一步明确研究生教育的发展目标和定位，建立学科动态调整机制，优化学科结构，凸显学科特色。2018 年研究生国内外交流和科技创新表现突出，2016 级硕士研究生刘爽（指导教师邹旭东）获 2017—2018 年度"百人会英才奖"，研究生参赛队伍（指导教师康勇和陈材）获 GaN Systems 杯第四届高校电力电子应用设计大赛唯一特等奖。2020 年举办首届中国青年电气工程会议（CIYCEE），是电气领域关注程度高、影响力大、学术水平高的青年学者科研交流会议，成为完全由学生组织国际会议的成功范例。2021 年签订 19 家专业学位联培单位，丰富了专业学位研究生双导师资源，为研究生工程发展提供个性化指导奠定了基础。

重视开展实践教学和科技创新活动。2012 年，本科 2009 级提高班学生盛同天获评"湖北省创先争优优秀个人"（全校本科生仅 1 人获得），毕业生王孟哲获评"湖北省大学生创业之星"第一名。2013 年新增桂林电力电容器有限责任公司、江阴市天马电源制造有限公司两个实习基地。在 2013 年第六届全国大学生节能减排社会实践与科技竞赛中，2 名同学获国家级特等奖；在全国大学生电子设计竞赛中，7 名同学获国家级一等奖。2014 年，强化校企合作实践教学，学院和西电集团多次研讨实践教学内容，为本专业学生量身定制生产实习全过程，聘请资深专家现场为学生讲课。2014 年在第七届全国大学生节能减排社会实践与科技竞赛中，2 名同学获国家级特等奖，2 名同学获国家级一等奖；在全国大学生电子设计竞赛中，3 名同学获国家级一等奖。2021 年在第十六届中国研究生电子设计竞赛全国总决赛获技术类竞赛全国一等奖、商业计划书专项赛全国一等奖及最具投资价值奖，林磊、朱东海荣获全国优秀指导老师称号，在第七届中国国际"互联网＋"大学生创新创业大赛总决赛获高教主赛道本科生创意组银奖。

强化思政教育，提升育人实效。2012 年开始实施"班级成长工程"，这是电气学院为加强本科生班级建设而开展学生自我教育管理的成功尝试，它以"学风建设为核心，以班级建设为载体，强化基础工作，完善保障体系"，包括"制定方案、方案审定、实施方案和验收答辩、评比奖励"等环节，同步大力加强了班主任工作。2017 年创建了"传承华工精神，讲好电气故事"活动品牌，每年组织 80 名学生探访老同志，聆听撰写老同志讲述的电气故事，多位老同志党员参加学生党支部的组织生活会班会。2018 年开始深化"班级成长工程 2.0"，推进"荣誉学位培养体系—明德板块"课程方案，开设价值观塑造与实践、领导力培养与实践、职业能力提升与实践课程，并结合"五育并举"不断优化课程。优秀集体和个人不断涌现，学院社会实践队先后获评 2017 年、2019 年湖北省暑期"三下乡"社会实践优秀团队，2019 年"寻找全国百强社会实践队"优秀团队，2021 年"镜头里的三下乡"全国优秀报道团队、全国大学生"千校千项"网络展示奖；90％的班级获评校"优良学风班"，创学院历史新高。电气中英 1803 班团支部获评湖北省"金牌活力团支部"，电气中英 1802 班获评校"胡吉伟"班，电气卓越 1801 班获评校"黄群班"；学生辛亚运、李子博、刘鸿基、刘爽先后荣获"中国大学生自强之星"荣誉称号，杨江涛荣获全国"向上向善好青年"荣誉称号，于子翔、吴荒原、刘爽荣获"湖北省向上向善好青年"荣誉称号，学生辛亚运、李子博获评"长江学子"荣誉称号。积极开展课题和项目研究，承担省部级课题项目2项，其中项目"高校德育实践探索——以荣誉学位明德板块课程为例"获批2019年湖北省高校学生工作精品项目重大资助，结题结果为"优秀"，项目"'电气化＋'大国实业实践育人工作的探索与实践"获批2020年湖北省高校实践育人特色项目资助，并完成中期考核；项目"'三全育人'体系下的班级成长工程"获批2019年校"一院一品"思政工作精品项目，结题评价为优秀，项目"'电气化＋'大国实业实践育人工作的探索与实践"获批2020年校"一院一品"思政工作精品项目，通过中期考核。

·学科建设创一流·

学科建设保持高水平。2013年教育部第三轮学科评估中，我校电气学科排名第二。2017年电气学科在教育部第四轮学科评估结果中获评A。2017年9月，电气工程入选教育部首批"双一流"建设学科。2018年学院ESI高影响力论文成果丰硕，42篇论文入选ESI高被引论文、5篇论文入选ESI热点论文，涉及化学、工程学、材料学、物理学等4个学科领域。2019年12月进行了电气工程学科国际评估，评估委员会专家组宣布华中科技大学电气工程学科通过国际评估，学科涵盖广泛的电气科学和工程研究，已进入世界一流电气工程学科行列。2021年2月14日，电气工程再次入选教育部"双一流"建设学科，进入"一流学科培优行动"建设申请名单，10月20日向教育部学位管理与研究生教育司提交了新一轮的《一流学科建设方案》。学科基地建设取得较大进展，主要有：加速器实验室（大禹楼）2012年2月筹建，2014年底完工，成为回旋加速器相关研究工作的实验基地；应用电子工程系大楼2015年初竣工启用；电气学科大楼2013年开展筹建，2015年8月开工，2017年封顶进入内外装修，2019年4月2日电气大楼全面启用。

脉冲强磁场实验装置性能优异。2011年4月国家脉冲强磁场科学中心获国家发改委和教育部正式挂牌，自行研制的脉冲磁体于2011年11月成功实现 83 特斯拉磁感应强度，使我国非破坏性磁感应强度水平跃居当时亚洲第一、世界第三，2012 年 1 月《人民日报》头版以《用"中国速度"创造了"中国强度"》大幅面给予报道。2012 年磁感应强度达到 86.3 特斯拉，再次刷新国内磁感应强度纪录。依托基地平台，学院承担了一批重要的国家级科学研究任务。2013 年 8 月脉冲强磁场实验装置（PHMFF）成功实现 90.6 特斯拉磁感应强度，9 月脉冲强磁场实验装置全部建设完成，10 月份接受国际评估获得好评，召开了脉冲强磁场实验装置科技委员会会议，11 月份脉冲强磁场实验装置通过教育部科技司组织的工艺鉴定验收。2014 年，脉冲强磁场实验装置（PHMFF）通过国家验收，PHMFF 以其优异的性能成为国际上最好的脉冲强磁场装置之一。2018 年 11 月 22 日，脉冲强磁场实验装置成功实现 64 特斯拉脉冲平顶磁场强度，创造了脉冲平顶磁场强度新的世界纪录。

强电磁工程与新技术国家重点实验室成果显著。2010 年底申报国家重点实验室，顺利通过了科技部初评答辩，2011 年 4 月获准立项建设，科技部等部门领导到我校举行了揭牌仪式，实现了几代电气人的梦想。2012 年度承担各类项目和课题共 61 项，包括国家重点基础研究发展计划（973 计划）、国家高技术研究发展计划（863 计划）、ITER 计划、国家科技重大专项、科技支撑计划、国家自然科学基金等，其中年度新获准国家基金项目和课题 22 项。2013 年强电磁工程与新技术国家重点实验室顺利通过建设验收；主持和参与了包括 973 计划、863 计划、国家科技重大专项、国家 ITER 专项、国家自然科学基金等国家级重大与重点基础研究项目和应用基础研究项目 30 项，与法国阿尔斯通公司、ABB 公司、通用电气公司、西门子股份公司等国际知名企业进行合作研究。2014 年卢新培在《物理报告》(*Physics Reports*) 发表研究成果；袁小明、程时杰院士、文劲宇合作完成的论文《储能技术在解决大规模风电并网问题中的应用前景分析》入选"领跑者 F5000"。2016 年获批"电力电子与传动""电磁理论与新技术"两个特色学科。2016 年卢新培获国家杰出青年科学基金项目，王康丽研究员获国家优秀青年科学基金资助项目。2017 年"电力电子与能量管理教育部重点实验室"和"脉冲功率教育部重点实验室"等两个教育部实验室通过验收。2018 年度国家自然科学基金申报获批自然科学基金 31 项，其中获批创新研究群体项目1项（负责人李亮），是建院以来获批的首项创新研究群体，创造了学院基金申报新的纪录。2016年学院牵头承担的国家重点基础研究发展计划（973计划）项目"大规模风力发电并网基础科学问题研究"6个课题全部通过结题验收，部分超额完成了任务，并取得了创新性成果。2020年在"ITER国际科技顾问委员会"会议上，J-TEXT装置被列为散裂弹丸破裂缓解的四大装置之一，J-TEXT在利用磁扰动实现破裂逃逸电子的完全抑制方面成果突出，为ITER逃逸电子电流的抑制提供了全新的中国解决方案。2019年11月，学院与国家电网联合成立未来电网研究院，开启了以新能源为主体的新型电力系统建设的新篇章，2020年编制未来电网研究院首批项目指南并立项，与国家电网的合作进一步加深，编制"未来电网研究院2021年项目指南"并获批立项。2021年编制学院"十四五"规划方案，5月21日向学校提交了《电气与电子工程学院"十四五"发展规划》。

人才强院战略顺利实施。2011年学院两个项目获准973计划立项，李亮和袁小明分别担任首席科学家，实现了学院973计划项目和973首席科学家零的突破；"脉冲强磁场科学与技术"团队入选教育部创新团队。2012年通过综合改革实施方案启动新的岗位聘任与管理办法；新增教育部创新团队1个；选派8位青年教师赴国外高校和科研院所进行访问学习，依托强电磁工程与新技术国家重点实验室设立34项自主研究课题，资助青年教师开展创新研究工作。2013年开设青年教师论坛，先后邀请胡家兵、陈崇源、徐伟和三名院士开坛论教。2017年袁小明负责的"可再生能源并网消纳"团队入选科技部创新人才推进计划重点领域创新团队，李亮负责的"脉冲强磁场科学与技术"创新团队获教育部滚动支持。2017年卢新培、胡家兵入选中国高被引学者榜单，王璐荣获亚太物理学会首届等离子体物理大会基础等离子体物理组"杰出青年科学家"称号，陈德树荣获顾毓琇电机工程奖。2018年曲荣海基于在可再生能源和电机新理论方面的贡献当选2018年度IEEE Fellow，同时入选IEEE工业应用协会2019—2020年度杰出讲师。2019年陈宇荣获第五届中国电源学会科学技术奖优秀青年奖。2021年杨勇、颜秋容等8名教师获2021年度教育部课程思政师风团队，杨勇获教育部课程思政教学名师；蒋凯获中国电力优秀科技工作者奖,姚伟获中国电力优秀青年科技人才奖;杨勇获宝钢教育奖;梁琳获中国电源领域"最美科技工作者";曲荣海获日本永守基金学术奖。2012—2021年,入选国家级人才计划24人。2011—2021年入选省部级人才计划23人。2013—2021年胡家兵、王康丽、李化、姚伟、李大伟等5位教师获国家自然科学基金优秀青年基金资助。2017—2022年李大伟、孔武斌、曹全梁、周敏、李英彪等5人入选"青年人才托举工程"名单。

学科的国内外影响力持续提升。据不完全统计,电气学院在2000—2021年期间,发起、主办、承办国际国内各类学术会议、学术活动150余次;2013—2020年期间,教师出国参加国际会议计654人次;2002—2022年期间,教师在国际学术组织、学术会议中任职157人次,国内学术组织任职210人次。2017年承办了第六届IET可再生能源发电国际会议(RPG 2017),2021年承担第十三届国际工业应用直线驱动大会(LDIA 2021)等国际学术会议。2018年承办了第五届全国储能科学技术大会、第二届电工学科青年学者学科前沿研讨会,同时在脉冲强磁场、磁约束核聚变、粒子加速器等方面承担了多个系列的前沿研讨会议。2020年,依托我校电气工程学科建立的IEEE PELS武汉分会获评国际电气电子工程师学会电力电子学会2020年度最佳分会,这是自该奖项设立以来首次由中国内陆地区分会获得。IEEE与强电相关的4个主要分支机构(IAS、PES、PELS和IES),相继依托我校电气工程学科建立了武汉分会。

·社会服务显担当·

承担多项国家重点研发计划项目。2012年袁小明牵头973计划项目和国家重大科学研究计划项目;曲荣海参与863计划项目和国家科技支撑计划项目。2016年国家重点研发计划正式启动,学院即有重大收获,有2个项目、12个课题、15个子课题获批,经费超3亿元,其中主要由我院教师樊宽军、秦斌、谭萍参与,以华工科技为申报单位的项目"基于超导回旋加速器的质子治疗装备研发"获批经费约1.9亿元;于克训牵头的项目"带电粒子'催化'人工降雨雪新原理新技术及应用示范(天水计划)"经费总额为7500万元;李亮牵头的项目"脉冲强磁场先进实验技术研究及装置性能提升"获中央财政支持费用为 2250 万元。2018 年度国家重点研发计划获批项目数创造新纪录，共获批项目 7 项，课题 6 项，课题参与若干项，获批经费过 1.2 亿元，其中"磁阱型磁压缩聚变装置的概念设计与关键技术预研"（负责人张明）项目经费 4541 万元，"液态金属储能电池关键技术研究"（负责人蒋凯）项目经费 3151 万元，"基于托卡马克位形优化的新方法探索"（负责人江中和）项目经费 1463 万元。

科学研究成果丰硕。2012 年"基于广域电压行波的复杂电网故障精确定位技术及应用"项目（尹项根、张哲、陈德树等完成）获得国家技术发明奖二等奖；无刷双馈电机、激光自备电源系统、电磁发射系列关键技术、超大容量断路器等多项重要成果通过专家鉴定或相关部门验收，获评为"国内外首创""国际领先"等。2017 年，获得国家科学技术进步奖二等奖 1 项，教育部科学技术进步奖 1 项，湖北省技术发明奖 1 项、科学技术进步奖 1 项，中国专利优秀奖 2 项。"强电磁环境下复杂电信号的光电式测量装备及产业化"项目获国家科学技术进步奖二等奖（华中科技大学为第一完成单位，李红斌、陈庆为完成人），内部公示项目获批教育部科学技术进步奖一等奖，"磁场调制永磁同步交流伺服电机关键技术及应用"项目获湖北省科学技术进步奖一等奖，"辐照加速器电子束磁位形控制扩散技术与装置"项目获湖北省技术发明奖一等奖，"一种用于辐射加工的电子束扩散装置"获第十九届中国专利优秀奖，"一种直流输电继电保护整定预备量的获取方法"获第十九届中国专利优秀奖。2018 年度获得国家科学技术进步奖二等奖 1 项，教育部科学技术进步奖 1 项，湖北省科学技术进步奖特等奖 1 项、一等奖 1 项。内部项目获国家科学技术进步奖二等奖（专用项目，第一完成单位），是学校首个内部项目国家奖。内部项目获批教育部科学技术进步奖一等奖，"脉冲强磁场国家重大科技基础设施"项目获湖北省科学技术进步奖特等奖，"高频三维磁场调控磁约束聚变托卡马克磁流体不稳定性关键技术及应用"项目获湖北省科学技术进步奖一等奖。2018 年度科研研究工作取得新的重大突破，9 月 17 日潘垣和何俊佳、袁召等在南方电网重大科研攻关项目"大容量短路电流开断装置研发及工程应用"，在西安国家高压电器产品质量监督检验中心成功通过 100 kA 级短路电流开断试验，使我国 220 kV 系统用高压断路器的开断容量指标达到国际最高水平。2019 年，获得国家科学技术进步奖一等奖 1 项、二等奖 1 项，教育部科学技术进步奖 1 项，湖北省科学技术进步奖特等奖 1 项。"脉冲强磁场国家重大科技基础设施"获国家科学技术进步奖一等奖（第一完成单位），内部项目获国家科学技术进步奖二等奖（专用项目，第一完成单位）；内部项目获批教育部科学技术进步奖一等奖，"大规模不确定性可再生能源的电网主动消纳关键技术及应用"项目获湖北省科学技术进步奖特等奖。2021 年学院一项成果获得国家科学技术进步奖二等奖（专用项目，第一完成单位），该项成果解决了制约我国重大装备发展的"卡脖子"难题，整体技术达到国际先进水平，为提升我国重大装备技术水平做出了重要贡献；"高转矩低脉动直驱永磁电机关键技术及应用"项目获湖北省科学技术进步奖一等奖。

七十载风雨兼程，七十载薪火相传。从新中国成立之初的百废待兴，到改革开放的迅速腾飞，再到新时代的突破创新，一代代华中大电气人始终将时代责任作为自己的使命与担当，为新中国电力工业的创建和发展做出卓越贡献，为中国电气工程的蓬勃发展汇聚力量。

（电气学院　朱瑞东　崔玥琦）

电子信息与通信学院——
肩负承重墙学科责任　六十二年电信英才辈出

栉风沐雨，薪火相传；春华秋实，继往开来。在国家从工业化迈入信息化的过程中，通信与电子信息理论及专业技术的作用犹如建筑大厦的承重墙。华中科技大学电子信息与通信学院（简称"电信学院"）建院 62 年来，全体师生员工团结拼搏、砥砺奋斗，与时俱进、开拓创新，瞄准国家重点领域，服务国家战略需求。本学科群有幸承担并完成国家基础研究重大课题、863 计划重大课题、国家重大专项、部委重大项目等，通过科研同步推进教学改革与社会服务，创造了一系列重大成果。学院不断推进教学改革、课程优化、实验基地建设和科研攻关，在不同阶段都为信息化建设做出了开创性贡献。学院培育了近两万学子英才，孕育出一大批具备"导演级"的信息与通信系统基础层知识结构与全局观的人才，如中国科学院院士朱中梁，中国工程院院士罗锡文，加拿大皇家科学院院士、加拿大工程院院士王舟，微信创始人、腾讯公司高级副总裁张小龙，全国工商联副主席、高德红外董事长黄立，vivo 公司创始人、总裁沈炜等。

六秩芳华，弦歌不辍。电信学院在长期的办学育人过程中，始终坚持"为党育人，为国育才"的初心使命，与共和国科教事业发展的脉搏紧密相连、同频共振。电信学院始建于 1960 年，创立之初为华中工学院无线电工程系，1985 年改名为电子与信息工程系，2014 年 11 月撤系设院更名为电子信息与通信学院。岁月如梭，而今回眸，电信学院拥有引以为豪的院史，是一代代电信人接续奋斗、团结拼搏的结果。2022年国际泰晤士高等教育发布第三版中国学科评级，学院牵头建设的信息与通信工程学科位列A＋，参与建设的电子科学与技术学科同为A＋。

·筚路蓝缕，艰苦创业，奠定发展基石·

1960年9月，学校决定，将无线电电子学系一分为二，成立无线电工程系和自动控制与工程数学系。学院前身无线电工程系（简称"无线电系"）从此正式创建，是我校信息学科发展的源头。

九层高台，起于累土；行远自迩，创业维艰。无线电系诞生于国家三年困难时期，系里的老师们凭借着对革命工作的满腔热忱和对教育事业的无比热爱，在当初一穷二白的艰苦条件下攻坚克难，不懈摸索，完成专业设置，创建了完整的本科教学体系与实验基地，并于1963年开始招收无线电技术专业研究生，为日后的发展奠定了基石，为新中国的建设培养了大批紧缺的专业人才。

1970年初，全国彩色电视湖北攻关组在无线电系成立，黄载禄等一批骨干教师参加攻关会战，完成了电视中心控制立柜和摄像机等系统的研制，并参加了在北京举办的全国彩电攻关成果展，拉开了无线电系承担大型科研项目的序幕。

1971年至1977年期间，无线电系由万发贯任组长，朱耀庭、黄载禄任副组长，组织全系一批骨干教师，集中精力完成国家下达的大型数字移动对流层散射通信机的研制。该项成果中的"时频编码技术"获1978年全国科学大会奖。此次研制充分锻炼了教师队伍，为创办通信工程专业创造了条件。

·抢抓时机，锐意改革，入主流上水平·

1978年以来，乘着改革开放的春风，在"敢于竞争、善于转化"办学方略的指引下，无线电系迎来了"入主流、上水平、更好更快发展"的大好时期，迸发出前所未有的生机和活力，在学科布局、学位与研究生教育、学生专业素质与能力培养、科技创新及成果转化等方面均取得重大突破。

作为改革开放的先声，1977年全国恢复统一高考招生制度，无线电系（当时称电子工程一系）两个专业均在全国招生，学制四年。1979年1月，学校成立图像识别与人工智能研究所，无线电系万发贯教授任首任所长，朱耀庭、李志琳、林士杰教授任副所长，为学校图像所的发展奠定基础。1981年，经国务院学位委员会专业评审，无线电系获得全国首批通信与电子系统专业博士学位授予权，同时获得该专业硕士点，万发贯成为该博士点第一位博士生导师，这是对无线电系办学实力特别是学科建设水平与人才培养条件的高度肯定，成为学院发展史上一个重要的里程碑。

1985年，无线电系更名为电子与信息工程系。当时的电信系领导班子认真分析当时国内外相关学科发展形势，结合实际做出一系列改革举措：课程体系由以"电路"课程为主向"系统""网络"发展；由"模拟"向"数字""集成"发展；由只重视硬件向软、硬件并重发展，加强计算机课程内容；更加重视科研工作，要求教学、科研协同发展，拓宽科研领域；改革实验教学的内容和手段，将全系几个由专业教研室开办的验证式实验室集中起来成立"中心实验室"，实行开放式管理，在教师指导下由学生自行设计、实验，开设"电子线路设计与测试技术"实验课，提高学生实际动手能力，为培养创新型人才打下基础。

1985年，全国首批"少年班"在校招生，电信数理提高班由此创建，开启了电信学院拔尖创新人才培养的新征程。1993年，电信系获批电磁场与微波技术博士学位授予点，漆兰芬成为该博士学位点首位博士生导师，进一步增强了办学声誉与实力。电信系是较早设立博士后流动站的单位之一：1991年6月，通信与电子系统博士后科研流动站建立；1998年，在强手如林的竞争中，电信系获批信息与通信工程及电子科学与技术两个一级学科点和两个博士后流动站，标志着电信系在人才培养和科学研究上再上新台阶。电信系较早推行"走出去，请进来"的国际化办学策略，开展与美、德、英、澳等国家和地区的学术交流与合作，开办留学生教育，成为又一大办学亮点。

电信系历来以"敢啃硬骨头"的拼搏精神勇担高水平科技自立自强使命。黄铁侠教授负责的师生团队多年攻关红外成像技术，研究水平达到国内领先、国际同步水平，相关成果获 3 项部级科学技术进步奖二等奖。1985 年成功研制智能化红外电视系统。国务院原总理、时任国务院副总理李鹏曾在国家仪器仪表总局举行的科技攻关成果展示现场，详细询问该团队研发的红外成像系统性能及应用情况。原国务委员兼国家教委主任李铁映来我校视察时，在南一楼实验室现场详细了解红外技术研究成果。

20 世纪末，电信系执行电子工业部下达的任务，投身一次重大科研战役。黄载禄教授担任科研组组长，全系 70 余名师生与电子部第五十四研究所合作承担研制开发工作。在两年日以继夜的科研攻关中，师生们大胆创新、忘我工作，经常顾不上吃饭，通宵达旦，克服了常人难以想象的诸多困难，终于完成了繁重的软硬件工作任务，于 1995 年 4 月 8 日顺利通过了国家鉴定和验收。该成果是电信系师生们心血汗水与坚强意志的结晶，是我国通信行业发展中攻坚克难的真实缩影和生动写照，它打破了外国人长久以来对电信网统一维护核心技术的垄断，是我国自主数字通信产业的起点，获电子部 1995 年科技进步特等奖。《人民日报》《光明日报》在同年 6 月 20 日分别以《创新之路》《争气的 601 大程控》为题，作头版头条报道，誉之为"民族工业的骄傲"。这一成果在学校和电信学科的发展历史上写上了浓墨重彩的一笔，激励一代代华中大电信人在创建世界一流大学和一流学科的道路上奋勇争先、砥砺前行。

1978 年至 1999 年，电信系还承担和完成了一大批国家重大科研项目、省部级科研任务、校企合作项目，获得国家科技进步三等奖、省部级科技进步一等奖等诸多奖励，科研实力日益雄厚。

电信系敢为人先，通过有组织地产学研合作解决行业重大关键共性技术，在校企合作和科研成果转化方面一直走在前列。1990 年，张肇群等人创建华工科技图像公司，成为华工科技上市的重要子公司。601 开发成功后即积极落地孵化出成果转化应用基地金鹏公司，国务院原副总理、时任国家计委主任曾培炎同志，时任全国政协副主席胡启立同志都曾参观金鹏公司成果展并予以高度评价。

·教研并重,特色鲜明,结出累累硕果·

21世纪之初,电信系全面加强党的领导,实施推进"党旗领航工程","围绕中心抓党建,抓好党建促发展",在学科建设、学院发展上书写奋进之笔。2006年系党总支被湖北省委高校工委表彰为先进基层党组织。在人才培养上,继承学院教学工作的光荣传统和独特优势,着力打造质量工程,大力推进教学改革与创新,争做教育教学排头兵:连续三届获得国家教学成果二等奖,严国萍教授获得国家级教学名师称号,刘玉教授获全国师德先进个人称号,电工电子科技创新中心(电子)获国家首批电工电子实验教学示范基地,2007年电工电子教学团队获批为国家级教学团队,其教学改革成果走在全国前列。2007年,全国首批"大学生科研训练计划"源于刘玉教授负责的Dian团队的项目制。2009年11月,中共中央政治局原委员、国务院原副总理,时任国务委员刘延东同志来校视察该团队,高度肯定其创新型人才培养特色并题词——将科研、教学、团队合作与创新人才培养相结合,是一种有益的探索。

学院秉承科研要走在教学前面的办学思路,始终坚持以学科建设为龙头,促进全面持续发展。经过几代人的不懈努力,从创办初期的无线电技术单一专业,发展为集电子与信息工程领域多个方向为一体的学科基地,在宽带无线多媒体通信技术、现代信息处理技术、互联网技术与工程、图像图形与多媒体处理、微波与探测技术、空间信息技术和生物信息技术等研究方向上形成鲜明特色。获批6个二级学科(博士点)。2007年,通信与信息系统二级学科获得国家重点(培育)学科。2008年,信息与通信工程、电子科学与技术获得湖北省一级重点学科。积极推进平台建设:成功申报国家防伪工程技术研究中心并在科技部验收中被评为优秀,电工电子教学基地顺利通过教育部验收被评为优秀,新建智能互联网技术湖北省重点实验室,参与申报下一代互联网接入系统国家工程实验室成功。

在科学研究上,瞄准学术前沿,直面国家重大战略需求,主动服务国民经济和国防建设主战场。朱光喜团队和武汉汉网高技术公司联合承担并完成国家 863 计划重大课题"宽带无线 IP 技术",昭示宽带无线通信主流发展方向,中共中央政治局原常委、全国政协原主席,时任中共中央政治局委员、湖北省委书记俞正声同志参观此项科研成果。相关课题"基于 IP 的宽带移动多媒体通信新技术"获得湖北省技术发明奖一等奖。王宏远等承担的"基于 HFC 和 IP 混合网络的互动电视系统"获得湖北省科学技术进步奖一等奖。胡修林等人的科研成果多次应用于"神舟"飞船工程。2006 年,电信系中标广东科学中心"数码世界"展览展示项目,总经费高达 2460 余万元,创当时我校单项科研经费最高。相关课题"广东科学中心建设与管理的创新实践"获广东省科学技术奖特等奖。

·追求卓越,破浪远航,建设一流学科·

进入新时代,电信学院以习近平新时代中国特色社会主义思想为指导,深入学习贯彻习近平总书记有关教育工作的重要论述,全面贯彻党的教育方针,坚持和加强党的领导,坚持社会主义办学方向,落实立德树人根本任务,聚力内涵式发展,与时俱进,改革创新,加速建设一流电信学科、卓越电信学院。

——强化政治引领,以党建促发展成效显著

学院党委始终将政治建设作为根本性建设摆在首位,提高政治站位和政治能力,把握正确的政治方向,充分发挥党委政治核心与保障作用,落实全面从严治党要求和新时代党的组织路线,认真抓好党建和思想政治工作,扎实开展巡视整改工作,将党的教育方针和上级决策部署贯彻落实到学院办学各方面全过程。学院党委建立健全学习教育长效机制,以此为抓手为全面推进学院高质量发展赋能提效;加强教师党支部书记"双带头人"培育,推进师生支部共建,落实党委委员、党建导师联系指导学生党支部;制定并落实课程思政书记"亮点工程"方案,三次获批学校思政专项课题一类课题,课题成果两次荣获学校一等奖。2021 年学院教学实验中心党支部获评湖北省高等学校先进基层党组织。

——健全引育机制，教师队伍建设成绩斐然

学院坚持党管人才，推行"以人为本，人才兴院"战略，把人才工作放在中心工作突出位置。采取引育并举，建立适合本学科情况的人才培养和引进机制，出台《电信学院人才引进奖励办法》，发动全院教师积极参与人才引进工作，逐步形成团队负责人参与的引育机制。积极开拓渠道，利用东湖论坛等引才平台加大海外优秀人才的引进力度，优化学缘结构，统筹学科建设需要和年龄层次，形成人才梯度。重点支持以学科重点发展方向组建核心团队，充分发挥人才特别是学术带头人在推动学院发展中的重要作用。通过人才引进、队伍优化、自主培养等措施，学院师资队伍中有海外博士学位或海外留学背景的教师数量不断增加，师资结构进一步优化，教师队伍的整体水平得到很大提升。

——落实根本任务，人才培养质量稳步提升

学院党委始终把思想政治教育放在人才培养首位，贯彻"以学生为中心"的工作理念，扎实做好学生思想政治工作，在党建育人、实践育人、资助育人、就业育人等方面做了一系列有益探索。班风学风建设成效显著，提高2001班获评校"黄群班"荣誉称号，实现学院荣誉班级建设的突破；积极利用专业优势，将信息技术融入学生管理，学生思政工作案例获评全国高校思政工作案例一等奖。

电信学院狠抓本科生和研究生教学工作，不断发挥人才培养新优势。坚持"科教合一"的教育理念，突出红色思想进课堂、一流教授进课堂、科技前沿进课堂，致力于为国家培养又红又专的创新人才，培养模式获全国研究生教育成果奖。学院建成了特色品牌专业、2个国家一流本科专业建设点、3门国家精品课程、3门国家级精品资源共享课、3门国家级精品MOOC课程、2门国家级来华留学英语授课品牌课程、4部国家级"十二五"规划教材，相关指标在第四轮学科评估中居全国高校第二位。由于在教材建设方面的突出成绩，学院获学校推荐申报全国首届教材建设奖先进集体，并持续加强国家电工电子实验教学示范中心建设，为全校相关学生提供高质量实验教学。不断深化教育教学改革，突出"厚基础、宽口径"

要求，完善培养方案，优化课程体系，更新教学内容，提高课程质量，扩大课程可选择性，素质教育和专业教育水平再上新台阶。

——优化学科布局，学科优势特色鲜明彰显

学院坚持基础研究与应用研究并重，以战略性、前瞻性、基础性研究和原始创新为突破口，紧盯瞄准学科领域国际发展前沿和国家及区域战略需求，不断凝练学科方向，推进学科交叉创新，以"感知＋智能＋通信"为架构，围绕"感通算一体化"，以通信为核心，面向"感—通—算—控"一体化复杂巨系统，在传感器与物联网、图像与计算机视觉、智能感通算一体化、复杂环境下的电磁感知等方面持续发力，构建一支能顶天、可立地的信息与通信工程学科专家队伍，大力培育一批在国内外具有重大影响力的科技领军人才，积极产生一批有代表性的学术成果、科技攻关成果。形成了短距无线通信、绿色宽带移动通信网络、天地一体化信息网络、计算机视觉与深度学习、新型传感与协同探测、目标与环境电磁信息高效获取、防伪与网络安全等多个与国际前沿接轨，具备相当竞争力的研究方向。学科平台建设成绩突出，目前已建成 2 个国家级基地和 5 个省部级平台，同时参与建设 4 个国家级基地，还拥有国家级实验教学示范中心。国家绿色通信与网络国际联合研究中心在科技部 2021 年度评估中获评优秀，是全国信息与通信技术领域唯一获评优秀的国际科技合作基地；先后牵头成立中国图象图形学学会图象视频处理与通信专业委员会和中国通信学会短距无线通信专业委员会。通信工程学科国际排名逐年上升，2021 年位列软科世界一流学科排名全国第 7、全球第 9，是学校 3 个进入世界前十的学科之一；在 2021 年软科中国大学专业排名中学院电子信息工程专业和通信工程专业均获评 A＋。学院为学校计算机学科进入 ESI 排名 1‰ 做出了显著的贡献。

——坚持"四个面向"，科技创新能力日益增强

学院注重科学研究的"四个面向"，承接国家重点科研项目的能力显著提升，科研经费近两年实现两级跳，实现牵头重点研发计划项目零的突破和 3000 万级大项目零的突破。科技奖励方面获得国家技术发明奖二等奖、湖北省科学技术进步奖一等奖、中国图象图形学学会自然科学奖一等奖等重大奖项。学院科研成果亮相国家"十三五"科技创新成就展。代表性学术论文质量不断提高，高被引论文和热点论文不断涌现；学院两项科研成果入选学校"华中科技大学重大学术进展"。尹海帆教授研究团队自主研制的智能超表面无线通信原型系统成功打破业界性能记录，相关技术科普作品经院士评选获评中国工程院创新潜力奖男士组第一名。刘文予、王兴刚等老师提出的十字交叉注意力（CCNet）方法被 DeepMind 等单位应用来解译蛋白质序列的探索，相关成果发表在 *Nature*，被 Alpha Fold 应用。学院以攻克"卡脖子"核心技术难题为己任，把文章写在了祖国大地上：全程参与国之重器北斗卫星导航系统研制工作，参与制定 4 项北斗卫星导航标准，在贡献高校中排名第一。加强加快科研成果转化：应急视频通信技术、应急救援装备在中国国家应急广播中集成应用，完成国内 11 省整体部署，覆盖国土面积 72%；与我国通信、人工智能等领域头部企业共建联合创新中心 16 个，核心技术集成于华为、中信科、长城信息等企业的核心产品中并服务全球通信基建，应用于金融、防伪等 26 个行业和大兴机场等一大批国家重大工程。学院成果实现规模化出口，科技抗疫成果在我国抗击新冠肺炎疫情早期、湖北省复工复产、校园常态化防疫等各阶段发挥了关键作用，受到孙春兰副总理的肯定和《焦点访谈》等中央媒体新闻栏目重点报道；尤新革团队多项防伪技术研发成果助力"两个奥运"。

——推动互容互通，擦亮国际化办学金名片

国际交流合作是电信学院的一大办学特色和优势。学院承接了教育部、商务部等合作项目，开展成建制的本、硕、博国际学生培养，境外来院学习交流学生人数全国领先。在通信工程本科和信息与通信工程专业硕士全英语教学培养方面处于国内领先位置。第四轮学科评估境外学生来院学习交流指标位居全国第二位。在教育援外工作中勇于担当、不断开拓进取，留学生培养质量持续提升，先后荣获湖北省教学成果一等奖、国家级来华留学英语授课品牌课程 2 门、省级品牌课程 1 门。为应对疫情，在国际平台上线 3 门课程供世界各国大学生进行在线学习。2017 年获批商务部援助发展中国家"信息与通信工程"硕士学历学位项目，是学校第一个也是目前唯一一个承担商务部援助发展中国家学历学位教育项目的培养单位，为全球尤其是"一带一路"沿线国家培养大批量信息与通信工程领域高水平人才。2020年依托通信工程来华留学教学示范基地成立了华中科技大学来华留学大工科教学基地，进一步促进专业建设、提升来华留学生培养质量。学院埃塞俄比亚籍2019级博士研究生王兴发布了首个阿姆哈拉语场景文字检测与识别综合公共数据集和初步算法解决方案，助力东非国家在办公、交通、旅游等相关领域的数字化智能化转型，埃塞俄比亚大使馆为此向学校致函感谢。

学院稳步推进国际合作交流。与美国、新加坡、澳大利亚、德国、挪威、荷兰等国家和地区的多所大学有稳定的合作关系。拓展对外交流渠道，积极举办国际会议，持续加强国际项目合作。积极参与国际电信联盟的标准制定和推广工作，牵头申报、成功获批成为国际电信联盟学术成员，为学校师生参与制定电信标准、开展国际电信学术交流提供平台。大力搭建有实质内容的国际合作与科研平台，建设国家绿色通信与网络国际联合研究中心和信息物理鉴伪与电子溯源国际合作平台等国际科研平台2个，牵头承担的国际合作项目29项，其中国家重点研发计划国际合作专项5项，全校共20余项，占全校1/5；2021年是全校获得欧盟项目最多的学院，牵头新获批国际标准3项，新提交国际标准1项。

忆往昔，峥嵘岁月情怀如歌；看今朝，信息科学一日千里。云清枝劲挺，秉志造葱茏。建功新时代，开启新征程。在建校70周年新的起点上，电信人将传承学院老一辈团结协作、勇于创新的优良传统，敢于竞争、善于转化，踔厉奋发、笃行不怠，始终坚持站在立德树人、科技创新的最前沿阵地，向着世界一流的学科建设目标，乘风破浪、勇往直前。

（电信学院 郑小建 陈世英 张轶）

人工智能与自动化学院——
智能赋能领未来　奋楫笃行谱新篇

50年历史，汇聚汗水，在求索和追寻中熔铸；50年征程，凝聚心血，在责任和担当中砥砺；50年孕育，传承精神，在奋斗和奉献中淬炼。人工智能与自动化学院一路走来，在追求中发展、在发展中提高、在提高中相传，努力在控制科学与人工智能领域贡献华中大力量。

多年来，学院聚焦国家战略需要，坚持高标准、高定位、高水准谋划学院发展，现拥有多谱信息处理技术国家级重点实验室、中国测控技术"一带一路"联合实验室、图像信息处理与智能控制教育部重点实验室、高等学校学科创新引智计划"计算智能与智能控制"学科创新引智基地等科研平台。学院逐步形成了鲜明的学科特色，孕育了浓厚的"AUTO"文化精神，展现出勃勃生机与旺盛活力，在人才培养、学科建设、社会服务、开放交流等方面均取得了跨越式发展，铸就了一个又一个里程碑。

· 立足国情需要，夯实发展基石 ·

早在1956年，华中工学院就设立工业企业电气化及自动化专业，富有远见的领导集体预见了控制学科在国家建设中的作用和地位，不失时机地抽调无线电工程系的自动控制专业、电力工程系的工业企业电气化及自动化专业、动力工程系的热工仪表专业骨干教师，于1973年组建成自动控制系，设自动控制、电子计算机、工业企业电气化及自动化、热工仪表等 4 个专业，由陈珽教授出任系主任，钱衡弼同志出任党总支书记，当年秋季即招收首批学员 160 余人，成为国内高校中较早从事自动控制工程教学和研究的单位之一。

1978 年，在举国上下改革开放、科技兴国的背景下，教育部批复在华中工学院成立专门的科研教学机构——"图像识别与人工智能研究所"，直属学校领导。图像所成立之初就瞄准国家重大需求，充分利用我校多学科交叉和人才优势，针对国家某重大科技工程在智能信息处理领域的"卡脖子"技术开展科技攻关，20 世纪 80 年代又与八机总局（后改为航天部）签订了联合共建协议，承担了一系列我国航天装备关键技术攻关任务，成为全国最早将人工智能技术服务于国家发展战略的单位之一，具有鲜明的研究特色和技术优势，为后续获批图像信息处理与智能控制教育部重点实验室和多谱信息处理技术国家级重点实验室奠定了坚实的基础。

经过多年发展，1998 年，自动控制系更名为控制科学与工程系，并成为首批获控制科学与工程一级学科博士学位授予权的院系。从此，一代代"控制学人"聚集在这个新兴的学科领域，教书育人，辛勤耕耘，探究控制规律，解决应用难题；一届届青年学子慕名来到他们向往的学术殿堂，求学问道，放飞理想，学习基础理论，训练实践技能。他们践行"学校既是教学中心，又是科研中心"的办学思想，以人才培养为宗旨，用学科建设带动各项工作的发展，靠求真务实创造一项项工作业绩，用拼搏进取谱写一篇篇历史华章，在前进路上留下一串串深深的足迹。在控制科学与工程系和图像识别与人工智能研究所的共同建设下，2007 年，控制科学与工程一级学科被教育部认定为国家一级重点学科，2012 年，控制科学与工程学科在教育部学科评估中名列全国第 7。

伴随着华中大的成长与发展，2013 年，为适应学科统一布局的需要，按照现代大学制度要求，学校整合控制科学与工程系、图像识别与人工智能研究所，组建华中科技大学自动化学院，开设自动化、测控技术与仪器、物流管理 3 个本科专业，控制理论与控制工程、检测技术与自动化装置、系统工程、模式识别与智能系统、导航制导与控制 5 个工学硕士点、博士点，系统分析与集成 1 个理学硕士点、博士点及控制科学与工程博士后流动站，形成本科、硕士、博士、博士后完整的人才培养体系。2019年，自动化专业获批首批国家一流本科专业建设点。

·抢抓战略机遇，推动快速发展·

习近平总书记指出："人工智能是新一轮科技革命和产业变革的重要驱动力量，加快发展新一代人工智能是事关我国能否抓住新一轮科技革命和产业变革机遇的战略问题。"面对新形势、针对新要求、聚焦新使命，为充分整合学校人工智能领域研究力量、抢抓新一代人工智能发展的重大战略机遇、推动人才培养和相关学科快速发展，2019年，学校决定以自动化学院为基础，成立人工智能与自动化学院、人工智能研究院。2020年，学院获批人工智能交叉学科博士学位授权点。至此我校成为全国前三所拥有"人工智能"本科、硕士到博士完整人才培养体系的高校之一。

——抢抓机遇，努力做人工智能研究的引领者

进入新发展阶段，人工智能与自动化学院踔厉奋发，面向国家重大战略发展和国际前沿发展需求，努力打造产学研高效协同知识创新体系。聚焦多谱自动目标识别的信息处理领域，依托多谱信息处理技术国家级重点实验室，研究成果已应用于我国各类重大、重点的成像精确制导武器和遥感卫星装备中；图像信息处理与智能控制教育部重点实验室已形成以计算机视觉、系统工程与控制理论为特色的发展模式，发表了一系列 ESI 高水平论文；参照国家重点实验室建设的国家对外科技合作创新最高级别平台——中国测控技术"一带一路"联合实验室，旨在贯彻落实习近平总书记在"一带一路"国际合作高峰论坛的重要倡议精神，是科技部 2021 年公布的第三批"一带一路"联合实验室之一，也是湖北省唯一一家依托高校牵头建设的联合实验室。

随着科研平台不断完善，学院在图像分析与理解、多维信息测量与感知、生物信息处理与认知计算、复杂系统分析、优化与决策、智能控制与自动化系统等方面硕果累累。近五年发表 SCI 论文 1500 余篇，完成各类科研项目 900 余项，到账经费达 8.5 亿元；承担国家重大专项、国家重点

研发计划项目、国家自然科学基金重点项目等国家级重大项目160余项，其中千万级项目12项；牵头项目先后获得国家科学技术进步奖二等奖1项，省部级科学技术奖一等奖9项，参与项目获得国家科学技术进步奖特等奖1项、二等奖2项，获得专利660余项。

——打造特色，努力做人工智能发展的创新者

学院注重基础研究与应用研究并重，打造学科发展核心竞争力，为我校ESI排名做出突出贡献。

学院现有自动化和人工智能2个本科专业，2022年新增智能医学工程本科专业。设有人工智能本硕博贯通班、人工智能创新实验班、自动化卓越计划实验班。结合人工智能领域学科前沿和重大应用需求，注重培养高层次、复合型、国际化的人工智能和自动化科学人才。

学院以培养"有理想追求、有健全人格、有责任担当"的人工智能与自动化领军人才为目标，着力构建"学校—教师—学工—社会—学生"五位一体的全员育人体系，形成了"全员育人、自主管理、学风优良"的学生工作特色，已培养出如叶荫宇（斯坦福大学终身教授、冯·诺依曼奖获得者）、吴伟仁（中国工程院院士、探月工程总设计师）、徐涛（中国科学院院士、中国科学院大学副校长）、田玉龙（工信部党组成员、总工程师）、周杰（国家"杰青"、清华大学研究生院院长）、黄铁军（"长江学者"特聘教授、国家"杰青"、北京智源人工智能研究院院长、北京大学人工智能研究院副院长）、胡厚崑（华为轮值董事长）、漆远（蚂蚁金服原副总裁）、惠晓君（网易执行副总裁）、寇伟（中国大唐集团原董事长）、吕有名（曼伦集团董事长）等在内的一大批杰出校友，在各行业各领域为祖国的建设与发展做出突出贡献。

学科教学成果显著。2019年，"控制科学核心基础课程教学团队"获湖北省省级教学团队；2020年，自动控制原理课程获评线上线下混合式一流课程；2020年，学院获"华中科技大学'三全育人'综合改革示范院系"；2021年底，学院申报的教学成果《"双育统一、铸魂强能"的自动化专业栋梁型人才培养模式的构建与实践》获学校推荐申报湖北省教学成果一等奖资格。学院积极完善人工智能培养体系，与出版社合作，组织专家开展人工智能系列教材编写，推出人工智能专业培养方案。近年来高考招生录取分数攀高，已进入学校"领跑"专业分数段。

——勇担使命，努力做人工智能产业的服务者

为促进控制科学与工程一级学科的研究水平和国际竞争力，学院依托"111引智计划"计算智能与智能控制学科创新引智基地，聘请世界名师作为讲座教授。近3年举办国际学术会议6次，连续3年主持召开品牌学术会议"中国光谷·人工智能大会暨企业家高峰论坛"，特邀报告50余场，邀请多位国际知名专家学者来学院讲学，每年数名海外知名大学教授来学院工作一个月及以上，进入本科生和研究生课堂讲授课程。学院先后与美国佛罗里达州立大学等高校签署"3+2"联合培养协议，每年组织选拔近百名优秀本科生前往牛津、剑桥、斯坦福等海外一流名校交流访问；疫情常态化形势下，学院引入剑桥大学线上课程，开拓学生视野，学院国际化教学水平不断提高。

为进一步增强社会服务实效，学院建立了我国唯一从事国民经济动员仿真演练研究、开发及服务工作的国家级动员中心——"国家国民经济动员仿真演练研究中心"。该中心成果在5个省级及18个地级行政区域经济动员管理部门的动员工作中发挥了重要作用，促进了国民经济动员科技水平提升，累计节约成本9074万元，培训动员管理骨干2000余人，创造了显著的社会效益和一定的经济效益。2018年至今，学院先后与武汉高德红外股份有限公司、中船重工第七〇一所、海尔集团、凌云科技集团、中国航天三江集团有限公司、百度公司、华为公司、搜狗公司、上海联影医疗科技股份有限公司等一批知名企业单位达成战略合作，共建实习实践基地或技术研发中心。

· 赓续初心使命，开创崭新格局 ·

面对新的发展机遇与挑战，人工智能与自动化学院让初心薪火相传，把使命永担在肩，在落实立德树人根本任务方面取得了长足进步。

党旗领航卓有成效。学院党委坚持以习近平新时代中国特色社会主义思想为指导，坚持"两个确立"，做到"两个维护"，始终不忘立德树人初心，牢记为党育人、为国育才使命。坚持实施"党旗领航·五项行动"，以班子建设为关键，提升领导能力；以支部建设为重点，提升基层组织力；以思政体系建设为切入点，提升工作实效；以制度建设为统领，提升治理效能；以推动党建业务有机融合为目标，破解"两张皮"，为学院"双一流"建设提供了坚强的政治保证、思想保证和组织保证。近年来，学院党委多次被评为校先进基层党组织，有20多个师生党支部和数十名师生党员获评校先进党支部、研究生样板党支部、优秀党员、先锋党员，涌现出青年五四奖章个人获得者、研究生党支部书记标兵与团队、西部支教毕业生代表等一批先进典型。

以本为本扎实推进。坚持课内课外融合、理论实践融合、人格完善和专业教育融合的培养理念，立足于高端人才供给和科学技术创新的双重使命，形成了本硕博贯通的人才培养特色，努力塑造一流创新型人才。传承"学在自动化"的精神风貌，建设"AIA学堂"和"风采班级计划"等学院思政工作品牌工程，优良学风班获评比例连续多年达90％以上，稳居全校理工科前三。62％的毕业生在国内外一流高校攻读研究生。学院与华为、百度等数十家企业签订战略合作协议，打造产学研协同培养人才体系。

学术成果不断涌现。研究生培养已初步构建包含多元化优质生源选拔、规范化培养过程监督和高标准学位论文审核等全过程的研究生质量保证体系，研究生培养质量逐年提高，创新性学术成果不断涌现。近三年，学院发表的945篇SCI论文中，研究生"一作"论文752篇。此外，研究生斩获CVPR、ICCV、ECCV等计算机视觉领域会议组织的多个赛道竞赛的冠亚军，多篇论文被选为大会口头报告发表。

实践创新屡获佳绩。学院高度重视实践育人，近五年，共组建280支社会实践队伍，总参与人数2000余人次。组织参与的3支社会实践队荣获湖北省暑期社会实践优秀团队，32支社会实践队获评校优秀社会实践团队，107人获校优秀个人等其他单项奖。学院也连续多年获评暑期社会实践优秀组织单位。学院以"搭建平台、积极引导、鼓励创新、竞赛争优"

的思路，采取多项有效措施，促进课外科技创新活动蓬勃开展，科创成果不断涌现，科创品牌日趋完善。依托学院控制创新基地，每年近百人次本科生在全国恩智浦杯智能车比赛、全国数学建模竞赛、西门子挑战赛等各类国际级、国家级竞赛中获得优异成绩，多项竞赛蝉联冠军，获奖数量居全校第一。

历史长河奔腾不息，半百回望心潮澎湃。人工智能与自动化学院50年发展的道路上，奋斗的脚印清晰可见。承载着希望与重托，担负着初心与使命，在继往开来的新时代，学院将始终坚持"四个面向"，以我国国民经济发展和国家安全需求为指引、以培养一流人才和奉献前沿研究成果为己任、以建设控制领域和人工智能领域国际一流学科为目标，勠力同心、奋楫笃行，为新一代人工智能重大创新添薪续力，为实现中华民族伟大复兴贡献力量。

（人工智能与自动化学院）

计算机科学与技术学院——
半世纪砥砺只争朝夕　新时代扬帆逐梦一流

半世纪砥砺奋进，只争朝夕；五十载风鹏正举，不负时代！计算机科学与技术学院（简称"计算机学院"）始终围绕"为党育人，为国育才"，秉承"敢于竞争，善于转化"的优良传统，传承"只争朝夕，不负时代"的学科文化精神，栉风沐雨，勠力同心，走出了一条"自主创新、软硬协同、系统发展、服务国家"的不懈奋斗之路。

早在1958年，刚刚诞生5年的华中工学院，以勇于进取的精神，决定筹办计算机新专业，但新专业的办学活动仅仅坚持了一年。为贯彻中央"调整、巩固、充实、提高"的方针，根据高教部要求，1961年华中工学院将已有的39个专业调整为18个专业，电子计算机专业因此停办。直至1973年，兴办电子计算机、电子计算机软设备（计算机软件）、电子精密机械（计算机外部设备）3个专业，正式拉开了计算机科学与技术学院近半个世纪的发展大幕。

· 摸索前行　创办新专业 ·

20世纪七十年代，我国的计算机产业正在酝酿起步，当时主要的技术和产品还是依赖进口，在当时，创办计算机这样的新兴专业要靠白手起家，摸索前行。摆在面前的第一个难题就是全国计算机专业人才极为匮乏，只能一方面全国奔走引进人才，另一方面积极培养培训现有教师，就这样引进和培养并重，快速聚集了一支适应专业建设要求的师资队伍。由于是新办专业，特别是首创的计算机外部设备专业，在没有任何参考的情况下，教学体系和教学大纲也只能边设计、边实践、边调整。在解决教学难题的同时，为响应学校"教学和科研并重，科研走在教学的前面"的办学理念，老一辈计算机人积极争取和承担国家下达的科研任务，教学科研"两手抓"，很多成果"填补国内空白"。

1973年上半年，电子计算机、电子计算机软设备（计算机软件）、电子精密机械（计算机外部设备）3个专业正式建立，并于当年开始招生。1979年2月，这三个专业脱离原归属系，集中成立了计算机科学与工程系，开始按计算机一级学科大类建设和发展。1978年，电子计算机专业成为全校首批招收硕士研究生的专业之一。

这一时期，培养了一批高质量毕业生，77141班获评"全国新长征突击队"光荣称号，承担了国内早期的磁盘、磁光盘以及各种测试仪器的研发，承担和参与DSJ-130系列计算机、DJS-140系列计算机、SCJT数列处理机以及"新高级语言"的自主研制。其中，牵头的SCJT数列处理机获得1978年全国科学大会奖，这在当时的全国高校中是不多见的。

· 蓬勃发展　呈现新气象 ·

党的十一届三中全会，吹响了改革开放的号角，计算机科学与工程系也迎来了改革发展的春天，呈现蓬勃发展的新气象。1997年，计算机科学与工程系更名计算机科学与技术学院并沿用至今。

从改革开放到2000年期间，计算机人以敏锐的眼光和快速的行动，一方面抢抓改革发展先机，至1990年，完成了计算机科学与技术一级学科内全部5个硕士点的布局。1984年，计算机外部设备专业开始招收博士研究生，1986年获得计算机器件与设备博士点，1998年获得计算机软件与理论博士点，1999年获准建立计算机科学与技术博士后流动站，2000年获得计算机科学与技术一级学科博士点，成为全国高校和研究机构中14个首批拥有一级学科博士点的单位之一。1998年计算机系统结构被评为湖北省重点学科，首批进入"211工程""985工程"建设。另一方面注重特色优势发展，建立了外存储系统国家专业实验室（1990年）和国家高性能计算中心（武汉）（1998年），形成了存储技术与系统、数据库管理、NP难求解、并行分布式计算等特色优势学科方向，奠定了学术引领、全面发展的重要基础。

这一时期，产生了一批在学术界有影响力的学者，点亮了中国自主存储技术的星星之火，诞生了我国第一个具有完全自主产权的达梦数据库；撰写了我国第一部介绍有数据库管理系统底层设计的专著，提出了NP难问题求解的拟物算法和拟人算法，改变了国际上NP难求解的主流方向；撰写了《并行分布程序设计》《分布计算机系统》等专著，推动了我国并行分布式计算技术的发展；还获得了美国制造工程师协会大学领先奖1项，国家自然科学奖四等奖1项，国家科技进步奖三等奖2项，省部级科技成果奖24项。研究生教育也从起步到成熟，培养质量逐步提高，冯丹博士获得2000年全国优秀博士学位论文奖，是全校第二个获此殊荣的博士毕业生。

·成果斐然　迈入新纪元·

进入新世纪，国家实行高等学校管理体制改革，华中理工大学与同济医科大学、武汉城市建设学院、科技部干部管理学院合并，成立华中科大学，计算机科学与技术学院进入了一个新的发展时期，依照学校提出的"育人为本、创新是魂、责任以行"的办学理念和创建世界一流大学的办学目标，开拓创新，成果斐然。

2000年11月，武汉城市建设学院的计算机及应用专业和科技部干部管理学院的计算机系相继并入，11月1日，武汉城市建设学院、科技部干部管理学院的38位教师归并计算机学院，学院完成了学科归并工作。

学科水平跃升。机会属于有准备的人。2002年，国家重点学科评审，计算机系统结构二级学科凭借多年积累成功入选，同年，计算机软件与理论学科被评为湖北省重点学科，实现了学科建设的新突破。2008年，计算机科学与技术学科被评为湖北省一级学科重点学科，计算机系统结构二级学科被评为湖北省特色学科。2002年在教育部组织的首次一级学科评估中，计算机科学与技术学科排名第12，2006年第二次评估中排名第9，2012年第三次评估中排名第10（前10%）。随着信息安全重要性的显现，2003年增设了信息安全二级学科博士点。2011年国家新设软件工程一级学科，学院当年申报并获得了软件工程一级学科博士点，2012年获得软件工程博士后流动站，是全校少有的拥有2个一级学科博士点的单位之一。计算机科学与技术学科国际学术影响力大幅提升，2011年，首次进入ESI全球前1%。

全面实施人才培养质量工程。全球信息化进程的不断推进提出了新的专业人才需求，为顺应这个趋势，2003年新设信息安全本科专业，2010年新设物联网工程本科专业。探索创新人才培养新模式，2009年开办计算机科学创新实验班（ACM班），2011年开办卓越工程师班。在研究生教育方面，2012年，陈汉华获得全国优秀博士学位论文，华科因此成为两次获计算机科学与技术学科全国"优博"的少数高校之一。

在信息存储传统优势学科方向上，对存储技术的研究进一步深入，成为国家在此领域的重要突击力量，在开拓新兴优势学科方向上，把分布式计算技术发扬光大，开辟了计算机集群、网格计算、对等计算、计算虚拟化、云计算及云安全等新兴领域，成为我国相应领域的主要引领者，开辟了医学图像信息处理研究方向和嵌入式与普适计算学科方向，形成了相互交叉支撑的整体科技创新力量。十年时间里，连续建成9个省部级科技创新平台，作为重要力量参建武汉光电国家实验室（筹），牵头承担了4项国家973计划的首席科学家项目，是国家863计划重大项目的总体组组长单位，承担了包含国家自然科学基金重点项目、国家科技重大专项、国家科技支撑计划项目等一批重大重点科研项目，产生了"中国教育科研网格及其典型应用示范""信息存储系统与技术"两个教育部创新团队和"新型网络存储系统及其存储机理的研究"湖北省创新团队，获得国家科学技术进步奖二等奖1项、省部级一等奖10项，形成了一支包括国家级人才和国家级青年人才在内的一流师资队伍。相继建成4门国家/湖北省精品课程；计算机硬件系列课程组被评为国家级教学团队，计算机软件系列课程组被评为湖北省教学团队，产生了1名湖北省教学名师；计算机科学与技术、信息安全2个本科专业分别被批准为国家特色专业，计算机科学与技术本科专业被评为湖北省品牌专业，计算机综合教学实验室被评为湖北省示范性实验教学中心。获得国家教学成果二等奖1项，全国普通高等学校优秀教材二等奖12项，省部级教学成果奖或优秀教材奖9项，17部教材被列入"十五"和"十一五"国家规划教材。

·逐梦一流　扬帆新时代·

进入新时代，计算机科学与技术学院在学校党委的正确领导下，以习近平新时代中国特色社会主义思想为指导，坚持社会主义办学方向，坚持服务自主可控国家战略，紧密围绕落实立德树人根本任务，瞄准核心关键技术领域，不断优化学科布局。2016年，为响应国家安全战略，组织申报并首批获批网络空间安全一级学科博士学位授予权。计算机科学与技术学科在教育部组织的第四轮学科评估中，评估结果为A，首批入选教育部"双一流"重点建设学科；国际学术影响力持续提升，2017年，学院该学科的ESI排名首次进入全球前1‰。

坚持党旗领航，推动内涵发展。始终坚持和加强党的领导，坚持"抓党建促中心"，主动谋划、凝心聚力、内涵发展，坚持以适应一流学科建设为出发点，持续加强党的政治、思想和组织建设，扎实开展"两学一做"学习教育和"不忘初心、牢记使命"主题教育，深化落实中央巡视和校内巡查整改任务，根据学科发展布局优化基层组织设置，推进基层党建标准化规范化，不断提升综合治理能力，扎实推进各项工作，为学科发展提供组织和制度保障。两名教师获评湖北省高校优秀共产党员、一个支部入选教育部"两学一做"支部风采展示案例，多个支部获评校优秀基层组织，多名党员获得校优秀共产党员称号。凝练了"只争朝夕，不负时代"的学科"TIME"文化，进一步增强了向心力和创新活力，办学实力和办学水平进一步提高，国内外声誉和影响力持续提升。

立足自主可控，培养创新人才。持续贯彻"立德树人，面向系统，软硬协同"的人才培养理念。建立了包括IT中国—信息技术导论、专业课程思政微课、社会实践思政在内的全课程、全过程的"IT中国"课程思政体系。积极实行大类招生，获批数据科学与大数据技术新专业、基础学科拔尖学生培养计划2.0基地，实施本硕博贯通人才培养，与华为合作共建"智能基座产教协同育人基地"。提出了基于目标一体化、平台一体化、内容一体化、虚实一体化的实践教学新模式，得到计算机教指委充分肯定，并在全国百余所学校推广。打造了一批特色课程资源。发挥系统结构国家重点学科优势，建成10门线上线下国家一流课程，率先打造计算机硬件系统"微专业"课程，涵盖了从硬件基础到硬件系统的理论与实验课程资源，智能硬件系统课程群虚拟教研室入选教育部首批虚拟教研室建设试点。持续强化人才培养质量。细化人才培养方案，明确课程目标和考核点，推进本科专业工程教育认证，顺利完成计算机科学与技术学科国际评估。制定多项制度加强研究生培养过程管理，完成学位授权点的合格评估。牵头项目获得湖北省教学成果一等奖2项，作为重要成员参与项目获国家教学成果一等奖1项；获评湖北省优秀基层教学组织、湖北省名师工作室；获批国家一流专业建设点；2人获评"全国网络安全优秀教师"，3人获评"全国高校计算机专业优秀教师"，1人获"湖北省先进工作者"称号，1人获评"湖北省教学名师"，3人获评"湖北省十佳师德标兵"，2人获"宝钢优秀教师奖"；学生斩获EDA算法大赛全球冠军、图计算挑战赛中国首个冠军、挑战杯金奖、"互联网＋"大赛冠军、国际超算大赛总冠军等重要奖项。培养了华为"天才少年"等一批服务自主可控国家战略的优秀人才。

贯彻人才强院，优化队伍结构。强化师德师风，坚持引培并举，实施引智计划、培智计划、外智计划、潜智计划和创新团队计划，持续建设一支面向学术前沿、结构合理、梯队完整、德才兼备的优秀师资队伍。制定了引进人才工作办法、奖励方案，搭建东湖论坛、优博论坛等平台，引进青年人才，还制定系列政策给予新引进人才配套支持，同时，坚持根据发展方向引才，依托平台团队育才。持续推进综合改革，完善评价体系，实施"分类设岗、分类管理、分类发展"，创造性地设置A、B两岗，自筹经费设置 A 岗津贴，弱化年度考核，强化聘期考核，进一步激励和释放了教师发展动能。在职称评审中引入外评专家，打造既有内部竞争又有外部竞争的合理良性循环机制。新增 IEEE Fellow 3 人、国家级人才计划入选者 5 人、国家级青年人才计划入选者 4 人、省部级人才计划入选者 6 人、全球高被引科学家 3 人，1 人获中国计算机学会（CCF）"王选奖"、1 人获 CCF—IEEE CS 联合颁发的青年科学家奖。引进多名海外人才、聘请一批海外教授在校工作，增强优势力量，培育新兴方向。

服务国家战略，提升研究水平。始终面向国家重大战略需求，服务社会经济发展，聚焦关键核心技术，培育新兴学科方向。建立了"三横三纵"学科发展方向，横向聚焦发展并行分布式计算、信息存储、网络传输 3 个基础研究方向，纵向凝练培育大数据管理与服务、多媒体与智能技术、计算理论与优化 3 个特色研究方向。重视引导开展前沿探索，深化国际影响力提升计划和创新团队扶持计划。制定自主创新基金评审办法，自然科学基金项目配套管理办法，引导和鼓励教师开展前沿探索性研究。建设了大数据技术与系统国家地方联合工程研究中心及多个省部级科研平台，与头部企业建立多个联合实验室和创新中心。围绕"卡脖子"问题开展科学研究，紧盯"大数据存储系统"和"云计算操作系统"领域瓶颈问题持续攻关，获批"大数据存储系统与技术"国家基金委创新群体、"分布式计算"科技部创新团队、"云计算与分布式处理"教育部创新团队，培养了人才团队，奠定了理论基础。获得国家自然科学奖二等奖 1 项、国家技术发明奖二等奖 1 项、国家科学技术进步奖二等奖 1 项，省部级科学技术奖励 10 项，主持了一批包含国家重点研发计划项目、国家自然科学基金重点项目在内的科研项目，每年在 OSDI 等 A 类国际顶级学术会议上发表的成果数量稳步上升。

注重转化落地，担当社会责任。注重发挥学科优势，面向经济社会发展需要，强化产学研用，加强校企合作，注重成果转化，以服务求支持，以贡献求发展。积极推动"TIME·教授沙龙"进企业，开展校企合作交流，与华为、海康等企业建立联合实验室和创新中心，联合申报科研项目和科技成果，解决企业关键技术难题。开展"科研成果推广计划"，提升产业影响和转化能力，实现专利挂牌转让近千万元，10 多项技术发明专利在达梦数据库实现转化。新冠肺炎疫情期间，建议建立病例数据库助力精准防控，紧急开发"强心强肺"支持系统运用于方舱医院，累计服务 4 万余名新冠肺炎患者和 1 万余名医务工作者，相关工作被央视、《人民日报》等报道。线上 MOOC 课程为 11 万人次学子提供服务，在线虚拟仿真实验课程助力学子"停课不停学"。

提升国际影响，做好国际交流。始终围绕提升学科国际影响力，扩大学科国际知名度和美誉度，推进完成学科国际评估，实施"一院多校""一院十校"联合培养，不断探索国际合作新模式。2018 年组织开展学科国际评估。持续加强与卡耐基梅隆大学等著名高校的交流与合作，联合组织申报国际（地区）合作与交流项目，主办多个有影响力的国际学术会议。打通本硕博贯通班学生国际合作与交流通道，支持学生赴海外联合培养、参加国际学术会议等。面向国际化需要，积极构建高水平国际化师资，加强来华留学基地建设，探索开展线上课程、利用线上国际会议等方式开展后疫情时代国际交流。

重视传承创新，持续文化赋能。传承计算机人"服务国家、敢于竞争，团结协作，勇于创新"的精神品格，植根中华文化、红色文化和校园文化，结合计算机学科日新月异的时间属性和推动信息时代发展的时代特性，在新时期凝聚形成"只争朝夕，不负时代"的"TIME"学科特色文化，即 Teamwork（协作）、Innovation（创新）、Morality（修德）、Exploration（开拓）。打造了教授沙龙、青椒沙龙、前沿论坛、校友讲坛、文化节等系列品牌活动。坚持讲好身边人的故事，提升文化向心力，《拓路人》《秦勤恳恳》《"大萝卜"的闯关课》等教师风采视频获得教育部教师风采短视频大赛最高奖，《"虹"愿》入选央视"你好新时代"视频展播，作品全网累计播放量破百万，极大地提升了学科文化影响力。

只争朝夕，不负时代！计算机科学与技术学院近 50 年的发展历程，也是华中科技大学不断发展的缩影。2018 年，在学校学院积极努力下，校友捐赠 1.1 亿元筹建计算机大楼，目前大楼已经动工建设，几代计算机人的大楼梦想也即将实现。面向未来，站在重大的历史机遇关口，计算机科学与技术学院将继续坚持"四为"方针，坚持"四个面向"，坚定不移全面加强党的领导，坚定不移落实立德树人根本任务，坚定不移推进教育改革创新,坚定不移全面提高教育质量,坚定不移完善治理体系,坚定不移按照"十四五"规划和"一流"学科建设方案提出的"一核双环,三三六智"的发展策略,服务国家重大需求,聚焦科学前沿领域,着力培养 IT 生态自主可控人才,继续为推进信息产业自主可控国家战略贡献力量,为创建世界一流计算机科学与技术学科努力奋斗!

(计算机学院 吴涛 赵娜)

船舶与海洋工程学院——
船稳当奋楫　风好正扬帆

七秩芳华铭初心，砥砺奋进新征程。华中科技大学喜迎70华诞，船海学院也迎来建院63周年。从最初的"造船系"到后来的"交通科学与工程学院"，再到现在的"船舶与海洋工程学院"（简称"船海学院"），不变的初心使命，是"为党育人，为国育才"。63年来，学院在人才培养、科学研究、社会服务、国际交流合作等各方面取得了丰硕的成果，为我国经济建设、特别是船舶工业和海军装备建设培养输送了一批又一批优秀人才，被誉为"新中国舰船工程师的摇篮"。

·扬帆启航：肩负建设强大海军的使命·

1959年4月18日，华中工学院朱九思副院长受海军第二副司令员罗舜初中将委托，正式成立造船系。因属保密专业，对外亦称第八系，华中工学院党委副书记、副院长朱九思兼任系主任。

建系时定下的办学原则是：军民兼顾，以军为主；水面水下，水下为主。随后，武汉警备区调了一个连作为警卫，学校东南角的一栋宿舍门前有了卫兵。而朱九思则到处"招兵买马"，将一批研究所的顶尖学者和大型企业的高级专业技术人才，以及部分从苏联回来的留学生调入华中工学院，充实教师队伍，同时派出大批教师赴大连海校、上海交大、哈军工等学校学习。建系之时，设立了潜艇设计与制造、船舶电气设备、船舶内燃机等3个专业，1959年9月开始招生，同时还分别从在校学生中抽调部分相关专业的二年级、三年级学生过来，既作为学生又作为师资培养。1961年，造船系第一届毕业生19人从船舶内燃机专业毕业。

1962年，潜艇设计与制造专业更名为船舶设计与制造专业。时任系主任彭伯永提出"站稳讲台、走出校门、形成特色"的办学思路，从校内外引进一批教师加强师资队伍，派出大批教师赴上海交大、哈军工等学校学习，进行实验室筹建工作，带领学生到海军基地实习，开展厂校合作，共同进行科学研究，一批青年教师迅速成长起来，学生也开阔了视野，得到了实践锻炼。

1963年起，在朱九思不拘一格选人才的思想指导下，造船系从校内外引进潘景安、程天柱、刘颖、晏成栋、陈贤育等一批优秀人才充实造船系教师队伍。同年，造船系1960级1965届学生首次赴青岛北海舰队进行为期一个月的认识实习，学生在舰艇上自下而上，逐层甲板摸索其舱室布置、结构型式、管路管系，最后画出总布置图，这次实习使学生对军舰有了非常直观的了解。

1964年，造船系首届完全由自己招生和培养的学生毕业，同年，结构实验室和风洞实验室开始建设。1965年，风冷柴油机研究参加全国高校科研成果展览并获优秀科研成果奖，当时全国仅有20项优秀成果参与展出。当年2月，由程天柱、晏成栋、陈贤育三位教授带队，骆东平、崔存根、喻正宝、潘立新、吴殿信、段远才、周秋波、肖运福等教师参与组织指导，1965届船舶设计与制造、船舶电气设备、船舶内燃机3个专业的50余名本科生走出校门，到广东新洲渔轮厂进行了为期半年的毕业设计，内容是做"远洋冷藏拖网渔船"实船设计。1967年，该船型定型为国家标准渔船船型。

这次真刀真枪进行实船毕业设计对学生掌握整个船舶设计全过程有很大帮助，对培养学生细致严谨的工作作风起到了积极巨大的作用。在老一代学校领导和系领导的带领下，第一代船海人带着满腔热情投身船舶与海洋工程学科研究和教学，为国家的船舶设计和海防事业贡献智慧、培养人才，为建设一支强大的海军、巩固国家海防线提供技术支撑。

破浪前行：在学科分合中积蓄力量

1970年代，造船系在艰难中顽强发展，最重要的成就是船模试验水池实验室的建设。

1971年初，湖北省批准了我校船模拖曳水池实验室建设项目。在朱九思的领导和指挥下，学校克服了极大的困难，为建设船模拖曳水池实验室自筹资金150万元。在广大校友和各方面的大力支持下，逐个解决了建设船模拖曳水池实验室急需的大量木材、水泥和钢材，以及重型钢轨、特种双金属滑线等各种材料、设备和加工问题。造船系全体教职工焚膏继晷，为完成实验室项目而拼搏。船池建设任务创造了许多奇迹：在1971年初立项后，当年就以惊人的速度完成了本体技术设计、选址和两次详细的地质勘探工作；1972年开始动工，当年便完成了房屋、航模车间及追加的力学结构实验室的土建工程；1978年全国造船工程学会船舶力学委员会在我校召开会议，会议由全国船舶力学委员会主持，会上我校船池监测和验收通过，获得了与会专家的好评，一致认为华中工学院依靠自身的人力、物力，高效率、高质量、高标准地建成当时全国高校系统最长的拖曳水池（长175米，宽6米，水深4米），是一大壮举。国际船模试验水池会议（ITTC）在1987年的第十九届ITTC会议上接受我校船模试验水池作为ITTC的正式成员单位。2020年，船模拖曳水池拖车的主体改造建设工作完成，为提高船舶性能及水动力测试等教学、科研服务能力提供基础条件保障。"船池拖车系统"自2019年以来连续4年获得校大型设备管理优秀设备机组荣誉。

20世纪70年代以来，造船系各学科发展迅速，各专业先后获批设立硕士、博士授权点。1972年初，造船系"船舶动力装置与船舶机械"专业开始筹建，后于1974年招收第一届本科生。1978年1月，船舶设计制造专业、船舶电气设备专业分别更名为船舶工程、船舶及船厂电气自动化，船舶内燃机专业沿用原名，几个专业的发展方向由单纯为海军服务转为军民兼顾，面向经济建设的主战场，扩大专业口径。1980年，造船系更名为船舶工程系。1981年，船舶内燃机专业获批成为船舶工程系第一个博士点，船舶流体力学和船舶内燃机专业分别获批成立硕士点，船舶工程系因此成为全国第一批有学位授予权的学科点。1983年，船舶与海洋工程结构力学学科获得硕士学位授予权。1984年，船舶工程系更名为船舶与海洋系，船舶及船厂电气自动化专业改为应用电子技术专业。1984年和1986年，船舶流体力学和船舶结构力学专业博士点先后获批设立，1986年电力传动及其自动化学科获得硕士学位授予权。1990年，船舶与海洋工程系获特辅机装置与系统学科硕士学位授予权，同年，船舶与海洋结构物设计制造获硕士学位授予权。1992年电力传动及其自动化学科又与自控系和电力系联合获得博士学位授予权。1995年建立了船舶与海洋工程博士后流动站。

1997年，学校进行学科调整和院系重组，成立交通科学与工程学院，下辖船舶与海洋工程、动力机械工程、应用电子工程、汽车工程4个系以及智能机械与控制研究所。1998年，学科再次调整，流体力学学科与结构力学学科并入船舶与海洋结构物设计制造学科，船舶与海洋结构物设计制造学科成为博士点。同年，船舶与海洋工程学科被批准为湖北省重点学科。1999年，按照教育部专业调整的要求，动力机械工程、应用电子工程从学院剥离出去，调整为船舶与海洋工程、汽车工程2个系，智能机械与控制研究所改名为轮机工程研究所。

2000年，武汉城市建设学院交通运输、交通工程专业并入交通科学与工程学院。随着校内专业调整，轮机工程研究所为与船舶配套，改为轮机工程专业教研室，并与船体专业同步招生，同时轮机工程更名为现今的轮机工程及自动化系。同年，学院获船舶与海洋工程一级学科博士、硕士学位授予权，轮机工程专业获博士学位授予权。2001年汽车工程系从学院剥离。2002年，正式招收轮机工程专业本科生。2005年，成立了船海学院实验教学中心，下设3个实验室，即船舶与海洋工程水池实验室、船舶与海洋工程综合实验室、轮机工程及自动化实验室，2008年又增加了FESTO气动中心。

· 逐梦远洋：与祖国一同迈向深蓝 ·

2008年，学校再一次对部分院系和学科进行调整。4月8日，交通科学与工程学院更名为"船舶与海洋工程学院"，下设船舶与海洋工程系、轮机工程及自动化系，交通运输和交通工程专业调整至土木工程与力学学院。

2010年，船舶和海洋水动力湖北省重点实验室通过验收。2013年，"船舶与海洋工程"获批一级学科湖北省重点学科。近年来，学院在一流专业建设方面又连获突破。2019年，船舶与海洋工程专业被认定为首批国家级一流本科专业建设点；2021年，轮机工程本科专业也获学校推荐先后申报湖北省一流专业建设点、国家级一流专业建设点；2022年，轮机工程专业申请工程教育认证。2020年以来，船舶与海洋工程学科连续入选泰晤士高等教育中国学科评级A类。

2014年，船舶与海洋工程学院参与的上海交通大学牵头的高新船舶与深海开发装备协同创新中心（2011计划）获得教育部、财政部认定；2015年，参与的上海交通大学牵头的中国海洋装备工程科技发展战略研究院获得中国工程院批准；2016年，获批国防科工局"船舶设计与制造"主干类国防特色学科；2017年，参与的中船重工750试验场牵头的海洋工程装备检测试验技术国家工程实验室获得国家发改委认定；2018年，船舶数据技术与支撑软件湖北省工程研究中心获得省发改委认定。学院还是两大国际组织ITTC和ISSC的成员单位。

2019年4月，船海学院举办学科创建60周年系列活动，学院发展再上新台阶。学科创建60周年既是船海学院发展史上的重要里程碑，更是续写辉煌的新起点，学院将在国家"海洋强国"战略和"一带一路"倡议的新机遇下迎来新的更大发展。

近年来，学院教学成果显著。2008年，学院教改成果获学校二等奖；2021年，学院教改成果获学校二等奖；2021年，教学成果参评全国船舶与海洋工程学科高等教育教学成果奖，获得省部级二等奖；2021年，船海学院获评1项湖北省高校优秀基层教学组织、2门湖北省一流课程，3门课程参评国家级一流本科课程。2012 年，学院联合武昌造船厂集团有限公司，获批湖北省首批湖北高校省级示范实习实训基地，为学生提供更优质的实习实训教育；2013 年，入选教育部卓越工程师教育培养计划，并于 2015 年开展船舶与海洋工程专业卓越工程师教育；在 2014 年教育部本科专业审核评估中，船舶与海洋工程、轮机工程分获"优秀""良好"等级。2018 年，获学校第十一届教学实验技术成果奖一等奖、二等奖；2021 年，获校第十二届实验技术成果奖一等奖 1 项、二等奖 2 项。2008 年以来，学院出版教材 16 部。自 2019 年以来，连年 3 人次获评全国船舶与海洋工程学科优秀博士学位论文。

2010 年 3 月，学院轮机工程及自动化系参加了由西北机电工程研究所（中国兵器工业第 202 研究所）就射击模拟装置项目组织的国际招标，在国际招标中中标千万元项目。从 2008 年至 2021 年，共报批国家自然科学基金项目共 70 余项，其中国家自然科学基金重点项目 2 项，"叶企孙"联合基金重点项目 1 项。

学院定期邀请在专业相关领域内具有影响力的专家学者为全院师生做学术报告，介绍专业领域内的最新进展，启发开阔师生的科研思路。2018 年船海学院和英国南安普顿大学工程环境学院签订合作协议。2019 年邀请麻省理工学院、英国南安普顿大学等大学的 16 位外国专家来访，开展学术交流。2 次组织本科生赴英国南安普顿大学访问，4 次邀请该校船舶专业师生代表访问我院。

学院注重"人才兴院"，强调引培结合，努力组建一支结构合理、素质优良、具有国际影响力的师资队伍。学院通过"东湖论坛"等途径聚集海内外不同学术背景的优秀青年学者，围绕相关领域的前沿科学主题展开交流与探讨，为人才引进打下良好基础。

学院大力推进大学生科技创新工作，建立了大学生科技创新基地，在学生宿舍提供科创活动空间，安排专业教师作为指导老师，取得了突出的成绩。以"云端航行——基于云网络的无人船集群协同作业系统"为代表的一系列学生科创作品分别获得全国大学生"挑战杯"决赛二等奖，全国海洋航行器比赛特等奖、一等奖等各类竞赛奖项。

为贯彻落实习近平总书记对黄群等3名同志壮烈牺牲作出的重要指示及学校党委有关文件精神，进一步教育引导广大师生弘扬爱国主义精神，建功立业新时代，2018年以来，学院在本科生中创建4个"黄群班"，以建设"黄群班"荣誉班级为引导，加强专业认同教育，营造优良学风，锻造舰船工程师。支持首届"黄群班"赴大连海事大学进行实习实践活动，并多次前往黄群校友牺牲之地760所开展思政教育活动。2020年，学院决定为共产党员的优秀代表、"时代楷模"黄群同志塑像，费用由校友捐款筹措，对庭院的配套改造由学校经费支持。黄群塑像及东二楼庭院改造于2020年底完成施工，东二楼庭院成为集纪念、教育、学习于一体的爱国主义教育基地。2020年，学院党委设立"黄群班党支部"，进一步发挥思想引领作用。2021年，学院成立"黄群精神宣讲团"，黄群班党支部书记李千千向时任湖北省委副书记、省长王忠林汇报"黄群班"及党支部建设成果。由学院组织拍摄、讲述黄群故事的微视频《致敬英雄，传承不灭》获得"讲好华中大故事"创意传播大赛视频类作品一等奖。

迈向蓝海是祖国的呼唤，"双一流"建设是我辈的期盼。船海人将站在新的历史起点上，继承前辈的优良传统，不忘初心，牢记使命，再创辉煌。

（船海学院）

土木与水利工程学院——
砥砺奋进七十年　守正创新谱新篇

华中科技大学土木与水利工程学院成立于 2020 年 8 月，由原土木工程与力学学院建筑工程系、道路与桥梁工程系、数字建造与工程管理系、交通运输工程系和原水电与数字化工程学院重组合并。

水利工程学科源起于 1953 年建校伊始设置的 4 个系 8 个专业之一，即动力系的水能动力装置专业，系苏联援建设立的第一批重点学科；1999 年 1 月成立水利水电及自动化工程系；2001 年 2 月成立水电与数字化工程学院。

建筑工程系、道路与桥梁工程系、数字建造与工程管理系、交通运输工程系源起于 1982 年华中工学院成立的土木建筑工程学院，以及同年武汉城市建设学院组建的城市建设与管理系、道路与交通工程系。

经过几代人的奋斗，土木与水利工程学院目前已经发展成为办学规模大、专业门类齐、培养体系全、享誉国内外的工科学院。学院现有土木工程、工程管理、智能建造、交通运输工程、水利水电工程 5 个本科专业，拥有土木工程和水利工程两个一级学科博士和硕士学位授予权，其中"土木工程"下设结构工程、岩土工程、防灾减灾工程与防护工程、桥梁与隧道工程、智能建造、道路与交通工程等二级学科方向，"水利工程"学科包括水利水电工程和水文学及水资源（智慧水利、数字水电）2 个二级学科方向。同时，学院还培养交通运输专业学位博士，土木水利、交通运输、工程管理硕士 3 个类别专业学位硕士；先后培养了本科、硕士、博士和博士后等高层次人才近万人，他们在国家经济建设、科学研究和社会发展中做出了巨大贡献。

学院将土木与水利工程人才培养、学科建设与国家发展需要相结合，在践行社会主义核心价值观的同时，融入智能化建造、数字化水利、卓越华中大建设等内涵，以"爱党爱国，勤学笃行，矢志卓越"的追日精神，传承和发扬"土承天下，水利万物，追日英才，建设未来"的学院文化，在党的建设、学科建设、人才培养、科学研究、社会服务以及国际交流等诸多方面取得了丰硕成果。

以党建工作为引领，加强基层组织建设，统筹学院改革发展稳定大局

学院党委坚持以习近平新时代中国特色社会主义思想为指导，贯彻落实全国教育大会、全国宣传思想工作会及学校第四次党代会等精神，以保持党同广大师生密切联系为核心，以建设高素质干部队伍为关键，以健全长效机制为重点，以加强基层组织和党员队伍建设为基础，统领学院改革发展全局。

——学院干部教师素质明显提高，服务意识不断加强，依法依规治院水平不断提升

学院坚持民主集中制，完善学院党委会、党政联席会议议事和决策机制，按照集体领导、民主集中、个别酝酿、会议决定的原则，进一步发挥党委的政治核心作用；通过学院党委理论学习中心组活动、书记例会、组织生活等方式加强学习与交流，增强忧患意识，不断提高班子的治理能力和领导水平；组织干部教师每月开展政治学习、教研活动、学术沙龙、教师"机器学习""物联网"等培训班、党和国家政策及学校教学科研财务规定宣讲等，全院全员"立德树人"意识不断得到强化，思想素质逐年提高，全院50岁以下专任教师中党员教师比例占86%，45岁以下专任教师中党员教师比例占91%，45岁以下专任教师中党员和入党积极分子比例占95%；学院加强制度建设、舆论环境建设和思想道德建设，认真落实党风廉政建设责任制，维护学院安定团结、推动学院改革发展。

——筑牢师生理想信念，狠抓师风和学风，提升支部凝聚力战斗力

学院将思想政治工作落实到基层，贯穿于各项工作。从思想、工作和生活上关心师生，关注年轻教师的成长和师生身心健康，重点抓好师德师风和学风建设。教工以系为单位建立党支部，学院机关、离休教工单独成立党支部，本科生党员以专业和年级、研究生以课题组成立党支部，坚持围绕中心、服务大局、拓宽领域、强化功能，加强各党支部的建设，发挥基层党支部战斗堡垒作用，基层组织建设成效显著，学院教师党支部多次获学校表彰，离退休党支部获评湖北省首届离退休干部"示范党支部"。

通过党支部书记培训班、党校培训、党组织活动等形式加强对党员骨干的培训教育，深入开展党史学习教育以及保持共产党员先进性的各种主题教育活动，通过改进手段、创新载体、丰富内容，切实加强党员干部和广大师生的理想信念教育、师德教风教育、院风学风教育。教风院风备受社会好评，中国水电能源理论的开拓者、学院张勇传院士获首届"湖北省杰出人才奖"；数字建造与工程安全管理领域卓越贡献者、学院丁烈云院士获"复旦管理学杰出贡献奖"。

学院注重在学生和中青年教师中发展党员。目前，学院有教工党员（含离退休教工）164人，占学院教工人数的60%；本科生党员312人，占比28%，毕业生党员占毕业生人数43%；研究生党员492人，占比58%。同时涌现出一大批以宝钢优秀教师、省级教学奖获得者、全国高校百名研究生党员标兵、中国大学生自强之星、强国青年、洪山好人等为代表的先进典型。

——弘扬学院文化，以党建带团建、带群建，党政工团齐心协力

发挥高校先进文化阵地优势，牢牢把握舆论导向，积极开展对内对外宣传，增强内部凝聚力，提高学院知名度。大力开展精神文明建设活动，积极发展内容丰富、健康向上的校园文化，弘扬以学科建设为主导的、有学科特色的"求实""担当"的学院文化，传承和发扬"爱党爱国，勤学笃行，矢志卓越"的追日精神。

学院发挥院党委总揽全局、协调各方的作用，不断加强统战工作，加强同民主党派合作共事，巩固同党外人士的联盟，现有民主党派、无党派人士11人（含离退休教工）。关心离退休同志的生活，解决他们的实际需求，鼓励他们为学院的发展发挥余热。加强和改进党对工会、共青团等群团组织的领导，支持工会代表，维护教职工合法权益，充分发挥教代会的主渠道作用；坚持党建带团建，发挥共青团作为党的忠实助手和后备军的作用，我院数字建造技术创新团队获评湖北省青年五四奖章集体；支持学生会、研究生会、学生社团依照章程独立自主地开展工作，发挥"自我教育、自我管理、自我服务"的作用。

学院紧扣立德树人根本任务，对标学校"双一流"建设目标要求，以国家质量工程为导向，紧紧围绕本科和研究生教育质量基本要素如教师、学生、课程、管理监督、条件保障等，不断提高本科和研究生培养质量，推进五育并举，培养全面发展的时代新人。

——积极推进专业建设

土木工程、工程管理、水利水电工程专业获批国家一流专业建设点，2019年获批智能建造专业，2022年获批建设全国工程管理虚拟教研室；拥有4个国家级工程实践教育中心，2门国家一流课程，1个省级实验教学示范中心，1个省级品牌专业，2门湖北省一流课程；注重教材建设，出版专著与教材40余部，参编教材10余部，张勇传院士专著《水电能优化管理》获国家优秀图书二等奖（1990年），丁烈云院士主编的《数字建造丛书》获中国出版政府奖图书奖（2021年），主编的《房地产开发》（第四版）获首届全国优秀教材二等奖（2021年）；规范教学运行与管理，组织落实好干部教师听课、督导组检查、不定期召开学生座谈会、组织学生评教等制度和措施，健全教学质量监控和保障体系。学院教师连续5年在学校青年教师教学竞赛中获一等奖，多人获校教学质量一等奖和二等奖；多人获毕业设计指导奖一等奖和二等奖。

——稳步提高研究生培养质量

以研究生创新能力和实践能力为核心，以研究生培养模式改革为重点,积极探索新形势下研究生教育规律,充分发挥研究生导师在创新人才培养中的主导作用,全面提高学院研究生教育质量和管理水平。贯彻落实"研究生教育创新工程"和"研究生教育创新计划",近三年相继出台学院《博士研究生学位论文资格审查实施细则》《博士研究生中期筛选(考核)实施细则》《博士研究生年度考核实施细则》《博士研究生申请学位的质量标准》《硕士研究生开题(中期筛选)实施细则》《研究生导师选聘及管理办法》《土木学科硕士生招生指标分配方案》《硕士学位授予标准》等一系列管理制度。研究生科技实践活动和学术交流活动蓬勃开展,学院每年举办高水平学术报告30余场,多次举办研究生学术年会和博士论坛;多名博士生获省部级科技奖励,每年参加全国性学术会议的研究生达20人次;研究生在学科领域主流期刊发表论文数不断提升。研究生培养质量不断提升,近三年研究生一次性就业率均为100%。

——加强引领以德树人

学院以新时代党旗领航工程为基础,通过组织领航、品牌导航、氛围助航、制度护航,提高学生们的品行修养;学院院士领衔主讲深度中国、学科概论等课程,培养学生专业精神;杰出中青年教师分享国家重大项目研究经历,培育学生家国情怀;雷神山项目总指挥等优秀院友讲述投身国家建设的故事,加强学生服务意识。涌现出"全国高校百名研究生党员标兵"徐捷,"中国大学生自强之星"高运,"强国青年"卢孝巍,湖北省第425位干细胞捐献者、洪山好人许杰源等一大批优秀典型。学院立足国家战略需求和行业发展需要,以"四个服务"为指引,积极引导学生坚定理想信念、厚植家国情怀,培养了一批心向基层、许身奋斗的青年学子。近四年,学院近百名毕业生考取各级各类选调生,遍布全国18个省、市、自治区,选调生录取总数位列全校第一。2个本科班级成功创建"胡吉伟班",多个学生党支部获评校优秀基层党支部等荣誉称号。

——立足学业智育立人

学院坚持以学风建设为中心,构建"学校—学院—班级—寝室"四级网格化管理体系,严格日常教育管理,扎实推进班风学风建设工作;

建立学院学业发展支持中心，开展习惯养成类的"21天打卡"系列活动，朋辈互助类的"小木社区课堂"，文化滋养类的启明读书系列，咨询讲座类的保研交流会等。近三年，学院2名本科毕业生获评中国土木工程学会高校优秀毕业生；6名学生获评校三好学生标兵，155人获国家奖学金，48个本科生班级获评优良学风班。学院加强学院大学生科技创新氛围营造，开展"圆桌沙龙""走进课题组""科普专栏"等各项科技创新启蒙活动。承办"大喻治水"学术沙龙、"科技前沿与科学家学术思想"讲坛品牌活动。近三年来，斩获了包括"互联网＋"大学生创新创业大赛总决赛银奖、全国大学生结构设计竞赛一等奖、全国大学生智能建造与管理创新竞赛一等奖、全国大学生水利创新设计大赛特等奖和一等奖等多项荣誉。

——以美育人以文化人

以校园文化建设为载体，积极落实"五型社区"建设理念，传承弘扬优秀文化，培育学生的文化素养。弘扬和培育具有学院特色的"追日文化"，自2002年以来，学院每年举办追日文化节，开展"追日骄子"与"追日班级"评选、体育竞赛、文艺特长比拼、科创大赛等同学们喜闻乐见的活动，为学生搭建展示自我、提升自我的平台，激励学生传承"爱党爱国、勤学笃行、矢志卓越"的追日精神，促进学生综合能力发展和提升。开展形式多样、内容丰富的社区文化活动，年均参与人数达300人次；每学期组织社区沙龙活动10次以上，举办各类文艺晚会、读书分享会等，营造良好的社区文化氛围。学院本科生寝室连续3年获得华中科技大学标兵寝室荣誉称号。

——鼓励锻炼体育强人

积极鼓励学生"走下网络、走出宿舍、走向操场"，推广体育锻炼活动。学院学子多年在学校春季、秋季运动会中斩获佳绩。组建羽毛球、乒乓球、足球、排球和篮球5支体育运动类型兴趣队，支持学生在体育锻炼中强健体魄，培育积极阳光的健康心态。近300名学生在各兴趣队中成长发展，在学校的多项体育赛事中屡创佳绩。近年来，获得华中科技大学男子篮球联赛冠军、"新生杯"女子篮球赛冠军、"毕业杯"男子足球赛冠军、"新生杯"排球赛亚军等。举办学院"追日杯"系列球赛、师生趣味运动会等，鼓励学生和老师们强身健体、阳光生活，促进同学间、师生间沟通交流，形成了团结友爱、和谐向上的体育育人氛围。

——服务社会劳育励人

学院积极组织开展内容丰富的社会实践活动，开拓学生视野，培养实践能力。每年约有20支队伍近300人次参与各级各类社会实践活动，足迹遍布祖国大江南北。学院涌现出一大批勤学笃行、自立自强的优秀学生。近五年来，1支队伍获得全国大学生暑期"三下乡"社会实践活动优秀队伍，3支队伍荣获湖北省暑期社会实践优秀队伍，15支队伍荣获校优秀社会实践队伍；其中"大手拉小手"公益志愿服务团队，十二年栉风沐雨，十二年为爱同行，扎根国家级贫困县乡开展乡村夏令营、一对一帮扶，累计服务1100余人次；先后荣获全国大中专学生"三下乡"社会实践"千校千项"最具影响力好项目、湖北省"本禹志愿服务队"、湖北省志愿服务大赛铜奖、校青年五四奖章等荣誉。

· 以学科建设为驱动，坚持特色兴院，筑牢学院高质量基石 ·

学院继承发扬"以学科建设为龙头，以高水平学科为支撑"的学科发展传统，形成了"拓宽学科研究领域、发展学科研究基础、追踪学科发展前沿、促进学科交叉融合"的学科发展新思路，坚持做好学科建设总体规划，凸显办学特色和优势，学科建设步入发展的快车道。水利水电工程是国家重点学科，土木工程为湖北省一级学科重点学科，桥梁与隧道工程为住建部重点学科。

学院拥有国家数字建造技术创新中心、控制结构湖北省重点实验室和数字流域科学与技术湖北省重点实验室、住建部建筑工程隔震减震产品检测研究中心、数字建造与工程安全湖北省工程研究中心、土木工程质量检测中心、中欧水电能源技术中心、中日空间信息科学与技术（卫星遥感）中心、中美国际水安全联合研究中心、挪威奥斯陆大学—中国华中科技大学"大气—水文—陆地界面过程"国际水资源保护与利用联合研究实验室，以及住建部批准的全国监理工程师培训中心；联合主办了武汉数字建造产业技术研究院；承办了中国工程院主管期刊《工程管理前沿》（英文），该期刊为中国工程院初创的11种期刊之一，已入选ESCI；承办了国家一级权威刊物、中国水力发电工程学会会刊《水电能源科学》；承办了《土木工程与管理学报》，该学报于2005年被国家新闻出版署评为我国权威期刊。

以师资队伍建设为保障，坚持人才强院，为学院发展提供智力支持

师资队伍建设是建设高水平研究型学院、培养高素质创新型人才的基本保证，是学院核心竞争力的重要体现，是实现学院发展目标的关键。近年来，学院以习近平新时代中国特色社会主义思想统揽师资队伍建设，贯彻人才引进、培养与提高并重的方针，以优化结构、提高水平、完善机制为目标，以提高教师的学术水平和创新能力为核心，以制度创新和机制转换为动力，以创新团队和学科梯队建设为重点，以重点学科学术带头人和中青年学术骨干的成长和培养为突破，努力建设一支师德高尚、治学严谨、业务精湛、结构合理、富有活力的高水平师资队伍。截至2022年6月，学院有教职工161人，其中中国工程院院士2人，俄罗斯工程院外籍院士1人，教授48人，副教授55人。张勇传院士和校友钮新强院士获首届"湖北省杰出人才奖"，学院校友高宗余教授当选中国工程院院士，葛汉彬教授当选为日本工程院院士。

以科学研究为引擎，服务国民经济建设主战场，为学院科学发展提供社会支持

学院坚持面向国民经济建设主战场，服务区域经济发展、服务行业发展，加大学院主导科研团队和策划科研项目的力度，鼓励广大教师积极开展科学研究，积极动员教师申报各类科研项目。学院注重服务国家战略需

求,获批建设国家数字建造技术创新中心,完成了工程院重大研究项目《中国建造2035高质量发展战略研究》。

学院在科学研究与社会服务方面学科特色鲜明,主要研究方向有:智能建造与智慧城市、结构隔震及消能减振控制、结构损伤智能检测与寿命评估、长江中上游巨型水库群水文预报体系、防洪发电航运生态及其互联区域电网调度系统、水资源安全高效利用、大型水电机组运行核心技术、地基处理技术、土-结构相互作用理论与机理、可持续岩土地下工程、大跨度桥梁结构理论与实践、土木新材料与结构体系等。

学院在"建筑物隔震成套技术""轨道交通集成建设关键技术""流域特大水库群综合调度基础理论""水电生产过程控制与安全高效运行""地铁施工安全控制技术""工程结构安全评估集成系统""拱桥结构分析与设计""极端灾害下重点桥隧工程破坏模式研究"等方面取得了创新性的重要科研成果,完成了《建筑业"十四五"期间发展趋势研究》等项目,为国家建筑业和水电事业的高质量发展贡献了华中大智慧。

1985年,学院获我校首个国家科学技术进步奖一等奖(国家科学技术进步奖设立之初设一、二、三等,后改为特、一、二等);2000年以来获国家科学技术进步奖二等奖8项,省部级科技奖60余项;每年发表论文近300篇,其中被SCI收录200余篇;每年承担国家重点研发计划、国家自然科学基金重点项目、国家自然科学基金、省基金、国际合作项目等纵向课题项目20余项,还承担"国之重器"三峡工程建设,长江中上游巨型水库群水文预报体系、防洪发电航运生态及其互联区域电网调度系统研发,以及高速公路、高速铁路、地铁、桥梁等大型建设工程多项,年科研经费超过8000万元。

以开放式办学理念为先导,增进国内外学术交流,为学院科学发展提供环境支撑

学院十分注重国际学术交流和合作,为学生成才创造了浓厚的学术氛围和广阔的发展空间。学院先后与美国加州大学伯克利分校、密西根大学、佛罗里达州立大学、斯坦福大学、佐治亚理工大学,英国伦敦大学学

院、曼彻斯特大学，日本东京大学、京都大学、名古屋大学、九州大学，匈牙利布达佩斯技术与经济大学，澳大利亚新南威尔士大学，新加坡国立大学，瑞典皇家理工学院，挪威奥斯陆大学以及德国等国家和地区的著名大学建立了教师和学生交流关系；与美国土木工程协会，德国、日本等国的大公司建立了国际科研合作关系；多次主办、承办国内外高水平学术会议，每年邀请国内外著名学者和企业家来学院讲学超过60人次。

征途漫漫，惟有奋斗。学院将继续不忘初心，立德树人，为党育人、为国育才，踔厉奋发、笃行不息，埋头苦干、团结务实、求真创新，加快一流学科建设，推动学院高质量发展，在新征程中创造土木水利人的新辉煌，在将华中科技大学建设成为世界一流大学的征程中做出更大贡献！

（土木与水利工程学院　李斌　何春　刘华北　徐学军　骆汉宾　高飞　姚磊）

建筑与城市规划学院——
砥砺深耕四十载　踔厉奋发新时代

华中科技大学建筑与城市规划学院（简称"建规学院"）由华中理工大学建筑学系和武汉城市建设学院城市规划与建筑系于2000年5月合并组成。

回顾学院办学历史，可以分为合校前和合校后两个历史时期。

乘改革东风，高起点创立
（1979—2000年，合校前"三校三山"办学时期）

2000年5月26日合校前的学科发展，可概括为"三校三山"时期。

——率先初创马房山（1979—1984年）

春江水暖鸭先知（武汉建筑材料工业学院）

学院目前的城市规划专业起步于1979年开始招收首届本科生的武汉建筑材料工业学院，而这段城市建设相关专业的办学历史，则可以追溯到1952年。

1952年，武汉城市建设学院的前身——中南建筑工程学校成立。由于选址所在地马房山尚不具备办校条件，学校在江西庐山利用空置房过渡了一段时期，1953年迁入武昌马房山。学校设置了勘测、设计、结构、施工4个专业科和一个初级部。

1960年学校更名为武汉城市建设学院，是一所以城市建设专业为主的高等学府。学校办学专业齐全，城市建设方面的专业基本都有，如城市规划、城市建设工程、建筑学、工业与民用建筑、园林绿化、给水排水等。首届风景园林终身成就奖获得者余树勋先生于1960年创办园林绿化专业，学校成为全国最早开办风景园林教育的3所高校之一，也是全国先行创办城市规划专业的4个学校之一。

"文革"期间，建筑学、城市规划、园林专业停止招生。

几经曲折，1978年学校改名为武汉建筑材料工业学院。

1979年武汉建筑材料工业学院开始招收改革开放后的首届城市规划专业本科生，至1983年招生5届170人左右，成为与同济大学、重庆建筑工程学院在20世纪70年代开办城市规划专业的三校之一。

1985年2月，武汉建筑材料工业学院城市规划专业在校班级搬迁至马鞍山武汉城市建设学院新校址。

——整合转战马鞍山（1984—2000年）

应国家建设需求，规、建、景、艺多专业办学（武汉城市建设学院）

1981年，随着改革开放后我国城市化进程步伐不断加快，国务院批准从武汉建筑材料工业学院分出部分专业，在位于武汉东湖之滨、马鞍山麓的新址重建武汉城市建设学院，隶属建设部直接领导。1983年8月31日，新校址正式破土动工，占地面积397353平方米，校舍建筑面积16万平方米。1984年9月招收重建新校后的第一批大学生155人，开办了城市规划、工民建、给排水、城市道路、风景园林5个专业。1984年9月10日，武汉城市建设学院举行首届新生入学开学典礼。

在马鞍山武汉城市建设学院新址上，1984年风景园林专业招收首届本科生，1986年建筑学专业招收首届本科生，1997年艺术设计专业招收首届本科生，加上武汉建材学院迁来的1979年始招生的城市规划专业，建规景艺4个一级学科专业布局全面完成。白明华、黄树业、罗文博、金笠铭、张承安、吴年、李耀武、钱秀玉、何心如、闫林甫、李玉堂等老一辈教师为专业建设做出了巨大贡献。1988年学校开始配备专职学生辅导员，李小红、范运和是改革开放后系里第一批专职学生辅导员。1991年武汉城市建设学院系部调整，风景园林系、城市管理系的相关教师和城市规划系共同成立城市规划与建筑系，下辖建筑学、城市规划、风景园林3个专业。

20世纪八九十年代是国家改革开放、城市建设大发展的时期，规建系领导班子抓住机遇，结合专业办学特色，坚持理论联系实际的办学理念，无论是课程设计还是毕业设计都结合实际工程，师生走遍大江南北，真刀真枪地训练，培养了大批既有理论又有实践动手能力的人才，一大批教师在实际工程方面积累了丰富经验，为国家城市建设做出了重要贡献，不少项目获得省部级优秀设计奖，培养的人才得到社会各界的好评。1991年、1992年受国家建设部委派，学院分别派出志愿者团队前往安徽巢湖市灾后重建和山东临沂地区革命老区进行规划扶贫。20世纪90年代，规建系顺利通过国家本科合格评估，申办了城市规划、建筑学专业硕士点，规划、建筑学学制由四年改五年制，多门课程获得省部优秀课程，学生们参加全国设计竞赛获得不同的奖项，其中建筑学9212班林丽获全国大学生建筑设计竞赛一等奖，同班董贺轩、范向光获优秀奖。当时的规划与建筑系被誉为龙头系。2000年，武汉城市建设学院城市规划专业以A级通过教育部本科专业教育评估。

——群贤毕至喻家山（1982—2000年）
业界学界精英领衔，高起点创办建筑专业（华中理工大学）

"我们来自四方，来到这里。为了一个共同目的，喻家山下，办起了建筑系。"20世纪80年代初期的华中工学院建筑系师生，都会记得这句歌词。这是当年由朱兵先生作词作曲，最早在华中工学院露天电影场合唱的《建筑系系歌》。系主任周卜颐先生率师生同台表演，激情豪迈，这是向教育界发出声音，华中工学院建筑学系已初具规模。

改革开放伊始，华中工学院院长朱九思先生以其教育家的卓识远见，决心将学校办成"综合性大学"，举措之一就是在学校建立起了兼具科学、艺术和人文精神的建筑学系。1981年，在朱九思的主导下，华中工学院延引了一批建筑学界知名教授和中青年建筑学者，汇聚喻家山下，共商创业大计，一时形成"群贤毕至喻家山"的盛况。至 1982 年夏，始招首届本硕学生，至此，一个新兴的建筑学科在华中诞生。与此同时，朱九思批准兴建专用的建筑系馆（今南四楼），成为全国各校之首例；批准创办一本建筑学期刊《新建筑》，1983 年创刊号出版，令建筑学界刮目相看；批准设立建筑学系专用图书馆，短期内购置数万册建筑学经典文献。仅此三项，成为当时享誉全国的"三大件"，连同早期卓越的师资力量，是谓"高起点"创系之基础。1986 年罗文博、金笠铭、丁先昕、何心如等前辈在武汉城建学院建设和执教建筑学专业，成为武汉又一个颇具实力的建筑教育基地。华工、城建两校区毗邻，建筑专业师生往来密切，交流频繁，专业发展可谓并驾齐驱，携手共进。

华中工学院建筑系首届系委会由 7 位建筑界知名专家组成，他们是 20 世纪 40 年代毕业于中央大学（今东南大学）的 6 位学者和建筑师——周卜颐、黄康宇、蔡德庄、黄兰谷、张良皋、童鹤龄，以及作为系主任助理的陶德坚老师。建系之初周卜颐先生便提出"严、超、新、高"的办学理念。自此，一代代华中大建筑人始终坚持"基础与前沿并重、学术与应用并举、本土化与国际化并行"的办学思想，以"建成国际知名、国内一流的建筑学专业教育基地"为目标，形成了实践性、开放性、创新性相融合的人才培养体系。

建筑学专业创立伊始，就得到国内外一大批知名学者的大力支持。如清华大学汪坦、关肇邺、华宜玉，东南大学齐康、郑光复、鲍家声，同济大学罗小未、冯纪忠，天津大学彭一刚、聂兰生，内蒙古工学院李大夏等前辈相继来华工和城建授课讲学，师生受益匪浅。两校还联合为童鹤龄先生等专门录制教学录像，为建筑初步课程留下宝贵的教学示范资料。国际交流与联合教学频繁。一方面邀请国外知名学者，如来自德国的托马斯·施密特，来自美国 IIT 的戈德·史密斯、黄跃群教授，来华教授建筑设计主干课程以及多位来自欧、美、澳、日学者来汉教学，另一方面也派出一大批中青年教师赴海外进修访学，他们回国后便成为教学一线的重要力量。

1996 年华中理工大学成立建筑学院，中国勘察设计大师袁培煌先生受邀担任建筑学院院长，在袁培煌的带领下，建筑学院与建筑设计研究院实现了整合，胡正凡、李保峰、陈纲伦等先生以及一批年轻教师的积极推进和参与，使得建筑学科始终保持着稳定向前的势头，1999年顺利通过了建筑学本科及硕士专业教育评估。

2000年5月，武汉城市建设学院、同济医科大学和华中理工大学合并成立华中科技大学。至此，城建和华工两校建筑学专业合而为一，办学力量更为雄厚，共同迈进21世纪建筑教育新征程。

沐世纪朝阳，共奋力崛起
（2000—2022年，合校22年发展历史及成效）

——党旗领航，服务国家重大需求

合校后，建筑与城市规划学院成立，简称建规学院。

学院在华中科技大学党委的领导下，坚持正确办学方向，充分发挥党委会和党政联席会作用，集体决策，教授治学，民主管理，办学治院水平不断提高。学院紧扣立德树人根本任务，以"党旗领航工程"为核心，发挥建筑类学科优势，在祖国和人民最需要的时刻，组织广大师生挺身而出，把自己的专业知识运用到为祖国和人民服务中。

2008年5月12日，汶川突发地震。受国家建设部委派，学院安排6名学生党员和教师耿虹组成第一支党员先锋服务队，前往成都参与灾后过渡安置规划工作。7人走遍都江堰市和彭州市的6个乡镇，为26个安置点进行选址和规划，连续奋战一周，完成了26个灾后临时安置点规划图。

2010年1月22日，习近平同志考察华中科技大学，在建筑与城市规划学院听取学校"党旗领航工程"实施汇报，参加建规学院学生党员"主题党日"活动，参观"党员先锋服务队成果展"，给学院以巨大鼓舞。习近平肯定了同学们的实践成果，对他们第一时间奔赴灾区参与灾后重建给予高度评价，他说"从中看到了80后、90后年轻一代的精神风貌"，并寄语同学们脚踏实地、立志成才。

牢记总书记嘱托，党员先锋服务队14年传承。从2008年到2021年，建规学院每年都派出党员先锋服务队，到祖国最需要的地方，为老、少、

边、穷地区送规划，送设计，助力脱贫攻坚与乡村振兴，足迹遍布新疆、云南、广西、山西、贵州、湖北等地，从茫茫戈壁到万里海疆，从贫穷落后的大山深处，到灾后重建的第一现场。14年来，累计派出了17支队伍，为21个乡镇进行了科学规划，为当地政府累计节约上千万元的规划和设计费用，连续14年获湖北省"暑期优秀社会实践队"。院党委副书记何立群连续十年带队，参与社会实践的学生逾千人次。2022年，党员先锋队第15次再出发。

十八大以来，学院扎实推进"三全育人"综合改革，不断将实践教育融入人才培养全过程，通过实习、实践、社会调查等方式，教学结合时政，构建了以"行走的课堂"为标志的课程思政建设体系，形成鲜明特色，取得突出效果。辅导员杨柳获湖北省高校辅导员素质能力大赛第一名、全国高校辅导员素质能力大赛一等奖，为学校历史上零的突破。教师积极参加脱贫攻坚、乡村振兴国家战略行动。耿虹、陈锦富等教师带团队参加学校云南临沧扶贫工作，两次获评教育部精准扶贫精准脱贫典型项目；何依老师带山西岚县志愿者规划扶贫团队获评中国科协定点扶贫年度唯一优秀项目。学院成功申报"三全育人"综合改革示范院系、湖北省高校学生工作精品项目。"美丽中国"全校公选思政课获得湖北省精品项目培育。

——齐心聚力，谋学科进位升级

依托综合性大学的多学科优势，建规学院的学科发展不断跃上新台阶。

建筑学学科是湖北省重点学科，2003年获批建筑设计及其理论博士点，2009年获批博士后流动站，2011年获建筑学一级学科博士学位授予权。1999、2003、2007、2014、2021年先后五次通过建筑学专业教育评估，后三次连续双优通过。在2016年全国第四轮学科评估中并列第六获得B+，2020年获批国家一流本科专业。

城乡规划学科是建设部重点学科和湖北省重点学科，先后四次以优秀成绩通过城乡规划专业教育评估，在2007年中国大学工学本科114个城乡规划专业中获评3个A++，2009年被评为湖北省品牌专业，2010年获批国家特色专业，2011年获批一级学科博士点。第四轮学科评估全国并列第六获得B+，2019年获批国家一流本科专业。

风景园林学科2005年获得全国首批风景园林硕士专业学位硕士点，2011年获得全国首批风景园林一级学科硕士点。博士研究生培养自2003年在建筑学一级学科下设风景园林方向招生；2008年在土木工程一级学科下自主设立工程景观学二级学科博士点；2013年在城乡规划学一级学科博士点下设风景园林规划设计方向招收博士生，2017年获得全国示范性风景园林专业研究生联合培养基地授牌，2021年获批湖北省研究生工作站，2019年获评湖北省首批一流本科专业，2022年获评国家一流本科专业。

设计学学科是湖北省重点学科，2004年获批设计艺术学二级学科硕士授予点，2011年获批艺术学一级学科硕士授予点，并随着同年艺术学升级为第13个学科门类，为学校学科设置增添艺术学门类。对应申报设立设计学一级学科硕士授予点，艺术硕士专业硕士授予点，2014年获批建筑学室内设计二级博士点。2016年艺术硕士专业硕士授予点以优秀成绩通过合格教育评估。2009年获批教育部艺术设计人才培养模式创新实验区，2019年获批湖北省数字光影技术工程中心，2021年获批光影交互服务技术文化和旅游部重点实验室。2022年设计学学科的环境设计与数字媒体艺术两个专业均获评国家一流本科专业。

至此，建规学院不仅拥有4个一级学科，5个本科专业也全部获评国家一流本科专业。

——多元融合，建活力创新团队

学院大力加强教师队伍建设，现有教师120人，其中教授30人，副教授40人，国家及教育部、湖北省、武汉市高层次人才7人，享受国务院政府特殊津贴专家2人，8人受聘学校华中卓越学者。学历结构、职称结构、年龄结构、学缘结构日趋合理，国际化背景日益增强。耿虹老师获评"全国优秀城市规划科技工作者"，何依老师获评"全国巾帼建功标兵"，谭刚毅老师获"宝钢优秀教师奖"，李保峰老师获评"中国最美科技工作者"。

学院积极推进学科团队建设，在学院 4 个一级学科内设有 20 多个二级方向团队，以国家级、省级科研平台为依托，打造前瞻性技术团队和活力科研创新团队。

黄亚平-彭翀教授领衔的"区域与城镇空间规划"团队，长期耕耘在区域城镇化及大城市空间结构研究领域，主持了武汉都市圈发展规划等多个重要的区域与城市规划项目，相关规划设计项目获全国优秀城乡规划设计奖二等奖 1 项、三等奖 6 项，省级优秀城乡规划设计奖一等奖 11 项。

何依教授领衔的"地域城乡聚落遗产保护"团队，专注城乡文化遗产保护研究与规划实践，坚持二十余年深耕细作，主持的《宁波市走马塘历史文化名村保护规划实施导则》获 2015 年度全国优秀城乡规划设计一等奖，其他设计项目分获全国优秀城乡规划设计二等奖，教育部优秀城乡规划设计一等奖，省级一等奖等。

耿虹教授领衔的"镇村发展与乡村规划"团队，持续 6 年对口云南临翔区开展规划智力帮扶，助力脱贫攻坚、乡村振兴，抢救性保护民族遗产。规划帮扶成果 2016 年获"教育部精准扶贫精准脱贫十大典型项目"，2017 年获"教育部非遗扶贫示范创建项目"。设计项目获全国优秀城乡规划设计奖二等奖 2 次、三等奖 6 次，获省级优秀城乡规划设计奖一等奖 10 次。

李保峰-陈宏教授领衔的"绿色与健康建筑理论及其技术"团队，长期致力于夏热冬冷地区气候适应性建筑设计研究。李保峰设计的青龙山恐龙蛋遗址博物馆获中国建筑学会建筑创作奖金奖、中国勘察设计协会优秀建筑设计一等奖，其他设计作品获湖北省优秀建筑设计一等奖 5 项，教育部优秀设计二等奖 2 项；2022 年被中国科协评为"最美科技工作者"。陈宏 2013 年获全国绿色建筑创新奖一等奖，其团队还参加了《低能耗居住建筑节能设计标准》等 17 项行业与地方标准编制。

李晓峰-谭刚毅教授领衔的"建筑历史理论与遗产保护"团队，扎根地域文化，推进文化遗产保护活化。主编《湖北省乡村风貌规划导则》等地方标准，系列研究与实践成果荣获各类奖项近 20 项，其中《湖北古建筑》获省社科优秀成果一等奖。谭刚毅设计作品获评联合国教科文组织亚太地区文化遗产保护奖第一名"杰出项目奖"、中国建筑学会优秀建筑设计一等奖、广东省勘察设计协会优秀设计一等奖等竞赛和设计奖项。

汪原-刘剀教授领衔的"建筑设计-城市设计理论与方法"团队，深耕城市空间与公共建筑设计研究，获得了20多项国家、省部级基金的资助。出版了《武汉三镇城市形态演变研究》《中国工业遗产史录（湖北卷）》等专著，编撰了《中小学校设计规范》等国家与地方规范标准5部，荣获国际、国内各类建筑创作设计竞赛奖近20项。

戴菲教授领衔的"地景规划与生态修复"团队，响应生态文明建设国策，近年来完成的"武汉东湖绿心生态保护与修复规划设计"等项目获得美国ASLA专业奖研究类荣誉奖、IFLA亚太规划分析类荣誉奖、中国风景园林学会科学进步奖三等奖、湖北省风景园林学会规划设计奖一等奖等多个国内外奖项。

万敏教授领衔的"工程景观与植物运用"团队，深耕市政工程景观领域，提出具有市政工程综合价值的绿网城市理论，由此奠定了工程景观学在全国的独特地位。团队获省部级优秀规划设计奖项15项，其中一等奖1项，二等奖4项。主编《工程景观研究丛书》一套9本，获2020年度中国风景园林学会科学技术奖三等奖。

蔡新元-张建教授领衔的"媒介交互与服务设计"创新团队，提出基于"光影互动体验＋"的文化创意旅游新方向，引领文旅夜游。团队主导该领域关键技术研发、示范推广、平台建立和标准制定。主持各类国家、省、市级数字光影文旅重点项目，产业化实践70余项。

白舸-冷先平教授领衔的"室内设计理论与方法"团队，主攻环境设计、传统建筑装饰木作工艺等领域，主持国家、教育部、省部级科研课题6项，指导学生全国竞赛获奖50项以上，获国家及省市级优秀美术、设计奖12项。

——群策群力，育创新实践人才

学院坚持教育面向世界，面向未来，面向现代化，坚持"创新性培养、差异化培养、开放式培养、国际合作培养"的人才培养思路，不断改革课程建设和教学方式，加强教学团队建设，形成"创新性、开放性、实践性"的人才培养特色。

学院加强教学平台建设，不断提升育人本领。目前5个本科专业均为国家一流本科专业，"十三五"以来，新增1门国家虚拟仿真实验教学一流课程，1门省级一流课程，出版"十三五"住建部规划教材5部，获批16项住建部"十四五"规划教材立项，获得省级以上教改项目6项。

学院通过教学内容创新、教学方法创新、强化创新思维训练等教学改革，促使人才培养从"应用型"向"创新实践型"转变，从重专业技能向创新实践能力培养转变。紧密结合国家社会经济发展需求，以"走出去"（走出校门、走出国门，加强社会实践）与"请进来"（引入国际化课程、业界课程）两条思路加强开放式培养，打造校企一体、中外联通的浸润式创新育人环境。

学院与国内重要设计机构签约实践基地41个，开展校企联合培养，如与武汉市园林建筑规划设计院联办全国示范性风景园林专业学位研究生联合培养基地和湖北省研究生工作站，与中南建筑设计院联办教育建筑联合科研创新中心，并积极开展课程联合教学与联合设计等。通过企业导师进课堂，引入业界课程，拓宽专业视野。持续聘请校外导师进行专业设计课程教学，如聘请省古建中心专家参加文化遗产保护课程教学，聘请省博物馆专家进行建筑考古学课程教学等。

对本科生实行跨专业多方向培养，设立城市设计、文化遗产保护、绿色建筑、乡村振兴与乡村设计4个精细化培养方向，学生跨专业选择其一。融合当前时代设计教育发展趋势，坚持课程公开评图和公开答辩，实现四系联合毕业设计全覆盖。

2021年，全院参与各类大学生创新创业大赛共获奖57项，其中国家级奖项10项，全年各类学生设计获奖逾百项，多个艺术类奖项为A、B级。在"挑战杯"全国大学生课外学术科技作品竞赛中获红色专项全国特等奖1项、全国一等奖1项。作为亚太唯一高校斩获第十一届巴萨罗纳国际景观双年展"国际景观高校大众奖"，摘取2021 WUPEN iCity城市设计学生作业国际竞赛金奖，并在海峡两岸建造节、亚洲建筑城市联盟建造节、粤港澳大湾区及东盟国际高校营造大赛、国际高校建造大赛中斩获佳绩。

——同心协力，创科研设计新篇

科研从个体参与向群体性参与转变。学院针对性地将科研项目从日月引领模式升级到众星捧月模式，着力解决困扰学术科研与教育教学改革融合推进的实际问题，形成优势倍增、教学科研健康快速发展的喜人态势。近5年来，获得国家自科、国家社科、教育部社科基金等国家级项目59项，其中国家自然科学基金重点项目1项，其他各类科研项目400余项。先后获得国家勘察设计一等奖1项、中国建筑学会建筑设计综合奖金奖1项、国家优秀城乡规划设计一等奖1项、国家勘察、城市规划设计二等奖4项、三等奖10项，省部级建筑设计、规划设计和园林景观设计奖80项；获湖北省人文社科优秀成果一等奖1项、三等奖1项，湖北省科技进步三等奖1项。先后出版专著和教材66本，在本学科学术期刊发表论文700余篇，发表SCI、SSCI、EI和其他权威期刊论文170余篇。

学科平台短板逐步补齐。目前学院建有光影交互服务技术文化和旅游部重点实验室、自然资源部城市仿真重点实验室、中国建筑学会传统建筑文化科普研学基地、共享遗产国际科学委员会武汉研究中心、联合国教科文组织工业遗产教席、湖北省城镇化工程技术研究中心、数字光影技术湖北省工程研究中心、湖北省民族地区乡村振兴研究与实训基地、湖北省高等学校智慧城乡实验教学示范中心等教学科研平台、国家人力资源和社会保障部绿色建筑设计人才培训基地等科研教育平台，以及中南建筑设计院—华中科技大学教育建筑联合科研创新中心等41个企业实习实践平台。

——跨越海峡，联两岸师生情谊

学院创办了"海峡两岸创新设计工作营"，以设计联结两岸文化，自2011年以来已主办8届，两岸22所高校、800余名师生参加到创意工作营活动中来。

——融合中外，促多元合作交流

学院自办学伊始便持续进行国际交流，与美国、德国、英国、法国、澳大利亚、日本、波兰、俄罗斯等国家和地区的几十所著名建筑规划院校开展了学术互访、联合培养、留学深造、联合设计等多种形式的国际合作交流，与美国亚利桑那州立大学、佛罗里达大学、宾夕法尼亚州立大学，英国邓迪大学、日本东北大学、波兰克拉科夫大学等世界著名院校建立了长期稳定的友好合作关系，签有本科、硕士联合培养项目，针对本、硕、博不同学制对应创设培养机制。近5年先后开展了30余次中法、中美、中波、中日、中意等一系列常态化联合设计与联合教学活动，建立了欧洲历史建筑与城市设计海外教学基地。推动了学科发展和教学培养国际化。近5年，有120余人次教师前往国外进修，有超过200人次的学生前往国外学习交流。

学院重点打造我国中部地区人居环境学科学术交流中心，5年来举办各类国际、全国性、专题性学术讲座超400场。新建筑论坛、"21世纪城市发展"国际会议、"城市＋景观"新思维国际学术研讨会、"数字光影艺术长江论坛/CLab"成为四大知名学术交流品牌。《新建筑》杂志影响力与日俱增，40年稳定出刊。"21世纪城市发展"国际会议自2004年首次举办以来，历经十八载，始终坚持对标国际学术前沿、服务国家重大战略需求，现已发展成为中国规划学界的经典品牌活动，多次被列入中国科协重要会议名录，有力地提高了华中科技大学及我院的国际声誉。

——奋发有为，为社会服务贡献

学院积极推进政校战略合作、校企战略合作，深度参与国家重大工程建设，推动人居环境改善；参与政策法规、行业标准与规划制定，服务行业发展，每年完成建筑、城乡规划设计项目近50项，为地方城乡建设做出显著贡献，受到社会广泛好评。

黄亚平-彭翀教授领衔的团队聚焦长江中游城市群、武汉都市圈及湖北省国土空间开发保护格局研究，完成了武汉都市圈发展规划、湖北省"一圈二群"国土空间规划，为武汉都市圈一体化发展、武汉大都市区建设、武汉城市空间优化格局构建、长江滨江带保护提供了支撑，为区域发展及武汉滨江滨湖特色的高品质人居营造贡献了智慧。

何依教授领衔的团队长期致力于城乡文化遗产保护，将家国情怀与社会责任融入教学，先后主持了6座国家级历史文化名城保护规划，并利用专家影响力多次抢救性保护文化遗产免遭建设性破坏。连续10年组织大型国际会议"无界论坛",传播优秀传统文化,讲好中国故事。鉴于在文化遗产保护方面的突出贡献,何依教授被全国妇联授予"巾帼建功标兵"称号。

李保峰-陈宏教授团队长期致力于夏热冬冷地区气候适应性设计研究,并将研究成果与工程实践相结合,针对场所特征及地域气候采用适宜绿色技术,促进人居环境改善。团队设计的青龙山恐龙蛋遗址博物馆、武汉园博园长江文明馆、恩施女儿寨度假酒店,对夏热冬冷地区绿色建筑设计具有重要示范作用。团队主持及参与了建筑节能与绿色建筑近20项行业与地方标准编制,2019年主持成立人力资源与社会保障部全国首批绿色建筑设计人才培训基地。

李晓峰-谭刚毅教授团队长期致力于荆楚地区传统聚落和文化遗产保护研究,常年对全域历史建筑和聚落开展深入调查,师生赴传统乡村逾2千人次,调查传统村寨500余座,编制近50个湖北传统村落的保护规划,主编《湖北省乡村风貌规划导则》等地方标准,定期组织对民族地区基层干部进行培训,受到国家及省民委高度肯定,并参与共建民族特色村镇研究与实训基地。系列研究及实践成果荣获各类奖项20余项,其中《湖北古建筑》获省社科优秀成果一等奖,设计实践获省城乡规划一等奖,李晓峰个人也获得中国建筑学会建筑教育奖等殊荣。谭刚毅团队结合精准扶贫,助力地方村镇面貌改善与发展,主持项目先后获评教育部精准扶贫精准脱贫十大典型项目和2017年"非遗扶贫"示范创新项目。团队2016年起分赴湘鄂赣等省贫困乡村调查研究,近年来开展乡村建设,完成10余个示范村的建设与施工,先后获评荆楚十大最美乡村,包揽两届湖北省土木学会美丽乡村建筑创新设计大赛一、二等奖,并获美国IDA设计金奖。团队为民族地区历史村落的保护改造和建设发挥了重要的示范作用。

蔡新元-张健教授团队出色完成建国70周年国庆湖北彩车"光耀湖北"彩装制作,获国庆70周年活动最高奖"匠心奖"。倾情打造"我爱你中国"国庆主题灯光秀、建党百年长江灯光秀,亮相央视,广受赞誉,成为武汉城市新名片,助力武汉市连续两年入选"夜经济影响力十强"。在天津以俄罗斯退役航母"基辅号"为载体设计制作了全球首场航空母舰全尺寸投影秀,极大地提升了学院的社会影响力。

多位教师投身脱贫攻坚、乡村振兴国家战略行动。2016年以来，300多名师生赴云南临沧扶贫，至今一共完成16项规划编制成果，挖掘地域文化特色，实现民族特色、传统建筑、茶马商道文化的传承与延续，耿虹教授团队两度获得教育部精准扶贫精准脱贫十大典型项目。陈锦富教授指导的学生调研报告获2021年全国"三下乡""返家乡"社会实践活动优秀调研报告，在第17届"挑战杯"全国大学生课外学术科技作品竞赛红色专项活动中荣获一等奖。何依教授团队2019年受中国科协委托，作为规划志愿者承担了《岚县古迹保护与利用总体规划》，探索以古迹为抓手进行规划扶贫，项目获得中国科协2019年优秀扶贫项目、2021年山西省优秀城乡规划设计一等奖。

领时代潮流，攀一流高峰

（"十四五"及未来发展目标及行动方向）

40年沧桑变化，见证改革开放的时代芳华。不忘初心砥砺奋进，谱写新时代的华美篇章。未来建规学院将在以下方面重点发力。

——党建引领，凝聚奋进力量

加强学院党建工作，以高质量党建推动学院事业高质量发展。强化理论武装，把握办学方向。坚持教育为人民服务，为中国共产党治国理政服务，为巩固和发展中国特色社会主义制度服务，为改革开放和社会主义现代化建设服务。响应国家可持续发展战略、绿色低碳发展战略、乡村振兴战略、文化发展战略、健康中国战略、区域发展战略、城乡统筹战略等重大战略对人居环境科学的要求，引领学院学科发展方向。

加强领导班子与干部队伍建设。探索新形势下院系干部队伍建设的特点规律，着力在思想、组织、能力、作风建设上下功夫、使长劲，培养一支政治上靠得住、工作上有本事、作风上过得硬、教职工信得过的干部队伍，为学院发展提供坚强有力的组织保障。加强基层党支部建设，发挥其战斗堡垒作用。狠抓师德师风建设，引导广大教师以德立身、以德立学、以德施教、以德育德，做党和人民满意的"四有"好老师。

落实立德树人根本任务，充分发挥教师队伍"主力军"、课程建设"主阵地"、课堂教学"主渠道"作用。加强"思政课程"与"课程思政"建设，坚持全员育人、全过程育人、全方位育人。深入实施"党旗领航工程"，擦亮建规学院"党员先锋服务队"品牌，用好社会实践"行走的课堂"，培养新时代中国特色社会主义事业的建设者和接班人。

——聚合英才，培养一流人才

多层次建设人才梯队。持续引进前沿方向优秀青年教师，改善老中青年龄结构、职称结构、学缘结构，加强教师培训，全方位提高教师思政能力、教学能力、科研能力、设计能力。加强学科团队建设，深化院内综合改革，完善考核评价体系，科学制定激励机制，推动教师队伍更好更快发展。

多举措培育领军人才。强化人才工作顶层设计，重视引进教授、副教授，实现高层次人才规模突破性增长。依托项目和平台，吸引、锻炼和培养人才，研究制定人才引进、评价、激励政策，为高层次人才脱颖而出营造良好创新创业生态，激发创新创造活力，让领军人才想作为、敢作为、有作为。

培养一流创新实践人才。适应新时期国家生态优先、高质量发展要求，增强学生创新设计、创新工程实践能力，形成"产教融合、知行融通的开放式人才培养体系"。坚持联合培养、联合教学、联合实践的创新性精细化人才培养模式，建立培养规范、成效显著的全过程培养管理体系，培养具有国际视野、创新思维和社会责任感的建设领域优秀人才。

——谋事创业，争创一流成果

学科建设方面，争创全国领先、世界一流学科，实现学科由"高原"到"高峰"攀登。优化四大学科布局，力争学科进阶升级。建筑学和城乡规划学扩大优势，在保位发展的基础上，注重特色化和学科交叉；风景园林学和设计学新增一级学科博士点，产生重大的学科和社会影响。探索新兴学科领域，并完善相应的评价机制，科学合理配置资源，全面提升学科的竞争力和影响力。结合区域及地方重大战略实施及人居环境建设需要，增强与文科、医科及其他工科交叉融合。

设计实践方面，立足所在区域，服务国家战略，深度参与地方政策咨询和重大规划编制实践，成为中部最重要的城乡人居环境建设方面的高校政府智库；引领和参与中部地区行业标准与各类工程实践，形成一批高质量科技转化与设计成果，为城乡发展及高品质人居环境建设贡献智慧；加强地方人居环境建设，助力武汉建设成国家中心城市、世界滨水文化名城，取得标志性业绩。结合科研教学，广泛参与全国建筑、规划、景观、环境设计项目，在省级国家级优秀勘测设计奖、建筑规划奖、艺术设计奖等奖项上再创佳绩。

社会服务方面，瞄准国家重大区域战略，提高社会服务水平，将论文写在祖国大地上。深度参与地方人居环境工程规划设计，建成湖北省国土空间规划智能规划技术中心，与湖北省住建厅、自然资源厅合作，为地方人居环境品质提升提供指导，持续关注对口帮扶地区发展。坚持建规特色的党旗领航工程，设计、技术下乡，接续完成乡村振兴的规划设计服务。助力文旅夜游经济发展，持续打造全国有影响力的数字光影艺术灯光表演活动。

40年筚路蓝缕，建规学院一路开拓奋进；40年春华秋实，教学科研硕果累累。展望新时代，踔厉奋发、笃行不怠，风华正茂、未来可期。"十四五"时期国家和社会发展的新需求为学院各学科发展带来更广阔的前景。学院将通过聚一流队伍、育一流英才、出一流成果、扬一流文化、促一流发展的"五个一流"建设，按照"强基础，补短板，扩优势，凝特色，上台阶"的工作思路，持续推进学院又好又快发展，为给人民群众提供更高品质的美好人居环境助力，为经济社会持续健康发展提供有力的空间支撑，将建筑与城市规划学院建设成为中国特色、世界一流的人居空间创新研究及人才培养基地。

（建规学院　黄亚平　李小红　何立群　李晓峰）

环境科学与工程学院——
二十二载踔厉奋发　生态振兴强国有我

从仅有一个专业开始招生,到如今两个专业入选"双万",来路坎坷,前路漫漫,环境科学与工程学院(简称"环境学院")乘着改革开放的东风,唱着新时代的旋律,坚持"立德树人",聚焦"为党育人、为国育才",着力培养新时代环境新人,始终走在国家生态文明建设的前列,靠着一代代环境人的不懈奋斗,形成了"齐心协力、信念坚定、以人为本、勇攀高峰"的奋斗精神。

· 聚首同心:特色鲜明,共谋发展 ·

环境科学与工程学院于2000年9月成立,由华中理工大学环境科学与工程系、土木建筑工程学院建筑环境与设备教研室和武汉城市建设学院环境工程系合并组建而成,中国科学院院士沈韫芬任首届院长。

追根溯源,华中理工大学环境科学与工程系正式成立于1998年,其前身为创立于1995年的华中理工大学环境科学研究所,1996年开始招收环境工程专业的硕士研究生。土木建筑工程学院建筑环境与设备教研室于1995年开始招收供热通风及空调工程专业本科生,1999年开始招收供热、供燃气、通风及空调工程专业硕士研究生;1998年,经专业调整将供热通风及空调工程专业和城市燃气工程专业合并调整为建筑环境与设备工程专业。

武汉城市建设学院于1973年开始招收给水排水专业学生，是1977年恢复高考时我国11所招收给水排水工程本科专业的院校之一。1981年设置环境工程系（含给排水专业本科、城市燃气专业本科）。1984年在环境工程系设立环境卫生工程专业，并于1985年开始招收环境卫生工程专业专科生；1996年将环境卫生工程专科升格为环境工程专业本科；1987年开始招收城市燃气工程专业本科生；1992年开始招收市政工程硕士研究生。

从1978年以前学院仅有给水排水工程1个专业，到随着改革开放后国家基础设施建设的不断投入，城市建设相关专业的工程技术人才的需求不断增加，环境工程、城市燃气、暖通空调等新的专业不断产生，各专业在为国家培养高素质建设人才的同时不断发展，形成了学科特色和优势。给水排水工程1994年被评为省重点学科。市政工程于1999年通过省教育厅合格验收。

2000年三校合并后，为了推动学科建设上一个新台阶，按照建设具有国内先进水平环境学科的目标和学校学科建设与发展规划的要求，学院多次组织学科建设规划大讨论，学校还专门召开有教授和各系负责人参加的环境学院学科建设及人才培养研讨会，确定了学院学科建设的重点和方向：以环境污染防治技术研究为先导，重点发展水处理技术平台；力争在水环境持久性有机污染物研究、环境生物工程和水处理技术与设备3个研究方向有自己的特色和优势；在水质处理与控制、垃圾处理集成化技术、智能建筑和环境与人体健康方面有进一步的发展。

环境科学与工程学院于2003年获批环境工程，市政工程，供热、供燃气、通风及空调工程三个博士点授予权，2005年获批环境科学与工程一级学科博士点，2007年获批环境科学与工程学科一级学科博士后流动站与土木工程学科一级学科博士后流动站。2008年获批环境科学与工程湖北省一级重点学科（湖北省首批重点学科）。

近十年来，环境学院把握生态文明建设的机遇期，不等不靠、艰苦创业，学科专业迎来了突飞猛进式的发展。目前，设有环境工程系、市政工程系、建筑环境与能源应用工程系以及环境科学研究所。环境科学与工程一级学科在全国第四轮学科评估中评估结果为"B+"，环境科学与生态学科 ESI 进入全球前 1‰并逐年进步。2021 年新增资源与环境专业博士学位授权点。环境工程专业入选国家级"双万计划"，并第三次通过教育部工程教育认证，进入全球工程教育"第一方阵"；建筑环境与能源应用工程专业第四次通过住建部的专业评估，并于 2022 年入选国家级"双万计划"。给排水科学与工程专业第四次通过住建部的专业评估，并于 2019 年入选国家级"双万计划"。经过 20 年的快速发展，学院形成了水环境与生态、固废处理与土壤修复、大气环境与室内空气质量等 3 个特色鲜明的学科重点发展方向。

·党旗领航：信念坚定，许党报国·

环境学院党委始终坚持高举习近平新时代中国特色社会主义思想伟大旗帜，坚持和加强党的全面领导，围绕立德树人根本任务，聚焦主责主业，严抓能力建设，健全组织架构，强化担当作为，为学院稳步发展提供坚强的政治保障、组织保障、队伍保障。

学院坚持以党委中心学习组的理论学习为重点，把理论学习作为提高班子成员政治理论水平、实际工作能力、思想道德修养的基础工作。注重将理论学习和实践紧密结合，围绕学以致用，多次赴清华大学、同济大学、哈尔滨工业大学等环境"A+"学科调研，不断提高学院班子成员政治判断力、政治领悟力和政治执行力。

学院党委始终坚持从严治党，不断完善制度建设，党政领导班子多次学习探讨民主集中制落地落实、"三重一大"决策规范、党委会和党政联席会议事规则等，先后出台了《环境科学与工程学院"三重一大"决策制度实施办法》《环境学院党委会、党政联席会实施细则》《环境学院落实党风廉政建设责任制实施细则》《环境学院党委理论学习中心组学习制度》等 20 余项制度。加强政治把关作用，严格落实班子"一岗双责"，完善对院系两级党政干部履职尽责的考核和监督；落实意识形态工作责任制，牢牢掌握意识形态工作的领导权、主动权和话语权。认真接受各级巡视巡察，切实做到立行立改、严查实改，累计针对 40 余条整改清单落实整改措施 100 余条。

学院着力加强基层组织建设，落实教工党支部书记"双带头人"建设，完善本科生纵向党支部建设模式，加强研究生党支部建设。学院班子带头、教师党员骨干联系，长期坚持指导学生党支部。积极推进党支部标准化规范化建设，形成标准化清单20余项。率先实施党支部书记抓党建工作述职评议考核工作，加强支部工作计划与检查，以考核建导向、以计划定目标、以检查促执行。严格落实各项组织生活制度，各基层党支部坚持月月有"三会一课"、年年抓"两学一做"。学院党建工作考核连续被评为优良以上。

严格落实中央"八项规定"精神，认真开展"三严三实"主题教育，持续推进"两学一做"学习教育常态化制度化，扎实开展"不忘初心，牢记使命"主题教育，推动各基层党支部和广大党员学习实践习近平新时代中国特色社会主义思想。师生思政教育常抓不懈，开展赴红旗渠干部学院、焦裕禄干部学院、大别山干部学院、浙江生态文明干部学院等理论实践教育活动，坚持定期举办教职工思政教育讲坛，不断提升特色思政品牌"党员故事会""红五月""我为群众办实事"的育人实效，凝聚起全院师生干事创业、共克时艰的强大力量。

·人才强基：选贤举能，德才兼备·

学院党委坚持把教师队伍建设作为基础工作和战略重点，"量"和"质"并重，推动师资队伍结构不断优化、育人水平不断提升。

改革开放前，学院几乎没有科研工作，更没有科研经费，除了教学，教师们的任务是参加劳动和政治学习。改革开放后，科研环境大大改善，教师们的科研热情被激发，教师们的科研成果为国家建设做出了重要贡献。给水排水教研室被评为省先进教研室，教研室党支部2次被评为省先进党支部，陈锦章、刘满、唐友尧被评为建设部优秀教育工作者，杨振玉被评为全国优秀教师，段泽琪被评为省优秀教师，范跃华、唐友尧、章北平、陶涛、段泽琪被评为省部有突出贡献的中青年专家。

近十年来，学院更加注重教师队伍建设，加大人才引进和培育力度。成立学院人才工作小组，充分用好"东湖论坛"、学术会议、出差出国等机会，广泛获取人才信息，学院先后引进国家级人才计划入选者3人次，涌现省部级人才计划入选者20人次，学院自主培养了"长江学者奖励计划"特聘教授1人。学院组建了人才结构合理的11支科研团队，凝聚团队力量形成协同效应，其中"固废处理与资源化"团队获批湖北省自然科学基金创新群体；团队合作实现了国家自然科学基金重点项目的突破；"水质安全与水污染控制"团队实现牵头国家重点研发计划和获批千万元以上项目双重突破。

同时，学院十分重视教师队伍素质建设，加强师德师风建设。完善教师评聘考核体系，制定并落实《环境学院教师师德师风考核实施办法》，在教师年度考核、职务（职称）评聘、评优奖励中，把思想政治表现和课堂教学质量作为首要标准；完善教师职业道德规范，制定《环境学院师德师风建设行为规范》，实施师德师风"一票否决"；注重把好新引进教师的政治合格关，做好对优秀青年教师和海外留学归国教师的引导和培养。涌现出全国"十大最美环卫者"陈海滨、"湖北名师工作室主持人"杨家宽等名师模范。

学院狠抓管理队伍建设，管理队伍建设卓有成效。2016年以来，学院信息化管理服务水平显著提升，成为"一张表"工程首批试点学院，积极组织参与学校数字化教职工业绩管理系统和大数据平台的构建。学院管理干部选拔推荐充分体现民意，以竞争上岗方式选拔内设机构负责人，变"要我干"为"我要干"，激发骨干教师为学院服务奉献热情。在全校率先完成了内设行政机构岗位职责的梳理和行政人员聘期合同签订。制订《专任教师兼职辅导员工作制度和考核办法》，完善《本科生教师班主任工作制度和考核办法》，10年来8名教师获评学校"我最喜爱教师班主任"，多次获评"教师班主任工作先进单位"。

目前，全院教职工82人，教授25人、副教授24人、讲师12人。学院全体员工团结一致，心往一处想、劲往一处使，以更加昂扬的斗志、更加饱满的热情、更加旺盛的干劲，快速推进学院的发展。

·科研聚力：攻坚克难，不负时代·

近十年来，学院发挥专业交叉优势，积极抢抓生态文明建设重大机遇，不等不靠、艰苦创业，不断尝试探索、有组织地创新，为环境学科的发展争得了一席之地。

学科综合实力稳步提升。新增2个省部级科研平台（湖北省水质安全与水污染控制工程中心、固废处理处置与资源化技术湖北省工程重点实验室）、1个省级教学示范中心（湖北省环境与建筑实验教学示范中心）、1个市级工程技术研究中心（武汉市地源热泵工程技术研究中心）。校企合作建立低碳水环境技术中心、人工环境与智慧能源研究中心、能源工程技术研究中心等。鼓励多学科交叉融合发展，组建了校内跨学科的"环境材料与环境电化学"创新交叉重点团队，获批2020年"固废资源化与污染防控"校学术前沿青年团队。

教育教学成效斐然。获国家级首批一流本科课程1门（"大气污染控制工程"），湖北省高等学校教学成果一等奖1项（"环境类专业OBE模式本科实践教学体系的建设"），以及湖北高校省级教学团队1项（"环境工程专业核心教学团队"），参与教育部第二批新工科研究与实践项目1项（"'竞教融合'的新工科绿色创新创业实践平台构建与模式探索"）。建成水工程学智能水处理综合创新实验平台，推进智慧环境虚拟仿真实验教学平台，建成建筑楼宇数字化实验平台。参与申报的3个虚拟教研室（环境工程原理课程虚拟教研室、环境类专业学生工程实践能力培养研究虚拟教研室、给排水科学与工程专业虚拟教研室"）获批教育部首批建设试点。

科技创新能力显著增强。以环境学院教授为第一完成人，先后获得教育部自然科学一等奖（"固废处理处置及特征污染物控制机理与方法"）、湖北省科技进步一等奖（"典型固废全过程污染控制关键技术"）、湖北省技术发明一等奖（"生物质高温高效燃烧技术"）等多个奖项。学院实现了申报国家重点研发计划以及千万元以上项目双重突破。2016年以来，发表A类以上期刊论文460余篇，授权发明专利125项，累计到账科研总经费1.85亿元，获批国家自然科学基金项目55项。

·合作共赢：对外交流，稳步提升·

学院坚持走国际化的学科建设与发展道路。2000年合校后，学院大力营造学术氛围，积极组织和参与国内外学术会议和交流活动，加强实质性国际合作，广泛加强与学界、业界、政界交流，有意识地提升环境学院及学科的影响力。每年都有10余人次国外学者和20余人次国内知名学者应邀来院进行访问和讲学，每年都有数名教师去国外参加学术研讨活动，多位教授受聘在全国学术组织中任职。

近几年，学院社会声誉不断提升。学院作为理事单位加入长江经济带生态文明创新研究联盟，助力长江经济带建设等国家重大战略；积极承办全国人工环境学科博导论坛及第十三届全国人工环境相关学科博士生导师研讨会、第十届中国环境院所长论坛、第八届环境工程青年论坛学术交流研讨会、第三届"深水杯"全国大学生给排水科技创新大赛、第四届城市水环境与水生态科普创意大赛等。

学院先后和美国西雅图大学、堪萨斯大学，新加坡国立大学，日本京都大学等多所高校开展学术交流工作。积极拓展学生及教师国际化培养与交流渠道，疫情之前，学院连续几年选派百余名学生赴日本、澳大利亚、新加坡等地开展实习实践。

疫情后，积极探索实践国际交流的新形式。召集了"碳中和背景下的污染物消除与资源利用"2021前沿学术论坛线上会议，依托中日国际合作项目开展中日短期国（境）外专家线上交流。与武汉研课教育科技集团有限公司签订合作框架协议，积极邀请牛津大学、加州大学洛杉矶分校等外籍专家学者，开展多次线上主题讲座。

近两年，学院国际交流合作成绩明显。获批国家重点研发计划"政府间国际科技创新合作"重点专项项目"应用于低碳区域能源系统中的大规模储热水体模型及关键技术研究"、2021年度高端外国专家引进计划项目"先进催化材料的环境功能化应用理论与技术"、2022年度国家留学基金委创新型人才国际合作培养项目"碳达峰、碳中和目标下可再生能源和能源使用效率前沿基础研究项目"、2022年度国家自然科学基金委员会与日本学术振兴会合作交流项目"中日环境催化研讨会"等。

·育人为本：五育并举，立德树人·

改革开放以来，学院以"培养中国特色社会主义事业的合格建设者和可靠接班人"为目标，认真开展学生教育管理工作。1997年，武汉城市建设学院环境工程系给水排水9436班被国家教育委员会和共青团中央授予"全国先进班集体"称号。2007年，给排水0503班团支部获评"全国五四红旗团支部"。

近十年来，学院积极贯彻落实习近平总书记关于教育、科技自立自强和生态文明建设的重要论述，继续完善拓展"三位一体"学生工作体系，坚持以思想引领为核心，从德智体美劳五育视角出发，重点帮助学生厘清为什么做、怎么做两条主线，解决我能做、愿意做、做得好三个关键问题，打造先锋型、生态型、活力型、服务型、创新型环境新人。

学院积极探索多维人才培养模式，探索形成"一核两翼双驱"全员育人格局，构建保障优质生源和稳定生源的"招生—引导—培养"三位一体管理体系，坚持"五育并举"，优良学风班获评率、学生参加社会实践和科技创新比例、本科生出国交流率、获批省级和国家级大创项目数量等持续攀升。学生揽获了含"挑战杯"全国金奖、"深水杯"全国特等奖、"全国高等学校人工环境学科奖"专业基础竞赛（人环奖）一等奖、CAR-ASHRAE学生设计竞赛一等奖等在内的各类学科竞赛奖项90余项。毕业生"一生一策"切实落地，深造率稳定在50%以上，50余名毕业生投身基层治理，2人入选为中央选调生。

注重探索新形势下的大学生思想政治教育的规律，坚持以学生为主体，以学生成长成才为中心，着力打造了一支有战斗力、素质高、责任心强的学生工作团队，在基础工作中体现扎实性，在特色工作中体现创新性，凝练"生态中国"课程思政品牌，获学校"思政工作精品项目"，形成"红五月"合唱比赛、党员故事会、"环启蔚来"求职挑战赛等品牌活动。在全校学生工作考核中不断进步，多次获评"学生工作先进单位""党旗领航工程优秀组织单位""大学生科技创新优秀组织单位""体育文化节优秀组织单位""社会实践优秀组织单位""社团活动优秀指导院系"等荣誉。

回顾学院发展的几十年，环境人求真务实、拼搏奋进，学院各项工作不断突破，环境人开拓进取，快马加鞭，不断建立健全"生态中国"三全育人体系。仰望星空，未来要做的还有很多，学院全体教职员工将继续攻坚克难、创新引领，在美丽中国建设中抢占一席之地，助力学校"双一流"建设。

（环境学院）

航空航天学院——
六十载风雨锤炼　新时代逐梦空天

踔厉笃行六十载,启航奋进新征程。60 余年来,从最初的"数学力学系"到改革开放后重建的"力学系",再从新世纪初的"土木工程与力学学院"到现在重组的"航空航天学院",航空航天学院始终不忘"为党育人、为国育才"的初心使命,秉持立德树人根本任务,在构建人才培养体系、打造教育教学资源、提升科学研究水平、强化国际交流合作、传承空天报国精神和力学文化等方面持续创新,取得了丰硕成果,为国民经济建设,特别是为力学教育和航空航天等领域输送了一批又一批的优秀人才,被誉为中国力学专业人才的培养重镇之一。

·1953—1963 年:固本强基,孕育力学新生力·

我校航空航天学院的发展历史可追溯到 20 世纪 50 年代初。在建校之初,华中工学院机械系设立了材料力学教研室和理论力学教研室,主要面向机械、电气、动力等多个工科专业开设材料力学、理论力学等基础课程。为加强师资力量,1953 年,学校从全国多个工学院调入 46 名教授,其中包括力学方向的李灏教授和庆善骎教授。在 1956—1959 年期间,本校毕业生王海期、张君明、钟伟芳、杨挺青、沈为、李光霞、刘烈全等先后留校工作;学校还先后引进了黄玉盈、刘恩远、宋天霞、崔永涛、李长春、赵廷仕等多名应届毕业生加盟,壮大了当时学校基础力学课程教研室师资，为筹建数学力学系提供了师资条件。

1960年3月，为了创办国防尖端方向（火箭技术方向等）本科专业，华中工学院成立了数学力学系（又称工程力学数学系），任命鲁奇任总支书记兼系主任、董明德任系副主任、杨挺青等同志任总支委员。数学力学系设有工程数学、工程力学等专业。工程力学专业定位于培养研究高速飞行器有关的工程力学问题的科学技术人员和管理干部。同年，学校针对国防尖端专业提出了三年研究计划，其中面向火箭技术方向的研究计划包括基本理论、新型材料、高能燃料、特种工艺、喷气技术仪表仪器、风洞实验理论、喷气技术应用等。

数学力学系创建不久，鲁奇和李德焕（曾任华中理工大学党委书记）先后到北京航空学院等国防院校考察实验室和教学计划；学校还选送了部分青年教师去这些院校进修学习。李德焕任副系主任后，带领教师先后参加"三校联合设计"和"南北方案"的审议讨论。此后不久，在一无设备、二无资料的情况下，华中工学院开展了火箭设计与试验工作，在喻家山后实现垂直发射。在当时艰苦的科研条件下，数学力学系教师们迎难而上的画面生动地展现了不念过去、不惧将来、不负当下的拼搏精神。

1960年9月，数学力学系更名为工程力学系。1961年11月，学校对院系进行了又一次调整，撤销工程力学系并成立第六系，该系主要包含工程力学和金属物理两个专业。在1961年前后，学校制定了专业调整方案，将第六系、机械制造一系、冶金化工系、水力电力系、热能动力系等系的部分学生调整到工程力学专业，由此，我校力学专业办学正式拉开历史序幕。1962年初，第六系定位于服务全校公共课程和基础课程教学，全系当时教师人数近280名。1963年6月，华中工学院第一届力学专业的45名学生正式毕业，毕业时其专业名称为固体力学。1965年8月，第六系正式改称基础课部。

· 1975—1985年：勤学崇研，聚集力学新动力 ·

即便在20世纪60—70年代这一特殊时期，华中工学院也依然坚持固本培元、守正创新，将丰富学科门类与理工结合作为学科建设的重点任务。固体力学教研组在1975年专门编写出版了《工程力学》等教材。1975年11月，朱九思院长以华中工学院革命委员会的名义向湖北省教育局和国家教育部建议，在有基础的工科大学中设置"理工结合、以理为主"的专业。1977年5月，华中工学院向湖北省教育局提出了《关于申请增设"应用数学"及"工程力学"两个理科专业的报告》，于同年12月获得湖北省教育局的批复。该书面报告指出工程力学专业的主要内容为：深入研究断裂力学、结构力学、机械振动学及其在船舶和动力机械等方面的应用，并以断裂力学和结构力学为重点。

改革开放之初，华中工学院为了解决师资力量不足的困难，决定开办师资班，并在1977年11月《关于一九七七年增招基础课师资班四百名的报告》中指出：计划在理论力学、材料力学、结构力学和流体力学等4个方向分别招收20名、20名、20名和10名学生。1978年2月，力学77级师资班学生入学，这是华中工学院力学专业第二次招生。该班的实际招生数为80人，学习年限为4年。因当时力学系尚未正式成立，工程力学（理科）专业还在筹建之中，故力学师资班学生入学时仍隶属于机械系，随后转入成立后的力学系。在四年级分流时，这批力学师资班学生分成了固体力学、流体力学和生物力学3个专业方向，各专业分流数量分别为50人、20人和10人，1982年2月毕业，成为华中工学院在改革开放后培养的第一批力学专业学生。1978年9月，学校开始招收力学专业的硕士研究生（1981届）。在77级师资班和81届研究生班中，不少学生毕业后留校工作，补充了力学专业的师资队伍，为工程力学专业的后续发展奠定了坚实的基础。自1979年起，力学专业的本科生及硕士研究生招收从未间断，力学专业于1983级本科招生时正式更名为工程力学专业。

1978年4月，华中工学院向国家教育部提交了《我院同世界理工科大学的差距和赶超的主要措施》和《关于专业调整的设想方案》两个报告，文中正式提出了增设数学系、物理系、化学系和力学系。1979年2月，华中工学院批准成立力学系，由李灏担任系主任，钟伟芳任总支书记，王君健、雷国璞和张启明担任副系主任。在筹备和重建力学系期间，学校对力学系及学科专业的建设高度重视，曾多次力邀著名力学家钱伟长教授等进行指导，这些对高起点重启力学专业、优化学科方向布局均起到了重要作用。此外，华中工学院还兼收并蓄，广采包括麻省理工学院等在内的多所世界著名理工大学以及全国其他重点高校在力学专业建设方面之所长，为本校的力学系专业设置、师资队伍、科学研究和学术交流等提供了弥足珍贵的经验。

在力学师资培训方面，得益于华中工学院于1977年、1979年和1982年先后三次制定并实施的师资培养计划，我校力学系教师队伍中有不少人员获得了出国进修和访问学习的机会，师资培养进入快车道，为力学系的后续发展奠定了坚实基础。

在科学研究方面，以李灏教授和王君健副教授等为代表的一批教师分别在断裂力学和生物力学两个方向上聚力发展，推动了华中工学院在这两个研究领域的迅速崛起，并逐渐在国内占有一席之地，形成了鲜明的学科特色。1977年，学校将"弹塑性断裂力学"列入校重点科研项目。1982年，力学系与清华大学、中科院力学所等单位一起承担了国家科委"六五"唯一的一项力学类重点科研项目"工程力学中若干重要问题研究"的研究任务。

在学术交流方面，学校广泛邀请力学领域的著名学者来校交流和讲学，并积极筹备国际国内学术会议。在1979—1983年期间，著名力学家钱伟长教授曾数次在华中工学院举办大规模的学术讲座，其主题包括"变分法有限元""奇异摄动理论"和"穿甲力学"等；国际著名学者、生物力学创始人之一冯元桢教授也于1979年秋天到华中工学院举办生物力学讲习班。另外，首届中美日国际生物力学会议、分叉、突变、稳定性学术讨论会，第4届全国实验力学学术会议等重要学术会议在华中工学院召开。1979年，李灏教授在美国机械工程师学会的冬季年会上宣读了《断裂力学在中国的主要进展》。1980年，由中国力学学会主办、华中工学院承办的学术期刊《固体力学学报》正式创刊，编辑部设在华中工学院力学系，李灏教授任副主编，该学报为中国力学工作者提供了重要的学术交流平台，为繁荣全国固体力学研究和培养固体力学人才做出了重要贡献。

· 1985—2000年：夯实基础，凝练学科新活力 ·

1985—2000年，经过长达15年的不懈建设，力学系在组织构架、学科专业、教学研究、科学研究和对外交流等方面均积累了丰富的办学经验，并逐渐形成了稳步发展的良好局面。

强化学科专业设置。学校分别于1984年和1990年获得船舶流体力学（1998年转点到力学系）和固体力学博士学位授予权，1994年获批力学博士后科研流动站，1998年获批固体力学湖北省高等学校重点学科。1992年，力学系培养的第一届博士研究生顺利毕业（含1名外籍来华留学生）。为探索办学模式，力学系在1990—1995年还先后招收了机械设计与测试技术专业的专科生。自1999年起，工程力学本科专业每年招生规模调整为2个自然班。

改进夯实教学研究。力学系在1996年主持了国家教委"力学系列课程改革"和"基础力学CAI研究"等面向21世纪的系列性教改项目；同年，成立了力学实验教学中心。各教研室每月针对课程建设、教学内容、教学方法等开展了扎扎实实的基层教学研讨活动，教师们教学质量得到持续提升。在资深教授的传帮带作用下，多名年轻教师先后获得学校教学质量等各种奖励和荣誉，部分青年教师参加全国青年教师基础力学讲课比赛并获得一等奖等奖项。先后编写了《理论力学、材料力学、弹性力学指导书》《连续体力学》《断裂力学与复合材料力学》《断裂理论与实验研究》《断裂力学》《热弹性力学》《损伤力学》《弹性薄壳力学》《动平衡原理与动平衡机》等一系列教材和专著。理论力学、材料力学、流体力学、工程力学等4门课程也先后被评为湖北省优质课程。

踔厉推动科学研究。力学系围绕疲劳损伤及断裂力学、流固耦合力学、弹性动力学、计算力学及仿真、流变力学、流体力学等方向开展科学研究工作，并承担了一系列国家级科研项目，参加了"七五"国家自然科学基金重大项目"海洋工程中的力学问题"、主持了国家自然科学基金重点项目"弹性动力学反问题的研究"、参加了国家自然科学基金重点项目"含缺陷流变体的材料破坏理论"、主持了国家"九五"攀登预研项目"大型机电系统中若干动力学关键技术的研究"中二级子项目"大型复杂转子系统非线性动力学的理论与方法"和三级子项目"流固耦合的若干理论、方法及其应用"等的研究。1985年，李灏、王君健、黄玉盈、刘烈全、沈为和刘再华等教师参与编写了我国第一部力学方面的百科全书《中国大百科全书（力学卷）》，其中李灏担任固体力学分支学科编写组副主编，王君健担任生物力学分支学科编写组主编。在这15年期间，力学系先后获得国家科学技术进步奖一等奖1项、国家教委科学技术进步奖三等奖等5项科技奖励。

拓宽促进学术交流。力学系老师积极承办和参加各类国际国内学术会议，承办了1985年的全国第一届损伤力学学术会议，先后参加了1986年IUTAM举办的断裂的局部法研讨会并作题为《用损伤模型研究动态扩展时塑性区的应力应变分布》的论文交流以及1990年IUTAM举办的第四届结构蠕变科学研讨会并作学术报告，承办了1993年的全国第七届断裂力学学术会议及1998年的第二届南方计算力学学术会议，主办了1999年的第六届全国流变学学术会议等。1988年，由中国力学学会主办、华中理工大学承办的《固体力学学报（英文版）》正式创刊，中国力学工作者拥有了一个属于自己的全新国际学术交流平台，为中国固体力学研究走向国际做出了突出贡献。

· 2000—2020年：精准谋划，砥砺开创新发展 ·

进入新世纪以来，中国高等教育改革进入了变革和跨越式发展阶段。2000年5月26日，华中理工大学、同济医科大学、武汉城市建设学院以及科技部干部管理学院合并，组建华中科技大学。学校的发展目标从"以理工为基础的综合大学"正式转变为"综合性研究型大学"。力学系的组织构架发生较大变化。2000年9月，学校将力学系、土建学院以及武汉城市建设学院的2个系进行了重组，成立了土木工程与力学学院，力学系主任陈传尧教授任常务副院长，主持工作。同年，学校获批力学一级学科博士学位授予权。2001年，学校开设工程力学与计算机应用复合班。2007年，工程力学专业入选教育部国家级特色专业。

2009年，学校成立航空航天研究中心。2011年，学校设立航空航天系（隶属机械科学与工程学院），并成立航空发动机和燃气轮机研究院。2015年，为满足国家重大需求、完善学科布局，学校决定筹建航空航天学院，成立了筹建工作领导小组，段献忠任组长、马建辉任副组长，同时设立了学院筹建小组，严有为任组长、李仁府任副组长。随后，学院向全校招聘胡丽为学院办公室主任，向社会招聘郭佳、孙斯、朱春艳为学院行政工作人员，由此拉开了学院的建设序幕。大家积极谋划并实施了专业申报、教师招聘、招生宣传、国际合作、学科建设以及学院大楼建设等工作。2016年，教育部批准学校设置飞行器设计与工程专业，该专业在2016年完成了首届本科生招生选拔。同年12月，航空航天学院举行了首届本科生开班典礼暨中美国际班新生见面会。2017年，航空航天学院首次面向全国高考学生招生，并依托机械工程一级学科招收研究生。2018年，航空航天学院成立第一届学术委员会。2020年6月，校党委书记邵新宇院士、校长李元元院士，以及丁烈云院士、叶培建院士等海内外同行专家及科研院所发来贺词，共祝航空航天学院首届本科生毕业。

在新世纪的前20年里，力学系和航空航天学院的办学目标是：秉承"瞄准学科前沿，服务国家需求，培养一流人才"的办学理念，着力培养"厚理论基础、强工程背景"的力学和航空航天领域复合型创新人才，在我国中部地区构筑"实力雄厚、特色鲜明"的集科学研究、人才培养和社会服务于一体的人才培养及科学研究基地。

在教育教学改革方面，力学系先后承担教育部高等教育科学研究"十三五"规划重大攻关课题子课题、教育部新世纪教改工程和湖北省高等学校省级教学研究项目10多项，建设了一系列优质教育教学资源。先后建成1个国家级教学团队、4门国家级精品/精品资源共享课程、6门湖北省精品课程、10门校级高水平/国际化研究生课程等，编写出版各类力学教材20多部（其中国家级规划教材4部），建成湖北省力学实验教学示范中心和湖北省高校省级示范实习实训基地等教学实践平台，获批湖北省优秀基层教学组织1个及湖北名师工作室1个，获得湖北省高等学校教学成果奖一等奖3项，承办了第六届力学课程报告论坛、中国力学学会基础力学教学讲习班等教学会议，指导大学生参赛并获得国际大学生工程力学竞赛个人赛银奖和团体赛二等奖、全国大学生周培源力学竞赛个人赛特等奖和团体赛一等奖等奖项。在教师队伍中，1人获国家教学名师奖，2人入选湖北名师，2人被评为校级教学名师，1人为校课堂教学卓越奖获得者，多人获得全国基础力学讲课比赛一等奖、校青年教师教学竞赛一等奖，多人获得校教学质量一等奖等奖项。

在科学研究和社会服务方面，力学系围绕材料变形与损伤力学、多尺度力学、多场耦合动力学、微纳尺度实验力学、工程结构仿真等方向开展特色研究，并逐渐在极端环境力学方向布局。2008年，工程结构分析与安全评定湖北省重点实验室获批建设。2019年，极端环境力学研究中心正式成立。力学系先后承担国家重大专项课题2项、国家973计划项目专题2项、国家自然科学基金重点项目4项、其他重大工程科技项目50余项。年均发表SCI检索论文70余篇，多篇刊发在 *PRL*、*JMPS*、*JFM*、*Science Advances*、*PNAS* 和 *Nano Energy* 等著名刊物上。研究成果先后获国家科技进步奖二等奖、国家技术发明奖二等奖、教育部科技进步奖一等奖、湖北省自然科学奖一等奖等奖项。一批有特色的科研成果已成功地应用于精密制造装备、环保科技行业、特高压输电工程等领域并转化为现实生产力，取得了显著的经济和社会效益。航空航天学院（筹）积极准备航空宇航科学与技术一级学科博士点的申报工作，在新概念飞行器与控制、高超空气动力学、先进推进技术、多学科智能设计与制造等方向布局，相关研究成果在航空航天等工程领域得到了多项应用。

在国内外交流与开放办学方面，力学系师生通过论文合作发表、研究生联合培养、本科生海外游学、喻园家交流项目等方式，与美、英、德等20多个国际知名高校和科研机构保持了良好的合作交流关系。在2016—2020年期间，每年柔性引进2—3位国际师资来校为研究生或本科生授课，每年还邀请约20位境外专家来校短期讲学和学术交流。力学系还承办了第十届亚太工程塑性及其应用会议、第五届机械振动工程与技术国际会议、2010年全国固体力学大会、国家基金委固体力学优秀青年学者论坛、中国科协青年科学家论坛第108次活动、2018年固体力学的挑战与发展研讨会、损伤与断裂力学及其工程应用研讨会等国内外重要学术会议。航空航天学院（筹）借鉴美国佐治亚理工学院、麻省理工学院等著名大学航空航天学院本科生人才培养计划，制定了国际化课程体系，成功开办了中美国际交流班。2017年，与美国佐治亚理工学院签署了"教育合作协议书"，两校在本科生"2＋2"联合培养、"3＋1＋1"本硕连读、本科生暑期互访、教师互访、博士生联合培养等方面开展了实质性国际教育合作。

·2020年至今：携手奋进，同心共谱新篇章·

2020年8月，为了优化学科布局，学校将原土木工程与力学学院所属力学系和原航空航天学院（筹）进行重组，成立了新的航空航天学院，由严有为任党委书记、李振环任院长。至此，两个一脉相承的学科又一次紧密相连，开启了新时代新学院的新征程。2020年底，学院召开了首届党代会，确立了学院"建设有特色的世界一流航空航天学院"的宏伟目标，高举团结、融合和发展大旗，快速实现了学院架构重构和建章立制，学院发展驶入快车道。目前，学院拥有75名专任教师，其中教授27人，国家级人才6人。

航空航天学院重组以来，学科专业建设成果屡创新高。2020年，工程力学专业入选国家级一流本科专业建设点，飞行器设计与工程专业入选湖北省一流本科专业建设点。2021年，工程力学专业入选教育部基础学科拔尖学生培养基地2.0计划。2022年，飞行器设计与工程专业入选国家级一流本科专业建设点。至此，学院2个本科专业均入选国家"双万计划"。

学院现拥有力学（2000年获批）和航空宇航科学与技术（2021年获批）2个一级学科。在学校"双一流"建设方案中，力学被定位为骨干基础学科，入选学校"双一流"建设基础学科跃升计划；航空宇航科学与技术被学校定位为战略新兴交叉学科。作为重要支撑，两个学科与物理、数学等学科共建了"空天科学与工程"湖北省高等学校优势特色学科群。

新学院在构建大思政体系和深化教学改革等方面力争上游，在短时间内取得了明显进展。创立了"青春启航·学生成长工程"协同育人工作体系，建设"青春启航学生成长工程"工作室，强化"思想引航、专业领航、行业导航、组织护航"，致力于构建"人人育人、事事育人、时时育人、处处育人"的生动育人文化。2020年11月，工程力学、疲劳与断裂、理论力学3门课程入选国家级一流本科课程。2020年12月，1名教师获校课堂教学卓越奖。2021年1月，力学湖北名师工作室获批建设。2021年5月，"航空宇航科学与技术学科研究生课程体系建设研究"获湖北高校省级教学改革研究项目立项。2021年7月，"特高压输电线舞动动力学及其防灾虚拟仿真实验"入选湖北省一流本科课程。2022年，有2项教改项目获批学校教学成果一等奖，1项教改项目获批学校教学成果二等奖。

新学院"以贡献求发展，以服务求支持"，充分发挥力学学科的基础支撑作用和航空宇航学科的重大牵引作用，有组织地开展科学研究与社会服务，在优化工程结构分析与安全评定湖北省重点实验室发展方向的同时，建设了极端环境力学中心、智能无人飞行系统研究所等科研机构。2022年，华中科技大学与中国航天三江集团共建了未来智能创新联合研究院，航空航天学院被确定为校内总牵头单位，协调该研究院的各项建设工作；同时，学院还与中国商飞试飞中心、中国空气动力研究与发展中心计算空气动力研究所等重点单位共建了产教融合基地。

回顾60余年发展历史，学院先后培养本科生1800余名、专科生180余名、博硕士研究生800余名。在历届毕业生中，航院学子人才辈出，在各自的岗位上大放异彩。共有5名本科毕业生当选国内外院士，其中3人当选中国科学院院士，1人当选澳大利亚技术科学与工程院院士，1人当选俄罗斯工程院外籍院士，郑晓静和周又和伉俪院士的感人事迹被多家媒体广泛报道；有30余名毕业生入选国家级人才计划，3人担任重点大学党委书记/校长，1人当选第十六届、十七届、十八届、十九届中央候补委员，数十人在国内外高校中任教授职位；此外，还有一大批毕业生在重大工程领域或重点企事业单位的重要岗位上建功立业。

艰难方显勇毅，磨砺始得玉成。岁月为证，奋斗不息。新时代，新机遇和新起点，航空航天学院将坚守"为国育人 为党育才"初心使命，致力于培养具有"特别能吃苦、特别能战斗、特别能攻关、特别能奉献"精神的栋梁之材，不断推动中国航空航天和力学事业的进步，为人类探索宇宙奥秘、推动构建人类命运共同体做出重大贡献。

华中科技大学航空航天人将不忘初心，牢记使命，秉承"空天报国、力创未来"的学院文化，发扬"敢于竞争，善于转化"的华中大精神，瞄准世界科技前沿，面向国家重大需求，坚持守正创新，锐意进取，在强国新征程上共同谱写新的绚丽篇章。

（航空航天学院　王琳　李振环　薛茜茜　宋建涛　李仁府　胡丽　张涵　严有为）

网络空间安全学院——
奋力谱写网络强国建设华中大篇章

"没有网络安全就没有国家安全。"

2014年2月27日,以习近平总书记为组长的中央网络安全和信息化领导小组第一次会议召开,将维护网络安全上升为国家战略。

2016年4月19日,在网络安全和信息化工作座谈会上,习近平总书记发出动员令,指出"培养网信人才,要下大功夫、下大本钱,请优秀的老师,编优秀的教材,招优秀的学生,建一流的网络空间安全学院。"

云帆高悬展宏图,正是扬帆搏浪时。华中大人闻令而动,凝聚起服务国家战略的强大动力,率先成立网络空间安全学院(简称"网安学院"),2019年学院独立运行,入选国家"一流网络安全学院建设示范项目高校"。

2016年9月30日,中央网信办复函武汉市委,支持开展国家网络安全人才与创新基地建设,打造国内首个也是唯一的独具特色的"网络安全学院+创新产业谷基地"。

历史从来只会眷顾坚定者、奋进者、搏击者。学校抢抓机遇,与武汉临空港经济技术开发区签订入驻办学协议。

2020年8月29日,时任校党委书记邵新宇院士给即将入驻网安基地的300余名网安师生上了一堂难忘的"开学第一课"。

"希望大家在加快推进学校'双一流'建设发展中,扎根基地发展,不断开拓创新!"

从喻家山到径河畔，跨越的 50 公里，开启了华中大网安师生扎根国家网安基地，服务国家战略的崭新征程。

"华中大举全校之力就是要建设世界一流的网安学院，创造条件让师生在这里安心生活、学习，希望大家好好珍惜，抓住机遇，专心致志做学问！"

"学校对网安学院的未来发展充满信心、期望很大，希望学院再接再厉！"

一句句亲切的话语，一声声郑重的嘱托，是鼓励更是期待。

学校高度关心重视网安学院发展建设。校党委书记李元元院士多次赴网安基地校区指导学院建设，关心探望师生；2022年春季学期伊始，校长尤政院士新学期首次赴院系调研，就前往网安基地校区召开座谈会为学院发展把脉定向。

网安学院成立以来，学校党委常委会多次专题研究，就网安学院管理体制、运行机制、办学经费支持、队伍建设以及网安基地校区运行保障等作出决议，为学院高站位、高起点、高水平建设打下坚实基础。

在学校党委和行政统筹部署下，在各级领导大力支持下，学院充分发扬"一条心、一根筋、一团火、一片天"的创业精神，把握机遇，蹄疾步稳，加快一流网络安全学院建设，在国家网安基地这片承载着国家使命的热土书写着华中大人的精彩故事。

· 把握机遇，平台聚力，跑出发展加速度 ·

2个专业获批国家级一流本科专业建设点，开设首批"密码科学与技术"本科专业；获批湖北省首个网络空间安全领域重点实验室；科研成果获2021年度湖北省科学技术进步奖一等奖和技术发明奖一等奖两项大奖，是学校院系中为数不多的"双冠王"……

"发展的脚步要快些，再快些。"

这是网安学院教职员工们的共同心声，自独立运行以来，学院把入驻国家网安基地的平台优势转化为一流网络安全学院建设发展优势，全面发力，多点突破，成绩亮眼。

瞄准国家战略需求，开展科学研究。积极谋划重大科研平台建设，联合湖北省内优势力量筹建国家级平台，同时获批分布式系统安全湖北省重点实验室；不断凝练优势学科方向，开展科研攻关，多篇论文发表在网络空间安全领域的 IEEE S&P、ACM CCS、NDSS 等顶级会议/期刊，多项科技成果通过省部级科技奖项评审，其中"软件安全智能检测与防护关键技术"和"移动大视频多级多网协同智适应传输关键技术"分获 2021 年湖北省科学技术进步奖一等奖和技术发明奖一等奖；"大容量移动视频智能传输关键技术及应用"和"云计算系统安全关键技术与应用"分获 2021 年中国电子学会科学技术进步奖一等奖和二等奖；"互联网＋公共云签服务平台"获 2021 年国家密码管理局密码科技奖三等奖……在解决国家网络安全"卡脖子"难题，实现高水平科技自立自强的征途上，镌刻了越来越多华中大网安人的印记。

推进培养模式改革，提高教育教学质量。召开全院教育教学研讨大会，对新阶段学院人才培养使命任务进行再统一、再提升，对人才培养工作思路进行新谋划、新部署。学科专业点布局进一步优化，信息安全、网络空间安全获批国家级一流本科专业建设点，设立了全国首批、省内唯一的密码科学与技术本科专业；"分级通关"特色人才培养模式成效初显，"网络空间安全综合实践"获 2021 年学校教学成果一等奖、校级课程思政示范项目，获评湖北省一流课程……立德树人桃李芬芳，网安人才培养结出累累硕果。

聚力产教融合，促进教育技术产业融合发展。牵头并联合武汉大学网安学院，以及天融信、绿盟等网络安全头部企业成立武汉市国家网安基地校企联合会，截至目前已发展会员单位 84 家，其中院校会员 36 家、企业会员 48 家。学院先后与腾讯、九三八单位、天融信、楚天智能交通、智汇医链等单位共建联合实验室或研究中心，在存储与大数据安全、网络安全、区块链等领域开展科研合作及人才培养……打通了教育、技术、产业融合发展"最后一公里"，构建起相互支撑、相互促进、相互转化的良好生态。

·党旗领航，挑战筑梦，勇当奋进追梦人·

"感谢贵校培养和教育出如此有家国情怀的青年学生，也对李诺同学在街道涝疫共治中的挺身而出、担当作为表示感谢！"

2021年10月，学校收到一封由中共新郑市新华路街道工作委员会寄来的感谢信，来信感谢学院网络空间安全专业本科1903班河南籍李诺同学在暑期主动请缨，向社区报到，搬运医疗救助物资，值勤站岗，协助核酸检测，坚守"防涝抗疫"一线的事迹。校党委书记李元元专门批示称赞李诺同学的表现和精神值得学习和表扬。李诺同学用实际行动践行了"请党放心，强国有我"的青春誓言。

李诺同学是许许多多网安学子奋进拼搏的生动缩影，校优秀共产党员、校先进基层党组织、校五四青年奖章、全国挑战杯"擂主团队"、校十佳院（系）学生会、校标兵寝室……从防涝抗疫到各类学生成长成才的平台，处处都有网安学子朝气蓬勃的身影。

网安学子接受着百年党史、理想信念的深刻洗礼。学院党委组织学生通过多种形式开展党史学习教育，在传承红色基因中增强守初心、担责任的思想自觉和行动自觉。开展党史学习宣讲活动40余场，举办"网安铸国安"国家安全教育日活动、"学史铭志"党史知识竞赛、"峥嵘百年路，红色家乡情——党与家乡的红色故事"展演、"青春为党歌唱"主题快闪、红色地标摄影作品展等特色思政活动60余场，组织赴湖北红安祭扫革命英烈、浙江杭州调研互联网企业党建工作、武汉中央农民运动讲习所参观学习等，开展学习实践活动10余次。

网安学子奋进在科创报国、揭榜挂帅的前沿一线。斩获第十七届"挑战杯"全国大学生课外学术作品竞赛揭榜挂帅专项赛"擂主"团队称号1个，特等奖2项，一等奖1项，获奖总数全校第一；第十四届全国大学生信息安全竞赛创新实践赛创历史最好成绩，以全国第二名的成绩斩获特等奖；在字节跳动、虎符大赛、XCTF等国内知名CTF大赛中均名列前茅；学生参加世界大学生超级计算机竞赛摘得全球桂冠，获全球一等奖。

网安学子书写着丈量祖国、服务社会的实践故事。1000余人、200支社会实践队利用寒假、暑期时间奔赴祖国各地写好"第二篇文章",有人探寻非物质文化遗产促进乡村振兴的奥秘,有人前往山区支教送去知识的微光,有人利用专业所学为退休老教师架起跨越数字鸿沟的青春桥梁……同学们在实践中受教育、长才干、做贡献。

·扎根基地,全面融入,擂响入驻定心鼓·

"一院两地办学,将是一个全新的探索,也是培养拔尖网安人才的有益尝试。"

国家网安基地校区采取PPP+EPC总承包的建设模式,华中科技大学与武汉大学"部分共享、部分独立、共同发展",我校网安学院采取"一院两地"的办学模式,累计入驻师生超过1000人。

2020年9月30日,湖北省省长、时任武汉市委书记王忠林,中央网信办副主任赵泽良调研国家网安基地网安学院。

2021年9月17日,中宣部副部长、中央网信办主任庄荣文调研国家网安基地网安学院建设。10月19日,中国工程院副院长陈左宁与郑南宁、郑志明、高文、戴浩、费爱国、肖华等院士专家赴国家网安基地校区参观调研。

2022年5月16日,湖北省委常委、武汉市委书记郭元强调研国家网安基地校区。

……

国家部委、省市领导,社会各界人士高度关心关怀基地校区建设发展。

"服务国家网安基地就是服务国家战略。"为支持保障国家网安基地校区运行,加快建设一流网络安全学院,学校成立国家网安基地校区建设工作委员会,书记、校长担任委员会主任,校领导多次赴网安基地校区调研指导工作,带来温暖、关心,同时成立国家网安基地校区综合办公室,履行统筹、协调和保障的职责，学校的鼎力支持让基地校区师生办事更顺、人心更定。

从入驻基地到融入基地，从保障校区基本运行到师生期待更加完善的硬件设施、更有品质的校园环境、更加丰富的校园活动，校区建设进入新的发展阶段，面临着更大的考验。

——统筹对接，畅通渠道，保障基地稳定运行

召开各类校区运行保障会议60余次，加快完善基地各类基础生活设施，协调处理了网络光纤闭环、智慧化校园、水电气优惠等问题40余项；开设基地校区意见箱，深入学生，及时了解学生思想动态，召开近20次学生代表座谈会，倾听学生意见建议，成立由学生代表组成的伙食监督管理委员会，及时沟通协商，有效避免多方矛盾，解决了食堂饮食卫生、学生生活补助发放、暖气供应管理等问题30余项。

——完善设施，丰富文化，给师生一个温暖的"家"

"越来越喜欢基地的生活了！"入驻以来，学院开通基地校区、校本部通勤班车，设立校区专递服务，建设教职工小家和教师休息中心。同时，改善学生生活设施，全面开放基地校区游泳馆、健身房等各类体育场馆设施，开设游泳、乒乓球等运动技能辅导课，举办夏日青春歌会、新年音乐会、"明德杯"拔河比赛、冬至包饺子、校园舞会等各类文化活动，丰富师生文化生活。

这里越来越有"家"的味道、"家"的温馨，从此大学时光里，除了1037号森林，又多了一个让网安学子牵挂的地方。

——倾心温情，全心守护，做好学生的护航员

一天往返近100公里，奔波于主校区、基地校区之间，这样的工作对于学院的老师们来说已经成为习惯，同时为了让学生少跑腿，不少学院老师们化身"快递员"，帮学生跑材料，服务学生跨校区事务办理。

入驻基地2年来，学院老师多次深夜陪生病的学生到协和东西湖医院治疗留观，同时，放弃周末休息，驻扎基地值班，随时解决学生事务，守

护在学生身边；他们是父亲、是丈夫、是女儿，但他们更是同学们的老师。

"看似寻常最奇崛，成如容易却艰辛"，回首过往，我们走得很坚定，过得很充实，华中大人跑出了网安速度，彰显了网安力量，书写着网安故事。

学院的每一点进步、每一点变化凝聚着全院师生的辛勤努力，每一项成绩都来之不易，令人振奋，我们为每一位奋斗的网安人点赞，向每一位了不起的网安追梦人致敬。

未来，学院将以更昂扬的斗志、更饱满的热情，扎根国家网安基地，服务国家战略，为网络强国目标做出新的、更大的贡献。

（网安学院　邹林宏　高飞　王学东）

软件学院——
使命呼唤勇担当　立德树人谋发展　迎难而上谱新篇

2022年是华中科技大学成立70周年，也是软件学院建院20周年。软件学院应时代发展和国家战略性产业发展需要而生，是全国首批35所国家示范性软件学院之一。自2002年建院以来，学院坚持把立德树人作为根本任务，致力于促进我国软件人才培养的跨越式发展，面向国家重大战略需求、产业发展趋势和技术前沿，积极探索培养模式改革，形成了特色鲜明的人才培养体系，培养了一批批优秀软件人才，为我国软件产业发展和制造强国、网络强国建设做出了积极贡献。

·使命呼唤勇担当·

为适应我国经济结构战略性调整的要求和软件产业发展对人才的迫切需要，实现软件人才培养的跨越式发展，2001年12月，教育部和国家发展计划委员会共同研究决定，选择部分高等学校试办示范性软件学院，华中科技大学是首批试办示范性软件学院的35所高等学校之一。为抢抓机遇，加快发展，努力将示范性软件学院建设成为我国有重要影响的高层次实用型软件人才培养基地，学校于2002年3月成立华中科技大学软件学院筹备工作领导小组，陈传波同志负责筹建具体工作。

软件学院于2002年7月正式成立，当年开始招收第一届软件工程专业本科生和软件工程硕士研究生。2007年成立软件科学与工程系、数字艺术系，同年开始招收第一届数字媒体技术专业本科生。是全国为数不多同时获得本科教育"国家级特色专业建设点"和研究生教育"特色工程领域"的国家示范性软件学院。

·立德树人谋发展·

自成立以来，软件学院始终坚持社会主义办学方向，坚持和加强党的领导，在学校党委领导下，2002年建院当年成立软件学院直属党支部，2006年成立软件学院党总支，2015年设立软件学院党委。学院坚持把立德树人作为根本任务，把保证和提高教育教学质量作为学院办学的生命线，努力践行为党育人、为国育才的初心使命，面向国家重大需求，主动服务经济社会发展，着力培养高素质工程型、创新型、复合型特色人才。

学院秉承"厚基础、强能力、重实践、育创新"的办学理念，通过坚持办学模式、管理体制、课程体系、教学内容和教学方法的改革，通过坚持质量第一，素质与技术并重、基础与实践统一，通过全面深化产教融合，共同建设实践教学平台，形成了"产教融合，产学协同，理论与实践相统一"的全方位的实践育人和创新导向的人才培养体系，二十年来培养本科生、研究生一万余名，为我国软件产业的发展输送了一大批优秀人才。

在师资队伍建设上，教师配置全球化，构建"三个三分之一"的教师队伍模式，即软件学院的专职教师、IT公司聘用教师和国外聘请教师三部分师资，使师资力量的知识体系和人才结构更加合理。学院先后聘请了28名国外知名高校教授及软件专家担任兼职教师，是国家外国专家局批准成立的国家软件人才国际培训基地。

在工程能力培养上，学院与国内外著名IT企业开展广泛合作，建立了90多个不同类型的联合实验室、实训和实践基地，为学生提升工程能力搭建了丰富的平台，培养了学生快速参与国际化IT企业开发和解决大型软件工程项目的能力，实现了工程实践、就业无缝对接。学院获评"中国最具就业竞争力十大软件学院"和原院长陈传波获评"推动中国服务外包产业发展十大杰出人物"。

在创新思维培养上，采用系统的课程学习、层次化的工程实践体系、创新项目驱动和国际国内创新大赛等多种培养方式，显著提高了学生的创新和创业意识，培育了卷皮网、华中时讯、诸葛云游等一批创新创业软件企业的创业者。学院培养的学生展现出卓越的创新能力，曾获"互联网＋"和"创青春"全国大学生创新创业大赛金奖、微软"创新杯"全球学生大赛第一名、"花旗杯"创新大赛第一名、ACM国际大学生程序设计竞赛冠军等荣誉。多名毕业生在国内外一流大学任教，多名校友入选华为"天才少年"、福布斯中国名人榜和胡润30岁以下创业者榜单。其中，本科就读于软件学院的华为"天才少年"钟钊，2019年入职华为后用了不到一年的时间，就带领团队创建了国内第一代AutoML算法，并将此项技术应用到数千万台华为手机上，做到了在业界第一次将AutoML大规模商用的突破。

建院以来，学院通过实施一系列改革措施，在人才培养模式、教学资源建设和学生创新创业等方面取得了显著的成果，为国家培养了软件产业急需的高素质人才，促进了软件产业发展，增强了我国软件产业的国际竞争力。

·迎难而上谱新篇·

时代催人奋进，使命呼唤担当。当今世界正经历百年未有之大变局，新一轮科技革命和产业变革给人类发展带来了深刻变化，在"万物皆可互联，一切均可编程，软件定义一切"的信息时代，加快推进软件国产化，培养高素质的软件领域创新人才，重点突破关键软件，推动我国软件产业做大做强，提升关键软件技术创新和供给能力，是新时代赋予软件学院的新使命新任务。

新的征程上，学院党委坚持以习近平新时代中国特色社会主义思想为指导，加强党的全面领导，不断强化政治功能，充分发挥党委领导核心和政治核心作用。全面加强党的建设，推进"两学一做"学习教育常态化制度化，扎实开展"不忘初心、牢记使命"主题教育，深入开展党史学习教育和"我为群众办实事"实践活动，落实新形势下党内政治生活的准则要求，抓好巡视整改任务落实，推进全面从严治党。加强党员发展和教育管理工作，夯实组织建设基础，着力提升基层组织力，截至2021年底，学院教职工中党员达80%，学生中党员达27%，在学院改革发展稳定和新冠肺炎疫情防控等各项工作中，基层党组织和党员以实际行动践行初心使命，发挥战斗堡垒作用和先锋模范作用，为学院事业发展提供了坚强保证。学院党委全面贯彻党的教育方针，落实立德树人根本任务，扎实推进"新时代党旗领航工程"，以理想信念教育为核心，以社会主义核心价值观为引领，着力培养堪当民族复兴重任的时代新人。

加强教学体系和能力建设。学院积极探索新时代教育教学改革，加强专业和课程建设，面向软件产业培养工程型精英软件人才，以关键基础软件和大型工业软件领域的国家重大需求为导向，建立注重学科前沿、强化数理基础、保障知识系统性的课程体系。同时与华为、中软国际等企业联合开设国产操作系统、云计算、大数据、区块链等面向前沿技术的新课程。教师教书育人水平不断提升，获得湖北省青年教师教学竞赛奖和"湖北省教学能手"称号，入选高校计算机专业优秀教师奖励计划；《具有创新创业素养的软件英才培养体系的研究与实践》获得湖北省教学成果奖；数据结构、软件测试与质量课程入选"国家精品在线开放课程"。软件工程专业入选国家级一流本科专业建设点。

大力推进课程思政建设。修订和完善培养计划，明确课程思政教育对专业人才培养目标的支撑作用；修订各门课程的教学大纲，明确特色化软件学院的育人方向，挖掘相应思政元素并有机融入课程教学内容中，明确课程思政教学内容对课程教学目标的支撑作用；与海军工程大学水声工程教研组结对子，向部队院校学习课程思政建设的经验。

着力提升学生创新能力。探索推动行业企业全方位参与人才培养，近年先后与武汉达梦数据库、长江存储、中冶南方等企业签署了专业学位研究生培养合作协议，建立研究生培养工程实践基地，提升学生实践能力。加强"双创"工作室建设，以科创基地为依托，支持学生参与各类竞赛，协助组织"蓝桥杯"全国软件和信息技术专业人才大赛、"中国软件杯"大学生软件设计大赛等竞赛项目。近五年，学院学生获得"互联网+"金奖、"创青春"金奖等国家级和省部级竞赛奖项80多项。在校生盛建中研发了"AI宝贝——应用于寻亲的图像高超分辨率修复系统",将人工智能技术应用到寻亲中,通过修复失踪儿童的模糊旧照,已成功帮助5名30多年前失踪儿童找到家人,2022年获得"湖北向上向善好青年"荣誉称号。

持续建立良好对外合作关系。从2005年至今,日本INFORMATION DEVELOPMENT株式会社在我院设立奖学金,帮扶学生学业,助力学生就业。重视培养知华、友华的高素质来华留学生,学院2019届希腊籍研究生Alex Kontogeorgos在校学业成绩突出,毕业后入职小米武汉总部。

站在新的起点,软件学院发展面临新形势、新任务、新挑战。学院将坚守立德树人初心,牢记为党育人、为国育才使命,紧密结合国家软件产业的发展战略部署,聚焦关键软件领域,不断改革创新,勇担时代使命,着力培养满足产业发展需要的优秀人才和堪当民族复兴重任的时代新人,为国家实现关键核心技术自主可控和创新发展提供有力支撑。以更加昂扬的斗志、更加有力的举措、更加坚实的步伐,主动服务新发展格局和科技强国战略,锐意进取谋求新发展,乘风破浪续写新篇章!

(软件学院)

生命科学与技术学院——
四十二载忆生命礼赞　风鹏正举扬时代风帆

42年沧桑变化，见证改革开放的时代芳华。42年砥砺奋进，谱写新时代的华美篇章。生命科学与技术学院历经四十余年蓬勃发展，从无到有走过不平凡的历程。细数一代代人持续接力过往，薪火相传终立新时代的浪头。

42年，它从最初不到10人的生物教研组，成长为如今拥有生物医学工程、生物学2个国家级重点学科，5个系，4个国家级一流本科专业，1个国家级虚拟仿真实验教学中心，3000余名在校师生的现代生命科学技术教学与科研重要机构。多年来，华中科技大学生命科学与技术学院（简称"生命学院"）始终坚持"理工医交叉"的特色办学思路，面向世界科技前沿、经济主战场、国家重大需求和人民生命健康，取得跨越式的发展，得到社会各界的广泛赞誉和认可，被誉为"华中科技大学建设高水平学科的样本"。

·一张白纸绘新图·

1978年，出席全国科学大会的华中工学院院长朱九思敏锐地意识到生命学科的发展前景，高瞻远瞩地做出重大决定——筹建生物工程系，并委任当时还在力学系工作的王君健教授筹办。通过生物力学创始人、美国加州大学冯元桢教授的帮助，华中工学院举办了首届全国生物力学讲习班。

1980年11月，在中国医学科学院院长黄家驷的领导下，中国生物医学工程学会成立并在京召开会议。同年，教育部批准华中工学院在力学系建设生物力学专业，并后续在此基础上成立生物工程系，系主任先后是王君健、林家瑞、梅兴国，党总支书记先后是李伟、李志琳、耿建萍。该系成立之初，教师只有包括王君健、刘曼西等不足十人，组成一个生物力学教研室。

1983年，华中工学院学术交流办公室根据朱九思院长的意见起草了《于1983年在武汉举行国际生物力学会议的报告》。作为华中工学院首次举办的国际学术会议，也是湖北省举办的首次国际学术会议，这次会议为之后学校各种国内外学术会议的成功举办打开了局面，促进了改革开放初期华中工学院的学科建设。1982年，学校组织生物系生物力学专业王君健教授、信息工程系生物物理专业康华光教授、化学系生物无机化学专业徐辉碧教授这三个系的教授共同申报生物医学工程博士点。1983年1月，华中工学院获批成为全国最早设立生物医学工程学科博士学位授予点的两所高校之一。

· 创业艰难百战多 ·

在朱九思先生的办学理念中，"科研要走在教学的前面"是他一直坚持的原则。只有通过科研实践，把最前沿的科研成果反映到教学中去，才能真正提高人才培养质量。1979年由冯元桢教授介绍，王君健老师和徐辉碧老师作为访问学者先后在1979—1981年到美国加州大学圣迭戈分校分别从事生物力学和生物无机化学的研究。1987年10月，华中工学院教师康华光参加在美国科罗拉多州丹佛市举行的学术研讨会，通过留学海外的校友左坚博士的联系，访问了加州大学旧金山分校生理系A. J. Hudspeth教授，左坚博士为康华光通宵复印了共502页的相关专著，为开展细胞生物物理研究和技术开发做好了前期准备。1993年初，康华光向校长杨叔子院士建议成立生物物理与生物化学研究所，集中力量于优势研究方向。同年4月研究所宣布成立。

1997年，东方之珠香港回到祖国怀抱。这一年，华中理工大学毕业生骆清铭博士也告别美国 Britton Chance 实验室，回到母校华中理工大学光学工程系，与曾绍群、龚辉三人共同从事生物医学光子学研究，至1999年调入生命学院工作，继续筹建生物医学光子学研究所。这一年，学校全面启动生物医学光子学学科建设，建立了以该学科开拓者、美国科学院院士 Britton Chance 博士名字命名的实验室。在该实验室基础上，1999年，学院获准设立教育部"长江学者奖励计划"生物医学光子学学科特聘教授岗位。

同样在1999年，师从诺贝尔奖得主 Erwin Neher、留学海外的华中理工大学毕业生徐涛博士收到了一封来自母校的纳贤信，信中写道："我校的生命学科基础比较好，非常需要你这样的学术带头人。学校一定会创造最好的条件，使你能安心工作……"热情洋溢的邀请，打动了年轻的徐涛。他毅然决定收拾行囊，回祖国效力。在他看来，中国的发展需要基础科学研究的突破，需要为科学献身的科学工作者，而飞速发展的祖国也为自己的科研事业提供了最好的舞台。当时年仅30岁的他获聘为教育部"长江学者奖励计划"特聘教授，并担任起生物物理与生物化学研究所所长。

还是在世纪之交的1999年，学校在原生物工程系的基础上，整合原信息工程系生物物理与生物化学研究所、光电子工程系生物医学光子学研究所，成立了生命科学与技术学院。徐辉碧教授任院长，耿建萍同志任院党总支书记。学院从此进入新的发展阶段。

·世纪之交写辉煌·

站在新世纪和我国社会主义现代化建设新的发展阶段，学院紧紧抓住重要战略机遇期，以强有力的组织建设推动学院全面发展，学科交叉特色优势日益凸显，人才队伍建设水平显著提高，创新人才培养质量稳步提升，科学研究水平呈现跃升态势，团结拼搏包容的文化氛围日益浓厚。

2001年，学院创立数字 PET 实验室，开始二十余年如一日坚持探索高端诊疗装备的自主知识产权；2003年，骆清铭教授任第二任院长，学院获批建立湖北省纳米药物工程技术研究中心，杨祥良教授任中心主任；2004年，学院成立中国高校第一个系统生物学系，刘笔锋教授任系主任。2005年骆清铭教授团队的"中国数字人男一号"数字虚拟人荣获两院院士评选的中国十大科技进展，"脑皮层功能高分辨光学成像理论与方法研究"获湖北省自然科学一等奖。

2006—2007年学院相继举办首届中法双边糖尿病会议、第五届生物医学光子学与成像技术国际学术研讨会、第五届中韩生物材料与纳米生物技术研讨会等，并与国际知名高校和研究机构开展了实质性科学研究与人才培养合作，相继成立中英基因工程和基因组学联合实验室、中德马普生物物理与生物化学合作实验室、中美人类基因组合作研究中心、中法细胞信号转导联合实验室、中韩生物材料联合研究中心等国际合作研究实验室。2007年，生物医学工程和生物物理学获批国家重点学科。2008年，徐涛教授牵头的"血糖调节相关的调控型分泌的分子机理研究"获国家自然科学奖二等奖；同年，学院第三任院长王擎教授指导科研团队在 Cell 期刊发表论文，成为我校教授首次以华中科技大学为作者单位在 Cell、Nature、Science 主刊发表的研究成果。2010年骆清铭教授团队的科研成果、2012年马聪教授团队科研成果分别在 Science 期刊发表，2014年张贤钦教授团队发表 Nature 论文，至此华中科技大学的首篇三大主刊论文均诞生于生命科学与技术学院。截至目前，学院科研团队已发表包括8篇三大主刊论文在内的一系列高水平学术论文，其中第五任即现任院长刘剑峰教授团队已发表2篇 Cell、2篇 Nature 期刊论文。

2010年，生命科学与技术学院迎来30周年院庆，杨叔子院士题字："三十而立。立稳，立前，立新，立出带头作用，立出世界一流。"骆清铭教授牵头的"显微光学切片层析成像获取小鼠全脑高分辨率图谱"获评由科技部基础研究管理中心组织评选的2011年度"中国科学十大进展"，并获得2014年度国家技术发明奖二等奖。

学院聚焦国家战略需求和国际科技前沿，深耕基础研究，加强源头创新，着力推进学科交叉融合，科学研究硕果累累。先后建成包括武汉光电国家研究中心生物医学光子学功能实验室、国家纳米药物工程技术研究中心、分子生物物理教育部重点实验室、科技部感知生物技术国际联合研究中心、国家药品监督管理局医疗器械监管科学研究基地等在内的 9 个国家级科研平台和 7 个国际科研合作平台。"十三五"期间学院科研团队主持国家级科研项目 210 项，其中国家自然科学基金项目 174 项，重大重点项目 28 项，累计获各类科研经费 5.4 亿元。获授权国家发明专利 192 项。

2017 年第四轮学科评估，生物医学工程学科获评 A＋，生物学学科获评 A－；同年开展的国际学科评估中，美国两院院士 Dennis Discher 等国际专家组鉴定"学院两个一级学科总体优秀，部分学科方向杰出，本科培养体系和学生质量优异，以工科背景发展生命科学非常独特，也是学院未来发展优势"。2020 年建院 40 周年之际，谢庆国教授牵头的"我国自主研发全数字 PET/CT 装备进入市场"获评 2019 年度"中国十大科技进展"。至此学院科研团队的成果已三次获评"中国十大科技/科学进展"。

·"四个面向"齐奋进·

进入新时代，学院始终按照习近平总书记和党中央的要求，坚持面向世界科技前沿、坚持面向经济主战场、坚持面向国家重大需求、坚持面向人民生命健康，凝练学科重点研究方向。

我们瞄准世界科技前沿，以发展生命医学关键科学问题牵引的工程原理和方法研究及原创仪器研发为己任，为重大疾病研究与诊疗提供新的技术与设备支撑，围绕国家在健康、能源、脱贫攻坚等方面重大战略需求，推动国家和区域社会经济可持续发展。新增千万级科研项目 7 项，含国家重大科学仪器专项等 6 项。

我们坚持科研创新服务经济主战场，参与政策标准与规划制定，服务行业发展，如杨祥良教授团队参与实施中科院"纳米医学：我国医药领域实现直线超车的重大机遇"学部项目。我们还牵头制定湖北省 2020 年远景规划专题研究报告，系统开展重要生物资源的基因机制解析工作，突破高通量筛选、基因优化设计、高效表达与调控、生物反应工程等系列关键技术，产生经济效益数十亿元。

我们坚持科技报国，服务精准扶贫、乡村振兴等国家重大战略需求。推进成果在湖北、云南、广东、浙江、江苏、贵州等省持续转化。余龙江教授团队积极参与学校对口云南精准扶贫工作，用现代生物技术帮助实现14个行政村、3.4万亩茶叶基地茶农和林区农户增收，产能提升近10倍，共惠及贫困户1572户。获评教育部直属高校精准扶贫精准脱贫十大典型项目。

我们坚信"人民至上，生命至上"，矢志用科技力量守护人民生命健康。王擎教授等组成的罕见病科研团队深入研究心血管与代谢疾病、神经系统疾病、癌症等重大疾病发病机制，转化医学研究取得重大突破，完成武汉市惠民新生儿耳聋基因筛查14万例。2020年春，身处新冠肺炎疫情风暴中心的武汉，华中大生命师生面对疫情快速响应，生命学院成为学校承担新冠应急科研攻关项目最多的院系。全数字PET团队奋战35天，坚持在定点医院升级设备；纳米诊断、纳米抗体、纳米等离子光学芯片等前沿"黑科技"迅速应用于病毒检测应急开发，研发多款快速诊断试剂盒和芯片，迅速用于国内外临床检验。

·三尺讲台谱华章·

42年来，生命学院始终坚持立德树人根本任务，实践"三全育人"，形成了"坚持党旗领航、加强学科基础、重视实践创新、培养拔尖人才"的办学思路，塑造学生"家国情怀、科学精神、国际视野、创新能力、综合素质"，形成了"潜心教学、甘于奉献、为党育人、为国育才"的教书育人文化。学院党委始终与党中央保持高度一致，不断加强完善党的领导，建立健全体制机制，完善组织架构，建强人才培养工作队伍。

教师队伍中涌现出一大批杰出人才，如徐涛教授、骆清铭教授先后被评为中国科学院院士，在生命学院的工作时光为他们的成长奠定了良好的基础。学院人才队伍中还包括国家级人才计划入选者32人次。先后获批国家级教学团队1个、基金委创新群体1个、国家科技部重点领域创新团队2个、教育部创新团队2个。拥有国家级教学名师余龙江等各级名师6名，3人获宝钢优秀教师奖。

教师们坚守三尺讲台，发酵工程被评为国家精品课程和中国大学首批资源共享课程。学院教师出版《电子技术基础（模拟、数字）》《发酵工程原理与技术应用》等各类高水平教材总计数十部，惠及数万专业学生学习专业知识。2002年，学院获批国家生命科学与技术人才培养基地，2008年获批国家理科基础科学研究与教学人才培养基地。2011年入选教育部国家卓越工程师教育培养计划。2012年依托教育部与中科院科教结合协同育人计划启动"贝时璋菁英班"建设，并于2020年获批首批"基础学科拔尖学生培养计划2.0基地"和教育部首批强基计划招生试点。

学院还建立了以学生为中心的开放式、研究型、智能型的生命科学实验教学中心，促进学生自主学习和主动实践探索，2014年该中心获批国家级虚拟仿真实验教学中心，同年，学院获国家级教学成果二等奖。另2005、2013、2017年三次获得湖北省高校教学成果一等奖。

学院多措并举，深化新时代高校科研与教学的国际交流合作，将新形势下的高等教育国际化发展思维融入科学研究、人才培养、师资队伍等多方建设中。分子生物物理教育部重点实验室与法国国家科学研究中心等多个研究机构密切合作产出多项高水平科研成果。学院持续推进高层次国际人才引进和交流，近五年累计到访包括诺贝尔奖获得者在内的学术大师600余人次。学院国际教授3人荣获湖北省政府"编钟奖"，2人获中国政府"友谊奖"，刘剑峰教授于2010年荣获法国政府授予的"法国棕榈骑士教育勋章"，"分子生物物理"创新引智（111）基地服务高层次国际人才引进和交流成效显著，评估优秀，获得2.0资助。

学院积极鼓励学生通过参与顶级国际学术竞赛、国际名校研学夏令营、交换生项目等开拓学术视野，提升国际竞争力。学院持续探索人才培养国际合作新形式，与巴黎萨克雷大学等联合开设的生物健康硕士项目创新采用中法学生合班上课的教学制度，受到广泛欢迎。2020年融合双学籍双学位制的"生物科学专业本科中外合作办学"项目获教育部审批并于2021年开始招生运行。

·建功育人新时代·

党的十八大以来，耿建萍、张涛、刘笔锋三任院党委书记持续接力带领学院党委充分将党建、学科优势转化为育人优势，坚持"为党育人，为国育才"。我们以教育部"双带头人"支部书记工作室为示范,打造精品样板支部,在国家高层次人才、名师中发展一批榜样教师入党。我们通过"党旗领航工程"动员新生积极向党组织靠拢,超过60%新生提交入党申请书,其中实验班本科新生申请人数达100%。2018年,学院获评首批"全国高校党建工作标杆院系",2021年学院研究生生物技术第二支部获评"全国百个研究生样板党支部"。

学院坚持"德育铸魂、智育强心、体育健身、美育怡情、劳育树荣"的理念培养学生全面发展,提升学生综合素质和社会责任感。我们采用"理论学习＋实践"模式扎实推进"两学一做",通过实践培养学生思想政治素质过硬,百余名学生赴基层和艰苦地区就业,将知识和技能带到精准扶贫工作一线,70%学生有科研扶贫志愿服务实践工作经历。在对口扶贫点云南临沧开展的"党建＋精准扶贫"社会实践获全国"百个最具影响力社会实践项目"。师生集体/个人获全国活力团支部、全国向上向善好青年、省五一劳动奖章、湖北省向上向善好青年等多项荣誉。

生命师生致力打造"双创"共同体,通过"早进实验室,早进课题,早进团队"让学生百分百在一线科研平台广泛开展"双创实践",学生已在"互联网＋""挑战杯""创青春"等全国顶级大学生创新创业赛事上获5金4银3铜,在顶级国际学科竞赛中获9金7银。本科生深造率达67%,毕业生深受学术界、产业界等用人单位的广泛好评。新时代的生命科学技术未来将由这些新鲜血液赓续接力,共同铸就。

·凝心聚力向未来·

2018年,院长汪宁教授就根据国际学科评估和第四轮学科评估的专家意见和建议,果断做出"明确新时期学院学科发展方向和召集人"的决定。学院组织全体教师充分展开民主讨论,大家本着对学院未来发展负责的态度,结合学院专业特色和学科优势,认真思考,各抒己见,不断碰撞,产生学科建设新的思路亮点。经过进一步凝练和统一思想,最终方案以院发文件《关于明确学院学科发展方向和召集人的通知》的形式确定了当前学院学科发展的6个主攻方向,引领新时代的华中大生命学院师生凝心聚力，面向未来，再次扬帆出发。

生物力医学与纳米医药（召集人：杨祥良教授），主要研究方向包括生物力医学、纳米药物制剂、纳米生物医用材料以及纳米诊断试剂。该团队将为肿瘤和心血管等重大疾病基础研究带来颠覆性理论，同时为这些疾病的临床诊断与治疗提供变革性技术。

感知生物学（召集人：刘剑峰教授），主要致力于理解机体感知外环境和细胞内环境的基本过程，包括物理感受和化学感受等。感受生物学团队整合细胞生物学、生物化学、遗传学、生理学、生物物理学、生物信息学和神经生物学多个研究方向，探索生物对感受刺激的信号传递、适应和调节过程，以及保护免受环境损害和寿命衰减的创新机制。

孟德尔疾病遗传基础与转化医学（召集人：王擎教授），主要聚焦人类疾病与健康，揭示其遗传基础与分子机制，通过研究基因与基因组变异在分子、细胞、组织、器官、系统、生物个体和群体水平作用机制，研究疾病发生发展的病理过程和分子机制，从分子水平开发针对重要疾病的新型诊断技术、预防手段与治疗方法，从而达到促进人类健康和提高人民生活质量的目的。

合成生物学与生物智造（召集人：闫云君教授），主要在阐明并模拟生物合成的基本规律基础上，人工设计并构建新的具有特定生理功能的生物系统。以人为改造过的微生物细胞或以酶蛋白为催化剂进行可控化学品合成，或以生物质为原料可控转化合成能源、化学品与材料。主要研究方向包括：合成生物学与细胞工厂、智能细胞与绿色智造、基于农林废弃物的绿色生物智造等。

未来诊疗设备与智能生物材料（召集人：丁明跃教授），面向"健康中国"和"中国制造2025"国家战略，主要致力于医疗器械，尤其是高端医学影像设备以及先进生物医用材料的开发。主要研究方向包括：数字PET、医学超声成像与应用、生物医学光学传感与成像、纳米生物光子学与生物医学传感检测技术、生物材料与组织工程等。

生物大数据与人工智能技术（召集人：刘笔锋教授），主要致力于生物医学信息的获取与处理，试图为探究生命奥秘、精准医学与个体化医疗寻找新路径。主要研究方向包括：系统生物医学技术与智能传感、转录与癌症生物信息学、蛋白质翻译后修饰信息学、微生物组生物信息学、肠道微生态与疾病干预研究等。

回眸生命学院 42 年来的砥砺奋进，春华秋实，学院老中青三代人坚守立德树人根本任务，为华中大建设一流生命学科提供了坚强支撑，为党、国家和人民培育了一代又一代生命科学技术的生力军。2022 年，在党的二十大胜利召开之际，华中科技大学也将迎来建校 70 周年校庆，生命科学与技术学院将在新的时代继续凝心聚力谋发展。正是：42 年风雨兼程，忆峥嵘岁月颂生命礼赞；42 年风鹏正举，立澎湃潮头扬时代风帆。

（✎生命学院　刘笔锋　刘剑峰　耿建萍　徐辉碧　占艺　李镀锋　黄园园）

数学与统计学院——
数往知来深耕育人　统心聚力勇毅笃行

数学教研室、数学系、数学与统计学院，三个名称代表了三段不同寻常的历史，记录了我校数学学科孕育时的披荆斩棘，见证了改革开放后她的蓬勃发展，谱写着新时代她的高歌前行。70年栉风沐雨，华中大几代数学人接续奋斗，辛勤耕耘，勇于探索，在学校发展的光辉历史里，谱写着自己的篇章。

· 从无到有　开启数学人才培养之路 ·

70年前，为了一个共同目标——创建华中工学院数学学科，一群意气风发、年轻有为的学者从大洋彼岸、从大江南北来到了东湖之滨、喻家山下。

这群拓荒者中有刘正经、高克强、陆传务、俞玉森、林少宫、戴良谟、马继芳等人。他们一切从零开始，参与校园建设、规划教学方案、精选和自编教材、延揽优秀人才，为我校数学学科的创立奠定了基础。

20世纪50年代末至60年代初，樊孝述、王能超、于寅等一批国内名校毕业生的加盟，极大地加强了数学教研室的师资队伍。

正当大家准备大展宏图时，"文化大革命"开始了，数学教研室的教师在"文革"期间顶着压力坚持开展科研和教学工作。

1976年，华中工学院创办了第一届数学师资班，结束了有数学教师而无数学专业学生的历史。

在随后的几年里，数学教研室在俞玉森、高克强、陆传务、林化夷、樊孝述、陈步清、张荣松等带领下，积极响应院长朱九思提出的"三个转变"的强校策略，大力加强师资队伍建设。一时间，人才引进工作呈鼎盛之势，徐利治、陈庆益、李楚霖、周笠、胡适耕等一批学识渊博的教师齐聚我校，与华中工学院原来的教师们一起描绘我校数学学科发展的宏伟蓝图。

·沐浴改革春风　数学系蓬勃发展·

1980年，以著名数学家徐利治教授为系主任的数学系诞生。徐利治带领全系教师积极改革、谋划发展，开辟研究方向、开办讨论班、建立资料室、邀请专家讲学、选派青年教师进修。

这一系列改革措施使得科学研究之风在数学系蔚然兴起，计量经济学、偏微分方程理论、运筹学、组合数学、模糊数学等研究迅速在全国占有一席之地。《数学研究与评论》《模糊数学》两份杂志的创刊及应用数学硕士点的获批，标志着我校数学学科的建设有了质的飞跃。这一时期成果的取得凝聚了老一辈教师的集体智慧和辛勤付出，也蕴涵着老校长朱九思浓浓的关怀。

20世纪80年代末至90年代中期，随着学校向着多学科、综合性大学方向发展，在周笠、张荣松、王心介、于寅、樊孝述等带领下，数学系的研究方向也日益增多，二级学科门类日趋完善。

这期间，数学系先后获得了计算数学硕士点和概率论与数理统计硕士点，创办了以陈庆益教授为主编的《应用数学》杂志；王能超教授带领的团队在全国较早开展了并行算法的研究，参加了国家重大项目"银河-Ⅰ"和"银河-Ⅱ"并行机的考机工作，并与中国物探局联合成立了并行算法研究所；黄志远教授带领的概率统计团队加盟数学系，成立了随机分析研究中心，为数学系学科建设打下了坚实的基础。

著名经济学家田国强、艾春荣，美国普度大学教授蔡智强，中国科学院院士、国家杰出青年科学基金获得者、"长江学者"、首都师范大学校长方复全，国家杰出青年科学基金获得者黄飞敏，国家杰出青年科学基金获得者、"长江学者"范辉军，国防科技大学少将王正明等都是这一时期数学系培养的优秀人才。

20世纪90年代末至21世纪初，数学系积极响应学校提出的"跨越式"发展的办学理念，系主任胡适耕、党总支书记刘成基及班子成员谋划学术研究上水平、学科建设上层次，将工作重点放在学科点建设上。

1998年，在黄志远、李楚霖、胡适耕、任佳刚、廖晓昕等教授的共同努力下，数学系获得了第一个二级学科博士点——概率论与数理统计博士点，实现了我校理科博士点零的突破。随后，数学系进一步建立了统计学、信息与计算科学、数学与应用数学3个本科专业，获批了基础数学硕士点及数学一级学科博士后流动站。这一时期，数学系为学科发展储备了一批中青年人才。

2000年5月26日，华中理工大学、同济医科大学、武汉城市建设学院合并成立华中科技大学，数学系师资规模也随之得以扩充。

在学校"研究型、综合性、开放式"办学方向的指引下，前后两任系主任胡适耕、张诚坚和党总支书记刘成基、李改杨及班子成员积极谋划，加快推进数学学科发展。获得了数学一级学科硕士点，与计算机学院共建计算机软件与理论博士点。引进了文志雄、吴军等教授组成的分形几何研究团队，加强基础数学力量。

这期间，数学系人才、科研、教学工作取得了重要成果。任佳刚获聘教育部"长江学者"特聘教授，吴军入选新世纪百千万人才国家级人选，杨晓松、黄乘明先后入选教育部新世纪优秀人才计划，施保昌、张诚坚先后获评湖北省突出贡献中青年专家。获省部级科研奖励6项，省级教学成果奖3项，省级精品课程2门。黄志远教授指导博士生获全国优秀博士论文提名奖2项。

·创新中谋发展 数学与统计学院成立·

2008年5月，数学与统计学院成立，我校数学学科发展进入新阶段。首任院长张诚坚、党总支书记徐移山及班子成员，紧紧围绕"抓质量、抓人才、抓目标"的发展思路开展工作，教学、科研、学科建设等各方面工作取得长足进步。

2010年获批应用统计专业硕士点，2011年获批数学一级学科博士点和统计学一级学科博士点，随后数学学科入选湖北省重点学科。至此，历经几代数学人的拼搏努力，终于实现了我校数学学科的完整布局。

2010年，中国科学院丁夏畦院士受聘学院兼职教授，成为高层次人才引擎。吴付科、杨美华、王保伟入选教育部新世纪优秀人才计划，新进青年教师18人，专任教师规模达到91人。

这期间，统计学专业获评省级品牌专业，获国家精品课程2门，获省级精品课程2门、省级教学成果奖2项。创办"数学大讲坛"，提升数学专业本科生专业素养；举办研究生数学夏令营及系列讲座，提升研究生生源质量；组织召开数学与机械学博士生交叉学科创新论坛。

·踔厉奋进新征程 共谱新时代篇章·

2012年，随着中国特色社会主义进入新时代，学院事业发展也进入新征程。几届党政班子带领全院师生，坚持"立目标、出成果、重绩效"的思路，历经十年踔厉奋进，共同谱写新时代篇章。

人才培养成效显著。探索实践本科生拔尖人才培养工作，实施数学JIA人才培养计划，本科生深造率持续提升。学科竞赛成绩突出，在全国大学生数学建模竞赛中，2017年获高教社杯奖、2019年获MATLAB创新奖，本科生数学、数模竞赛获得国家级一等奖36项，研究生数模竞赛获得国家级一等奖7项。着力提升研究生创新能力，注重科研训练，发表高水平学术论文400余篇。

师资质量明显提高。吴军、段金桥、Peter Kloeden 先后获评国家高层次人才，谭波、明炬、吴付科、王保伟、李骥、柴振华先后获评国家高层次青年人才。新增国务院政府特殊津贴获得者 3 人、"宝钢优秀教师奖"获得者 2 人、省部级人才计划入选者 2 人、其他人才计划入选者 4 人、华中卓越学者计划入选者 22 人。新进青年教师 53 人，专任教师达到 110 人。

教学工作成绩突出。学院每年承担课堂教学近 24000 学时，在岗教师每年人均承担近 240 学时教学任务。全校最满意课堂评选中，数学与统计学院占比达到 1/3。获批国家精品资源共享课 2 门，国家一流本科课程 3 门，省一流本科课程 1 门，2 门课程被推荐参加国家一流本科课程评选，建成的 4 门优质在线开放课程 2022 年首批上线国家智慧教育平台，位居我校理科院系上线课程数榜首。出版国家"十二五"规划教材 2 部，被湖北省推荐参加国家一流教材评审 1 本。获评省级教学成果奖 4 项，湖北名师 1 人，湖北省楚天园丁奖 1 人，湖北高校省级优秀基层教学组织 1 个。连续 4 年同时获校课堂教学卓越奖和优质奖，连续 7 年获校教学质量一等奖。

科研成果稳步增长。学院获批国家自然科学基金项目 135 项（其中杰出青年基金 1 项，优秀青年基金 3 项）；各类科研项目总获批经费 5400 余万元；年均以第一作者或通讯作者发表高水平学术论文 70 余篇，其中在 61 种优秀期刊发表论文数量取得突破；发表 SCI 收录论文 1300 余篇，高被引论文 23 篇；获得省部级以上科研成果奖二等奖、三等奖各 2 项。

学科实力持续提升。数学学科于 2016 年进入 ESI 国际排名前 1%，目前位列全球第 108 位（316 个机构），数学学科在各类国际排名中的情况：软科第 151—200 名、U. S. News 第 176 名、QS 第 151—200 名。教育部第四轮学科评估中，数学学科为 B+（并列全国第 19 位）、统计学学科为 B（并列全国第 25 位）。数学与应用数学专业和信息与计算专业入选国家级一流本科专业建设点，统计学专业入选湖北省一流本科专业建设点，数学与应用数学专业入选国家强基计划，数学拔尖学生培养基地获批国家基础学科拔尖学生培养计划 2.0 基地。获批工程建模与科学计算湖北省重点实验室、湖北国家应用数学中心华中科技大学分中心、学校数学中心、学校数学与应用学科交叉创新研究院等科研平台。组建了12个学科建设支撑团队。

对外交流日益活跃。近几年来，严加安、田刚、龙以明、陈永川、徐宗本、郑志明、张平文、江松、方复全、张继平、叶向东、陈繁昌等院士，菲尔兹奖获得者Martin Hairer，以及Russel Caflisch、Peter Kloeden、Jürgen Kurths等著名学者受邀来校开展高端学术讲座。每年组织有学术影响力的国内外会议10余场，邀请专家学者来访300余人次，支持教师赴国外一流大学访问交流年均20余人次，定期组织拔尖班学生赴美国北卡州立大学短期学习，10余位教师担任国外学术组织或期刊重要职务，积极开展学术交流。这一系列举措极大地开拓了师生的国际视野，提高了数学素养，形成了全方位、多层次、高水平的国际交流格局。

社会服务卓有成效。积极推进高校公共数学改革，促进湖北省高校一流课程、一流教材和精品MOOC课程建设。推动基础学科学术繁荣。承办的核心期刊《应用数学》杂志入选中国数学会数学期刊分类T3期刊。工程建模与科学计算湖北省重点实验室立足数学建模与科学计算方法，面向科学工程领域的社会重大需求积极开展研究，取得了丰硕成果。湖北国家应用数学中心华科大分中心立足国家精准医疗战略需求，聚焦生物系统控制研究，坚持理论与应用并重，从数学理论角度解决关键性"卡脖子"技术。

·新坐标新起点　砥砺奋进创一流·

七十年砥砺前行，新时代昂首奋进。面临开启全面建设社会主义现代化国家新征程、基础学科建设被提升到国家战略的历史机遇期、学校各项事业取得显著成绩的关键期，学院以推进落实巡视整改、制定"十四五"发展规划和数学一流学科建设方案为契机，擘画出未来发展蓝图，明确"人才、交叉、转型、提质"的发展思路，开启了建设新时代一流数学学科新征程。

新坐标新起点，勇攀高峰；强特色强创新，争创一流。学院将以习近平新时代中国特色社会主义思想为指导，发扬"敢于竞争，善于转化"的华中大精神，秉承质朴敦厚的优良院风，团结带领全院师生员工，为把我校数学学科建成世界一流、中国特色、武汉风格、喻园特质的一流学科而不懈奋斗。

（数学与统计学院）

物理学院——
矢志培养科学家　开拓进取新时代

1954年，在华中工学院首任院长查谦的主持下，学校成立物理教研室，隶属基础课部。1983年10月，华中工学院发出院办字〔1983〕154号文件《关于物理和固体电子学系改名为物理系的通知》，物理系正式成立。2000年和2005年，武汉城市建设学院物理教研室和同济医科大学物理教研室分别并入物理系。2008年，为适应建设世界知名高水平大学的需要，学校成立物理学院。回顾近70年的发展历程，物理师生发扬"探物穷理创新，自信自强争先"的精神，主动发展，快乐工作，以培养祖国需要的科学家为己任，在人才培养和学科建设等方面取得了突出的成绩。

物理教研室（系、学院）经历了由主要进行基础课教学，到在承担基础课教学的同时开展少量基础研究，再发展到教学与科学研究并重三个发展阶段，现已成为定位明确、特色突出、学科整体协调，在国内外有一定影响力的物理学院。物理学科在教育部第四轮学科评估中跃居 A—，位列全国第7名（并列）。

· 筚路蓝缕　以启山林 ·

华中工学院成立之初，设立公共课教研室，下设物理教研组。1954年7月22日，正式设立物理教研室。教研室成立初期，成员包括从武汉大学、南昌大学等学校抽调的 17 名教师，周玉庭教授担任教研室主任，华中工学院首任院长、凝聚态物理学家查谦亦属于物理教研室。

1959 年，由于扩招后的师资仍不足，学校从机械系挑选 15 名学生提前毕业留校，以充实物理教学力量，并先后派出唐光荣、王瑞西、易丽莎等一批教学骨干到北京大学等高校进修，以提高现有教师的教学水平。在"文革"前后，朱九思院长广集社会上的有才之士，招纳了多名教师到物理教研室，为日后的发展奠定了人才基础。

1976 年，为了缓解基础课教师极度缺乏的情况，学校决定开办师资班，从各专业抽调学生到师资班学习。之后，学校分别从 1976 级、1977 级、1979 级招收 49 人、100 人、56 人。师资班的学生们学习勤奋，成绩优秀，成长为一批优秀的人才，他们之中的杰出代表有中科院院士、中山大学原校长罗俊，"长江学者"、"杰青"获得者吴颖，十九届中央候补委员、安徽省政协主席、党组书记唐良智，湖南大学原党委书记蒋昌忠，华中科技大学原校长助理王海生等。

1980 年，物理教研室成立固体物理、天体物理、凝聚态物理、理论物理、生物物理、实验物理、物理教育七个研究室，成立了理论物理小组，打破了工科院校不搞基础理论研究的惯例。1981 年，学校率先提出"第二课堂"的概念，并开始招收硕士研究生，特别聘请了郝柏林、于禄、苏肇冰等一批国内著名的物理学家任兼职教授，进行指导和授课。1983 年 5 月，姚凯伦申请到了物理教研室最早的国家自然科学基金项目"各向异性自旋玻璃的研究"。

·深根固本　蓬勃发展·

1983 年 10 月 15 日，物理系正式成立。在这 25 年，在全系师生的共同努力下，逐步凝练出"探物穷理创新，自信自强争先"的精神和逐步形成了"顶天""立地"的特色。"顶天"指物理系在基础研究中逐步在一些领域做出一流成果，在国内外产生影响；在获评全国百篇优秀博士学位论文、发表 SCI 论文等方面在学校名列前茅。"立地"指物理系每年承担全校学生的大学物理课教学任务，为学校的人才培养工作和多学科建设做出了贡献。

在办学实践中,物理系形成了"从以承担基础课教学为主同时开展一些基础研究,逐渐转变到教学与科学研究并重"的理念。先后设立了大学物理教研室、物理实验中心、理论物理中心、凝聚态物理教研室、材料物理中心和光学中心等内设教学科研单位。1994年,学校倡导按照理科自身的特点和规律办好理科,遂成立理学院,首要任务是抓学科建设。1999年,学校同中国科学院武汉物理与数学研究所展开全面合作,中国科学院武汉分院院长叶朝辉兼任华中理工大学理学院院长。2001年9月,物理系从南一楼搬入新建成的逸夫科技楼。

——引育并举,推动师资队伍建设

建系之初,基础课授课教师严重不足,为此物理系采取了一系列举措,如统筹安排有教学经验的教师上教学第一线、动员专业课教师讲基础课、促进国际交流,学习先进教育模式,让师资队伍和精神面貌都有了较大改观。系党总支围绕学科建设和教师聘任制改革,通过大量耐心细致的思想政治工作,增强了凝聚力,营造出团结、和谐、宽松的工作环境。

在默默无闻的拼搏中,物理系教师也获得了一系列荣誉,代表性的有:1989年,周卓嫕获全国三八红旗手称号;1993年,易丽莎获全国优秀教师称号;1996年、1999年,罗俊、吴颖先后获湖北省有突出贡献的中青年专家称号;1997年、1998年、2004年,刘祖黎、罗俊、肖奕先后获湖北省优秀教师称号;2003年,李元杰获全国首届高等学校教学名师奖,肖奕获湖北省三育人奖;2007年,张端明被中国科普作家协会评为有突出贡献的科普作家。

物理系的人才队伍建设取得了显著成绩。1994年,罗俊获得首届国家杰出青年科学基金资助;1998年,袁松柳入选教育部跨世纪优秀人才培养计划;2001年,罗俊和吴颖受聘为"长江学者奖励计划"第四批特聘教授,吴颖获得国家杰出青年基金支持,理论物理中心获得全校首个国家自然科学基金委"创新研究群体科学基金"资助;2002年,罗俊的《周期法测量万有引力常数G》获得全国百篇优秀博士学位论文,导师是大地测量与地球物理学家许厚泽院士;2003年,罗俊被聘为973计划项目首席科学家;2005年,肖奕获得国家杰出青年基金支持。

——夯实基础，促进人才培养质量

物理系成立后，以开放式教学为突破口，编写了起点较高、便于自学的新教材，推行了精讲、多练、严要求的教学方法，教学水平有了大幅度提高，得到了国内同行的高度评价。1988年，《物理实验》教材获全国普通高等学校优秀教材国优奖；1993年，《工科物理课程建设与综合改革》获国家教学研究成果二等奖；2001年，《工科大学物理CCBP体系的研究与实践》获国家教学研究成果二等奖。

1985年，为了培养杰出人才，包括华中理工大学在内的12所高校获准开设少年班，采取低年级在物理系、高年级进入工科院系学习的培养方式，共招收10届，培养了161名少年大学生。同时，学校从新生中选拔100名学生组成提高班（后改名为教改班），同少年班一样加以特殊培养。由于少年班和提高班在教学上起点高、难度大、偏重启发式教学并提倡自学，学生进步较快，数理基础明显优于普通班学生。他们在学校各科竞赛中一直名列前茅，同时，课外科技活动蓬勃开展，大部分学生毕业后从事技术管理、学术研究或创业。

1985年起，物理系的人才培养进入新的阶段，应用物理专业开始招收本科生，系领导和老师们精心选苗，悉心培育。目前这一批毕业生已在学术界取得广泛的社会影响力，其中的代表有：中国科学院院士、中科院物理所所长方忠；"杰青"获得者、中科院物理所党委书记李明；"杰青"获得者、北京大学数学科学学院基础数学系主任范辉军等。

2000年起，物理系开始招收博士生，并于2003年获批物理学一级学科博士学位授予权和博士后流动站，为今后的发展打好了基础。物理系许多研究生直接参与国际前沿课题的研究，研究生培养质量不断提高。2000年、2003年、2008年，博士生王为忠（导师：姚凯伦）、胡忠坤（导师：罗俊）、涂良成（导师：罗俊）的博士学位论文分别获全国百篇优秀博士学位论文。

2004年，物理系进一步深化了大学物理实验教学体系和内容、教育模式和技术的改革。实验中心进行了探索性创新实验教育和现代教育技术在物理实验教学中的应用研究。同年，物理系与美国National Instruments

公司共建了物理设计与创新实验室，构建了虚拟与实测相结合的实验教学平台。

2004年后，大学物理教研室不断修订现有大学物理教材，注重学生基本物理知识和物理素质的培养。2003—2008年，物理系教师出版各类教材、教学参考书、专著共20本。发表教学研究论文50余篇，其中2007年在《大学物理》连载12篇；研制出有自主知识产权的实验教学数字化信息管理系统2套；研制出演示实验仪器、综合性实验仪器、设计性实验仪器和虚实结合实验仪器共60多种、数百台套。

——统筹规划，提升科学研究水平

建系之初，全系教师在完成繁重教学任务的同时，也积极开展科学研究，承担了国家自然科学基金面上项目、重大研究计划、创新群体基金、杰出青年基金、国家863计划、973计划等项目，科研经费逐年上升、研究水平不断提高。鉴于学校工科和医科发展需要物理学科的支撑，以及物理学科自身发展的需要，物理系提出要不断凝练学科方向、整合研究队伍、进行学科点布局，大力发展理论物理、光学和凝聚态物理等优势学科，突出引力实验等特色学科，发展无线电物理与精密测量、等离子体物理、原子分子物理与光学、医学物理等新学科点。

1983年10月，学校以物理系为主与电信、机械和电力系等相关单位合作，筹建天体物理研究室（1985年2月更名为引力实验中心）。华中工学院院长朱九思听取陈应天教授的建议，决定把实验室建在喻家山下的人防山洞中，并以扩建人防工程的名义向武汉市争取了10万元建设经费。1985年3月，引力实验中心山洞实验室建成投入使用，1996年5月，学校投资80万元在山洞实验室门口动工兴建引力实验大楼，从此开启引力实验中心发展新的篇章。中心一直从事与引力有关的各种物理规律实验检验及相关理论问题的研究，得到教育部、科技部、自然科学基金委等部门的长期重视与大力支持。先后获批建立引力与量子物理湖北省重点实验室（2000年批准）、科技部引力与固体潮野外工作试验站（2001年批准试点，2006年通过验收）、基本物理量测量教育部重点实验室（2002年批准）、武汉引力与固体潮国家野外科学观测研究站（2007年批准）。

经过 25 年的发展，物理系在科研方面取得了一批重要的研究成果：扭秤周期法测定万有引力常数 G 的实验结果多次被国际科技数据任务组（CODATA）收录；光子静止质量上限的实验结果两次被国际粒子物理数据组 PDG 收录；在量子和原子光学研究方面系统建立了单个原子有效拉曼理论等，研究成果被 30 余个国家的研究小组引用；在凝聚态物理光、电、磁功能材料及设计的研究方面，获得国家攀登计划、973 计划、国家基金重点项目、国家 863 计划纳米专项等项目；在磁电子材料及其自旋电子学方面，提出"顺磁反常源于顺磁背景上出现铁磁集团"等新观点；在生物物理研究方面，提出了分析蛋白质序列隐含对称性的方法，并证明了这种对称性的一般性以及与结构对称的一致性等；在黑洞吸积盘的高能辐射和喷流产生领域取得一系列创新成果。

·突飞猛进　迈进新时代·

为了适应物理学科整体发展和学校建设世界知名高水平大学的需要，2008 年 5 月，学校发出校党〔2008〕32 号文件《关于成立物理学院及其党政领导班子组成的通知》，物理学院正式成立。学院确定了"主动发展"的理念，在充分调研的基础上，不断凝练学科方向，加强本专业人才培养，先后成立了理论物理中心、凝聚态物理与材料物理中心、光学中心、大学物理教学中心、物理实验中心、等离子物理中心、无线电物理中心、地球物理研究所和物理专业教学中心。经过全体师生的共同努力，物理学科实现了从 2009 年第二轮学科评估第 19 名（并列）到 2017 年第四轮学科评估第 7 名（并列）的飞跃式发展。

——坚持党旗领航，推动中心工作

学院党委始终认真贯彻党的路线方针政策，坚持"围绕中心抓党建、凝聚人心促发展"的工作思路，把党的领导持续贯穿到组织建设、队伍建设、人才培养、科学研究、社会服务和从严治党等各项工作中。继 2003 年"理论物理"党支部被评为"湖北省高校先进基层党组织"之后，物理学院党总支于 2012 年度获评湖北省高校思想政治教育工作先进基层单位；

2013年，中央电视台《新闻联播》以"中管高校扎实推进教育实践活动"为题对学院师生午餐交流工作进行了报道；2015年12月，学校批准物理学院设立党委；2016年3月20日，中国共产党华中科技大学物理学院第一次代表大会召开，学院党委获评湖北省高等学校先进基层党组织；2018年，引力中心党支部入选首批全国高校"双带头人"教师党支部书记工作室，新华社以《在中国一所大学的山洞里，有这样一群"追引力的科学家"》为题对引力中心科研成果进行了报道，支部专题学习习近平总书记在两院院士大会上的重要讲话精神被中央电视台《新闻联播》报道；2021年，华中科技大学物理学院党委被授予"湖北省先进基层党组织"称号，为当年全校唯一获评的基层党组织。

——坚持引育并举，壮大人才队伍

秉承人才强院的理念，建好人才发展的"强磁场"，形成优秀学者的"引力波"。通过在海内外主流媒体发布招聘广告，参加国际会议现场进行宣传和招聘，学院逐步建立全球华人物理人才库。历经十几年的"招贤纳士"，学院的师资力量发生了明显变化，总人数和高层次人才不断增加。2009年，罗俊荣膺中国科学院院士，是学校理科的第一位院士，同时被聘为"973计划"项目首席科学家；2011年，引进"长江学者"、"杰青"获得者、教育部创新团队负责人陆培祥担任院长；2013年、2016年、2019年，涂良成、胡忠坤、邵成刚分别荣获国家杰出青年科学基金资助；2018年，周泽兵教授获批卓越青年科学基金。

坚持党管人才，师资队伍实力显著提升。重视师德师风建设，坚持破除五唯顽疾。坚持"四有"好老师标准，严把思想政治品德考核关；以岗位职责为基础，通过完善课程组、科研与创新人才培养团队和公共服务工作组建设和考核评价机制改革，形成了合理规范的教师考评和选拔体系。在勤奋的工作中，学院教师获得一系列的荣誉。2009年、2012年，姜芳、张英杰分别被评为湖北省高校思想政治教育先进工作者；2010年，吴颖被评为湖北省优秀科技工作者，范淑华获得宝钢奖；2011年，熊永红获全国高等学校教学名师奖，张端明被湖北省科协评为优秀科普作家；2017年，胡忠坤获全国五一劳动奖章。

2010年9月，为了发挥教师特长，形成团队创新氛围，学院开始推行科研团队制度，首批成立了9个科研团队。目前，学院拥有一批以"引力实验与理论研究"（2001年入选基金委创新研究群体）和"强场超快光学"（2019年入选基金委创新研究群体）为代表的高水平师资团队，其中院士2名，国家级人才计划入选者38名，约占专任教师总比例25%。物理学院成立后，从海内外引进高水平教师100余人，其中涌现出陈相松、龚云贵、吴庆文、兰鹏飞、吕京涛、祝雪丰、蔡建明等一批有影响力的青年学者。

——明确培养目标，聚焦人才培养

学院致力于打造"培养科学家的摇篮"，通过系列举措，吸纳了一批志向远大、学术潜力好、综合能力强、心理素质优异的优秀学生，培养出一批专业基础宽厚扎实、综合素质优秀、适合在物理学及其交叉学科等领域从事科研工作的杰出人才。2008年，学院获准建设大学物理实验国家级实验教学示范中心，大学物理实验被评为国家精品课程；2009年，开始招收启明学院基础学科物理学实验班，范淑华等获得湖北省教学成果一等奖，基础物理学被评为国家精品课程；2010年，物理学专业开始招收本科生；2012年，熊曹水等获得湖北省教学成果二等奖；2013年，大学物理实验被评为国家精品资源共享课；2015年，学院新增三个本科班：严济慈物理学英才班、拔尖班、物理4+4本博连读班；2018年，"研究生三阶段九步骤科研管理方法与实践"获得了中国学位与研究生教育学会研究生教育成果奖二等奖；2019年，学院获批国家级一流本科专业建设点（"双万计划"）；2020年，大学物理课程入选教育部首批国家级一流本科课程线下一流课程，物理学专业入选教育部强基计划和全国基础学科拔尖学生培养基地（拔尖计划2.0）。至此，物理学院入选了物理学专业全部的国家级人才培养计划。

学院创建"聪明的孩子学物理"品牌，吸引了一大批优秀生源，自2016年起新生转专业实现了从净流出到净流入的逆转，本科毕业生深造率2017—2021年连续五年超过80%。学院持续推动思政工作规范化、专业化，建立思想政治教育课程组，统筹思政课程和课程思政建设工作。

2021年，"引力实验原理"入选教育部课程思政示范课程，授课教师入选教育部课程思政教学名师和教学团队。

学院高度重视体育工作，成立体育运动委员会，通过"体育精神"涵养"科学家精神"，俱乐部化运营的学生兴趣组织让学生获得了足球赛男子甲组冠军、网球团体赛冠军、排球赛男子亚军等成绩，展现了自信自强争先的学院精神。联合艺术学院举办多期"听月"音乐会和"科学与艺术沙龙"。结合学科优势，依托科普教育基地，推进学生劳动教育。

——加强学科建设，平台成效显著

2008年，学院获评物理学湖北省一级重点学科。2013年，物理学在第三轮学科评估中排名全国并列第12位；2017年，物理学科在全国第四轮学科评估中被评为A—，并列全国第7名，被学校列为"双一流"建设重点发展学科。2018年，开展了物理学科国际评估工作，获专家组一致好评，认为华中科技大学物理学院将成为中国最好的物理学院之一。

学院牵头建设精密重力测量国家重大科技基础设施，这是"十二五"期间国家优先支持的16项重大科技基础设施建设项目之一；2015年5月，国家发改委批复项目建议书；2016年7月，国家发改委批复项目可行性研究报告；2017年4月，教育部批复项目初步设计；2018年11月，国家发改委批复核定项目初步设计概算。项目总投资85928万元，建设期5年。

学院在凝练精密测量物理、光学与原子分子物理、凝聚态物理、理论物理4个主要学科方向的基础上，不断谋划新的学科增长点。2019年，成立了交叉学科中心；2020年，创办了华中地区第一个天文学系，与国家天文台共建FAST天文科学联合中心；2021年，发起成立华中科技大学量子科学与工程研究院，目前正在积极筹建武汉喻家山天文台；同时也参与了武汉光电国家研究中心和国家脉冲强磁场科学中心建设。

——围绕"四个面向"，科研硕果累累

学院紧抓国家全面加强基础科学研究的契机，紧盯重要科学问题和重

大国家需求，着力凝练和布局重要科学问题、重大现实应用和未来关键技术；聚焦"卡脖子"问题，提升高端人才培养能力；促进学科均衡发展，培育学科发展新增长点。

自2008年成立至今，学院共获国家各类基金300余项，到账经费约16亿元。2009年，吴颖等人完成的"微器件光学及其相关现象的研究"获得国家自然科学奖二等奖；姚凯伦等人完成的"低维有机分子磁体及其复合纳米磁研究"获得湖北省自然科学奖一等奖；2010年，吴颖等人完成的"全光信息技术若干基础问题的研究"获得湖北省自然科学奖一等奖；2016年，陆培祥等人完成的"强激光场原子分子关联电子动力学研究"获得湖北省自然科学奖一等奖；2018年，周泽兵等人完成的"高精度空间加速度计"获得教育部技术发明奖一等奖（专用项目）。

2014年3月，罗俊院士在华中科技大学提出空间引力波探测"天琴计划"。2017年，天舟一号搭载我院自主研发非牛顿引力实验检验装置顺利升空。2018年，嫦娥四号搭载我院研发的激光角反射器"鹊桥"号顺利升空。2018年8月，《自然》杂志刊发了罗俊院士潜心35年测得最精准G值的研究成果，引发广泛关注，荣获"2018年中国十大科技进展新闻""2018年度中国科学十大进展"等多项荣誉，相关成果编入人民教育出版社的全国普通高中教科书。

2020年，作为视界望远镜工作组成员，吴庆文教授因为在人类第一张黑洞照片理论工作中的贡献，荣登基础物理学"科学突破奖"榜单。2020年12月，引力中心研制出实用化的高精度铷原子绝对重力仪装备，并成功交付中国地震局地震研究所。2021年4月，中国空间站"天和"核心舱发射成功，引力中心团队的科研成果——空间簧片加速度计是高微重力科学实验柜悬浮实验系统的重要设备，为悬浮实验系统提供微重力测量等数据。2021年10月，"测得迄今最高精度的引力常数G值"重大成果亮相国家"十三五"科技创新成就展。2021年12月，引力中心试验队顺利完成天绘-4卫星重要载荷研制与在轨测试任务。

——深化交流合作，扩大国际影响

学院与英国曼彻斯特大学、德国海德堡大学、德国汉诺威大学等多所高校签署协议，推进师生出国学习交流。疫情前每年师生赴国（境）外交流达 200 余人次；开设博学讲堂，2010 年、2012 年、2016 年和 2019 年，分别邀请诺奖获得者默里·盖尔曼、海因里希·罗雷尔、朱棣文、安东尼·莱格特来我院做报告，通过大师讲学激发学生对物理学科的兴趣，引领学生早日走进科学的殿堂。

学院先后成功举办一系列国际性学术交流活动，包括第一届和第二届精密测量物理国际研讨会、第六届天琴空间科学任务研讨会、第三届引力磁效应与大尺度转动测量国际会议等在内的一系列国际会议；在"111 引智计划"支持下获批精密测量物理创新引智基地，广泛深入的国际合作促进了精密重力测量研究设施和空间重力测量研究方面的建设，以及中国自主研发的空间引力波探测方案"天琴计划"的提出与推进；与德国乌尔姆大学共建了 HUST-UULM 量子传感与量子测量国际联合实验室，与日本理化学研究所、德国马普光学所共建联合科研平台，并由此产出了一大批高水平联合研究成果；推进国际课程建设，2020 年、2022 年，分别邀请德国乌尔姆大学、香港大学、香港中文大学等高校教师主讲"物理学前沿基础"暑期国际课程。

——开展志愿服务，提升社会声誉

物理学院被中国科学技术协会授予 2010—2014 年"全国科普教育基地"称号。精密重力测量国家重大科技基础设施被中国科学技术协会授予 2021—2025 年"全国科普教育基地"。学院高度重视科普工作，成立了科普志愿服务团，举办了"科普报告中学行""中学生科普训练营""小学生科普惠学服务""科普进社区"等一批有特色、有吸引力的科普主题活动，旨在传播弘扬以爱国主义为核心的民族精神和以改革创新为核心的时代精神，激发活力、厚植情怀、培养兴趣，发现和培养更多具备科学家潜质的青少年。系列科普服务活动获得科技日报、中国青年报、中新网、湖北日报等媒体的报道转载。

2022 年 3 月 21 日，将迎来 70 周年校庆的华中科技大学收到一份来自宇宙的生日礼物。经物理学院牵头申请，国际天文学联合会批准将永久编号为 52487 号的小行星命名授予华中科技大学。国家天文台台长常进院士、华中科技大学党委书记李元元院士在华中科技大学小行星命名发布仪式上共同发布小行星命名。

自1954年至今，从默默无闻的物理教研室，到砥砺奋进的物理系，再到跻身一流的物理学院，蓬勃发展的成长历程表明，主动发展是学院不断取得进步的成功秘诀。物理学院紧盯培养未来科学家的目标，坚持在"别人做不了、短期做不好、个人做不到"的方向精心布局，耐心积累，大力弘扬科学家精神，倡导优良学风作风，一批又一批的物理学院校友已经成为"四个服务"的时代先锋。

2022年，在党的二十大胜利召开之际，以华中大成立70周年为契机，物理学院将进一步落实立德树人根本任务，以培养一批具有家国情怀、人文情怀、世界胸怀的未来一流科学家为己任，以凝聚一支紧盯"四个面向"、甘坐"冷板凳"、肯下"苦功夫"、潜心钻研的教师队伍为目标，引领华中大物理人做祖国需要的科学家，做人民满意的好教师。

（物理学院　贾法雷　江可凡）

化学与化工学院——
砥德砺行四十载　团结奋进新时代

回顾近 40 年的发展历程，化学与化工学院始终坚持社会主义办学方向，牢记立德树人初心，为党育人、为国育才。秉承"砥德砺行，格物致新"的院训，在学科建设、科学研究、人才培养、人才队伍、交流合作等工作中谋求突破，成为学校发展加速度最大的院系之一，实现了学院建设的跨越式发展。奋进中的化学人中流击水、勇立潮头，在赓续发展中奏响了化学报国的最强音。

·人才培养：立德树人　创新引领·

学院贯彻落实立德树人根本任务，深化综合改革，加快内涵建设，引导广大化学学子立大志、明大德、成大才、担大任，肩负起化学强国的历史使命。

耕耘不辍，夯实培养根基。自 1983 年招收本科生以来，学院将本科生培养列为工作的重中之重，从课堂教学、第二课堂、生产实习、毕业论文等各个教学环节进行综合改革。1990 年，由朱慧楠老师牵头的"加强基础、培养能力、全面育人——应用化学专业综合改革"成果获湖北省优秀教学成果奖。进入 20 世纪 90 年代后期，学院贯彻落实学校建设一流学科、一流队伍，一流基地的指导方针，积极争取到了 211 专项经费和学校行动计划共计 500 万元教学经费，完成了教学实验室的现代化改造和中心实验室的建设。秉承实验教学改革与基地建设相互依存的原则，用三年的时间（1999—2001年）打通所有基础实验内容，将原来的无机化学实验、有机化学实验、分析化学实验、物理化学实验、普通化学实验等融合在一起，形成以"基本操作实验、基础化学实验、仪器分析、综合科学训练"为基础的一体化、多层次的新的实验教学体系，使基础课教学质量上了一个新的台阶。

进入新世纪，明确了一流的师资要在一流的学科建设中培养，在高水平的科研中锤炼，在社会服务中深造，但最终目的是要为提高人才培养质量服务，从宏观上确定了我院的办学方针与思路。逐步实现了"以教师为中心的教育"向"以学生为中心的教育"的转变，指导学生进行主动性、研究性的学习、实践与创新，激发学生潜能。完善本科专业的发展框架和教学质量保障体系。充分发挥教授在本科教学、课程建设、实践基地和教学改革中的主导作用，教授为本科生授课比例达100％。2010年组建了基础化学、有机化学、物理化学、分析化学、工程化学、化工原理、基础化学实验7个基础骨干课程的课程组。在此期间我院多位老师主持的课程获得湖北省精品课程，3部教材成为国家"十一五"规划教材，1部教材成为国家"十二五"规划教材。

志趣驱动，科创引领。近十年学院探索实践"导—引—教—培"培养路径，从志趣、情怀、知识、能力等方面进行教学改革，着重融合贯通，全面提升学生家国情怀和创新实践能力。以课程思政为抓手，打造"一院一品"专业概论课，修订化学类课程教学大纲，构建课程思政育人体系；强化学生数理基础，融入学科前沿；构建以科普导育与思政引育联动的志趣养成方案。启动"128计划"暖心工程，打造师生共同体。创办吴学周精英班、化学菁英班和人工智能化学试验班等，聚合办学资源，拓宽育人渠道，推进科教、产教协同育人。指导学生参加创新竞赛，激发科技竞争意识，提升综合创新素养。

学生培养模式的成功改革助力了化学专业成功入选教育部基础学科拔尖学生培养计划2.0基地、首批强基计划和国家一流专业。新增国家和省级一流本科课程2门、教材8部。在育人过程中，涌现出大量师德师风模范，2人获"宝钢优秀教师奖"，1人获湖北省"青年五四奖章"，

2人获校教学最高奖"教学卓越奖",8人获校"师德先进个人"和"三育人奖"。

在大思政育人格局下,育人成效显著。2017年化学学科国际评估中,本科生培养质量获评"Excellent"。人才培养模式产生广泛社会影响,人民网、湖北日报等多家媒体报道。近年来,学生获大创项目、学科竞赛奖数,学术论文和专利申请数等大幅增加,创新能力明显提升,获全国大学生化学实验邀请赛一等奖、全国大学生化工设计竞赛一等奖、中国"互联网+"大学生银奖等。获"中国大学生自强之星"等省部级以上荣誉17次,获校级优秀奖82项。其中,向祺同学成为空降兵部队黄继光班的一员,入选2019年"中国大学生自强之星"。张哲野同学立志用石墨烯改变世界,科研成果突出,获第九届中国青少年科技创新奖、湖北省首届向上向善好青年之"创业创优好青年"等称号,展现了华中大化学学子昂扬向上的精神风貌和担当作为。

40年来,化学与化工学院毕业生分布在社会各界,在不同领域崭露头角,为国家科技发展、市场经济繁荣、创新创业做出贡献。近20人入选国家级人才计划,87级陈春英当选美国医学与生物工程学院院士。2人分别于2017、2021年入选福布斯30岁以下创业精英榜单、科学和医疗健康榜单。

·科学研究:面向前沿 顶天立地·

化学与化工学院的教师们向来自立自强、攻坚克难,紧紧围绕学科发展前沿问题,迎难而上,久久为功,这是化学人用双手创造的机遇,也是时代对化学人的期许。

深耕金属腐蚀与防护领域。早在1958年化学教研室主任叶康民教授就带领教研室老师从事"金属腐蚀的缓蚀剂"以及"牺牲阳极与外加电流的阴极保护"等方面的研究工作。1965年与大庆油田协作研究青涂料防腐,拓宽了应用研究方向。1974年与江汉石油管理局合作从事油田用缓蚀剂及防腐涂料的开发研究。基于该领域卓有成效的工作,叶康民教授担任中国腐蚀与防护学会缓蚀剂专业委员会第一任主任委员,也使得化学与化工学院金属腐蚀与防护方面的研究一代一代传承下去,并发扬光大。到20世纪80年代,郑家燊教授团队研制的"油气田酸化缓蚀剂"和"7701复合酸化缓蚀剂"分获全国科学大会奖、国家发明奖四等奖。以郭兴蓬教授为代表的材料与环境化学研究团队,继续沿着这一领域开发了我国第一个高含二氧化碳海洋气田用缓蚀剂,使我国在高含二氧化碳海上气田开发的腐蚀控制技术上处于国际领先水平,所开发的腐蚀传感器与在线监测技术用于港珠澳大桥混凝土耐久性监测,相关成果获2019年度中国腐蚀学会科技进步奖二等奖。所牵头的"高含二氧化碳海洋油气田缓蚀技术的研究及应用"项目获得湖北省科技进步奖二等奖。

聚焦生物无机化学前沿。20世纪80年代,徐辉碧教授通过硒与癌的负相关关系开展硒的生物无机化学研究。于1983年在化学系实验室诞生了我国第一个硒酵母。硒酵母的研制成功为厂家申报我国唯一一个硒酵母药物提供了技术基础。1984年徐辉碧教授团队用计算机多因素分类法对微量元素谱进行分类,在国内外第一次取得成功,这项成果具有国际先进水平,它把我国生物微量元素的研究推向了一个新阶段。2005年徐辉碧教授牵头的项目获湖北省自然科学奖二等奖。在2018年出版的权威专著《硒:分子生物学与人体健康》第四版的中译本中,徐辉碧等撰写了"中国硒研究之回顾"中的章节,为世界硒研究做出了重要贡献。

探索高分子复合材料研究。学院面向国家重大需求,聚焦科学前沿和关键领域开展研究,开发的关键技术助力区域发展。谢洪泉教授等研究的"多相聚合物"及"光功能高分子"先后获国家教委科学技术进步奖二等奖2次及教育部自然科学奖二等奖1次。解孝林教授团队瞄准"高分子复合材料的界面设计与破坏行为"研究,于2007年获湖北省自然科学奖一等奖。他牵头的"塑料的复合结构、注射成型过程与机械破坏行为的研究"项目于2010年获国家自然科学奖二等奖。针对彩色塑料墨粉受制于日本、美国等少数跨国公司技术垄断,解孝林团队设计了"草莓状"结构彩色墨粉及开发的原位乳液聚合—混合絮凝新工艺,实现了我国高端彩色墨粉从无到有、从进口到出口的跨越,成果"总体达到国际领先水平",该研究于2020年获中国石油和化学工业联合会技术发明奖一等奖。谭必恩教授围绕有机多孔材料领域中的关键科学问题,构建了超交联尾款聚合物合成新策略，与李涛教授合作研究的"多孔有机聚合物构建新策略及其应用"项目于 2016 年获湖北省自然科学奖一等奖。

此外，黄志群教授等研究的"高水基合成液及高水基液力耦合器的研究"获国家教委科学技术进步奖二等奖。曾繁涤教授等参与研究的"高电压新材料合成绝缘子"获得国家发明奖四等奖。李光兴教授承担的 4000t/a 羰化合成碳酸二甲酯重点工业性试验通过验收，被鉴定为国际先进水平。

学院着力完善和发展学科创新体系，营造健康向上的学术生态、自由探索的学术氛围，整体提升原始创新能力，大批高水平学术成果竞相涌现。2012 年至今，学院累计发表 SCI 论文 2526 篇，获批项目 547 项，累计到账经费 33088 万元，授权专利 425 项。学院科研合同经费实现了新的突破，由 2012 年的 2593 万元上升到 2021 年的 7567 万元。2019 年 11 月，夏宝玉教授团队研究成果发表于 *Science*，实现了学院在 CNS 顶级期刊上发表论文零的突破。他们的研究为合理设计低成本、高活性和长寿命铂合金催化材料提供了一种有效的策略，将有助于提升铂合金催化材料在新能源器件中的服役水平和寿命，对发展新能源技术具有重要科学意义和应用价值。

·学科建设：建好平台　广聚英才·

化学学科是华中科技大学高度重视、迅速发展的学科，学科建设和研究基地建设一直是学院建设的重中之重。在全体师生的不懈努力下，化学与化工学院凝练出"强化交叉，支撑工医优势；追求卓越，占领学术前沿"的学科建设思路，呈现出稳步上升、独具特色的发展态势，形成金属腐蚀与防护、生物无机化学、特种高分子材料和痕量元素分析等多个较为稳定的科研方向，成绩斐然。

在 20 世纪 60 年代初期化学教研室已开始招收研究生。20 世纪 70 年代中后期，学校倡导大搞科学研究，提出科研走在教学的前面，并把华中工学院发展成多学科的综合性大学。化学系历届党政领导根据这些办学理念，把化学学科推到了快速发展的起跑线上。2008 年无机化学、高分子化学与物理专业被评为湖北省重点学科。2010年，学院获批化学一级博士点，从此学院学科建设驶入快车道。截至目前，学院拥有化学一级学科博士点（理学）、材料物理与化学博士点（工学），化学一级学科为湖北省重点学科。

学科基地建设迅猛，打造产学研人才培养基地。1983年，学院与原石油部科技司正式签署合办油田腐蚀与防护研究室，在以后的十多年内石油部给予600余万元的教学、科研投入，大大改善了化学系的办学和科研条件，尤其是使金属腐蚀与防护研究步入国内先进行列。此后的二十多年里，金属腐蚀与防护研究室与油田一直紧密合作，开辟了材料与环境化学、生物电化学新的研究方向。2004年和2005年，学院分别获得了生物无机化学与药物和材料化学与服役失效两个湖北省重点实验室的建设立项。2008年和2009年，两所实验室相继通过验收，连续多次在湖北省实验室绩效评估中获优秀。2012年3月，教育部批准筹建大型电池关键材料与系统教育部重点实验室，并于2019年顺利通过首轮建设期评估，获评良好；2020年，学院获批生物医用与防护材料湖北省工程研究中心，促进科技创新和成果转化。同时共建了国家防伪工程技术研究中心、国家纳米药物工程技术研究中心、材料成形与模具技术国家重点实验室。

这些基地的有力建设，支撑着学科排名稳步靠前。自2008年化学学科进入ESI排名Top1%以来，化学学科国际排名大幅上升，世界知名度和国际影响力逐步扩大，在不同的学科排名评价体系中都取得突破。2020年，化学学科ESI排名首次前进到TOP 0.95‰，成为我校第5个进入全球前1‰的学科。在2021年度，软科世界一流学科排名位于第54位，自然指数世界排名位于第56位，U.S. News世界大学学科排名中排名位于第98位。强劲的发展势头印证了学院的持续发力，躬身淬炼的鲜明品格成就了化学人，也成就了化学与化工学院。

学院快速发展的背后离不开人才队伍的强大合力。学院秉承"精准识才、平台聚才、科学育才、大胆用才"理念，立足"人才强院"战略，坚持"外引内培，引育结合"，不断充实高端人才队伍。1978年全国科学大会召开后，学校党委决定选派中青年教师出国访学。1979年起，学院先后选派部分教师赴海外访学，这些教师回国后都成为学院发展的骨干。20世纪80年代中期，学院精准发力，从湖北省化学研究所和中科院上海有机化学研究所先后引进5位学术带头人，奠定了化学系高分子化学和有机化学建设、发展的坚实基础。在新世纪学院抓住战略机遇期，全方位培养、引进、用好人才，加快建设人才中心和创新高地。学院先后引进澳大利亚工程院院士米耀荣教授、英国皇家科学院院士利物浦大学Cooper教授、曾任日本大阪大学产业科学研究所名誉教授的Tetsuro Majima教授、中国工程院院士瞿金平教授等学术大师，在战略性关键领域深耕细作、领衔建设，对于学院的学科建设和人才引进与培养等工作起到了重要作用。

在此基础上，通过"东湖论坛"和各种国际会议，进行全球招聘，依托国家和湖北省各类人才计划广纳贤才。截至2022年4月，学院已经拥有了一支实力雄厚的人才队伍，在岗教职员工139人，其中专任教师104人，教授（研究员）64人，副教授（副研究员）34人。教师队伍中有双聘院士1人，外籍院士1人，享受国务院政府特殊津贴人员2人，英国皇家化学会会士2人，国家级人才计划入选者21人次，省部级人才计划入选者60人次，省部级及以上人才计划获得者占比52%。45岁以下教师占64%，有海外经历教师占84.6%，学院的人才队伍建设取得了跨越式的发展。

·交流合作：扎根中国　放眼世界·

校际合作谋共赢。学院瞄准世界一流学科建设目标，着力推进国际交流合作"提质升级"。深度拓展与世界一流大学和"一带一路"沿线国家的实质性合作，多管齐下，纵深推进，形成前沿课程建设、学生交流、科研项目合作、论文发表、共建联合研究中心的全方位深层次合作关系。

自2015年以来，先后与澳大利亚悉尼大学、韩国成均馆大学、美国佛罗里达州立大学、英国利物浦大学、新加坡国立大学等世界知名大学建立了良好的往来伙伴关系。与其中的大部分高校签署联合办学、科研合作、学术交流等合作协议16份，共建国际联合科研中心4个，师生往来交流1000余人次，累计成功申报国际合作项目38项，总经费达2700余万，推动国际交流与合作向纵深发展。2021年，学院获批首个国家级科研平台"新能源化学与器件学科创新引智基地（111引智基地）"，以"能源化学—能量转换—电池器件"为研究主线，与来自8个国家的11位世界著名能源化学和材料化学家密切合作，围绕能量转化与存储材料化学领域的重要科学问题、面向国家对关键能源材料的需求，开展具有重要科学意义和应用价值的创新研究。2021年，学院与巴基斯坦锡亚尔科特应用工程与新兴科技大学签署合作协议，拟共建化学与材料工程卓越中心，拓展了中巴双方在新兴技术领域的合作。此外，学院利用"双一流"国际合作专项的"种子基金"，扩大资助面，将相关学科纳入资助范围，覆盖学院大部分系所。同时大力资助师生赴国外高水平大学和机构参与国际会议、学术交流活动。

校企合作谋发展。为进一步推动"产学研"的良性循环，解决企业发展中的技术难题，学院进一步加强校企合作、产教融合。徐辉碧教授等研制的两种滴眼液"冰珍清目滴眼液"和"冰珍去翳滴眼液"获国家批准为"准字号"药，进入市场。解孝林教授团队先后与华工科技图像分公司合作相关成果应用于国家外交签证防伪和2008年北京奥运会证件防伪，与深圳星源材质公司合作共建锂电池膜材料技术中心，围绕锂电池膜材料领域开展科学研究及产学研合作，推进隔膜材料实现进口替代。朱锦涛教授团队开发可溶性聚合物微针贴片先进制造技术，研制成功的微晶贴剂可用于美容除皱、透皮给药等领域，已部分实现产业转化。谭必恩教授团队研究成果"储氢多孔聚合物材料"吨级规模生产中试，相关制备技术实现专利转让600万元，合作成立公司共同推动产业转化。学院围绕生命健康产业和科技抗疫方面持续发力，与维恩公司共建生物功能材料联合研发中心，在卟啉类药物中间体、特种抗菌肽、水溶性血红素等功能材料方面开展科学研究与产学研合作。与武汉协卓卫生用品公司等企业联合成立生物医用与防护材料湖北省工程研究中心，与金发科技公司共建医用防护材料制备过程强化联合实验室。与中粮集团共建生物化工技术创新中心，旨在推动企业在食品安全、工业生产等利于民生的关键领域取得国际领先成果。学院携手回天集团成立粘接密封新材料联合研发中心，推动解决关于粘接密封新材料等关键问题。依托学校先进高分子功能材料联合研发中心，与宁波争光树脂有限公司一道共同推动基于离子交换树脂等先进高分子功能材料的研发及产业化，实现校企双赢，共同发展，报效国家，造福社会。

校友合作布新篇。2018年，在海内外各届校友的支持下，化学与化工学院校友会成立。2019年为凝聚校友力量，搭建资源共享平台，化学与化工学院大湾区校友会正式成立，进一步健全产教融合育人机制。2020年，学院86级校友肖凤伟向学院捐赠100万元，用于支持学院建设发展。学院后期也将继续分区域建立校友会，加强校友间的联系与合作，使母校和校友共同发展、共同进步。

日月其迈，岁律更新。大风泱泱，大潮滂滂。一代人有一代人的长征，一代人有一代人的担当。一间实验室就是一方热土，不啻微芒便可造炬成阳。风雨四秋，初心如磐。化学人将满腔热忱抛洒给了热爱的学问，将宝贵青春奉献给了祖国的事业。不必追问，答案写在时间里，写在每一次化学反应里，写在汗水与欢笑的碰撞里。追风赶月莫停留，平芜尽处是春山。站在面向未来的崭新坐标上，新时代的化学人，永远在路上！

（化学与化工学院）

武汉光电国家研究中心——
筚路蓝缕启山林　秉烛追光砥砺行

武汉光电国家研究中心始终围绕信息光电子、能量光电子和生命光电子三大领域，聚焦"四个面向"，开展战略性、前瞻性、基础性重大科学问题和关键核心技术研究，打造国家战略科技力量，形成支撑光电产业可持续发展的核心能力。近20年来，武汉光电国家研究中心在创新研究、学科建设、人才引育、知识传播、成果转化、国际交流及体制机制创新等方面踔厉奋发、追求卓越，实现跨越性发展，跻身于光电子领域国际知名研究机构前列。

· 追根溯源　秉承初心 ·

抚今思昔，岁月峥嵘。武汉光电国家研究中心的发展可追溯到1970年成立的华中工学院机一系光学仪器教研室、1971年组建的激光科研组，以及1986年科技部批准成立的激光技术国家重点实验室。十余载激流勇进，研究中心始终与中国光谷同频共振，共生共荣，始终以打造国家光电科学领域的战略科技力量为己任。2000年，在黄德修教授的倡导和学校的推动下，"武汉·中国光谷"这一专有名称正式启用，光谷建设也紧锣密鼓地开展起来。2002年国庆前夕，科技部要筹建国家实验室的消息在学术圈中悄然传开，全国各大高校和研究院所摩拳擦掌，跃跃欲试。学校决定申报光电领域的国家实验室。在学校的统一部署下，黄德修教授、刘德明教授等把握时机、抢占前滩。7天后，一份"国家光电子实验室"建议书呈递给学校，该建议书得到省市领导高度认同。

2003年，湖北省、武汉市领导多次召集组建单位及有关部门负责人协调光电国家实验室筹建，并率队进京争取科技部的支持。2003年5月，武汉光电国家实验室（筹）筹建组成立。2003年10月，时任全国人大常委会副委员长李铁映同志和湖北省省长罗清泉同志受邀参加华中科技大学50周年校庆，活动结束后即在规划拟建实验室用地上举行国家实验室大楼奠基仪式。2003年11月25日，科技部下文批准筹建武汉光电国家实验室（筹），由叶朝辉院士担任主任。

·矢志不渝砥砺奋进·

十九载栉风沐雨，十九载笃行不怠，武汉光电国家研究中心风华正茂正当时，不负韶华不负己。回首来时路，研究中心的发展经历了三个阶段。

第一阶段：初始创建期（2003.11—2006.11）。2003年11月，科技部在全国范围内批准筹建5个国家实验室，武汉光电国家实验室依托华中科技大学，联合武汉邮电科学研究院、中科院武汉物理与数学所和中船集团717研究所共同组建。2004年2月，实验室理事会章程通过，成立了理事会和常务理事会。2004年4月学校党委发文，成立武汉光电国家实验室（筹）。经过三年的研讨和筹建，光电实验室完成了确立建设方针、探索管理机制、凝练学科方向、整合人才队伍、建设研究大楼、搭建设备平台、拟定筹建计划等工作。2006年11月，实验室顺利通过科技部"国家实验室建设计划任务可行性论证"，标志着武汉光电国家实验室正式进入筹建阶段。

第二阶段：快速发展期（2006.11—2017.11）。这一时期，在科技部、教育部、湖北省、武汉市和华中科技大学的直接领导和大力支持下，实验室全体师生笃行致远、惟实励新，在体制机制探索、光电学科建设、人才聚集培养、科技创新创业、国际交流合作等方面创造了若干"第一"，获得了多项突破，跻身全球光电研究机构前列。

2010年，实验室实现以华中科技大学为第一单位和唯一单位在《科学》上发表论文零的突破。2011年，一项成果入选当年中国十大科学进展。自2011年起，实验室SCIE论文总数、被引总频次、ESI高被引论文数在国际知名光学研究机构中排名第一，至今一直保持领先地位。2012年光学工程学科并列全国第一，生物医学工程全国并列第三。2016年，三项成果应邀参加"十二五"科技创新成就展。2017年，一项成果列入全国科技工作成绩单。同年，实验室支撑的光学工程和生物医学工程学科被评为A+，计算机科学与技术学科进入A类。

第三阶段：稳步提升期（2017.11至今）。2017年11月，武汉光电国家实验室（筹）以良好的成绩通过评估，组建武汉光电国家研究中心。科技部下文批准武汉光电国家研究中心由骆清铭担任主任。

2019年，在学校和东湖开发区的高度重视和大力支持下，雄伟大气、结构新颖的光电信息大楼耸立于学校东大门旁。2019年，研究中心一项成果入选建国七十周年大型成就展，一成果入选当年中国十大科技进展，一成果参加国家杰出青年科学基金25周年成果展。2021年，四项成果参加国家"十三五"科技成果展，三项成果入选2021年度中国光学十大社会影响力事件，三项成果入选2021年度中国光学十大进展。同年，湖北省以研究中心为支撑建成了湖北光谷实验室和高端生物医学成像重大科技基础设施，加速打造国家战略科技力量。2022年，研究中心入选"十四五全国首批科普教育基地"和"全国首批科学家精神教育基地"。并行数据存储实验室PDSL团队荣获2022年IO500"10节点榜单"世界第一。截至2022年6月，共在《自然》《科学》正刊发表论文16篇。研究中心始终坚持"追求卓越"的进取精神，潜心研究、不断创新，力争创建光电科学领域具有重要国际影响力的学术创新中心、人才培育中心、学科引领中心和成果转移中心。

·驰电驱光成果卓著·

武汉光电国家研究中心围绕信息光电子、能量光电子、生命光电子三大领域，开展前沿科学探索、应用技术研究、光电知识传播和成果孵化转移，始终与武汉·中国光谷同频共振、共荣共生，持续为我国光电子信息产业的高质量发展提供技术创新成果和高级研发人才，逐步发展成为一支光电科学领域具有重要国际影响力的国家战略科技力量。

——牢记初心使命，党旗领航精耕细作

武汉光电国家研究中心党委坚持党旗领航，不忘初心使命，聚力奋进，实现高质量内涵式发展。始终坚持和加强党的领导，坚持"围绕中心发展抓党建，抓好党建促中心发展"的指导思想，主动谋划、凝心聚力、内涵发展，持续加强党的政治建设、思想建设、组织建设、作风建设、纪律建设和制度建设，通过深入开展党的群众路线教育实践活动和"三严三实"专题教育、"两学一做"学习教育常态化制度化和"不忘初心、牢记使命"主题教育、党史学习教育，广大党员干部理想信念进一步坚定；深化落实中央巡视和校内巡查整改任务，推进基层党建标准化规范化，不断提升综合治理能力，扎实推进各项工作。

武汉光电国家研究中心党委始终发挥政治核心与政治引领作用，坚持以习近平新时代中国特色社会主义思想为指导，贯彻落实立德树人根本任务，深化综合改革，加快内涵建设，踔厉奋发，笃行不怠，为研究中心发展提供了坚实的组织和制度保障。始终坚持党管人才原则，研究中心党委在人才引进、青年人才成长方面竭尽全力，为研究中心发展奠定了坚实的人才基础。两任书记林林和夏松同志坚持为青年人才成长和学科带头人发展保驾护航，为打造光电子信息领域人才聚集的高地做出了突出贡献。近年来研究中心先后获评教育部"双带头人"党支部书记工作室、中国侨届贡献奖、全国五一劳动奖章、全国三八红旗手、"湖北省先进基层党组织"、"湖北省先进班集体"（学生党支部）等集体和个人荣誉称号。

——创新体制机制，整合资源和衷共济

研究中心的前身——光电国家实验室依托华中科技大学，联合武汉邮电科学研究院、中科院武汉物理与数学所、中船集团717研究所共同建设。光电实验室的建设和发展必须以体制创新为前提，体制机制创新重在顶层设计，如何理顺四家不同管理部门下属单位的融合、学校内部多个院系和若干个团队的融合是体制机制创新的关键。

2004年2月，实验室理事会章程出台。章程明确了实验室的性质和主要任务：实验室是国家设立的相对独立的科学研究实体，是国家科技创新体系的重要组成部分，以基础研究、应用基础研究和前沿高技术研究为主，并适当向应用技术研究延伸。章程明确了实验室的运行机制及四家共建单位的职责，即实行理事会领导下的实验室主任负责制。华中科技大学是实验室的依托单位，负责挂靠实验室的党组织和群众组织，为实验室的建设和运行提供必要的保障条件。武汉邮电科学研究院、中科院武汉物理与数学研究所、中船集团717研究所是实验室的联合组建单位，负责承担实验室的共建工作，为相关方向的科学研究及研究室建设和运行提供必要的保障条件。章程还明确了实验室的组织机构设置，包括理事会、学术委员会、管理委员会、公共技术服务部、公共管理服务部以及若干科学研究部。

为了调动学校现有资源，加快实验室的建设，2004年10月，学校党委下发了《关于武汉光电国家实验室（筹）建设与管理的若干意见》，对光电国家实验室学科建设、科研管理、分配激励、人才培养等十个方面提出了具体规定。国家实验室提出了"一二三四五"的基本建设方针，即一个整体（武汉光电国家实验室（筹）），两个融合（四个组建单位的融合、华中科技大学各相关院系的融合），三种精神（团队精神、实干精神、奉献精神），四个有利于（有利于武汉光电国家实验室（筹）的建设与发展以及与国家目标的统一，有利于华中科技大学相关学科的建设与发展，有利于各学术团队的建设和高层次人才的培养，有利于各组建单位相关学科的融合发展），五个统一（人员、设备、经费、用房和薪酬统一管理）。确定了运行机制的十六字方针：学科共建、人员双聘、设备集中、成果共享。

2003年以来，在实验室主任叶朝辉院士的带领下，实验室在组织结构、运行机制和制度建设方面进行了积极有效的探索和创新，形成了较为完备的管理体制和运行机制，探索出四个不同体制、不同管理部门单位共建国家实验室的独特模式，为一系列重大科技成果的产生培育了土壤、提供了环境、创造了条件，得到国家科技部、教育部以及社会各界的广泛认可和高度肯定。

——打造重点学科，交叉融合成绩斐然

研究中心大力加强重点学科建设和多学科交叉融合，以学科建设为龙头，加强能力建设。多年来，研究中心与华中科技大学相关院系共建光学工程、生物医学工程、电子科学与技术、计算机科学与技术4个一级学科，并对学校的化学、物理学、材料学、工程学、计算机科学等ESI学科做出了突出贡献。2007年，光学工程一级学科博士点被评为国家重点学科。2012年，在第三轮学科评估中，光学工程排名全国并列第一，生物医学工程排名全国并列第三；2017年，在第四轮学科评估中，光学工程、生物医学工程被评为A+，计算机科学与技术被评为A。2022年，光学工程、计算机科学与技术再次入选国家"双一流"建设学科名单，光学工程学科还被遴选为培优学科。

作为优势学科引领高地，研究中心充分发挥多学科交叉融合优势，产出一系列重大原创成果。骆清铭院士团队致力于将信息光电子学与生物医学结合，开展生物医学光子学新技术新方法研究。早在2001年，骆院士就率领团队开始探索显微光学切片断层成像（MOST）技术，经过20余年的潜心耕耘，MOST系列技术已成为全脑定位系统的重要手段。团队开创了脑空间信息学科（Brainsmatics），创建了亚微米体素分辨率的小鼠全脑高分辨三维图谱，并首次展示了小鼠全脑中单个轴突的远程追踪。团队在光学分子成像、激光散斑成像（LSI）及其与光学本征信号成像（ISI）的结合、荧光扩散光学层析成像（fDOT）与微型CT结合的双模态小动物成像、近红外（NIR）光学功能成像以及组织光透明成像等方面也做出了创新性贡献。2010年，骆院士团队研究成果发表在《科学》上，实现了以华中科技大学为第一单位和唯一单位在该期刊发表论文零的突破。系列成果荣获国家自然科学奖二等奖（2010年）和国家技术发明奖二等奖（2014年），入选中国科学十大进展（2011年），列入全国科技工作成绩单（2017年），入选建国七十周年大型成就展（2019年），并亮相"十二五""十三五"国家科技成就展，入选2021年中国光学十大进展。2019年骆清

铭当选为中国科学院院士。

2001年，在条件极为简陋的实验室，谢庆国教授带领研究团队踏上了数字PET研究的漫漫征程。数字PET是一种生化灵敏度极高的核医学分子影像技术，需要光学、医学、计算机、材料、机械等多学科集智攻关。2010年，团队研发出世界上第一台动物全数字PET。2015年，成功开发出世界首台临床全身全数字PET系统。2017年，应邀参加国家"十二五"科技创新成就展。2019年，全球首款临床全数字PET/CT获批国家医疗器械注册证，正式获准进入市场。这意味着团队攻克了尖端医疗仪器PET数字化的世界级难题，打破了医疗器械国外全垄断的局面；研发出拥有完全自主知识产权的人体临床全数字PET，可精准检测到最小尺寸的癌症病灶，大幅提前癌症发现时间。

"85后"青年科学家陶光明教授从美国佛罗里达大学学成归来，带领的纤维光电子学研究团队致力于光电、材料与健康科学的融合，聚焦医疗纤维机器人和面向运动与健康智能化的智能织物技术。团队基于辐射制冷原理和结构分级设计理念，研发了具有形态分级结构的超材料织物，在户外暴晒环境可为人体表面降温近5℃，相关研究成果于2021年在《科学》发表。陶光明教授还受国家体育总局邀请，实现了无源保暖雪上科技护脸技术"从0到1"的原始创新，为极端严寒环境下的运动员提供高效运动无源保暖防护，助力第24届北京冬季奥林匹克运动会。

——紧盯学科前沿，原始创新勇攀高峰

当前，人类面临信息容量爆炸、能源危机、环境污染、重大疾病等领域的共同挑战，光电科学与技术是解决这些挑战的"钥匙"。超快激光与物质相互作用、高效光场调控、高效光电转换材料与器件、超衍射分辨成像及加工等方向是国际学科前沿，是全世界光电领域研究者共同关心的基础性问题。研究中心针对学科前沿问题，注重加强原创性、引领性科技攻关，经过近20年的研究和科研能力建设，已取得一系列重要原创性研究成果。

在超快激光与物质相互作用研究方面，产生小于100阿秒、高能量的阿秒激光始终是国际前沿研究的热点。陆培祥教授是2004年第一批进入

光电实验室的教授之一,担任激光科学与技术研究部主任。2010年,团队就提出双色光阿秒调控方案,在国际上首次理论突破百阿秒壁垒,并与日本研究小组合作产生1.3微焦阿秒激光,单脉冲能量保持世界第一。近年来,团队实验上获得260阿秒激光输出,实现阿秒时域双缝干涉精密测量,建立光电离和阿秒光电子全息理论,并实现阿秒光电子全息,精度达10阿秒,实验发现隧穿电离的非绝热效应。系列理论和实验研究结果在《物理评论快报》上发表论文超过20篇。

在高效光电转换材料与器件方面,2008年,从澳大利亚蒙纳什大学归来的韩宏伟博士开始太阳能电池的研究。14年来,韩宏伟教授突破了无空穴传输材料型介观钙钛矿太阳能电池关键技术,研制出拥有全球至今最高稳定性的器件,在国际上被命名为"武汉电池"和"韩电池",分别在2014年和2018年获得无空穴传输材料型钙钛矿太阳电池最高公证效率12.84%和23.3%,充分展现了其良好的商业化前景和极大的潜在市场价值。研究成果分别于2014年和2018年发表于《科学》杂志上。

首批国家高层次青年人才计划入选者唐江教授,2012年加盟光电实验室。开辟了硒化锑薄膜太阳能电池研究新方向,独辟蹊径地开发出快速热蒸发工艺,制备出光电转换效率达5.6%的电池器件。同时在发光材料研究方面,团队研究的单基质暖白光全无机钙钛矿荧光粉,打破荧光粉近百年研究瓶颈,研究成果先后发表于《自然》《自然·光子学》《自然·能源》等期刊。

在高效光场调控方面,利用新的模式和新的维度是实现突破衍射极限、实现高效传输和存储的有效解决途径。2009年年底,王健教授在南加州大学担任博士后期间,从电磁波根本特性参数出发,挖掘出与电磁波空间螺旋相位分布相关联的轨道角动量(OAM)这一电磁波潜在新维度资源,将轨道角动量成功引入光通信中。团队相关研究成果发表于《自然·光子学》和《科学》期刊上,随后在轨道角动量光通信技术方面开展了一系列深入研究,引发国际广泛关注。2021年,李培宁、张新亮教授团队突破性证明了传统的双折射晶体中存在"幽灵"双曲极化激元电磁波,该成果革新了极化激元基础物理的"教科书"定义,对凝聚态物理、光物理、电磁学等领域的基础原创研究具有重要指导意义,研究成果刊发在《自然》期刊上。同年，张新亮、董建绩团队研制的超宽带可重构光子运算集成芯片和王健团队研制的高速大容量智能多维复用与处理芯片亮相"十三五"科技创新成就展。

在生物医学光学成像方面，骆清铭院士团队研发并持续迭代更新的荧光显微光学切片断层成像（fMOST）技术，是目前为止世界上唯一能够实用化的实现全脑尺度单细胞连接分辨率介观脑图谱绘制的成像技术，为我国在神经科学研究领域实现引领提供技术支撑。费鹏教授团队通过将前沿的人工智能技术与先进的物理光学设计结合，发展了新一代计算光学显微镜，大幅度突破了当前显微光学成像的时效、速度和分辨率，实现对心跳、血流、神经活动等重要生命现象快速且精准的观测，并在肿瘤生物学、分子检测等多个生物医学领域获得重要应用。张静宇教授团队在国际上首次实现的石英玻璃五维存储技术，颠覆性地在原理上突破了光存储的容量和寿命限制，被认为是寿命最长的超高密度存储方式，被两院院士投票评选为 2016 年世界十大科技进展之一，被吉尼斯认证为最长寿命的存储技术。甘棕松教授团队长期研究超衍射极限光学精密技术，针对国内光刻机"卡脖子"问题展开研究，已成功研发第六代双光束超分辨光刻机样机配套自研集成系统软件，并以此为基础研究先进功能半导体器件的激光微纳制造技术及其在新一代信息技术中的应用。

——立足技术创新，攻坚克难突破瓶颈

刘德明教授团队率先提出了基于 SOA 的无源光网络全光波长变换及再生复用的关键技术，攻克了无源光网络的无色复用、突发光信号变换及透明再生三大技术难点，研究出与距离延伸器件及应用系统专利技术产品，自 2004 年起，已经应用于中兴通讯、光迅科技等企业，相关研究成果"基于 SOA 的无源光网络接入扩容与距离延伸技术"获得 2014 年国家技术发明奖二等奖。

冯丹、谢长生团队也是首批进入国家实验室的研究团队之一，该团队长期从事海量存储系统研究，形成了异构融合的主动对象海量系统关键技术，开发了非易失存储器的异构融合存储卡设备、自主可控国产盘阵列系列产品原型、PB 级大容量光盘库等，在企事业单位得到实际应用。目前还开辟了玻璃多维光学数据存储新方向的研究。系列成果先后获得国家技术发明奖二等奖（2014年）；IEEE通信学会Fred W. Ellersick Price；参加IEEE/ACM举办的SC06存储挑战赛，获得并列决赛奖；夺得2022国际超级计算大会（ISC22）IO500（超算存储500强）"10节点榜单"第一，将世界记录提高36%。

1996年，事业有成、已届不惑之年的闫大鹏教授公派赴美学习光纤激光器技术，十年时间就成长为光纤激光业的翘楚，获得美国杰出人才计划青睐。2007年，51岁的闫大鹏怀揣报国梦想，毅然回国创办国内第一家光纤激光器生产企业——锐科公司，同时加盟光电实验室，专门从事大功率光纤激光器的元器件及激光器在中国的国产化和产业化研究。深耕领域20余年，闫大鹏带领锐科激光打破了国外企业在高功率光纤激光器领域的垄断，推动中国光纤激光器自主研发能力达到世界一流水平。2021年，锐科激光研制的我国首台功率最大、全球第二大功率10万瓦工业光纤激光器正式投入使用，已经用于先进工业制造、航空航天等高端应用场景。

2008年，江涛教授从美国学成归来，加盟光电实验室从事无线通信与网络技术的研究，主要研究方向是无线通信系统物理层以及通信网络中问题的建模与分析，并为下一代无线通信系统中的关键问题提供解决方案。多年的潜心研究，江涛教授的研究成果"异构频谱超宽频动态精准聚合关键技术及应用"获得2019年国家技术发明奖二等奖。

2009年，周欣从美国劳伦斯·伯克利国家实验室归国不久，一个人就是一支团队，大小事务亲力亲为，工作到凌晨是常态。十年甘坐冷板凳，周欣带领团队开展科研攻关，成功研制出拥有自主知识产权的世界上增强倍数最高的人体肺部气体磁共振成像仪（MRI），达到世界上最快的高分辨人体肺部气体动态采样，成功实现自由呼吸下的实时成像。疫情期间，周欣主动请缨，在距武汉关闭离汉通道前10小时从北京搭乘当日最后一班飞机返汉，带领团队奔赴金银潭医院、同济医院抗疫一线，对1000余人次的新冠肺炎患者肺部微结构和功能进行了全面评估，为打赢疫情防控阻击战提供了科技和数据支撑。

——加强国际合作，提升四力享誉中外

研究中心发挥国家级战略科技平台优势，积极参与国际大科学计划，致力于不断提升学科的国际竞争力、师者的国际创新力、学子的国际胜任力和自身的国际影响力。

研究中心一向重视引智工作。2007年，实验室获批教育部、国家外专局光电科学与技术高等学校学科创新引智基地，因引智工作业绩突出，2012年获得滚动支持。2008年，获批中央组织部海外高层次人才创新创业基地，并被科技部、国家外国专家局授予国家级国际联合研究中心。2015年，武汉光电国际合作联合实验室通过教育部立项论证。2016年，获批科技部国际科技合作基地。

研究中心以国际化的开放机制，疫情前每年吸引十余名外籍院士和50多位专家学者来实验室工作，合作开展科学前沿研究工作。其中包括多国院士、生物医学光子学创始人、2008年国家"友谊奖"获得者布立顿·强斯，诺贝尔化学奖获得者、以色列科学家齐楷华，美国四院院士、著名华裔科学家钱煦，美国工程院院士厉鼎毅，"染料敏化太阳能电池之父"格兰泽尔，中国科学院外籍院士、国际纳米科技领域具有重要学术影响的王中林，澳大利亚工程院院士程一兵，国际太赫兹领域著名专家张希成，国际著名激光微纳制造专家、肖洛奖得主陆永枫等。2009—2011年间，布立顿·强斯、齐楷华、格兰泽尔、钱煦等四名海外学术大师获国务院批准被授予华中科技大学名誉博士学位。

2006年8月，Britton Chance生物医学光子学研究中心成立，2007年，生物医学光子学国际顾问委员会成立。2010年7月，格兰泽尔介观太阳能电池研究中心成立，有力地推进了高效介观太阳能电池研究。2011年8月，张希成牵头先进非线性太赫兹研究中心成立。2012年3月，王中林领衔纳米表征与器件研究中心成立。在国际大师的指导与合作下，研究中心的能力得到大幅提升。

研究中心注重提升软实力，创建多个国际学术品牌。2008年，实验室发起国际光子与光电子学会议（POEM），已形成一个覆盖光电子多个学科领域，汇集众多国内外知名专家、学者、学术机构和企业，集学术性和实用性于一体的高水平、高质量学术会议品牌。自 1999 年起主办的生物医学光子学与成像技术国际学术研讨会（PIBM）是亚洲地区规模最大的生物医学光子学国际盛会之一。主办两本高水平国际期刊，其中 *Journal of Innovative Optical Health Sciences* 被 SCI、EI 等收录，是亚太地区在生物医学光子学领域唯一一本被 SCI 收录的英文学术期刊，*Frontiers of Optoelectronics* 连续 7 年入选"中国国际影响力优秀学术期刊"。还组织创办了武汉光电论坛、光子学公开课、神奇光子在线讲坛等多个光电学科论坛，活跃中心学术交流氛围，促成高质量国际交流合作，发出华中大的光电声音。

2013 年，依托研究中心建设的工程科学学院入选国家外专局和教育部共同实施的高校国际化示范学院推进计划，并成为全国首批 4 所国际化示范学院之一。学院通过海外高端引智，与研究中心一流师资组建国际化课程团队，多渠道、全覆盖资助本科生赴国际名校开展国际课程学习，前 4 届本科毕业生综合深造率超过 84%。学院形成的工医理多学科交叉融合、具有一定特色的工程科学国际化人才培养模式被《中国教育报》、新浪网等报道，学院牵头申报并成功获批全国首批 12 所未来技术学院之一。

针对信息、能源、健康等方面遇到的严峻挑战，研究中心与冷泉港实验室、艾伦脑研究所、欧洲脑科学研究所、日本国立材料研究所等全球 40 余所机构就前沿领域开展深度科研合作，截至目前，产出 9 篇国际合作 NS 论文。与俄罗斯萨拉托夫国立大学、瑞典皇家理工学院等 7 所大学签署共建联合实验室协议，在科学研究、人员交往、人才培养方面开展全面交流，建立起了广泛优质的国际合作网络。

——践行立德树人，创新引领广育英才

作为依托高校建设的国家级研究机构，研究中心始终坚持党管人才，深入贯彻"人才强国"战略，将人才作为支撑发展的第一资源，积极营造引才、聚才、育才的良好氛围。一方面将平台科研资源转化为育人资源，为培养拔尖创新创业人才和卓越工程师贡献应有力量；一方面也充分利用平台优势引才和聚才，助力青年研究人员在服务"四个面向"中成长。研究中心人才队伍不断壮大，目前包含依托单位和共建单位共有全职研究人

员 506 人，其中国家自然科学基金委创新群体负责人 5 人；2017 年以来 2 人成长为院士；入选国家级人才计划近 90 人次，国际学会会士 22 人次，研究中心已形成一个光电领域优秀青年人才聚集的高地。

研究中心始终以开放、包容的心态尊重人才、善待人才，极力为人才成长提供优质环境。不惟出身，为想干事、能干事的青年人提供平台。改革评价机制，进行分类评价，鼓励不同类型研究人员产出不同代表性成果。从加州理工大学回国的梁文锡教授从事四维电镜研究，研究中心坚定地支持他潜心开展科研装置的研究工作，目前已经自主完成高性能四维电镜的搭建工作，为研究中心的基础研究提供了良好的研究平台。不惟帽子，针对重点领域支持有良好背景的青年人开展攻关研究。邓磊敏、张静宇、甘棕松等青年人才回国时没有得到人才计划的资助，但所从事的研究对解决关键领域"卡脖子"问题十分重要。研究中心超常规地给予支持，帮助他们在最短的时间内搭建起研究平台并开展研究工作。目前他们三人的研究成果得到华为、国防单位的重点关注与支持。

自 2012 年以来，研究中心强化科研育人、实践育人和资助育人，开展创新创业人才的群体培养模式探索，成效显著。中心致力于培养研究生"追求卓越"的国光精神，鼓励学生乐于学习、勇于实践，在创新创业实践中不断提升自己。近 5 年来，6 名研究生在《科学》和《自然》正刊以第一作者发表论文，学生在全国"互联网＋""创青春""挑战杯"三大赛中荣获金奖 15 项，在 2022 年 IO500（超算存储 500 强）"10 节点榜单"中夺得世界第一，连续 5 年获王大珩高校学生光学奖，15 名博士毕业生分别获得中国光学学会、中国生物医学工程学会和中国电子学会优秀博士学位论文奖。研究生就业率超过 99％，三名博士毕业生左鹏飞（导师华宇）、张霁（导师周可）、姚婷（导师万继光）成功入选华为"天才少年"。基于人才培养方面的突出成绩，2018 年，张新亮教授牵头的"融合产业学科优势，基于'一课三化'举措，推进光电专业创新人才的群体培养"项目获国家级教学成果一等奖。

难能可贵的是，近 50％的研究生毕业选择留在武汉地区光电子信息领域相关单位工作，为光谷地区光电子企业的可持续发展提供了有力的智力支撑。例如，华为武汉研究所有近 1/3 的研究人员毕业于华中科技大学，尤其是光电子器件研究方向，研究中心培养的研究生是海思光电的骨干研究力量。

——传播科学知识，成果转化区域创新

传播知识、运用知识、转化成果，最大程度发挥研究成果效能是研究中心作为国家战略科技力量的重要使命。

研究中心创新科普方式，举办"创意光电"科普大赛，鼓励老师和学生将自己的研究成果以科普的方式进行宣传，于 2021 年被湖北省科协评为优秀特色科普活动。2020 年疫情期间，中心首创的"光电科普"云直播累计吸引 75 万人次的关注，被评为全国科技活动周优秀活动。2022 年，中心分别入选"十四五"全国首批科普教育基地和全国首批科学家精神教育基地，是湖北省唯一获批两大教育基地的单位。

大力鼓励支持毕业生利用研究成果创办企业，也提升了光谷地区的创新活力。研究中心 2014 届毕业生穆广园博士在导师王磊的指导和支持下，创办了武汉尚赛光电科技有限公司，致力于 OLED 材料的源头创新与关键核心技术突破及批量化生产，已与华星光电、天马微电子等国内面板龙头企业以及三星、LG 等日韩企业建立了稳定合作关系，跻身全球 OLED 材料核心供应商。2018 届毕业生程建伟博士创建的武汉极目智能技术有限公司，基于顶级的 AI 感知和车辆控制决策核心技术，对驾驶风险进行管控，核心技术指标业界领先，产品远销美国、澳大利亚、韩国、新加坡、印尼、印度等 20 多个国家和地区。

搭建平台、理顺机制，研究中心长期致力于促进光电产业升级和科技创新成果快速有效转化，促进创新链、人才链、产业链深度融合，先后成立武汉光电工业技术研究院（2012 年）、鄂州工业技术研究院（2016 年）、苏州脑空间信息研究院（2016 年）等平台，迄今已经完成 30 多个项目、120 多项知识产权的成果转化，累计转化金额达 3.3 亿元。2020 年光电子技术省部共建协同创新中心获批，有利推动了地方经济和高新产业发展。骆清铭院士团队 MOST 知识产权组挂牌转让探索了高校知识产权转移的实际路径，促进了《中华人民共和国促进科技成果转化法》的颁布实施，是当时科技成果转让标底国内最大、个人及团队分配比例最高和教育部直属高校首个公开挂牌交易成果。

付玲教授团队研究的共聚焦显微内窥镜成果以知识产权转让的形式实现科技成果转化，2021年，全新一代共聚焦显微内窥镜系统获准上市，目前已经在全国30余家三甲医院完成试用。曾晓雁教授团队自2007年开始研究激光3D打印技术并推进其产业化，2016年以千万元技术转移费用，将该技术涉及的17项知识产权全部转移给上海电气，推动激光3D打印装备逐渐走向市场。长期以来，紫外LED技术一直被国外企业垄断，中国厂家使用相关技术和产品，成本高昂。陈长清教授组织专业研发团队，从事紫外LED技术的研发与产业化。截至目前，陈长清带领团队申请近20项专利，成功研制出性能世界领先的全波段紫外UV-LED核心器件，并成功应用在固化、医疗、杀菌、消毒等民用领域及国防军事领域。

与大型企业合作，为企业解决核心技术瓶颈问题，也是研究中心实现成果转移的高效方式。近年来，研究中心和华为、腾讯、浪潮、联影、长江存储、高德红外等头部企业开展深入合作，先后成立联合实验室25个，为这些企业解决核心技术问题，布局未来5—10年的新型研究。数十项成果和技术成功转化，在通信、能源、工业制造、人类健康等领域得到应用，创造直接经济效益逾百亿元人民币。

缪向水教授团队扎根存储器领域，自主研发存储芯片35年。2019年，团队将93项三维相变存储器芯片专利许可给长江存储公司并合作开发芯片产品，推动存储器芯片技术的成果转化以及未来引领技术的探索。2019年开始，研究中心开始与华为公司开展深度合作，先后建立联合实验室和联合研究中心共7个，在光电芯片、存储器、光纤、光纤激光器等方面开展技术攻关，华为公司每年支付研究经费近6000万元。其中，张新亮、余宇教授与华为合作开展高性能光电探测器研究工作，成功研究出兼顾带宽和效率的光电探测器；夏金松教授与华为合作开展铌酸锂芯片研究工作，研制的铌酸锂芯片带宽超过100 GHz；谢长生教授与华为合作开展新型光存储技术研究，研制TB级长寿命超大容量光盘；李进延教授在与华为开展合作研究L-band石英掺铒光纤合作的基础上再次开展L120宽谱高性能光纤技术的合作研究；赵彦立教授与华为合作，面向激光雷达应用，开展高灵敏度、高速雪崩光电二极管的研究工作。

2022年6月28日，习近平总书记视察华工激光工程有限责任公司时指出，光电子信息产业是应用广泛的战略高技术产业，也是我国有条件率先实现突破的高技术产业。湖北武汉东湖新技术开发区在光电子信息产业领域独树一帜。为何独树一帜？应该说，武汉光电国家研究中心作为创新体系的重要环节，通过人才培养、原创成果突破、核心技术攻关、成果转化、知识传播和转移等方式为东湖新技术开发区光电子信息产业的可持续发展和国际竞争力提升做出了不可替代的贡献。

长风破浪会有时，直挂云帆济沧海。武汉光电国家研究中心作为国家科技创新体系中的新基地，将面向信息光电子、能量光电子、生命光电子3个领域，以与时俱进的精神、革故鼎新的勇气、坚忍不拔的定力，把握建设湖北光谷实验室和高端生物医学成像重大科技基础设施的历史机遇，为争创国家实验室、创建世界光谷而砥砺奋进、勤力前行，以优异的成绩迎接建校70周年，迎接党的二十大的胜利召开。

（武汉光电国家研究中心）

同济医学院——
点燃现代医学火种　铸就百年同济辉煌

华中科技大学同济医学院（简称"医学院"）创建于 1907 年，是一所具有 115 年办学历史的医学名校，是我国现代医学教育的发源地之一；是国家教育部、国家卫健委首批共建的 10 所部属高校医学院之一，是全国首批试点八年制医学教育院校，是全国首批卓越医师教育培养计划实施院校，是中德医学教育人才培养模式创新实验区。

同济因医学而生，医学因同济而盛。生于忧患岁月的医学院，自诞生之日起，面对"满目疮痍、贫弱交加"的旧中国，便肩负起"与祖国同行，以医学济世"的使命，115 年来，医学院在烽火硝烟中成长，在团结拼搏中发展，在改革开放中奋进，在新时代迈向一流。历代同济人始终坚持与中华民族伟大复兴同舟共济，始终坚守以教书育人及服务人民健康为己任，始终传承"团结　严谨　求实　奋进"的院训，着力开现代医学之先河，探生命科学之奥秘，创护佑健康之伟业，在我国现代医学教育史上书写了浓墨重彩的时代华章。

·清末建院：两次西迁与祖国共命运·

医学院初创。20 世纪初，德国政府在中国开办医科学校的设想开始形成，与当时的清政府推行教育制度改革、督促各地兴办新式学堂的政策相吻合。1900 年，以埃里希·宝隆博士为代表的德医公会在上海筹建同济医院后，以此为基础筹建医科学校的条件已经成熟。1906年3月，宪政考察大臣徐世昌和端方等率领清政府考察团在普鲁士文化部与德方官员进行了会谈，德中双方就在上海共同筹建医科学校达成共识。随后，双方开始筹集资金。按照德国外交部、普鲁士文化部计划，德医公会负责在上海的具体建校工作。1907年，基于"医院能救人于一时，学堂能救人于复世"的办学初衷，在上海创立了我国首个政府间中外合作创办的医科学校"上海德文医学堂"，次年改名"同济德文医学堂"，埃里希·宝隆博士任首任院长。从此开启了同济医学百年辉煌的画卷，点亮了中国现代医学教育的火种。

第一次西迁。1917—1927年，正是中国从旧民主主义革命向新民主主义革命转变以及国共第一次合作的历史时期。这一时期，学子们的思想空前觉醒，走出书斋，积极投身于五四运动、五卅运动的革命洪流。1927年，在蔡元培先生的大力支持下，学校由当时国民政府教育部接管，成为"国立同济大学"，这是中国最早的7所国立大学之一。1937年，八一三事变，日本飞机接连轰炸上海吴淞地区，美丽的同济校园变成了硝烟弥漫的战场，一面是炮火轰鸣的艰苦环境，一面是求知若渴的赤诚之心。不惧困难的同济人，为求"一张平静的书桌"，被迫踏上了第一次西迁之路，经过三年流离，先后六易校址，辗转跋涉沪、浙、赣、桂、云、川等地，于1940年到达四川宜宾李庄，医学院师生在李庄度过了5年相对安定的科研、教学生活，其间为革命输送了大量人才，并服务当地民生，用医学传递大爱，至今在川南地区传为佳话。抗战胜利后，1946年，国立同济大学医学院由李庄迁回上海。

第二次西迁。1951年9月，经中南军政委员会提议，中央人民政府高教部批复，同济大学医学院整体由上海迁至武汉，与武汉大学医学院合并，组建"中南同济医学院"，230名教师和492名学生在武汉原华商跑马场一片荒芜的土地上开始了新的创业，至1952年9月，化学、生物、数理、体育、外文"基础五科"，解剖、细菌、寄生虫、病理、生理、药理、公共卫生、生化"八个学馆"全部迁移完毕。1954年10月，原汉口协和医院划归为中南同济医学院教学医院，后更名为中南同济医学院第一附属医院（现为附属协和医院）。1955年5月，上海同济大学医学院附属同济医院正式迁入武汉，并更名为中南同济医学院附属第二医院（现为附属同济医院）。1955年6月，经高教部和卫生部批准，中南同济医学院更名为"武汉医学院"。1956年，国家首次给高校教师评级，将教授分为一至六个等级，高校林立的武汉地区共评出13位一级教授，他们都是所在领域的学术权威，而医学院就占其中7席，撑起武汉高等教育界的半壁江山。1962年，经卫生部批准，武汉医学院在全国医学院校中第一批实行六年制；同年，在医学系增设了德语医学班。1981年11月，经国务院学位委员会批准，医学院成为首批博士、硕士和学士学位授予单位。1985年6月，经卫生部批准，医学院更名为"同济医科大学"。1988年，创办七年制临床医学专业；1989年，临床医学专业开始招收留学生；1994—1995年，在全国医学院校中率先实行学分制和本科生导师制。2000年5月26日，与华中理工大学等院校合并，成为华中科技大学同济医学院。

·兴学济世：历经沧桑尽显英雄本色·

建院115年来，同济人始终围绕"济世、兴学、育人"这一永恒主题，与国家同呼吸、与民族共命运，一路从黑暗走向光明，从弱小走向强大，跌宕起伏，波澜壮阔，历经沧桑尽显英雄本色，创造了一个又一个发展奇迹，这是一代代同济人共同的骄傲。

践行"立德树人"使命。建院之初，学院定下"德才兼备"医学人才培养目标，着力培养"品性高尚，体格健全，思想进化，感情优美，精诚团结，勤苦耐劳。有生产之能力，有创造之精神，有负责任为国家社会尽义务之愿望，有刚毅果决为民族谋复兴之企图"的医学人才。专任教师从建校初期的3名德国教师，发展到现在的2000余名，在校学生从最初的33名发展到现在的1万余名。长期以来，医学院始终把人才培养质量作为生命线，形成了"宽口径、厚基础、重实践、求创新"的育人特色，打造了"学医在同济"金字招牌。立德树人硕果累累，桃李满天下，累计为我国培养了9万余名卓越医学人才，包括2位国家最高科学技术奖获得者（吴孟超和侯云德）、15位中国两院院士、2位美国院士、1位德国院士、3位卫生部正（副）部长，还有人民英雄（张定宇）、时代楷模（李桓英）、道德模范（王争艳）、最美医生（朱兰）等，他们犹如医学领域一颗颗耀眼的明星，闪耀在历史的天空。

坚守"万人之医"理念。建院之初，医学院就定位于"不要做一人之医，要做万人之医"的理念，长期以来，同济人的血液里始终流淌着创新的基因。20世纪30年代先后发现"李氏钉螺"和"姚氏钉螺"，为我国寄生虫学研究做出卓越贡献；40年代，找到了流行于川南的瘴病防治办法，获得民国政府教育部全国应用科学类学术发明一等奖；50年代，发明血吸虫病"酒石酸锑钾三日疗法"，治愈了500多万名患者；60年代率先在我国发现胎心超声反射，并首创双氧水心脏声学造影法；70年代在全国率先开展器官移植研究与临床实验，成立全国首家器官移植研究所；80年代在世界上首先发现"新型血小板聚集功能缺陷症"，被医学界命名为"沈迪氏病"；90年代发明国家中药一类新药"体外培育牛黄"。2000年合校以后，在基础医学、临床医学、预防医学、药学、转化医学等众多领域取得新突破。不同时期取得的重大标志性成果，犹如一面面光辉的旗帜，飘扬在医学的高峰。

护佑人民生命健康。社会养育了医学院，医学院反哺着社会。附属协和医院、同济医院是集医疗、教学、科研、培训为一体的大型现代化综合性医院，是中部地区医疗中心、区域终极诊疗医院，综合实力位居国内前十；附属梨园医院突出老年病学的特色，是湖北省老年病防治研究中心；2016年以来，医学院组织实施了附属医院扩增计划，按省校、市校共建共管模式，将7所有实力的专科医院和有特色的综合医院扩增为非直属附属医院。10所附属医院组成的"同济临床医疗集团"始终坚持生命至上的原则，坚持以爱心奉献社会，以仁术服务人民，认真履行医疗服务职责，积极参与公共卫生事件、援外、援疆、应急救灾、对口帮扶工作，暖医、匠医、仁医不断涌现，谱写出一曲曲救死扶伤的壮美华章。1951年，选派医疗队赴抗美援朝战场参与志愿军战地医疗服务；1954年，组成1000余人抢险突击队和医疗服务队参加武汉防汛救灾；1976年，组建130名医务人员医疗救护队奔赴唐山大地震区，救治伤员15万余人；1998年，选派45支医疗队和防疫队坚守在长江中下游特大洪水各个险区；2003年，派遣近20名专家加入各级抗击非典研究中心或指挥中心，选派12名医务工作者赴"小汤山"参与临床救治工作；2008 年，选派医疗队赴汶川地震区，创造"零截肢""零感染""零死亡"奇迹。2020 年以来，面对新冠肺炎疫情，医学院迅速发挥综合学科优势，针对新冠病毒的流行病学、快速诊断检测与试剂、药物疫苗研发、临床诊治规范、疾病防控机制、公共卫生治理、病人心理干预等重大科学问题，组织专家开展应急科研攻关，积极为政府建言献策；10 所附属医院尽锐出战，全国投入最大、贡献最大，3.4 万名白衣战士挺身而出，不惧生死、不计报酬，始终坚守临床一线，为疫情防控与患者诊治提供"同济方案"，贡献"同济智慧"，又一次交出了一份让国家和人民满意的"同济答卷"。

服务人类健康事业。医学院由德中双方合作创办，本身就是国际合作的产物，与生俱来就具有开放、包容、互鉴的品质。立足中国，放眼世界，一代又一代的同济人通过广泛持久的国际交流与合作，努力服务人类健康事业，通过百年积淀，在国际医学界形成响亮的"同济品牌"。1981 年，联邦德国总统谢尔访问我院；1984 年，联邦德国总理科尔率团来访；1984 年，由我国著名外科学家、中国科学院院士裘法祖教授和我国著名病理学家、德国自然科学院院士武忠弼教授发起的"中德医学协会"和"德中医学协会"分别在中、德两国成立，对促进中德医学科学与教育发展产生了重要影响；1985 年，基于对中德友谊和文化交流的突出贡献，裘法祖和武忠弼两位教授被德国总统授予大十字功勋勋章；2019 年，时任德国总理默克尔到访学校及同济医学院附属同济医院光谷院区（武汉中德友好医院），对我校人才培养水平及医疗服务质量给予高度评价。改革开放以来，医学院坚持以对德交流为重点，全方位、多层次、多渠道地推进国际交流与合作，先后与德、美、英、法、日等 20 多个国家和地区的 40 余所大学、医院、研究机构等国际组织建立了长期友好合作关系，签署了国际校际合作协议 40 余份，共建中外合作科研基地 8 个。近年来，医学院积极实施"一校十校"、"一院一校"、"一带一路"计划，与一批世界知名高校和研究机构开展了一系列学生联合培养、国际联合办学、国际学术交流与科研合作研究等卓有成效的国际交流工作，医学院国际声誉和影响力进一步提升。

·世纪跨越：融合发展争创世界一流·

合校以来，特别是党的十八大以来，医学院在学校党委和行政的正确领导下，坚持以习近平新时代中国特色社会主义思想为指导，坚持社会主义办学方向，紧密围绕建设世界一流医学院美好愿景，认真履行"立德树人"根本任务，努力实施"一流人才、一流学科、一流文化"行动计划，深化医教协同，加强改革创新，守初心担使命，敢担当善作为，各项工作取得显著成绩。

医科师资更权威。湖北四位医科院士全在这里。裘法祖（1914—2008），1993年当选为中国科学院院士，被称为外科全才。他在腹部外科、神经外科、泌尿外科、骨科等领域均有很深造诣；近70年的医学生涯，技术上的千锤百炼和丰富的经验累积，造就了"不多开一刀，不少缝一针"的"裘式刀法"。陈孝平，2015年当选为中国科学院院士，从理论到实践首创了亲属间辅助性部分活体肝移植，首先提出了可行肝癌切除联合脾切除手术治疗等，一系列原创技术让我国在肝移植领域不断突破技术瓶颈。马丁，2017年当选为中国工程院院士，擅长妇科肿瘤及妇科疾病的诊疗，施行妇产科手术逾万台，在妇科恶性肿瘤防治和遏制肿瘤转移临床研究方面做出了卓越贡献。邬堂春，2021年当选为中国工程院院士，长期从事空气污染与健康研究，运用大样本、高质量的前瞻性队列，在揭示空气污染病因、阐明发病机制和制定预防对策等方面做出了杰出贡献。近年来，同济医学院在顶尖人才梯队建设方面实现了巨大突破：拥有国家特聘专家1人，973计划项目首席科学家5人，国家教学名师5人，国家级人才计划入选者100余人次。

"同济品牌"更闪亮。医学院是全国首批同时拥有国家级基础医学、临床医学、预防医学3大实验教学示范中心的2所院校之一，附属协和医院、同济医院是国家临床教学培训示范中心、国家住院医师规范化培训示范基地。医学院拥有国家教学团队3个，国家特色专业4个，国家级品牌课程15门，国家级品牌资源共享课程15门，国家级双语教学示范课程7门，国家精品视频公开课3门，国家级一流本科课程（金课）12门，主编各类国家级教材114部。近年来,医学院坚持"以学生为中心"教育理念,建立健全育人为先的教师成长机制,构建"教学理念、教学方法、教学技巧、教学评价、教学技术、健康服务"6大模块教师教学发展体系,推进PBL教学方法改革,探索推进课程整合教学,强化大卫生观与国际视野教育,注重培养学生创新意识与创新能力,优化调整临床医学八年制培养方案,推进实施"基础学科拔尖学生培养计划2.0",培养了一批批具有"国际视野、家国情怀、德医双馨、同济风格"的卓越医学人才。教师(及团队)获得的教学成果奖、教材建设奖、医学院校各类教师教学大赛奖,本科生、研究生、来华留学生等获得的各级各类大奖始终居全国高等医学院校前列。"学医在同济"金字招牌更加闪亮。

学科实力更雄厚。合校以来,医学院聚焦"一流医科"目标,充分发挥综合性大学办医学教育的优势,努力实施"强基础、上水平、占高峰"发展战略,整合优势资源,聚焦学科前沿,强化学科交叉,厚植学科高原,打造学科高峰。目前,医学院设有基础医学院、公共卫生学院、药学院、医药卫生管理学院、护理学院、法医学系、生殖健康研究所、口腔医学院、3所直属附属医院/临床学院、7所非直属附属医院/临床学院。设有15个本科专业,10个博士学位授权一级学科,67个硕士学位授权点,64个博士学位授权点,6个博士后科研流动站;拥有国家重点学科9个,国家重点(培育)学科5个,国家临床重点专科61个。临床医学、药理学与毒理学进入ESI国际学科排名前1‰;全部12个医学及相关学科进入ESI国际学科排名前1%,是全国同时拥有基础医学、临床医学、公共卫生与预防医学3大"双一流"建设学科的高校,综合办学实力稳居全国医学院校前列。

创新能力更强大。医学院聚焦"四个面向",主动对接国家战略需求,瞄准国际医学科技前沿,组织实施"医+X"战略,推进医工医理及基础临床学科交叉,强化有组织创新,启动实施重点疾病研究中心建设计划及研究型临床医师资助计划,医科科技创新能力进一步提升。改革开放以来,医学院累计建有3个国家级科研基地,35个部省级重点科研基地,31个湖北省临床医学中心等;获批国家基金委创新群体3个,教育部创新团队6个,湖北省创新群体20个;荣获国家三大科技奖20余项。合校以来,医学院承担国家 973 计划项目、国家 863 计划项目、国家科技支撑计划项目、国家重大科技专项、国家重点研发计划项目共计 200 余项，累计到账科研经费近 40 亿元。2017—2021 年，连续 5 年获批国家自然科学基金项目超过 350 项，位居全国医科院校前列，医科学者在国际四大医学及 CNS 主刊及其子刊等国际高水平期刊发表研究论文呈现爆发式增加，被医学科技界誉为"同济现象"。

回首过往，我们由衷地为每一位同济人感动，由衷地为医学院取得的每一项成果而自豪！为此，谨向一代代付出过辛勤努力与不懈奋斗的医学院师生和校友，医学院历届老领导、离退休老同志表示由衷的敬意和衷心的感谢！

展望未来，今年是我国进入全面建设社会主义现代化国家、向第二个百年奋斗目标进军新征程的重要一年，是党的二十大胜利召开之年，是我校深入实施"十四五"规划，启动新一轮"双一流"建设的关键之年，也是华中大喜迎 70 周年校庆、医学院喜迎 115 周年院庆、凝心聚力促发展的跨越之年。站在新的历史起点上，医学院将以更强的责任感和使命感，心怀"国之大者"，加快推进中国特色、世界一流医学院建设，奋力谱写新时代高质量发展的崭新篇章。

（同济医学院　张地　陈攻　柳会祥　邓静萍）

基础医学院——
杏林育人百余载　基础强国奔一流

同心同德同舟楫,济人济事济天下。1907年10月,秉持"医院能救人于一时,学堂能救人于复世"的理念,德国医生埃里希·宝隆博士在上海创办德文医学堂,即基础医学院的前身,从此现代医学教育之路开启,至今115载未曾间断。百余年历史,百余年辉煌,基础医学院始终与国家同呼吸、与时代共命运,在服务国家和人民重大需求中发展壮大,是我国医学教育发展史上的经典标本和真实索引,创办至今培养近十万计优秀医药卫生人才,为推动我国现代医学从无到有、从弱到强发展,为维护人民生命健康,为探究医学生命科学重大问题做出了积极贡献。

· 开创八馆　济世天下 ·

——办医学教育救亡图存

1907年10月,德国人埃里希·宝隆博士在上海创办德文医学堂,首批8名医学生开始学习解剖学、生理学等医学基础课程。1908年德文医学堂更名为"同济德文医学堂",学生增加至82人。到第二次世界大战前,学堂逐渐发展壮大,1927年8月医学堂更名为国立同济大学医学院。据1934年《第一次中国教育年鉴》统计,当时中国公立大学中设医科者仅6所,同济医学院设备齐全,规模最大,建有解剖学馆、生理学馆、组织学馆、药物学馆、病理学馆、细菌学馆、生化学馆等基础医学相关学馆，在校医科学生204人，居六校之冠。德文医学堂从建设之初就采用了全套德国医学教育体制和课程，依靠德裔师资力量，采用德文教材，按照德国大学医科的考试规则进行毕业考试，使医学堂的教育质量在开始阶段就有较高的起点。学制八年，德文预科三年、医预科三年、医正科三年。其中德国生理学家史图博教授1924年应聘到医学堂任教，直至1951年5月返回德国，在中国27载，为中国培养了一大批急需的医学人才。1912—1937年间，多数毕业生选择留学德国，许多学成回国后都成为医学教育的栋梁，包括中国生物物理学奠基人贝时璋、病理学家梁伯强、现代药理学奠基人吕富华、微生物学家杜公振、现代免疫学创始人谢毓晋等，他们都是我国医学界泰斗级人物。

——同济"长征"路

1937年8月，淞沪会战后，学校师生同舟共济，辗转跋涉千里，由上海西迁入大后方，途经浙赣桂滇，1940年10月到达四川宜宾和南溪。1946年7月，迁回上海。在西迁的九年"长征"中，师生齐心协力，在危难艰苦中，仍坚持进行教学、医疗和科研工作，积极支持抗日前线，协助迁入地的医疗工作，为人民健康服务，探索救亡图存之路。1941年，同济医学院迁入地李庄突发"春瘟"，俗称"痹病"，时任细菌学副教授杜公振临危受命，深入开展动物实验和调查研究，查出病因系食盐中含有毒氯化钡所致，并提出芒硝沉淀、分离的科学手段，解决了这一问题。该成果以《痹病之研究》发表，获1943年全国应用科学技术发明一等奖。

——在传染病防治中建功立业

20世纪，国人饱受血吸虫病之殇，消灭血吸虫病就需要控制和消灭钉螺。1936年，年仅36岁的寄生虫病学家李赋京教授在安徽发现了一种钉螺（日本血吸虫中间宿主），后经国际专家组织鉴定，命名为"安徽李氏钉螺"（*Oncomelania anhuinensis Li*），这是20世纪30年代科学领域，极少数以中国人命名的发现之一。1948年同济医学院创立寄生虫学馆，姚永政教授成为首任主任，他是我国人体寄生虫学的奠基人之一。在20世纪

30 年代，他在中国首次证实中华白蛉是传播黑热病的主要媒介，发现了皮肤利仕曼病，首次证实"瘴气"就是恶性疟疾，首先发现广宾县有日本血吸虫病，发现"姚氏钉螺"等，受邀担任国际联盟卫生部疟疾荣誉通讯委员。2018 年，已故李赋京教授荣获"全国血防先驱"称号，已故姚永政教授和已故魏德祥教授荣获"全国血防先驱提名"称号。

——内迁武汉

新中国成立后，1950 年 2 月，中央人民政府政务院决定，上海同济大学医学院内迁武汉，与武汉大学医学院合并，成立"中南同济医学院"。一大批师生克服重重困难，从上海迁往武汉，在跑马场和农田上建立新校。同年，免疫学家冯新为教授和寄生虫学家姚永政教授等一批师生积极报名参加抗美援朝医疗队。1955 年 3 月，医学院完成迁汉工作。

· 辉煌创院　杏林标杆 ·

——武汉创院

1955 年 5 月 13 日，中华人民共和国卫生部批复，同意医学院成立基础医学部，微生物学家杜公振教授为首任主任（院长）。基础医学部成立后，解剖学馆、组织学馆、细菌学馆、生理学馆、生化学馆、药理学馆、寄生虫学馆、病理学馆等 8 大学馆和化学科、物理科、生物科、外语科、体育科等 5 个公共基础科改名重组成 14 个教研组。1960 年，短暂举办生物化学、微生物学、病理学和药理学 4 个医学基础专业。1965 年，经我国科学技术委员会批准，医学院成立经络研究室，1984 年改为神经生物学教研室。1978 年，基础医学部将病理学教研室分成病理解剖学教研室和病理生理学教研室，将解剖组胚教研室分成解剖学教研室和组织胚胎学教研室，恢复基础部生物学教研室。1982 年增设法医学教研室。1984 年成立医学遗传学研究室。1985 年成立基础医学研究所，下设 11 个研究室，法医学教研室从基础医学部分离，独立成为法医学系。1991 年外语教研室从基础医学部分离，独立成为外语部。

1993年5月25日,基础医学部更名为基础医学院。原由教务处管理的计算机中心划归基础医学院,电镜室划归病理教研室。1997年,体育教研室从基础医学院分离,并组成体育部。1999年,成立机能学中心实验室,2000年成立形态学中心实验室和细胞分子生物学中心实验室。

——人才济济

20世纪50年代,武汉医学院获批一级教授11人,其中基础医学部有5人,人数居于全国前列,他们是解剖学家李赋京、生物化学家梁之彦、免疫学家谢毓晋、病理学家杨述祖和寄生虫学家姚永政,10个教研室主任均为德国博士或有海外留学经历。老一辈基础医学专家在血吸虫病、烧热病、低钾软病、"农民肺"、西汉古尸研究等重大疾病或重大科学问题研究上取得了辉煌的成绩,解决了危及人民健康的重大医学问题。著名的病理学家杨述祖教授,1935年获日本东京帝国大学医学博士,是第一位获日本医学博士的中国人。他长期从事寄生虫病的病理研究,取得重要发现。1953年,同济医学院著名内科学家邵丙扬教授,在杨述祖教授研究的基础上发明了酒石酸锑钾三日疗法治疗血吸虫病,并在全国推广应用,为500万患者解除了病痛,成为当年血防科技重大成果。杨述祖教授耗费7年主编了我国第一部影响最大的临床病理参考书《外科病理学》,1996年,该书获卫生部医药杰出著作一等奖。病理学家武忠弼教授,是中国超微病理学的开拓者和中国古病理学的开拓者之一,是我国最早应用电镜技术的专家之一,1972年参与湖南长沙马王堆一号汉墓的发掘研究,1975年主持湖北江陵凤凰山一六八号墓西汉古尸的研究,成果获1978年全国科学大会和湖北科技大会甲等奖。他积极推动中德交流,1985年德国政府授予其"大十字勋章",2002年授予"星级大十字勋章",是唯一同获两项殊荣的中国人。改革开放后,学院积极响应党和政府号召,参与各项医药卫生重大科技问题攻关。1999年,解剖学家朱长庚教授获学校第一个国家自然科学基金重点项目,2000年研究成果获中国高校自然科学二等奖。

——医学教育的一面旗帜

学院从严治教、从严治学闻名全国,是我国医学人才培养和医学教育教材建设的一面旗帜。江明性、冯新为、武忠弼教授分别担任《药理学》《病理生理学》《病理学》原卫生部规划教材前三版主编。杨焜教授担任《生理学》共同主编。魏祖期教授主编原卫生部规划教材、新世纪课程教材《基础化学(第五版)》。学院教授先后担任《病原生物学》《神经生物学》《生物化学》《药理学》《计算机》《实用解剖学》《免疫学》等面向 21 世纪教材主编。《病理学》《医学免疫学》《人体寄生虫学》《病理生理学》等一批教材获全国高等学校优秀教材奖。全国一级教授、生物化学系首位主任梁之彦编著了我国第一部生化高级参考书《生理化学》,被原卫生部指定为高等医药院校参考书。1978 年,姚永政教授主编的《人体寄生虫实用图谱》获全国科学大会一等奖。1988 年,石佑恩教授牵头"寄生虫学教学新模式"获国家教学成果优秀奖。1991 年,寄生虫学教研室被中宣部、国家教委、全国总工会评为"教书育人先进集体"。

1956 年 9 月 29 日,经中华人民共和国高教部和国家统计局批准,招收副博士 12 名,其中基础学部招收 10 名,学制四年。1981 年实施《中华人民共和国学位条例》,学院成为首批博士和硕士学位授予单位,首批博士学位授予权学科 2 个、硕士学位授予权学科 9 个,第二批博士学位授予权学科 1 个,第三批博士学位授予权学科 3 个。1991 年,学院建立基础医学博士后流动站,2000 年,建立生物学博士后流动站。

·人才强院　建功时代·

合校后,为适应学科发展的需要,2001 年学院内部重组,成立 11 个系、2 个中心。2005 年,数理计算机中心、医学化学系,按学科归并到学校相关学院。2008 年,细胞生物学科归并到生命科学与技术学院,医学生物学系更名医学遗传学系。2017 年,人体解剖学系分为人体解剖学系、组织学与胚胎学系。2018 年,基础医学国家级实验教学示范中心实体化运行。通过不断优化,基础医学院最终形成涵盖基础医学、药学、生物学、中西医结合基础4个一级学科的人体解剖学系、组织学与胚胎学系、病理学系、病原生物学系、药理学系、生物化学与分子生物学系、神经生物学系、医学遗传学系、生理学系、病理生理学系、免疫学系等11个系和1个国家级基础医学实验教学示范中心。

——学科水平快速提升

2007年,病理与病理生理学入选国家重点学科,药理学和中西医结合基础入选国家重点学科培育学科。2008年,基础医学、生物学入选湖北省一级重点学科。2017年、2021年,基础医学连续两轮入选国家"双一流"建设学科。围绕重大疾病研究和生物医学科学前沿问题,形成脑医学、药物药理学、细胞与分子遗传学、代谢与免疫学、感知生物学等5大发展方向。支撑临床医学和药理与毒理学两个学科进入世界ESI前1‰;生物学与生物化学、神经科学与行为学、分子生物与遗传学、免疫学、微生物学、精神病与心理学全部进入世界ESI前1%。教育部对基础医学第一轮"双一流"学科建设总体评价为:学科整体发展水平和可持续发展能力比较显著,成长提升程度非常显著。

——深入推进人才强院

21世纪前后,学院先后从海外引进王建枝、李和、陈建国、鲁友明、黄波、史岸冰等一批杰出人才,在以石佑恩、朱长庚、龚非力、王迪浔、沈关心、冯作化、冯友梅、向继洲等为代表的学科带头人的引领下,王芳、朱铃强、刘超红、张冬雷、朱莉萍、季维克等为代表的青年人才快速成长。2007年以来,学院着力加强青年教师的培养,共选派72位教师出国研修。2012年,学院实施综合改革,推进教师和实验技术人员分类上岗,实现分类激励和分类发展。2015年以来,学院加快人才引进的步伐,共引进54人,其中2/3为海外人才,超过1/4入选国家级人才计划。学院教师队伍现有973计划首席科学家1人,国家级教学名师2人,国家级人才计划入选者35人次,国家级教学团队2个,国家级创新研究群体2个,省部级人才计划入选者55人次,省部级创新团队2个。78%的教师具有海外一流大学留学经历。

——人才培养保持优势

在连续四轮教育部一级学科评估中，学院人才培养质量居全国前列。学院先后建设国家级精品资源共享课6门、国家级精品课程7门、国家级精品视频公开课1门、国家级双语教学示范课程3门，数量均居全国前列；国家级金课7门，居全国第二，全校第一。2009年以来，在临床医学专业八年制、六年制中德实验班中稳步推进以器官系统为中心的整合课程改革。2016年，开办"医学实验技术"（医学科学实验班）本科专业。2019年开办基础医学本科专业，2020年入选"强基计划"，并成为国家首批教育部基础学科拔尖学生培养基地（2.0版）。2011年，学院学生获第十二届全国大学生"挑战杯"特等奖。2019年，学院学生获首届中国高校"人工智能＋"大学生创新创业创造大赛一等奖。2021年，获全国第十七届"挑战杯"揭榜挂帅专项赛特等奖。2014年以来，累计获全国基础医学创新论坛暨实验设计大赛一等奖17项，获奖总数居全国第一。优良学风班达80%，本科生深造率达80%，形成了"学在同济，严在基础"的良好学风。2005年曾金华教授牵头的"以培养能力为主线的基础医学教学模式的研究与实践"、2017年陈建国教授牵头的"创建'六轮齐驱，四能并举'全方位立体化育人模式，培养八年制卓越医学人才"先后获国家教学成果二等奖。学院教师主编及副主编各类国家级规划教材18部。2021年陈建国教授第二主编的《药理学》获首届全国优秀教材一等奖，李和教授主编的《组织化学与细胞化学技术》获首届全国优秀教材二等奖，刘文琪教授副主编的《人体寄生虫学》获首届全国优秀教材二等奖。建院以来，毕业学生成长为国际国内院士的有21位，卫生部部长1位、副部长2位。

——科学研究跨越式发展

2007年，神经系统重大疾病实验室获批教育部重点实验室，王建枝教授牵头的"神经退行性疾病发病机制及其保护"获批教育部创新团队。2010年，陈建国教授为首席科学家牵头973计划项目，"武汉综合性新药研究开发技术大平台"为国家首批15个创新药物研究开发技术平台。2011年，药物靶点研究与药效学评价实验室获批湖北省重点实验室。2013年，陈建国教授牵头的"心境障碍性疾病发病机制及干预策略"获批教育部创新团队。2014年，华中科技大学脑研究所挂牌成立，学院组建脑科学研究团队。2017年以来，学院科研经费以20%的速度递增，项目结构不断优化，总合同经费超3亿元。陈建国教授牵头科技创新2030——"脑科学与类脑研究"重大项目1项，鲁友明教授牵头的"记忆神经环路与分子机制"和陈建国教授牵头的"神经精神药物药理"双双获国家自然科学基金委创新群体，为同济医学院首次，另获国家级重大重点项目等80余项。2018年学院教师韩芸耘和张冬雷先后在 *Science*、*Nature* 上发表论文，实现基础医学在主刊发表论文零的突破，在 *Nature Biotechnology*、*Cell Stem Cell*、*Nature cell Biology*、*Nature Neuroscience* 等国际一流期刊发表论文100余篇。2010年，王建枝教授团队获国家自然科学奖二等奖，实现了同济医学院国家自然科学奖零的突破。学院另获教育部、中华医学会、湖北省自然科学奖一等奖等共6项。

——国际交流持续提质增速

1984年，武忠弼教授和裘法祖教授共同倡议，成立中国—德国医学协会，该协会成为中德医学交流的重要纽带，先后有600余名专业人员在协会的帮助下赴德进修，260人获博士学位。德国前总理科尔、前总理谢尔、前总理默克尔先后来校访问。2020年，学院首次获批国家"高等学校学科创新引智计划"（"111计划"），获批科技部高端外国专家引进计划项目2项，获批国际合作重点项目10项。培育中德、中美、中瑞、中加、中意等5个国际联合实验室。连续举办五届"国际神经疾病大会"。建设来华留学培养基地1个，招收留学生1172人。本科生、研究生出国（境）留学率分别为8%和15%。

——党的领导和党的建设全面提升

学院接受中央巡视组两轮现场巡视和校内巡视，党的领导不断强化，党的建设不断完善。2020年，学院退休党支部获湖北省离退休示范党支部。近5年，学院获校"先进基层党组织""疫情防控先进集体""宣传思想文化工作先进单位""离退休工作先进集体""先进基层工会""学生工作先进集体"等称号10余次，为学校首批"三全育人"综合改革示范院系。王芳获湖北省高校"优秀共产党员"称号，王小川获湖北省高校"优秀党务工作者"称号，60余位教师获校伯乐奖、三育人奖、"师德先进个人"、"优秀共产党员"、"优秀教师班主任"等荣誉及称号。1988年以来，一批教师获得国际国内荣誉称号，武忠弼教授当选德国自然科学院院士，王迪浔教授获"全国优秀教师"称号，石佑恩教授获全国教育系统劳模，李和教授获"全国优秀科技工作者"称号，王建枝教授获"全国师德标兵"称号，鲁友明教授团队获全国首批"黄大年式教师团队"称号。

·踔厉奋发　矢志一流·

跨入新时代，开启新征程。基础人坚守为党育才、为国育人的初心使命，以习近平新时代中国特色社会主义思想为指导，以立德树人为己任，踔厉奋发，聚力内涵发展，乘着"双一流"建设的东风，笃行不怠，加快建设，力争成为世界一流的基础医学学科。

——建设一流的学科

围绕重大医学科学前沿问题和重大疾病需求，聚焦脑医药学、药物药理学和感知生物学三大研究方向，支持细胞与分子遗传学、代谢与免疫学两个研究领域，打造优势学科群，引领脑医药学等基础前沿科学研究进入世界一流，实现学科整体实力居国内前列的目标。

——培养一流的人才

立德树人机制逐步完善，拔尖创新人才培养体系基本建成，培养具有家国情怀、人文情怀、世界胸怀，具备医学科学家潜质的"三全育人"工作体系更加完善。打造高水平基础学科拔尖人才培养基地，培养研究型、创新型现代医学科学人才。课程体系更加完备，课程思政全面覆盖，建成研究生创新课程体系，创新研究生培养模式改革。基础医学院成为"学在华中大、学医在同济"靓丽名片的核心建设者。

——汇聚一流的队伍

师德师风建设机制更加完善,"四有"好老师培育体系初步建成,涌现了一批先进典型,教师队伍整体素质稳步提升,教师敬业立学、崇德尚美,呈现新风貌。学院坚持引育并举,建设核心人才队伍,汇聚一批具有国际影响力的战略科学家和学科领军人物,培养一批富有活力和创新精神的中青年学术骨干,储备一批具有强大发展潜力的青年才俊。人才队伍吸引力更强、成长更快、梯队结构更合理,师资队伍国际竞争力显著增强,人才高地初步建成。

——孕育一流的成果

坚持"四个面向",推进高水平科技自立自强,服务健康中国。面向世界科学前沿、面向国家重大需求,围绕"脑医药学重大前沿科学问题",建成国际一流的脑医药学基础前沿科学中心和国家级重点实验室。承担国家重大科技任务能力进一步提升,产出一批具有重要学术影响力的原创性、标志性成果。面向经济主战场和人民健康生命安全,重点在重大慢性疾病、人畜共患传染病、新发突发重大传染病等疾病的病因、发病机制、病理转化、治疗靶点开展系统性探索,取得关键突破,进一步发挥基础医学对疾病防控和转化应用的支撑作用。

——打造一流的文化

以社会主义核心价值观为引领,传承以爱国主义为核心的民族精神和以改革创新为核心的时代精神,弘扬传统与现代交融、科学精神与人文精神并举、学术自由与严谨诚信并重、中国特色与全球视野相结合的文化。擦亮"黄大年式教师团队"品牌,培养师生追求真理、勇攀高峰的科学精神,坚定服务国家、造福人类的责任感、使命感。弘扬伟大的抗疫精神,培育"坚持规则、追求卓越、团结协作、求真务实、严谨笃学、竞争开放、人文情怀"的基础医学"Deutsch(同济)"文化。

"功崇惟志，业广惟勤。"新时代，新征程，新起点，基础人将"双一流"建设重任扛在肩上，凝聚全院智慧，乘势而上，赓续求是精神，践行创新使命，努力把一流学科建设的宏伟蓝图变为美好现实，为一流医学院、一流大学和现代化强国建设做出应有的贡献。

(基础医学院　秦选斌　王争艳)

公共卫生学院——
七秩耕耘风雨成长　登高望远共创未来

韶光流转，盛世如约。华中科技大学同济医学院公共卫生学院（简称"公卫学院"）孕育于国家和民族危难之际，创建于国家和民族奋进之中，发展于国家和民族振兴之时，始终坚持"追求卓越，促进健康"的学科定位和"国内一流，世界知名"的发展目标，以立德树人为根本，瞄准学科发展前沿，立足国家重大需求，致力于培养一大批具有"国际视野、家国情怀、专业卓越、一锤定音"的公共卫生领军人才，在全球公共卫生领域贡献华中大力量。

·历史沿革：筚路蓝缕启山林　矢志不渝铭初心·

回首过去，公卫学院已有 109 年的辉煌历史。1907 年宝隆博士（Erich Paulun）创办上海德文医学堂时，就有德国江哥斯博士讲授公共卫生学课程，后医学堂于 1913 年开设卫生学馆，虽经历史更迭，卫生学馆依然顽强地保存并发展起来。1951 年，卫生学馆随同济医学院迁至武汉，1953 年，医学院正式招收卫生学专业本科生暨建立卫生系，是全国最早成立的 6 个卫生系之一。1986 年，卫生系更名为同济医科大学公共卫生学院。第四轮教育部学科评估中公共卫生与预防医学学科被评为 A＋学科，入选第一轮和第二轮"双一流"建设学科。

建院以来，公卫学院始终与人类健康事业"同舟共济"，与世界医学发展同步，以促进全球健康为己任，几代公卫人不断攻坚克难、改革创新、奋进担当、接续奋斗，培养了近万名人才，多位优秀校友在国内外疾控系统、卫生系统、高校和科研院所等机构担任领导和成为业务骨干，在保障人民生命健康和构建人类卫生健康共同体等方面奏响华中大同济公卫声音。

· 人才培养：立德树人担使命　培根铸魂行致远 ·

一流学科培育一流人才，公卫学院立足学生特点及成长规律，坚持为党育人、为国育才的使命。重点实施"党旗领航、团学夯基、学风固本、素质提升"四大工程，深化"三全育人"，做好"五育协同"，培养高水平的公共卫生领军人才。学院现有在校本科生482人，硕士生375人，含公共卫生专业硕士（MPH）156人，博士生271人。近5年，学院师生出版主编教材17部，本科教学获省部级及以上奖项6项。2019年，预防医学专业入选"双万计划"；2020年，学院获批"高层次应用型公共卫生人才培养创新项目"；获国家级、省部级教学成果奖2项。

本科生教育以社会实践—创新项目—课间实习—综合实验—毕业实习"五位一体"为纽带，以高水平科研项目为载体，重点培养学生的科研素养和创新潜质。近5年，在校本科生发表科研论文20余篇，并在第二届全国公共卫生综合知识与技能大赛中斩获特等奖。教师组织本科生早期接触专业、学习调研方法，每年开展几十场科普宣传，撰写调研报告10余篇。积极开展暑期社会实践，多次专程赴云南临沧和湖北孝感开展"精准扶贫"，调研农村的室内空气污染程度、厕所革命现状、饮用水供水方式、厨房卫生状况和儿童健康行为等，师生连续8年获省级以上奖励，2次获团中央表彰。

在研究生培养中，提高研究生培养质量是核心工作，学院不断加强研究生培养过程管理，既开展科学的学术训练，又引导学生坚守学术道德、追求科研精神。课题研究聚焦重大公共卫生问题，为政府决策和制定卫生标准提供科学依据，近5年，每年在权威期刊 *JAMA*、*BMJ*、

Int. J. Epidemiol. 和 *Environ. Health Persp.* 等发表论文百余篇。同时鼓励学生进行健康扶贫、抗疫科普活动,引导学生将论文写在祖国大地上。学院坚持导师与辅导员联动,经常性与学生谈心谈话;摸排学生困难,开展精准资助和帮扶;开展"心理健康指导""职业规划指导"等,促进学生全面成长成才。

·学科建设:薪火相传创一流　凝心聚力共奋进·

公卫学院始终坚持"追求卓越,促进健康"的学科定位和"国内一流,世界知名"的发展目标,不断整合学科资源,科学布局,积极进取,有力推进学科建设与发展。

作为全国最早成立的 6 个卫生系之一,公卫学院在发展中不断完善学科体系。1955 年 5 月 13 日,卫生部[1955]卫教字第 54 号文同意武汉医学院建卫生系,同年 6 月 1 日卫生系正式宣布成立,下设保健组织学、流行病学、环境卫生学、劳动卫生学、营养卫生学、学校卫生学、卫生学总论七个教学小组。

1962 年,卫生部制订的《高等医药院校专业调整方案》中,将全国 16 个卫生专业调整压缩为 6 个,学院属全国保留卫生专业的 6 所学校之一。1978 年,卫生部和湖北省教育局批准,学院增设全国第一个"环境保护卫生专业",下设五个教研室,并开始招收 5 年制本科生。

改革开放后,学院研究生教育逐步发展。1981 年,经国务院学位委员会批准,环境卫生(环境医学)成为首批博士学位授予学科专业;环境卫生(环境医学)、劳动卫生与职业病、儿童少年卫生、卫生统计、营养与食品卫生 5 个学科成为首批硕士学位授予学科专业。1995 年,经国家人事部、全国博士后管理委员会审议批准,学院设立公共卫生与预防医学一级学科博士后流动站,覆盖学科(专业)6 个(劳动卫生与环境卫生学、流行病与卫生统计学、营养卫生与食品卫生学、儿少卫生与妇幼保健学、卫生毒理学、军事预防医学)。1998 年,经国务院学位委员会批准,学院成为公共卫生与预防医学一级学科博士学位授权点,覆盖所有二级学科。

进入新世纪，学院在系所架构、人才培养、科学研究各方面不断完善，开拓进取，稳步高效地推进学科发展。2001年，公卫学院调整确定了6系1所1中心的二级学科体系。2002年，学院被批准成为全国首批22个公共卫生硕士（MPH）专业学位教育试点单位之一。同年劳动卫生与环境卫生学学科点被教育部批准为国家级重点学科。2008年，学院与十堰东风汽车集团有限公司合作的8万～10万人大样本队列研究项目在十堰东风总医院正式启动，同年学院在教育部中国大学本科专业的综合排名上升至第二位。2012年又以91分的总评分提前实现学科综合实力全国第一的既定目标。"十三五"期间，学院学科实力得到进一步提升，2017年9月，学院入选首轮"双一流"建设学科，2017年12月，学院在全国第四轮学科评估中结果为A＋，2022年，学院再次入选教育部"双一流"建设学科。

·师资队伍：立德树人固根本　人才强院再出发·

学院要发展，人才是关键。公卫学院始终坚持党管人才原则，加强对人才的政治引领，深入推进人才强院战略，不断完善人才引育体系和管理考评制度，强化师资队伍建设，打造符合国家重大战略需求的高端人才队伍。

学院全面落实立德树人的根本任务，成立师德师风建设领导小组，严格执行新时代高校教师职业行为"十项准则"。全面落实一流师资服务本科教学指导，青年教师积极做好教师班主任工作。学院现有专任教师87人，其中教授43人、副教授/副研究员32人，聘请湖北省、天津市、深圳市、宁波市等省市疾病预防控制中心兼职教授148人、副教授154人，夯实了理论与实践相结合的人才培养基础。学院人才梯队完备，现有中国工程院院士1人，各类国家级人才31人次，省部级人才18人次。获评国家基金委创新群体和教育部创新团队各1项。

·科学研究：砥砺奋进成果硕　辉煌佳绩谋新篇·

公卫学院立足学科前沿，依托良好的平台，面向国家发展需求，围绕重大公共卫生问题开展研究，服务健康中国战略，推动构建人类卫生健康共同体。建立了 5 万余人的东风－同济队列和 2 万余人的武汉健康宝贝（出生）队列，同时拓展了世界上最大的生产性粉尘接触工人队列等，形成以 1 个"人群队列和大数据平台"为重要支撑，3 个学科方向为核心内涵（环境与健康、健康风险预测预警、重大疾病防控）的一体三翼（"1＋3"）的平台发展模式，进一步提高学科整体综合创新能力，推动学科交叉与融合，为一系列高质量成果的产出提供了重要基础和根本保障，为疾病的早期预防和控制提供了基于大人群的可信科学证据。依托华中公共卫生与健康联合研究中心，加快国际化建设步伐，搭建跨学科、国际化、开放型研究平台，打造和共享专业的数据库资源，建立国家级公共卫生高端智库。

学院研发的水中典型污染物健康风险识别关键技术，促进了淮河流域水质的改善，研究成果荣获 2018 年国家科学技术进步奖二等奖。建立了涵盖全生命周期的多个大型前瞻性队列，在 *JAMA* 和 *The Lancet Global Health* 等期刊上发表原创性成果，揭示了固体燃料使用显著增加心血管病死亡与全因死亡风险，破解了室内空气污染与健康的世界难题，研究成果入选 2018 年度中国十大医学科技新闻。基于全球最大规模的食管癌病例对照外显子组研究，在 *Nature Genet.* 上发表文章发现视黄酸代谢异常增加食管癌发生风险。领衔评估武汉市公共卫生干预措施和医防协同对疫情防控的巨大作用，拓展经典传染病传播动力学模型，揭示新冠病毒高传染性和高隐秘性的特征，全面解读武汉全民核酸检测的组织过程、研究结果和重大意义，在 *JAMA*、*Nature* 和 *Nature Commun.* 等权威期刊上向全球彰显了武汉抗疫的中国经验和智慧。

近 5 年，学院共承担国家重点研发项目、国家自然科学基金等国家级科研项目 165 项，省部级科研项目 72 项，年均到账科研经费超过 4000 万元。研究成果荣获国家科学技术进步奖二等奖 1 项，省部级一等奖 2 项、二等奖 6 项；获批国家发明专利授权 22 项；主编出版专著 8 部；起草国家标准 3 项；发表具有自主知识产权的 SCI 收录论文 1002 篇。

· 国际交流：博观约取聚力量　厚积薄发正当时 ·

学院积极开展国际交流合作，将国际化工作与人才培养、师资建设、科学研究相融合，推动国际交流工作服务于"双一流"学科建设。

加强学生国际交流，组织本科生连续3年赴海外进行暑期深度研修，培育硕士国际联合培养项目，引入海外优秀教学资源，推动"同济暑期学校"品牌化发展；培养"一带一路"沿线国家留学生18名；定期选派骨干教师赴海外合作研究。

加强与国外高水平大学和顶尖科研机构的实质性交流合作，持续提高学科的国际影响力。聚焦科学前沿和国家重大需求，与哈佛大学、布朗大学、瑞典卡罗林斯卡医学院、英国布里斯托大学、新加坡国立大学等国际著名医学院校开展教学科研合作；定期召开公共卫生领域国际会议，参与创立全球公共卫生学院院长联盟，发出华中大同济公卫的声音；积极建设国际科研合作项目及平台，获批教育部"111引智基地"一项，校内、省级引智项目多项。

近5年，获批国家自然科学基金委员会重点国际合作研究项目2项、美国NIH国际合作项目1项，依托项目合作发表学术论文200余篇。多名教师受邀在国际大会做特邀报告并任大会/分会主席，担任国际学术组织重要成员、知名学术期刊编委等，邬堂春院士曾任Cell Stress Society International国际协会主席、环境健康领域一流期刊 *Environ. Health Perspect* 编委，潘安教授担任国际营养学顶级期刊 *Am. J. Clin. Nutr.* 副主编，成为该期刊自1952年创刊以来中国唯一副主编，并作为中国唯一代表受邀担任 The Lancet Commission on Obesity 委员，担任 *The Lancet Diabetes & Endocrinology* 国际顾问委员会成员。

· 社会服务：专业发展多举措　健康中国勇担当 ·

公卫学院立足高校服务社会职能，牢固树立社会责任意识，结合学科与师资优势，用行动反哺社会、用科学引领社会、用专业服务社会，将论文写在祖国大地，推动学科与产业融合。

加强学术交流，积极开展健康宣传教育。学院教师积极服务国家和地方，在各类学术机构中担任要职。邬堂春院士任中国医师协会公共卫生医师分会第一届委员会会长，徐顺清教授担任中国环境科学学会环境与健康数据标准与信息共享咨询专家委员会主任委员，卢祖洵教授任中华预防医学会社会医学分会第七届委员会主任委员。师生积极开展科普工作，连续主办"全民营养周"活动，每年开展科普进社区、进校园、进单位等活动共计400余场次，受众达20多万人，系列活动被中央电视台、中央人民广播电台、人民网等媒体报道。

校企合作，搭建高水平的科研服务平台，服务经济建设。与安琪酵母股份有限公司、汤臣倍健股份有限公司、无限极股份有限公司、劲牌有限公司等开展合作，在保健品、营养食品等领域为企业的发展提供需求服务和技术支持。

面向国家和区域重大经济社会发展战略，积极咨政、献言和建策。学院研发了系列环境污染健康风险识别关键技术，制定了《淮河流域癌症综合防治生物监测试点实施方案》，推动了以人群健康为目标的环境综合监测体系的建设。起草的《社区卫生服务中心服务能力标准（2018年版）》《乡镇卫生院服务能力标准（2018年版）》被中国卫生协会采用，受到国家卫健委的高度认可。

在2020年新冠肺炎疫情期间利用武汉市的疫情汇报数据，开展防控效果评估和疫情形势研判。学院分析证明了新冠病毒的传播具有高传染性和高隐秘性的特点，提出精准防控建议，师生齐力多渠道进行健康宣传教育等。受国家卫健委疾控局委托，作为第三方主持起草了《武汉市新型冠状病毒肺炎防控措施效果及疫情趋势分析报告》，为疫情防控提供重要决策依据。学院专家参加了国家两轮抗新型冠状病毒药物特别审评与审批会议，参与草拟了中国科学院及中国工程院《疫情防控公共卫生体系存在的问题与对策建议》的征集意见，学院教师多次作为专家接受中央电视台采访和出席湖北省新闻发布会。

·未来展望：建设高水平公卫学院　进军世界一流·

七十年栉风沐雨，七十年砥砺前行。公卫学院从卫生学馆开始奋斗征程，在党和国家的领导下积淀日益丰厚。实干铸就伟业，奋斗开创未来。学院始终坚持以习近平新时代中国特色社会主义思想为指导，不忘立德树人初心，牢记为党育人、为国育才的使命，把习近平总书记的深切嘱托转化为发展建设的战略部署、有力举措和强大动力。

筚路蓝缕创伟业，初心不忘再启程。公卫学院将以华中科技大学建校70周年为新的起点，紧扣国家公共卫生安全和人民生命健康重大战略需求，奋发向上、砥砺前行，不断创新办学理念和发展思路，统筹推进优势学科和新兴交叉学科的发展，深化改革高水平公共卫生人才培养模式，做中国高水平公共卫生学科建设的引领者、示范者和创新者，朝着国际一流梯队稳步前进，为国家乃至全球公共卫生事业做出应有的贡献。

（公卫学院　冯霞　赵照　岳琦）

药学院——
明德求真育英才　弘药济世谱新篇

栉风沐雨，砥砺前行；五秩春秋，薪火相传。华中科技大学同济医学院药学院始建于1971年，是中南地区创办最早的药学院。在五十余年的发展历程中，学院始终秉承"明德求真，弘药济世"的院训，与共和国医药同行，与新时代健康共进。

五十余年来，面向人民生命健康，在国家加快医学教育创新发展的战略机遇期，同济药学人遵循"瞄准一流，铆足干劲，敢于竞争，特色发展"的办院方略，同心协力、和衷共济，取得了丰硕的成果。当前，学院已形成多学科、多专业、多层次的教育格局，构建起人才培养、科学研究、社会服务、文化传承和国际交流的完备体系。潜心育人，仁心济世，一代代药学园丁耕耘于中华药苑，近万名医药学子扎根于祖国大地，为医药科技进步贡献青春热情，为人民生命健康奉献专业热忱。

· 不忘初心来时路 ·

初创期（1971—1984年）。药学院前身为武汉医学院药学系，1971年冬，在湖北省教育厅及上级有关部门的支持下，以武汉医学院生物学教研室、化学教研室、数理教研室及武昌药检专科学校部分教师为基础，以药厂为依托创办药学系。1972年，药学系开始正式招收药学专业工农兵学员。随着1976年药学系教学大楼的竣工使用以及370余万元的基本教学仪器的添置，药学系初具规模，能自主开设无机化学等十二门主要课程。1977年停止招生。1981年，学院成为全国首批药理学硕士和博士学位授权点，1983年秋，药学系招收了一届一年制的药师进修班，同时派出一个参观考察组赴南京、上海等医药院校参观学习，在调查研究的基础上制订了药学专业本科教学计划。1984年重新恢复招生，并制订出一系列规章制度和师资培养计划，组织力量修订药学专业本科教学计划及教学大纲，药学系的教学、科研、管理等各项工作逐步走向正轨。

成长期（1985—1999年）。1986年，学院药物化学硕士学位授权点获批。1988年药学系扩建药学大楼，增加了教学科研用房1200平方米。1990年下半年，撤系建院，组建同济医科大学药学院。1996年，学院设置药学专业医药商业贸易方向，同年药剂学硕士学位授权点获批，学院的办学基础条件和学科建设得到长足的进步。

发展期（2000—2014年）。2000年，华中理工大学、同济医科大学、武汉城市建设学院和科技部干部管理学院合并，组建成立华中科技大学，药学院更名为华中科技大学同济医学院药学院，同年学院设置药学专业临床药学方向，新增中药学硕士学位授权点，本硕培养体系进一步完善。2002年，学院在全国首批建立国家生命科学与技术人才培养基地，设置药学专业生物药学方向（2008年入选国家创新人才培养示范区），同年创办中药学专业（2008年入选湖北省品牌专业，2013年停止招生）。2003年，学院新增生药学、药物分析学2个学位授权点，药物化学和药剂学2个博士学位授权点被湖北省学位委员会批准立项建设。2007年，药学专业入选湖北省品牌专业（2009年后入选第四批国家特色专业）。2010—2011年，学院先后获中药学硕士专业学位授予权和药学一级学科硕士、博士学位授予权。2012年，学院创办了全国首家药学专业留学生班，并于当年在药物化学等6个二级学科招收博士研究生，实现了历史上的突破，使学院的学科建设上了一个新台阶。

壮大期（2015年至今）。2016年，学院获批成立华中科技大学中德天然药物国际合作联合实验室。获批创办药学启明创新班，获批设立目录外的二级学科中药与天然药物学硕士和博士学位授权点，于2017年开始招生。2019年，药学专业获批国家级一流本科专业建设点。2020年，创办药学专业本硕博实验班。2021年，学院依托附属协和医院、同济医院等增设临床药学专业，学院学科实力与学术交流水平进一步提升，各项育人工作稳步推进。

·人才培养结硕果·

大力加强师资队伍与学科建设。学院现有教职工95人，其中教授24人、副教授44人。教师队伍中双聘院士1人、教育部"长江学者"特聘教授2人、国家杰出青年基金获得者2人、科技部"中青年科技创新领军人才"1人、国家优秀青年科学基金获得者2人、教育部新世纪优秀人才4人、国家级高层次人才计划入选者2人。学院下设中药与天然药物学、药物化学、生物药学与药理学、药剂学、药物分析学、医药商业贸易学6个系，实验教学、分析测试2个中心，同时有药学博士后流动站、药学一级学科博士授予点，可在药物化学、药剂学等7个二级学科培养博士研究生，逐步形成了天然药物化学、糖药物化学、糖尿病药物和纳米药物等学科研究方向，在国内有一定的影响力，为学校药理学与毒理学、化学和临床医学等学科进入ESI国际排名前1‰做出了重要贡献。2021年，学院相关专业在软科中国大学专业排名评级为A，为全国第10位；泰晤士高等教育学科评级为A+；艾瑞深校友会排名全国第7位。

重点实施教学质量与教学改革工程。学院2020年开始实施本硕博贯通培养计划。现有有机化学、药用植物学、药物化学、药剂学和生药学5门校级精品课程，药理学和药剂学2门课程分别获批省线下一流课程和线上线下混合式一流课程，天然药物化学为国家级线下一流课程、国家精品资源共享课程、国家级精品课程和省级精品课程。近10年来，学院聘请数十名国际知名大学和研究机构教授为客座教授，讲授本科生、研究生课程，开展专题学术报告，其中包括诺贝尔奖获得者、美国科学院院士Kobilka教授，哈佛大学李志浩教授等。10年来，学院教师主编全国药学规划教材7部，副主编全国药学类规划教材12部，参编全国药学规划教材36部。学生参加全国药学实验技能大赛、药苑论坛等比赛获奖30余项。

注重人才的国际化培养。2012年,学院开办全国首个药学国际留学生班,截至目前已招收9届来自20个国家的200多名留学生。学院聘请海外客座教授17人,主办高水平国际会议4场。2012年至今,学院每年与德国马尔堡大学药学院进行本科生实习交流,发展与美、英、澳、新等国交流,选派学生赴美国爱荷华大学药学院专题实习,赴新加坡交流访问,与美国罗德岛大学开展"3+2"本科生联合培养等。

扎实推进学生实践能力培养。加强大创基地建设,在校外建有19个教学实习基地,从1995年起,每年暑期组织学生在庐山开展野外药用植物实践活动,积极引导学生参加各类大创活动,不断提升学生的创新能力。学院注重拓宽学生的国际化视野,通过聘请国外一流大学教授授课、引进海内外高层次人才作为师资、选拔优秀学生进入世界一流大学交流学习等方式,提升学院的国际知名度。学院积极推进高质量本科生教学,本科生保研率1/3左右,本科生国内外深造率60%左右,毕业生择业途径广,贯穿新药研发、药物生产和流通、药品监督管理和使用各环节,成为国际著名跨国制药企业和国内大型制药企业追逐的对象。

深入打造文化品牌和着力以文化人。学院遵循思想政治工作规律和学生成长规律,以立德树人为根本,以文化人,打造未来药学科学家成长的摇篮。以党建为龙头,帮助学生树立出彩人生的信心;以服务为宗旨,积极探索以学生为主体的个性化培养模式,努力营造全员、全程、全方位的育人环境,不断促进"漫灌"与"滴灌"的有机结合;以活动为载体,通过开展科技创新、社会实践、体育文化等丰富多彩的活动,为师生搭建实现自我价值提升的平台,营造良好的学习、工作环境,构建和谐药学院,形成锐意进取、积极向上的学院文化。淬炼学院文化品牌,持续打造"青春颂"文艺晚会、金秋艺术节、"弘药杯"趣味运动会暨师生拔河比赛、实验技能大赛、师生羽毛球赛、"萤火虫"健身计划等富有学院特色的文体活动,努力构建德智体美劳"五位一体"的育人体系。

·科学研究有突破·

聚焦学术前沿,大力加强平台建设。学院建有国家"重大新药创制"

专项——武汉综合性新药研究开发技术大平台、国家纳米药物工程技术研究中心2个国家级科研平台。其中武汉综合性新药研究开发技术大平台密切配合湖北省优先发展生物医药产业的总体战略,整合华中科技大学、武汉大学及湖北地区其他药物研发的优势资源,集成精英研究团队,精心选择切入点,构建从药物靶标发现及确认、先导化合物发现及筛选、药效学及药物代谢动力学评价、制剂与质量控制到药物工程化研究与产业化开发的完整的新药创制技术链,形成具有前瞻性、基础性和战略性的研究方向,立足湖北,服务中部,面向全国,构建一个现代化、与发达国家双边互认的国际化综合性创新药物研究技术大平台,力图在创新药物的研究与开发方面取得具有重要影响的创新性成果,为我国自主创新药物研究开发逐步赶上国际先进水平做出重要贡献。国家纳米药物工程技术研究中心于2009年2月由国家科技部批准设立,主要从事纳米药物制剂、纳米生物医用材料和纳米诊断试剂的技术开发、产品研制及工程化研究。学院同时拥有天然药物化学与资源评价湖北省重点实验室、湖北省现代给药系统工程技术研究中心、武汉市天然药物工程中心、华中科技大学生物医药研究院以及中德天然药物国际合作联合实验室和中韩天然药物研究联合实验室2个国际科研平台。

营造学术氛围,不断提升科研质量。学院秉承瞄准国家重大需求、解决重要民生问题的方针,遵循新药研发规律,尽力投入到国家新药创制的伟大工程中。近年来获国家"重大新药创制"、科技部"863"以及重点研发计划项目多项,获省级以上各类科技奖15项。近5年,学院发表SCI论文数量逐年递增,论文质量显著提升,共发表SCI学术论文657篇(其中IF>10论文69篇,Q1论文453篇),其中包括 *Hepatol.*、*JACS*、*Angew. Chem.*、*Nat. Commun.* 等期刊论文,高被引论文11篇,热点论文3篇。与国际国内知名药学院积极开展学术互访和国际交流活动,极大地开拓了研究视野,科研成效明显。

·社会服务利国民·

学院面向国家重大新药创制需求和世界药学前沿,以培养我国药学领军人才和药学科学家潜质人才为基础,通过政产学研合作、科研成果转化、开展药学服务、创新药物研发等,助力湖北省新药创制能力,服务湖北经济社会发展主战场,产生了较大的社会影响。

院企联合提供支撑。学院联合人福医药、润都股份等上市公司,组建了国家"重大新药创制"——武汉综合性新药开发大平台和武汉生物医药研究院等平台,为制药企业提供600多项技术服务。与武汉启瑞药业建立联合实验室和国家"重大新药创制"——武汉启瑞国际化集成创新药物孵化基地,解决企业重大需求。与通过GLP认证的湖北天勤生物,建立药物筛选开发平台,助力企业发展和新药创制。

新药研发彰显成效。学院成功研发30余种新药或健康产品:抗早孕药"米非司酮",年产值超过2亿;非甾体抗炎药"噁丙嗪"和微循环改善药"羟苯磺酸钙",年产值均过亿;中药保健酒"中国劲酒",年销售额150亿;协助研发的"苦荞酒",年产值近40亿元。

专业指导精准扶贫。学院在云南临沧市和福建省南靖县推广金线莲科学种植,在湖北秦巴山区和武陵山区推广黄连和虎杖等科学种植,助力精准扶贫,促进了地方产业的发展;开展金线莲苷一类新药和金线莲保健品研发,服务健康中国。

药学服务助力抗疫。在抗疫临床、预防与保障的各战线,药学人奋勇向前,做出了重大贡献。对病毒靶点进行全面剖析,进行药物筛选,保障临床用药需求,药学院校友致力医疗废物科学处置,开展新冠病毒核酸检测,研发国家一类新药灭活疫苗,并全球首获临床批件。

继续教育服务社会。学院与湖北省药品监督管理局共建国家执业药师湖北省培训中心,每年培训执业药师3000余人;为多家制药企业培训医药人才,为提高药学从业人员的业务水平和整体素质做出了重要贡献;通过联合同济、协和等附属医院开展大量创新药物临床研究、临床药师培训工作;与企业合作举办药剂科管理高级研修班,与中国医药物资协会开办多期医药流通管理研修班;每年开展多次"合理用药社区行"等活动,不断扩大学院在中南地区的社会影响力,提升社会美誉度。

展望未来,任重道远。药学院将保持昂扬斗志,抢抓机遇,迎接挑战,奋发进取,勇攀高峰,努力做好以下工作:夯实基层组织建设,坚定不移全面从严治党；以一流专业建设为契机，突出药学人才培养特色；继续加大人才引进力度，着力打造高层次师资队伍；面向人民生命健康，推动学科内涵发展；加强学生思想教育，引领学生健康成长；完善管理运行机制，提高学院治理能力和水平。以学校 70 周年校庆、同济医学院 115 周年和药学院 50 周年院庆为契机，加快创建国际一流药学院的步伐，以实际行动迎接党的二十大胜利召开！

(药学院 曹燕 谢可意 何炜玮 周正航 张勇慧 厉岩）

护理学院——
栉风沐雨护佑苍生　砥砺奋进报效祖国

岁月悠悠，抚今忆昔，岁月华章，七秩奋进。华中科技大学同济医学院护理学院在20世纪30年代的风雨飘摇中创建，到新中国成立后重生，2001年开办护理本科教育，几十年来追赶时代发展的步伐，不断开拓创新，高速发展，如今已建成国家一流本科专业点、全国首批护理学一级学科博士点（湖北省唯一）、2021年泰晤士高等教育评估A－学科。

·历经风雨　护佑苍生·

同济医学院护理学院的历史可追溯到20世纪初创立的汉口协和护士学校和国立同济大学护理高级职业学校。

早在1905年，武汉协和医院的前身汉口仁济医院就开办了当时全国规模最大的护士学校——协和护士学校（后更名为汉口普仁护校），分为男校和女校，分别培养医院男部和女部所需的护理人员。1928年，汉口仁济医院与普爱医院联合，更名为汉口协和医院，两所医院所属的4所护校也顺理成章地联合起来，命名为"协和护士学校"，并在政府注册登记；1933年"汉口协和护士学校"改名为普（爱）仁（济）高级护士职业学校；1936年11月，学校在南京国民政府教育部核准立案；抗日战争时期，学校留汉继续办学。1937年以前，"普仁护士学校"基础课程由该校自行设置，计有卫生学、细菌学、解剖学、生理学、药学、护士史、伦理学等课程,其中,时任普仁护士学校教导主任、校长的刘干卿与协和医院第一任护理部主任、英国人施德芬(Gladys Stephenson)联合翻译出版了《护病历史大纲》和《简明手术器械图解》等书,被列为全国护士学校教材。1937年以后,学校执行国民政府教育部规定的统一教学计划。新中国成立后,1949年10月18日,该校向市文教局立案,1950年,协和医院与武大医院合作,普仁护校脱离协和医院。

普仁护校每一届招收的学生都不多,但对护生们的管理颇为严格。学校一向倡导博爱——只有心生博爱方能有责任感,才能不惜一切地去挽救病人的生命。护生们在校学习期间,学校为了让学生掌握打针的技巧和力度,每个学生都必须在冬瓜上练习打针,有时一个冬瓜上会扎满针眼。

1936年11月,向来以"实用为国人许"的同济大学成立护理高级职业学校,学校在100多名报名人员中首批招考录取30名"护士助理"进行训练,为新建的上海市立医院培养专门的护理人才。除教授医理方面的一般知识外,还分门讲授生理、解剖、伦理及病房工作等科目,对临床护理施以严格教导。1937年8月13日,淞沪抗战爆发,同济大学吴淞校区被炸毁,同济大学校长兼市立医院院长翁之龙动员学校师生员工和市立医院医护人员,参加抗日医疗救护队工作。同济护理高级职业学校的部分学员与医学院的一批教授和学生,积极参加到靠近前线的"红十字临时重伤医院",抢救从淞沪前线转运下来的重伤病员。随着日军逐渐进占上海市区并投下炸弹,造成大批市民伤亡,同济医疗队又进入市区一家医院,抢救受伤市民,医疗任务日趋加重,护理人手紧缺。随着同济大学开始颠沛流离的内迁,同济医疗队带着一批伤员向内地转移,按学校安排组成的南京军医署第五重伤医院、中国红十字会第一重伤医院,沿着浙赣线为受伤的将士们服务,一路途经浙江金华等地,抵达江西吉安后,重伤医院工作任务减轻,转为当地百姓治病。此后,随着日军的一路入侵,救护队辗转萍乡、衡阳、南昌、桂林、柳州、南丹等地,边工作边学习,最后到达云南昆明,第一批护校学员在昆明毕业。

在迁移途中,学校深感助理护士学员人数太少,而医护人员又极度缺乏。1940年深秋,同济大学在四川宜宾李庄安顿下来后,于1942年恢复高级护士职业学校,为医院培养专门护理人才。李庄时期的高级护校在教学上注重临床教学，传授理论与指导实习相辅而行，要求学生对医药基本知识及护理科目有相当基础，并能将学科的原理运用于临床实习上，护理手段不限于掌握技术，还注意学习心理卫生、家政管理等。由于西南地区人们对护士职业不了解，1945年回迁上海前仅23人毕业。

同济大学回迁上海后，护理高级职业学校改属上海中美医院，由市教育局统一领导。医院重视护理制度的建立，制定统一的《护理常规》，使护理工作走上规范化、制度化的轨道。

· 筚路蓝缕　为国为民 ·

新中国的护理教育，最初是仿照苏联模式，将护理人才培养定位于中等职业教育。武汉协和医院首任中国籍护理部主任管葆真前辈提出了"在患者第一的原则下执行一切护理工作"，并建章立制，为提供优质护理、规范管理提供了范本。

1955年，同济医院迁汉，上海同济高级护校并未随之前往，但是一批由护校培养的充满理想和革命精神的年轻人随院来到武汉，如已在上海中美医院从事护理工作4年的章安信和从朝鲜战场回国的护士何绣章等人，她们以极大的热情投入了同济医院的初创工作，四处调研、博采众长，结合上海同济医院已有的护理常规，创造了具有同济特色的人员培训、物品管理及护理规章制度等，成为全国医院护理工作的典范。

为培养更多合格的护理人才，1957年，经卫生部批准，武汉医学院附设护士学校正式成立，1958年，分为武汉医学院附属第一医院附设护士学校和武汉医学院附属第二医院附设护士学校，附设卫校校长均由各医院院长兼任。1961年，为了缩短战线、节省人力物力，附属第一医院护校并入附属第二医院护校。1966年护校因"文革"停止招生，直至1973年才恢复办学。章安信、何绣章、杨锡安成为卫校的早期创建人，没有办学经验，他们向医学院求助；没有办学场地，他们四处求援；没有办学经费，他们创造性地组织学生半工半读，既解决了部分经费，又使学生早期接触临床，熟悉工作环境，增强专业认同。1979年，卫生部批复武汉医学院附属第二医院附设护士学校更名为武汉医学院附设卫生学校，按系部建制，由武汉医学院直接领导，同济护理教育开始稳步发展。章安信等人制订新的教学计划，编写教学大纲、编写教材，供本校教学急需；接受湖北省卫生厅的委托，编写了《护理学》《基础护理学》教材，聘请临床教师组编了《内科学及护理》《妇产科学及护理》等教学大纲，供全省中等卫生学校使用；他们还编制护士专业《毕业实习手册》，对实习要求、实习内容、实习体会等都有明确要求，既提高了实习教学质量，也为用人单位考核吸纳护理人才起到很好的作用。1985年，卫校更名为同济医科大学附设卫生学校，开设护理专业；1988年，增设康复技士专业（系我国首次开办）和助产士专业。1989年，修改《护士毕业实习手册》，拟定新开设的英语护士专业的教学计划。1986—1999年，同济卫校新修了教学楼，改善了教学环境，新修学生宿舍，改建学生食堂，在1991年卫生部教育司对15所部属卫（护）校的办学条件评审中名列第二；学校高度重视教师参与教学科研项目，仅1999年就有3项教学研究课题获湖北省立项。"同济卫校"声名鹊起，在湖北省及其周边省份颇具影响力。

同济的医护人员历来有为国分忧、为国尽忠之心。众所周知的长津湖战役背后，是附属医院派出的最优秀的医护团队，他们用精湛的专业技能，诠释炙热的爱国之心。1951年，附属同济医院派出的两批抗美援朝手术大队中，有22名护士参战，她们除了完成治疗任务，还要为伤员洗澡、洗衣等；协和医院派出18名医护人员，组建中南区抗美援朝手术医疗大队，开赴朝鲜前线救治伤员。

1954年的武汉大洪水、20世纪六七十年代的农村巡回医疗、1976年的唐山大地震、1998年夏的抗洪救灾等，每次重大事件中都少不了同济医学院护士们的身影，他们为保障人民健康、护佑生命安全贡献了护理的力量。在2003年抗击非典期间，各医院护理部主任亲自指挥，筹建发热门诊，规范就医流程，明确发热门诊各级人员的职责，接诊发热病人近万例，未漏诊一例病人，未发生一起医院内交叉感染，受到国务院"非典"督查组及湖北省委的高度评价。2008年汶川大地震，广大护理人员积极请战去抗震救灾第一线，在汶川大地震发生后的当晚，高兴莲、陈慧芬、王羡科、谭璇、汤曼力、胡辉、吴波等护士毅然决然地参加抗震救灾医疗组，奔赴四川什邡，冒着余震开展救治工作。在持续数年的全国艾滋病防治工作中、在紧急支援"手足口病医疗援助队"等国家重大公共卫生事件中，我校广大护士作为一支不可缺少的力量，做出了积极的贡献。

·艰苦创业　自强不息·

2000年，同济医科大学与华中理工大学、武汉城建学院合并组建华中科技大学，卫校随之更名为华中科技大学同济医学院附设卫生学校。2001年，同济医学院护理系正式建立，率先在全国招收五年制普通本科英语护理专业学生；2003—2004年，护理学系开始招收四年制普通护理专业学生，并获批护理学科硕士学位授予权。护理学系参加了《护理科研》《护理管理》《精神科护理学》等教材的编写；聘请硕士导师2人，并在同济、协和两所附属医院各设一个临床护理教研室，分别配备专职教师、各科专职教师2—5名，主要承担后期教学任务。

护理学系在师资队伍建设观念上坚持以人为本，重视师资队伍人才资源的开发，确定了"培养一批、引进一批、使用一批、稳定一批"的目标，制定了引进、培养人才的规划。学院自筹经费选送教师到上海参加外语培训，2004—2005年选送3名管理干部和9名教师到新西兰访问、进修、学习，旨在全面提升教师队伍的综合素质。

护理学系将建设一流学科、迅速提高我校护理学系在全国乃至国际上的知名度作为重中之重。2001—2005年，先后与香港理工大学、新西兰基督城理工学院、新西兰环球理工学院、澳大利亚西悉尼大学等一流高校签订合作交流协议，并与22所知名大学护理院系创办华夏高等护理教育联盟，建立网络共享平台，交流护理人才培养的先进理念。

2008年，学校决定护理学系与附设卫校人财物全部分离，护理学系开始了高等护理教育快速发展的新征程。2011年，学校获批全国首批、湖北省唯一的护理学一级学科博士点，在教育部第三轮学科评估中全国排名第17。2016年，正式更名为护理学院，发挥全英文教学特色，加强国际化人才培养，通过小规模、多层次、高水平的方式不断推进卓越护理人才培养计划，凝练了老年护理、临床护理、社区护理、护理管理、人文护理5个优势学科方向。老年护理独树一帜，学院多次举办国际老年护理大会，是全国养老服务职业技能培训实训基地。人文护理国内领先，是中国生命关怀协会人文护理专业委员会副主任委员单位，在全国率先开展人文关怀理论探讨与实践，与国际护理关怀权威机构——美国华生关怀科学研究所合作。

·踔厉奋发　争创一流·

"十三五"以来，护理学院紧抓"健康中国"的机遇，秉承"一流大学、一流医科、一流护理"的发展理念，以习近平新时代中国特色社会主义思想为引领，把握"两个一百年"奋斗目标的历史交汇期，不断完善学科布局，提升科研水平，推进国际化卓越护理人才培养计划，着力提升健康服务水平，全面推进实施健康中国行动。

学科与专业建设实现新进展。学科竞争力不断增强，顺利通过教育部一级学科博士学位授权点评估；在2016年教育部第四轮学科评估中获评B类，被学校认定为"双一流"建设特色学科；先后入选湖北省级、国家级一流专业（"双万计划"），并获批招收非全日制硕士研究生；作为生命健康群支撑学科，入选"十四五"湖北省高等学校优势学科（群）；2021年THE（泰晤士高等教育）排名中，我校护理学科获A－评级。

人才培养质量取得新成效。本科生科研、创新能力显著提升，近5年获国家级项目9项、省级项目15项，以第一作者累计发表论文30篇，获得国家专利2项，累计16人次在国际国内竞赛中获奖和获得全国性表彰，获校、院级大学生创新基金共17项，获湖北省护理高等院校护理专业学生创新创业大赛一等奖、全国大学生英语非专业类竞赛三等奖、第十七届"挑战杯"大学生课外学术科技作品竞赛红色专项国家级三等奖和省级特等奖等。

研究生招生培养体制获得突破。实现护理学科研究生统一招生、统一管理，全面修订研究生培养方案，优化设置博士核心课程，邀请同行专家授课，受到学校督导组高度好评。近5年来，研究生以第一作者发表论文277篇，其中SCI论文42篇。博士生张泽宇获聘中华护理学会首届学生工作委员会主任委员、Sigma Theta Tau 国际荣誉护理协会成员及

International Journal of Nursing Studies 审稿人。

课程建设和教学成果丰硕。建设内科护理学、外科护理学两门 MOOC 和护理管理、护理研究两门高水平研究生课程，内科护理学为湖北省首批精品在线开放课程。主编"十三五"规划教材 2 部，其他教材专著 73 部；获省级教学成果一、二等奖及省级教研项目 3 项。

师资队伍建设取得新成绩。专任教师数量实现增长，遴选学院及三家附属医院博导 6 人、硕导 42 人。临床教师队伍建设成效显著，先后开展两轮临床教师遴选，聘任 183 名临床教师。教师教学能力明显提升，学校教师获全国首届护理院校临床青年教师讲课比赛一等奖、全国首届康复护理技能大赛金奖，4 名教师获评湖北省高等医学院校护理学专业巡视技能竞赛"优秀指导教师"等。

科研创新能力再上新台阶。搭建国际化学术科研平台"国际化老年护理联合科研平台"，召开全球护理人文关怀大会；获得人文课题 5 项，获得科技奖 2 项。科研项目量质齐升，近 5 年获国家重点研发计划子项目 2 项目（71 万），获国家自然科学基金 6 项、教育部人文社科基金 1 项、教育部科研项目 4 项（共 415 万）、中国博士后科学基金 2 项、湖北省自然学科基金 100 余项、校企合作项目 1 项（500 万）、武汉市卫健委等项目 5 项（87 万）。获全国创新争先奖、湖北省科学技术进步奖、中华护理学会科技奖等 20 余项。发表中华护理优秀论文百篇、高被引论文 3 篇、SCI 论文 200 余篇。

社会服务水平达到新高度。在 2020 年初的抗击新冠肺炎疫情的斗争中，广大临床护理教师白衣为甲、逆行出征、舍生忘死、冲锋在前，用血肉之躯护佑着武汉人民的生命健康，用奋力拼搏诠释了"敬佑生命、救死扶伤、甘于奉献、大爱无疆"的护理精神。副院长、附属协和医院护理部主任刘义兰获全国妇联"全国巾帼建功标兵"称号，2 名临床教师获"全国抗击新冠肺炎疫情先进个人"、1 名临床教师获"全国优秀共产党员"、13 名临床教师获"全国卫生健康系统新冠肺炎疫情防控工作先进个人"称号等。

社会服务影响力持续扩大。《护理学杂志》影响力不断提升，系国内护理精品期刊；成立"中国健康旅游保险产业创新联盟""武汉健康与护理学会"并当选为理事长单位；与中民投旗下中民未来控股集团签署正式校企合作协议，共建健康与老龄康养研究中心；持续开展健康普及教育，获得武汉市硚口区"科普惠民志愿服务先进集体"荣誉称号。

发挥优势特色服务健康中国战略。以学院为依托，学校与湖北省红十字会签署《湖北省红十字会与华中科技大学应急救护培训合作协议》，成立红十字应急救护培训基地，服务社会应急救护工作，提高民众自我防护意识和自救互救的能力。

积极参与应对人口老龄化。积极发挥特色优势，助力养老服务人才队伍建设，每年承办一期武汉市民政局养老机构院长培训班，培训40名武汉市养老机构院长，推进养老机构科学化、规范化、专业化。

国际合作交流实现新跨越，被评为华中科技大学"国际交流与合作先进集体"。"一院一校""一校十校"合作成效显著，与美国约翰斯·霍普金斯大学、英国曼彻斯特大学、新加坡国立大学等10余所国际一流院校签署校际或院际合作交流协议；聘任美国约翰斯·霍普金斯大学 Patricia Davidson、纽约大学护理学院副院长吴蓓等9名世界知名大学专家为学院客座教授。

师资队伍国际化水平进一步提高。近5年选派教师41人次赴美国、欧洲等地参加国际访学交流，专任教师有短期出国（境）经历比例达100%，选派2名教师赴美国约翰斯·霍普金斯大学进行为期一年的访学。邀请日本金泽医科大学、美国佛罗里达亚特兰大大学、澳大利亚南昆士兰大学等国际一流大学专家共107人来校作短期交流。

初步构建国际化育人模式。近5年本科生156人、研究生65人参加英国曼彻斯特大学暑期夏令营、新加坡国立大学社区护理科学与管理课程等，进行国际学习交流。选派2名博士研究生赴美国约翰斯·霍普金斯大学参加为期一年的博士联合培养项目。

国际学术合作实现新进展。举办"健康与护理"学术大会，邀请国内外5名专家作专题讲座；联合美国约翰斯·霍普金斯大学举办"国际护理学术大会"（线上），邀请16名国内外一流高校专家就人口老龄化、新冠疫情下的社交隔离等护理临床和教育的热点问题进行交流分享。学院与伯明翰大学合作获批国家自然科学基金面上项目1项、湖北省对外科技创新项目1项，联合发表论文6篇，其中SCI论文3篇，申请国家专利5项。

加快学院国际化办学建设。学院建设独立英文网站，发布学院最新发展资讯，更好地服务国际师生，提升学院国际形象；加大英文课程建设力度，开设护理科学观、健康行为的理论与实践等6门中英双语研究生课程，人际沟通、妇产科护理学等19门全英文本科生课程；获评华中科技大学"国际交流与合作先进集体"。

沧桑巨变七十载，华中大谱写岁月华章；护理人同舟共济，砥砺奋进铸时代辉煌。护理学院将一如既往，与共和国同行，与新时代共进，科学谋划、扎实推进，为健康中国"开新局"贡献力量。

（护理学院　徐晖　金涛　方佳琳）

医药卫生管理学院——
进德修业　自强不息

七十年栉风沐雨，春华秋实；七十载薪火相传，砥砺前行。华中大传承红色基因，心怀"国之大者"，与共和国同行，与新时代共进。四秩又一，芳华不息，在喜迎华中大70周年校庆之际，医药卫生管理学院迎来建院41周年。建院以来，历代医管人秉持"进德修业，自强不息"的院训，始终与人民休戚与共，坚持为健康保驾护航，学院从无到有，从小到大，从大到强，成为健康中国建设、卫生事业发展的坚强力量。

·在改革开放中诞生　在新世纪快速成长·

华中科技大学同济医学院医药卫生管理学院成立于2001年4月，是"双一流"建设高校中第一所医药卫生管理学院。学院最早可以追溯至1981年武汉医学院（1985年更名为同济医科大学）成立的卫生部卫生管理干部培训中心，其与1986年设立的同济医科大学医学信息学系、1993年设立的同济医科大学卫生事业管理系共同构成了医药卫生管理学院的前身。

初心起航——卫生管理干部培训中心。1981年，国家卫生部在武汉医学院设立"卫生管理干部培训中心"，作为全国医学院校中的7个培训中心之一。1982年，经国家教委及卫生部批准，中心开办卫生管理干部在职专科学历教育。1984年，中心升级为独立的教学实体，组建了卫生管理学、心理学、卫生经济学、管理数学、现代汉语及医史与医学未来学等6个教研室。1987年，经国家教委及卫生部批准，中心增设卫生事业管理本科专业，并开始招收普通本科生。

思变求进——医学信息学系。1986年，经国家教委及卫生部批准，同济医科大学图书馆增设图书情报学（医学、药学）专业，同年开始招收普通本科生。1987年，设立图书馆学、医学情报学和医学文献检索等三个教研室。1988年，建立医学图书情报学系，实行图书馆学、医学图书情报学系、医学情报研究所合一的管理体制。1994年，图书情报学系更名为医学信息学系，设有信息管理、信息检索与利用、信息技术、信息分析等4个教研室。

奋楫争先——卫生事业管理系。1993年，同济医科大学成立卫生事业管理系，实行卫生部卫生管理干部培训中心与系合一的管理体制。卫生事业管理系作为同济医科大学公共卫生学院当时的四个系之一，设有卫生政策与管理、卫生经济、医院管理、卫生法学、组织行为学、卫生管理基础等6个教研室，1995年获社会医学与卫生事业管理硕士学位授予权，并于次年正式招收该专业硕士研究生。

勇立潮头——新世纪的医药卫生管理学院。2001年合校之后，根据学科建设与发展的需要，学校将卫生事业管理系、医学信息学系、卫生部卫生管理干部培训中心合并，成立医药卫生管理学院。至此，学院迎来发展的崭新篇章。2003年，学院获社会医学与卫生事业管理博士授予权，并于次年正式对外招生。2006年，前身为《同济医科大学学报》（社会科学版）的《医学与社会》杂志归并学院。2009年，学院获批社会医学与卫生事业管理博士后流动站。2010年，公共事业管理专业被评为第六批全国高等学校特色专业建设点。2011年，湖北省高校人文社会科学重点研究基地——农村健康服务研究中心获批成立。2017年，湖北省卫生技术评估研究中心获批成立。2019年，公共事业管理入选国家级一流本科专业建设点。2020年，信息管理与信息系统入选国家级一流本科专业建设点。2021年，国家医疗保障研究院华科基地获批成立并挂靠学院。

·在健康中国建设中担当　在新时代发展壮大·

——加强学科发展，推动一流建设

近 10 年来，学院学科布局日渐完善，综合办学实力迅速增长，形成全日制本科、学术硕士、专业硕士、博士、博士后等多层次办学格局。现有社会医学与卫生事业管理 1 个博士后流动站，社会医学与卫生事业管理、卫生信息管理 2 个博士点，社会医学与卫生事业管理、医院管理、卫生信息管理、医药信息系统 4 个学术硕士点，图书情报、公共管理 2 个专业学位硕士点，公共事业管理、信息管理与信息系统 2 个国家级一流本科专业。公共事业管理专业 2010 年被评为第六批全国高等学校特色专业建设点，2017 年第四轮学科评估为 A－。

学院目前设有卫生管理系和医药信息管理系，建有国家医疗保障研究院华科基地、湖北省高校人文社会科学重点研究基地农村健康服务中心、湖北省卫生技术评估研究中心、华中智慧健康研究院、中国基本医疗保障研究中心、医院管理与发展研究中心、药物政策与管理研究中心、同济医学教育研究所等 8 个研究中心与中国科技核心、北大中文核心"双核心"期刊《医学与社会》。

学院现有专职教师 36 人，其中教授 13 人，副教授 13 人；聘请业界专家、学者担任兼职教授 27 人；博士生导师 13 人、硕士生导师 35 人，多为国内外卫生管理及信息管理领域高级专家，在全国及省级学会任职。建院以来，学院教师承担主编教材 48 部，副主编教材 68 部，参编教材 84 部，其中普通高等教育"十一五"国家级规划教材 14 部，国家卫生和计划生育委员会"十二五"规划教材 20 部及"十三五"规划教材 1 部，为祖国医疗卫生管理人才的培养贡献了华中大力量。

——深化五育并举，育人成效显著

在学校党政部门的坚强领导下，学院坚持"育人为本、创新是魂、责任以行"的办学理念，围绕立德树人的根本任务和"双一流"建设发展目标，秉承"进德修业、自强不息"的院训，以培养"思想品质优秀、专业水平过硬、综合素质较高"的复合型管理人才为目标，校外与北京、深圳、天津、四川、湖北等地多家企事业单位成立了20多个教学科研基地，校内搭建"同济校区国旗仪仗队""春之约系列科技文化节""社会实践训练营""综合素质训练课""梦之源科技创新训练营""华中大医药卫生管理学院微信公众号"6个特色学生文化平台，坚持德智体美劳"五育"并举，开展了一系列助力青年学子成长成才的卓有成效的工作，培养了一大批德才兼备的卓越华中大人。

德育方面，强化思想政治理论学习与意识形态正面引领，构建"课程思政"全员育人格局。智育方面，构建多层次学风建设工作制度，形成辅导员、教师班主任/研究生导师、学生干部"三层联动"模式开展工作，打造实践创新工作品牌，提升学生综合素质。体育方面，策划学院品牌体育活动、师生趣味运动会，强身健体，增进师生交流。美育方面，立足"春之约"品牌活动，丰富学院文化内涵，深化以文化人、以美育人。劳育方面，以志愿服务为载体、医药卫生专业为特色，开展健康宣传教育、健康服务等社会服务，倡导劳动实践，颂扬劳动精神，传播劳动文化。

学院育人成果显著。自2010年以来，学院学生获"优秀共产党员"荣誉称号的有10余人，获"先锋党员"荣誉称号的有6人，有先进基层党组织7个，新冠肺炎疫情防控学生先进集体1个，各级新冠肺炎疫情防控先进个人10余人。荣获湖北省优秀博士、硕士论文3项，宝钢优秀学生奖、校三好学生标兵、裘法祖奖学金共15人次，国家级大学生双创重点支持项目1项，湖北省"挑战杯""互联网＋"和微软"创新杯"等赛事奖项5项。荣获全国医学生双创论坛、医学院校病案信息管理技能大赛奖6项，美国大学生数学建模竞赛等各类奖项30余项，国家级和省级大学生"三下乡"社会实践优秀团队和个人共10余项。

——潜心科学研究，不断突破自我

科研工作是学科建设的重要基石，是提升学院品牌、增强学科实力的重要保证，学院自成立以来，始终坚持教学与科研相结合，以科研促进教学改革，通过教学、科研成果带动学科建设发展，以卫生健康领域重大社会需求为导向，紧扣学术前沿方向，深耕细作，不断提高学院科学研究的综合实力和水平，全面提高科研质量。

2012年以来，学院先后承担了国家重点研发计划1项、国家自然科学基金项目57项（其中重点项目2项）、全国社会科学基金项目2项（其中重大项目1项）、教育部哲学社会科学项目11项、国际合作项目10项、国家卫计委等各部委及省市科技计划课题206项。获中华医学科技奖（卫生管理类）2项、省部级科技奖5项、市科学技术进步奖1项。发表学术论文1857余篇，其中SCI（SSCI）收录文献144余篇；出版专著59部，主编（副主编）各类教材36部。自十八大以来，国家级科研项目立项和总经费数、高水平论文数不断攀升。

学院深入贯彻"协同创新、开放共享"的理念，先后与世界卫生组织、联合国儿童基金会、澳大利亚国际开放署、美国中华医学基金会等世界组织，以及德国、英国、美国等国家和地区建立合作关系。积极邀请境内外知名专家学者来院进行学术交流。参与国内国际重大科研计划，其中国际合作项目24项。承办国际学术会议10余次。每年选派教师赴海外交流学习。

——瞄准重大需求，尽显社会责任

社会服务是高等学校的主要职能之一。随着医疗卫生领域的改革不断深入，作为专业培养卫生管理人才的学院，肩上的责任更加重大。学院重视社会服务，围绕体制改革和服务变革中的"难点""痛点"，推进智库建设，促进成果转化，承担社会责任，服务"健康中国"战略。学院在卫生管理领域的众多科研成果为各级政府采纳，为国家医疗卫生改革提供了依据。同时，依托卫计委卫生管理干部培训中心，2001年，医药卫生管理学院成立以来，举办医院管理、疾病控制、卫生监督、爱卫办、药品监督、新型农村合作医疗等系统领域的人才培训班、管理类培训班数百场，培训了1万多名来自卫生行政部门、医院、CDC、妇幼保健等医疗卫生机构的管理者，在社会上享有良好的声誉。

2015年，学院成立国家卫生信息化标准研究基地，积极参与国家卫生行业标准制定，近10名专家在电子病历、健康档案、新型农村合作医疗基本数据、远程医疗服务基本数据、信息技术开放系统互联对象标识符解析系统、卫生信息标识体系对象标识符、健康医疗大数据资源目录体系等近10项标准化研究与制定中取得了可喜的成绩，多项标准化成果得到国家认可并实施。

学院专家瞄准国家重大需求，服务地方经济发展，围绕国家卫生政策、健康治理、公共应急管理，特别是在新冠肺炎疫情防控中建言献策，在人民网、光明日报、湖北电视台等媒体发表文章、接受专访，向政府撰写专报简报和研究报告，多项建言被采纳，并得到中央和地方领导的重要批示。其中冯占春教授荣获"全国科技系统抗击新冠肺炎疫情先进个人"称号，姚岚教授被聘为武汉市第十五届人大常委会咨询专家。

进德修业，自强不息，同舟共济，追求卓越。学院将继续紧扣新时代高等教育事业和健康卫生事业发展的核心主题，围绕学校"双一流"建设战略目标，重视整合创新、协同创新、平台创新，突出医文、医理交叉特色，促使学院发展由"比较优势"模式转向"跨越式发展"模式。牢牢把握新时代健康卫生事业发展及"健康中国2030"战略目标对管理和信息人才的需求，稳定办学规模，提升人才培养质量，优化人才培养结构，丰富人才培养内涵。面向人民生命健康，聚焦数字时代健康治理与卫生系统改革，以融合创新驱动人才培养、科学研究和社会服务。

（医药卫生管理学院　黄明芳）

法医学系——
奋楫笃行履践致远　弦歌不辍桃李芬芳

七秩芳华育桃李，乐道济世谱华章。华中科技大学已历 70 载春秋，法医学系也已经建系 37 周年。在 37 年的砥砺前行中，法医学系不断坚持"科学　严谨　公正　自律　团结　自强　民主　和谐"的系训，以立德树人为初心，在教学科研和社会服务中持续深耕细作，在服务"国之大者"中不断书写法医传承，培育了一大批优秀的白衣法官，秉承法医学与时俱进的科研精神和匠心精神，坚持捍卫司法公正和人民健康。

·杏坛耕耘　教泽绵长·

我校法医学科的历史最早始于 1924 年，当时该学科由上海同济大学医学院病理学馆主任德国人欧本海姆（H. Oppenheim）主持，以单德广为专职法医，在病理学馆进行法医尸体剖验鉴定。相关工作开创了我国应用现代医学的技术和理论进行法医学尸检鉴定的先河，使我校成为中国最早的开展法医学尸体剖验鉴定的单位之一。由于时代和学校发展的变迁，当时的法医学科没有系统地传承下来。

1956 年，黄光照等人为我校（已完成迁汉，时称武汉医学院）1953 级医学系及卫生系学生首次开设法医学课程。1980 年，学校成立法医学教研室。1985 年，由教育部、公安部、司法部、卫生部、最高人民法院、最高人民检察院联合发文，确定我校为新中国首批获准设置法医学系的6所部属医学院校之一，同年学校开始招收我国第一届法医学专业本科生、硕士生。1998年，学校获得法医学博士学位授予权。2002年，经湖北省司法厅批准，成立了中南地区第一家司法鉴定中心——湖北同济法医学司法鉴定中心。2008年，获批省级重点学科。法医学专业于2021年3月成功入选国家级一流本科专业建设点，在软科2021中国大学专业排名中位列第三。

法医学系全系教师编制17人，有教授5人，副教授9人，讲师3人；教师100%拥有博士学位，其中有博士后经历者6人；担任国家级学会主任的有1人、副主任委员的有2人，省级学会会长的有1人、副会长的有1人、专业委员会主任的有4人、副主任的有5人。法医学系为国家规划教材《法医毒理学》第1—5版主编单位、《法医病理学》副主编单位，2005年两部教材分别获全国高等学校医药优秀教材三等奖和一等奖，为国家规划教材《临床法医学》第3版主编单位、《法医物证学》第3版副主编单位。法医学系教师虽然少，但学历层次高，追随重点研究领域意识强，积极开展科学研究。近5年来，承担国家级科研项目12项、省部级科研项目35项。

法医学系60%的教师拥有在德、美、英、法等国世界著名大学和科研机构留学、访学经历。近年来，法医学系共选派10名教师前往剑桥大学、杜克大学及华盛顿大学深造，并积极邀请了德国、美国、芬兰等地的法医学专家来校进行学术讲座。国际著名华裔刑事鉴识专家、法庭科学家，被誉为现代"福尔摩斯"的李昌钰博士曾两次来校讲学，并受聘为华中科技大学名誉博士。德国科学院院士、《国际法庭科学杂志》（*Forensic Science International*）主编、国际法医学会（IALM）前主席Pekka Saukko教授曾应邀前来同济医学院访问讲学，进一步深化了法医学科的对外交流。国际化学术交流活动为法医学子提供了良好的教育氛围和学习环境。

·党旗定向　保驾护航·

法医学系心怀"国之大者"，持续擦亮"同济法医"品牌的红色底蕴和影响力，党建工作得到了广泛的认可。系党委通过先研讨、指方向、定基调、督落实，不断推动人才培养体系的优化、强化学风建设。积极支持开展创新人才培养，在政策、人力、财力等方面倾斜，鼓励教师投入教育创新之中。在全国实验技能大赛、教学研究探索、课程思政建设、智慧教室硬件设施方面加大投入。近几年大学生参加大创项目比例达到100%，在国内外核心期刊上本科生发表学术论文13篇。2018年在首届"全国法医学本科生技能大赛"中我系学生包揽团体及个人特等奖，惊艳兄弟院校。

为加强人才队伍建设，系党委推动设立法医学系科研促进基金，鼓励全体教职工积极从事科研工作，尤其是协助青年教师启动科研项目，并选派青年骨干教师到基金委兼职锻炼，主动带队和基金委、公安部等科研主管部门加强沟通，畅通人才培养通道。2020年，为刘良团队开展新冠肺炎遗体解剖和病理研究提供服务和支持，争取科技部、湖北省及校级专项科研项目，科研经费达730万元，研究成果对国家防控新冠肺炎疫情做出了突出贡献。

法医学系党委认真落实"党管人才"的工作要求。一是加大引进力度，近几年引进人才占教师队伍的40%，解决了学科断层的问题，为学科注入新鲜活力。二是持续推动中坚青年骨干培养，积极推荐参评学校卓越华中学者并获评2人，选派教师前往国家自然科学基金委锻炼培养等；鼓励优秀中坚教师参加国际国内高水平学术会议和培训。不断强化鉴定品牌，为法治中国建设做出贡献，2018年和2021年完成了面向全国的司法培训任务，得到了省市司法行政机关和行业协会的认可。

· 弦歌不辍　桃李芬芳 ·

法医学系紧紧围绕立德树人的根本任务，努力践行为党育人、为国育才的初心使命，持续深入在坚定理想信念、厚植爱国情怀、加强品德修养、增长知识见识、培养奋斗精神、增强综合素质6个方面下功夫，以精细服务助力学生成长，育人成效显著。根据法医特色，精心组织开展"法医面对面""长歌行晚会"等品牌活动，邀请华裔神探李昌钰、中国工程院院士丛斌、法医作家秦明等业内专家与学生面对面交流；精心组织讲好疫情下的法医故事，携手芒果 TV 录制《初入职场的我们》，充分利用新媒体网络平台掀起法医热潮，得到中宣部、公安部高度评价，同济法医成为热词；持续不断走访革命老区，引领学生自觉践行社会主义核心价值观。

建系 37 年来，共培养 900 余名法医学本科生、300 余名硕士生、70 余名博士生，大批毕业生成为全国公检法系统、司法鉴定系统、医学及政法院校的领军人物及技术骨干，如公安部特聘首席刑侦专家闵建雄主任法医师，全国"公安刑事十大科学技术工作先进个人"、荣立两次一等功的朱传红博士，全国"人民满意的公务员"柯伟力等。2020 年 2 月，法医学系刘良教授等师生率先进行了世界首例新冠肺炎患者遗体解剖，为中国抗疫贡献了同济法医力量。

除了有针对在校生的课程，我系作为最高人民法院法医继续教育培训基地，积极开展对公检法等单位在职法医的培训工作，通过一年的专业知识培训，使他们的专业理论知识和检案水平有了较大提高。1959 年至今共开办全国法医进修班 37 期，法医专业证书班 1 期，培训在职法医 1000 余人。让"德高医粹"的医学精神在历代法医人的故事里薪火相传，生生不息。

·心系家国　守护太平·

法医学系坚持以科研带动学科发展，通过实验平台建设，从自筹发展基金中投入 860 余万元用于实验室建设和购置实验仪器设备，显著改善了教学科研环境，为促进学科发展奠定了基础。设立法医学系科研促进基金，包括青年创新基金及纵向项目配套经费，调整激励政策，引导和鼓励教师不断提升科学研究水平。近 10 年来，法医学系获国家自然科学基金 14 项、省部级科研项目 35 项，湖北省自然科学基金 5 项，省卫生厅课题 3 项等；发表科研论文 200 余篇，其中 SCI 收录 132 篇；发表全球首例新冠肺炎遗体解剖病理案例报告、在 *Nature* 子刊 *Genetics* 在线发表研究成果等，一系列科研成果达到国际先进水平。

法医学系为司法部指定的全国司法鉴定人继续教育基地。于 2001 年 9 月经湖北省司法厅批准成立湖北同济法医学司法鉴定中心，为湖北省认定的第一家法医学司法鉴定权威机构，同时也是湖北省、武汉市"医疗纠纷"鉴定指定单位，每年受理各类鉴定约4000件。2009年6月，由湖北省司法厅和湖北省妇女联合会批准设立的"湖北省家庭暴力伤情同济司法鉴定中心"正式挂牌。鉴定中心承担了大量的尸体解剖、医疗纠纷、活体损伤、亲子鉴定、法医精神病学鉴定及毒物分析等法医鉴定工作。为各部门和委托单位解决了大量重大和疑难案件，为其办案提供了证据，得到社会的广泛认可。

2009年，中心荣获首届"全国司法鉴定机构先进单位"称号。2010年1月，中心顺利通过CNAS组织的"四合一"现场专家评审，并获得CNAS批准。中心现有法医病理、法医临床与司法精神病、法医物证及法医毒物分析四个鉴定室。现有各类工作人员共50人，其中拥有执业证的专业鉴定人员32人。鉴定人中拥有博士学位者占59.4%，具有高级职称者占65.6%。中心先后主持鉴定过大量在国内有较大影响的案件，为我国法治社会的建设及构建和谐社会发挥了重要作用。

2020年1月，我国突发新冠肺炎疫情，法医学系刘良教授团队成员逆行回汉，获批主持开展了世界首例新冠肺炎逝者遗体解剖，团队共完成10例系统解剖，并同步展开系统病理学及病毒学研究工作，研究成果写入了《新型冠状病毒诊疗方案（第七版）》及《新型冠状病毒诊疗方案（第八版）》，填补了新冠肺炎病理学及病毒分布方面的空白，在《法医学杂志》发表国际第1篇新冠肺炎遗体系统解剖的大体观察报告，与临床专家一道在 Lancet 上撰文探讨新冠肺炎的研究假设，有利于全球科学家集中目标进行全面研究，为疫情防控贡献了卓越的科学力量。为此科技部专门致信我校，感谢法医学系为全国抗击新冠肺炎疫情工作和涉疫科研攻关工作做出的贡献和努力。法医学系传承法医精神，不辱使命担当，为世界范围内抗击新冠疫情做出了历史性的贡献。

刘良教授以"让真相大白于天下"当选CCTV 2016年度法治人物，成为首位以法医身份入选年度法治人物的高校学者。2019年，黄代新教授荣获"全国公共法律服务工作先进个人"。法医学系多次获司法部"宋慈杯"司法鉴定文书评选一等奖。法医学系在维护社会公平正义、服务依法治国战略中越来越多地发出同济声音、贡献同济力量。

·黾勉同心 协同发展·

跨入21世纪，法医学系上下黾勉同心，坚持教学、科研、司法鉴定"三位一体"协同发展，实现了学院与学科的跨越式前进。法医学系不仅有丰富的教学经验、出色的科研实力，更在司法鉴定中不断维护法律的公平正义。

法医检案工作是法医学系利用法医技术开展对外服务的一项重要工作，从1957年开始，学校接受湖北省和武汉市公检法机关委托，从事法医病理尸体解剖和鉴定工作。即使是在"文化大革命"时期，也未中断过。

1986年，法医学系建立后，对外检案工作作为法医学系三大工作任务之一，其工作范围、工作量和社会影响不断扩大。为加强对外检案工作，1988年3月，我系与武汉市中级人民法院联合开办法医门诊，扩大了法医学系对外检案工作的影响，检案范围扩大到省内外。检案案源不断增加，影响不断扩大。通过检案，提高了教师的实际检案工作能力，丰富和充实了教学内容，形成法医病理学、法医临床学、法医精神病学、法医物证学、法医毒物分析等专业研究方向。

法医病理学主要从事死亡时间推断、心血管疾病猝死以及颅脑损伤等研究。自动图像分析系统进行的死亡时间研究、冠心病猝死的病理学及分子生物学研究、颅脑损伤后神经再生及修复的研究等在国内处于领先水平。法医毒理学对药物依赖或吸毒、有毒动植物进行长期的实验病理学系列研究，多项研究结果填补国内外空白，其研究成果除应用于法医学领域外，也被广泛应用于中医学、药学、毒理学、职业病学等研究领域。

法医临床学及精神病学采用电生理技术客观检测视功能障碍、听功能障碍、认知功能障碍的系列基础研究，采用三维扫描技术检测体表瘢痕的长度和面积及瘢痕边缘自动侦测技术的系列应用研究，对脑损伤后认知功能障碍、新型毒品所致精神障碍及精神分裂症暴力攻击行为的分子生物学机制研究，利用视觉诱发电位（VEP）评估客观视力、脑损伤后系列精神测评及人体损伤三维测量等方面的研究处于国内领先地位。

法医毒物分析，采用色谱、色谱质谱联用技术对进入人或动物体内的药毒物、毒品及其代谢物进行分离、提取和分析，以查明中毒原因，为侦查破案提供重要线索，为司法审判提供证据。主要研究领域为新型样品前处理技术（包含电膜萃取 EME、液相微萃取 LPME 及分子印迹聚合物 MIPs）在毒物分析领域的应用。

法医物证学开展了 DNA 遗传标记的群体遗传学及其在法医学个体识别与亲权鉴定中的应用研究，包括 DNA 微卫星多态性、单核苷酸多态性及线粒体 DNA 序列多态性等研究。在早期胚胎发育、神经发育及退化的机制、小儿自闭症的遗传学和分子生物学机理方面有着深入的研究，以小儿自闭症研究为切入点，构建一套包括高通量测序、生物信息学数据分析、分子生物学、模式生物等的实验平台开展神经系统疾病的研究，该领域的研究达到国际先进水平。

筚路蓝缕启山林，栉风沐雨砥砺行。三十七年风雨兼程，三十七薪火相传，法医学系的发展承载着一代代同济法医人"为生者权，为死者言"的理想与坚持。伴随着学校的快速发展，法医学系将更加积极主动地融入"法治中国"的建设，充分把握"双一流"建设的大好机遇，用更高的科研水平、更好的育人成效、更强的社会服务报效祖国，报效人民。

（法医学系　刘艳　李珣珣）

生殖健康研究所——
面向国家需求四十载　科研创新服务谱新篇

在喜迎华中科技大学建校 70 周年校庆之际，生殖健康研究所走过了 40 多年的辉煌历程，始终秉持"开拓创新，开放联合"的所训，坚持"党建引领、人才立所、平台兴所、科研强所、联合办所"的发展思路，长期面向人民生殖健康，不断适应时代发展需求，为健康中国和国家人口战略做出华中大贡献。

· 扬帆起航，勇担国家人口战略时代使命 ·

1964 年 5 月 18 日，经国家科委和卫生部建议，由湖北省编制委员会批准，设立计划生育研究机构，在武汉医学院成立了专门从事计划生育科研的计划生育研究室，这是当时全国最早的计划生育研究机构之一，由著名妇产科学家、一级教授金问淇担任主任，这一时期的主要研究方向是生育调节药和女性生育调节研究。

1979 年 3 月 17 日，国家卫生部批准正式成立武汉医学院计划生育研究所，成为当时我国最早专门从事计划生育科研的研究机构之一。学术带头人是吴熙瑞教授，主要研究生育调节药具、月经周期和早孕期的内分泌调控，男性生殖生物学的研究和生育调节药的临床研究，为我国计划生育国策做出了极大的贡献，发出了"同济声音"。

1980 年，计划生育研究所成为我国第一批世界卫生组织人类生殖研究特别规划署核心资助单位，并遴选为全球多中心合作点之一，吴熙瑞教授担任联合国世界卫生组织（WHO）人类生殖规划处高级科学家和医学官员。

1988年12月25日，集计划生育、遗传优生、妇幼保健为一体的同济医科大学生殖医学中心成立，这是卫生部批准的我国第一家生殖医学中心。

2001年3月，湖北省计划生育研究所正式挂牌，2010年5月22日，湖北省人口计生委与华中科技大学决定共建湖北省人口和计划生育研究所，进一步发挥地方政府与高校优势，强强合作，全面提升湖北省人口和计划生育科研自主创新能力。

2005年11月12日，湖北省首家生殖医学专科医院同济医学院生殖医学中心挂牌成立，这是教育部部属高校中第一家具有独立法人资格、拥有高校品牌的从事生殖医学专业的机构，拥有AIH、AID、IVF和人类精子库资质。

2019年1月14日，根据国家人口健康发展战略需要，经华中科技大学研究决定，计划生育研究所更名为生殖健康研究所，内设三个研究团队（精子发生与男性不育研究团队、生殖免疫研究团队、生殖表观调控与再生医学研究团队）和一个中心（生殖与再生医学转化研究中心），开启了生殖健康研究发展的新征程。

· 勇于创新，科研成果面向人民生殖健康 ·

生殖健康研究所是目前教育部部属高校中唯一一个专注于生殖健康与计划生育的研究机构，积极参与国家、地方和学校生殖医学学科建设。目前研究所已形成以生殖医学研究为核心，围绕发育与生殖、不孕不育、优生优育和避孕与节育等生殖健康问题，积极开展基础、临床、交叉与转化四位一体的特色研究，致力于建设国际一流特色学科。

生殖健康研究所不断凝练学科发展方向，取得了丰硕的科研成果，为国家计划生育和生殖健康做出了重要贡献。20世纪60年代天花粉的研究开创了我国利用中草药调节生育的先河，20世纪70年代的棉酚抗生育研究揭示出棉产区不育症高发的病因，20世纪80年代中期在全国率先研制固定式宫内节育器，20世纪90年代初研制出抗早孕药物米非司酮，21世纪初研制出我国第一个具有完全自主知识产权的复合材料宫内节育器。

《天花粉中孕引产的实验和临床研究》《棉酚作为男性结育药的发掘与研究》获国家科学大会奖，《抗早孕药物米非司酮的实验与临床研究》获国家科学技术进步奖二等奖，《改善子宫胎盘血循药物青心酮的实验与临床研究》获卫生部科技成果二等奖，《青年人群适宜避孕新技术方法推广应用模式的研究》和《精子发生与男性不育症的遗传及表观遗传分子调控机制研究》分别获全国妇幼健康科学技术奖一等奖，《卵巢功能不全诊疗关键技术创新及临床应用》获湖北省科学技术进步奖一等奖。

另外研究所先后荣获中华医学科技一等奖1项，国家妇幼健康科学技术奖二等奖3项，国家二类新药证书2个、三四类新药证书4个，以及全国人口科技工作先进集体。

作为研究型的科研院所，研究所先后承担纵向项目174项、横向项目109项，科研经费共计7000余万元。近几年研究所承担国家重点研发计划项目/子课题10余项，国家自然科学基金项目中标率均保持在40%以上，在 Nature Communications、Science Advances、Nucleic Acids Research、PNAS、Cellular & Molecular Immunology 等国际国内高水平权威期刊上发表SCI论文367篇，出版专著16部。

·凸显特色，打造产学研转化应用基地·

生殖健康研究所是国家妇产科重点学科和国家妇产科疾病临床研究中心的核心成员（35%的贡献度），拥有国家发改委批准的避孕节育（生殖健康）新技术国家—地方联合工程实验室和SFDA批准的"生殖健康与不孕症"药物临床研究机构两个国家级平台。2018年4月，"生殖医学"参与国际评估现场评估，专家们一致认为研究所是十分有特色和国际化的特色学科研究机构。

2020年，研究所成立生殖与再生医学转化中心，加强医工、医理学科交叉融合，打通学科交叉、技术创新、临床试验等环节中的关键要素，构建顺畅高效的协同研究网络，注重解决临床诊疗和应用中的关键问题和

"卡脖子"问题，同时积极推进科研成果的转化与落地。目前该中心依托避孕节育（生殖健康）新技术国家—地方联合工程实验室，朱长虹、肖先金等教授的10余项发明专利正在应用转化中。研究所先后与武汉同济生殖医学专科医院、国药集团基因科技有限公司、武汉华联科生物技术有限公司建立生殖健康与不孕症临床技术服务教学科研、成果转化和社会实践合作基地。

· 引育并举，建设高水平国际化师资队伍 ·

生殖健康研究所拥有一支治学严谨的高水平师资队伍，现有教职工25人，其中专业教师20人，包括教授9人、副教授9人和讲师2人，100％教师具有博士学位，超过85％的教师有出国留学经历，3人是国际期刊的编辑或编辑部成员。1996年3月29日，吴熙瑞教授获得"全国计划生育科技功臣"荣誉称号；1999年，熊承良教授荣获国务院政府特殊津贴；2019年，廖爱华教授荣获美洲生殖免疫学会"杰出贡献奖"，肖先金教授荣获"中国新锐科技卓越影响人物"；2021年，袁水桥教授荣获国家妇幼健康科学技术奖一等奖，相文佩教授荣获湖北省科学技术进步奖一等奖，周立全教授入选华中大第四批学术前沿团队。

教师队伍国际化建设取得新进展，目前生殖所50％的专任教师是近几年从国外知名高校引进的高层次人才，同时聘请了20多名国内外知名学者作为客座教授，如美国斯坦福大学的Greg Barsh教授、康奈尔大学的Susan S. Suarez教授、罗瑟琳达·富兰克林医科大学的Joannne Kwak-Kim教授、韦恩州立大学C. S. Mott人类发育与生长研究中心主任Gil Mor教授、纽约州立大学石溪分校的潘应天教授、蒙大拿州立大学副校长Renee A. Reijo Pera教授等，进一步提升教师队伍的能力和水平。

· 立德树人，培养全面发展的创新型生殖医学人才 ·

生殖健康研究所是国务院首批部属院校中妇产科学硕士和博士培养点，致力于培养具有国际视野、学识扎实和具有创新精神的高层次医学人才。研究所以立德树人为根本任务，围绕为党育人、为国育才培养目标，坚持"五育并举"，不断推进研究生教育改革，搭建"1（党建）＋X"研究生健康成长平台，不断提升研究生创新素养和人才培养质量，现有在读硕士研究生40名，博士研究生27名，在站博士后8名（其中2名国际学生），硕士和博士毕业生连续多年就业率100%。

研究所注重教书育人，将最新科研成果运用到教学过程中。面向全校开设了9门本科生选修课程：性科学与人类生殖、辅助生殖技术、生殖医学实验技术、临床生殖医学、避孕与节育、性医学、避孕与节育、职业卫生与生殖健康、人类性心理与健康，在本科生教学中积极发挥作用，传授和普及生殖健康知识。

研究所先后主编《临床生殖医学》《生殖药理学》、副主编《性医学》和《生殖工程学》4部卫生部"十一五"规划教材，主编和参编多部生殖医学参考书，其中主编《人类精子学》荣获中国图书奖，第二主编《人类卵子学》于2018年由人民卫生出版社出版。

2004年9月1日，研究所生殖医学后期转化专业成立，是部属院校中第一家开设生殖医学后期转化专业的单位，首届招生48名学生。

生殖健康研究所十分重视国际化人才培养，"十三五"期间共有8名硕士研究生获国家留学基金委公派研究生项目资助攻读博士或联合培养博士，有19名研究生出国交流访问或参加国际会议，较好地拓展了研究生的国际视野。

"没有全民健康就没有全面小康，没有生殖健康就没有全民健康。"站在新的历史起点上，生殖健康研究所将以习近平新时代中国特色社会主义思想为指导，不忘初心，牢记教育使命，传承华中大"明德、厚学、求是、创新"的大学文化精神，立足实际，同舟共济，奋发有为，力争建设成为特色鲜明、国内领先、迈向国际一流的生殖健康研究所！

（生殖健康研究所　田德生　袁水桥　夏伟）

口腔医学院——
风雨不改口腔志　振衣濯足展襟怀

华中科技大学口腔医学学科诞生于1952年,是国内历史最悠久的口腔医学院校之一,是我国口腔医学领域重要的学科力量和耀眼的新秀,集医疗、教学、科研、预防、国际交流五位一体。2002年,获批口腔临床医学硕士点;2003年,教育部批准成立口腔医学系,招收口腔医学本科生;2005年,挂靠外科学招收博士研究生;2011年,成为口腔医学知名期刊《临床口腔医学杂志》主编及主办单位;2019年,获批口腔医学一级学科博士学位授权点;2021年,获批口腔医学国家级一流本科专业建设点。2020年9月成立口腔医学院,是华中科技大学口腔医学发展史上的里程碑。

华中科技大学口腔医学学科在2022年泰晤士高等教育—中国学科评级中,获得A−评级(口腔医学),位列全国第9名;2022年,在软科—中国大学专业排名中,被评为A级学科(口腔医学)。

口腔医学院的人才队伍中,现有中华口腔医学会常务理事、中国医师协会口腔医师分会常委、中华口腔医学会全科口腔医学专委会主任委员、中华口腔医学会口腔医学科研管理分会候任主任委员、中华口腔医学会口腔正畸专委会副主任委员、湖北省医师协会口腔医师分会前任/候任主任委员、湖北省口腔医学会全科口腔医学专委会主任委员(口腔正畸、口腔种植、口腔颌面外科、颌面整形与创伤专业委员会副主任委员)、《临床口腔医学杂志》主编、《中华口腔正畸学杂志》副主编、《中国实用口腔科杂志》副主编,在国内外具有广泛的学术影响力。

·百年名院，人才济济·

口腔医学院现拥有140余人的高水平教师队伍，其中正高职称者有12名，副高职称者有30余名。上海交通大学中国工程院院士邱蔚六教授、张志愿教授，首都医科大学中国科学院院士王松灵教授均为口腔医学院双聘院士，学院拥有一支稳定、高水平的学科队伍。

口腔医学院拥有国家级一流本科专业建设点（2021年）、口腔全科国家级住培重点专业基地（2021年）、湖北省口腔健康科普教育基地（2021年）、湖北省优秀基层教学组织（2020年）、湖北省创新群体（2020年）、口腔医学一级学科博士学位授权点（2019年）、口腔颌面发育与再生湖北省重点实验室（2019年）、湖北省卫健委创新团队（2019年）、湖北省口腔全科诊疗中心（2015年）等一流的教研平台。在口腔实验实训教学操作平台，配备有口腔仿真头模、口腔数字化虚拟仿真培训系统、教学评估系统等国内国际先进的教学设备。

·党旗领航，立德树人·

口腔医学院一直肩负着"为党育人、为国育才"的重要使命，以培养"拔尖创新口腔医学人才"为己任，大胆革新、勇于进取，致力于培养品德高尚、思维严谨、基础扎实、视野开阔的复合型人才，打造具有家国情怀、人文关怀和世界胸怀的口腔医学科学家。将思政教育融入日常教学，切实走好思想引领之步、价值塑造之步、凝心聚力之步和服务保障之步。陈莉莉教授的口腔医学导论课程思政案例入选华中科技大学课程思政优秀案例汇编，口腔健康与全身系统疾病的关系、颌面美学课程获校级研究生思政示范课程建设项目。在本科教学中推出"卓越牙医"系列活动，全面提高学生的综合素质、科研创新能力、团队合作意识、表达交流能力等，让口腔学子能学有所成、学有所获、全面发展。

口腔医学作为华中科大特色学科，拥有优质生源，口腔学子全面发展，多名学生荣获"宝钢优秀学生"、"国家奖学金"、"裘法祖奖学金"、

"国家级大创项目"、"湖北省大创项目"、湖北省"大学生艺术节"一等奖、华中科技大学"求是杯"科技创新大赛一等奖等荣誉。就业率达100%，获得用人单位好评。

·科技创新，锐意进取·

口腔医学院现有口腔正畸学系、口腔内科学系、口腔颌面外科学系、口腔种植修复学系4个学系，围绕生物节律调控生长发育与再生、口腔疾病和全身疾病的相互影响、口腔颌面头颈肿瘤的发生发展及防治机制、骨代谢与骨改建的机制研究、口腔生物材料的研发与应用等5大特色研究方向，开展创新性研究，以第一或通讯作者在 *Circ. Res.*、*PNAS*、*Cell Death Differ.*、*Adv. Funct. Mater.*、*Adv. Sci.*、*ACS Nano*、*Cancer Res.* 等权威期刊发表论文近200篇。主持科技部重点研发计划（首席科学家）、国家杰出青年基金、国家优秀青年基金、国家自然科学基金重点项目、国家自然科学基金重大国际合作项目，国家自然科学基金面上项目/青年基金项目，湖北省创新群体、湖北省杰出青年基金、湖北省卫生厅创新团队等国家级及省部级科研项目共50余项。荣获全国创新争先奖、中国青年女科学家奖等国家级奖项2项，湖北省科学技术进步奖一等奖4项、二等奖5项，湖北省高等学校教学成果奖一等奖1项，华中科技大学教学质量优秀奖一等奖、教学成果奖一等奖等奖项。申请国家发明专利30余项，实现转化或作价入股4项。

·优质医疗，服务社会·

口腔医学院现有牙科综合治疗椅202台，病床165张，年门急诊量40万人次，年手术量6000人次。传动直丝弓矫治技术、舌癌游离皮瓣移植、中医治疗严重顽固多发性口腔溃疡、全口无牙颌髂骨移植—种植牙技术、睡眠舒适化儿童口腔治疗等技术处于国内领先地位。荣获2017年国家卫生计生委"改善医疗服务优质岗"、2020年中国医师协会"人文爱心科室"。口腔医学院整合综合医院优质大临床资源，联合心血管内科、内分泌科、耳鼻喉科等院内优势学科开展多学科协作（MDT）治疗，构建伴发全身系统性疾病患者的口腔序列治疗体系，创立有综合医院特色的口腔全科诊疗新模式，开设心脑血管病口腔门诊、糖尿病口腔门诊、鼾症口腔门诊等。

医者仁心，初心不变。华中科技大学口腔人以精湛的医术、满腔的热忱服务百姓。对口帮扶新疆博州、西藏山南等19个贫困地区、60多个县市，无偿为中西部及少数民族地区培养学科骨干86人。多渠道、多方式开展口腔健康科普教育，2021年获批湖北省口腔健康科普教育基地，科普作品荣获中华口腔医学会"主题科普风采展示十佳作品"、武汉市"科普微视频大赛一等奖"等。

·开放融合，誉满中西·

口腔医学院立足于"坚实基础、学科前沿、国际视野"的教学目标，致力于培养适应全球化与现代化需要，具有高尚道德品质、严谨思维方法，拥有扎实口腔专业知识，具有国际视野及领导力的卓越口腔医学人才。

口腔医学院勇于创新教学合作模式，将国际先进教学理念和成果引入教学实践中，与美国哈佛大学、宾夕法尼亚大学等国际一流高校建立了长期稳定的师生交流，成为学校首批医科国际合作办学示范单位。培养韩国、西班牙、泰国、俄罗斯等亚非欧国家和地区留学生80多名，通过双语教学、创新模式全面培养留学生的能力，通过文化融合、国际交流传递中国力量，积极配合国家外交政策和国家需要，使华中科技大学口腔医学院在国内外学术舞台上发光增彩，加快中国大学迈向世界、追求卓越的进程。与美国哈佛大学、哥伦比亚大学，英国伯明翰大学，荷兰Radboud大学等著名大学积极搭建合作平台，构建华中科技大学口腔医学院全球合作高端朋友圈。入选"华中大'双一流'建设国际合作推进计划""国际科研联合平台培育计划""一校十校—联合科研中心"，获批"国家自然科学基金国际（地区）合作研究项目"，推出"口腔国际科研沙龙"线上系列讲座，不断加快学院国际化进程。口腔医学院和英国伯明翰大学2018年签订《中英合作意向书》，2019年签署《国际合作办学协议》，2021年签署《口腔医学院合作备忘录》。

·未来展望·

口腔医学院将以习近平新时代中国特色社会主义思想为指导，坚持立德树人，围绕"四个面向"，牢记为党育人、为国育才的初心和使命，着力培养具有家国情怀、人文关怀和社会胸怀的口腔医学科学家。进一步全面规划学院工作，完善行政岗位配备，继续加强教学及科研平台建设，提高学科影响力，力争在3至5年内学科发展进入全国前10，8至10年内学科发展进入全国前5。

以培养一流本科生为根本：口腔医学院将坚持"提升基础教学质量为立院之本"的发展理念，实施精英教育、小班化、个性化、全程导师制，以精致的教学理念、精炼的课程体系和精干的师资队伍打造可持续的口腔医学基础学科拔尖人才培养模式，并计划进行本硕博贯通培养，尽早挖掘培养有潜力的学术研究人才，为社会培养优秀的口腔医学人才。

以培养优秀教师队伍为基础：口腔医学院将围绕人才需求，发挥名师效应，引领学系发展，坚持"内培养""外引进"并重，加快拔尖人才引育；完善改革激励机制，激发教师工作激情，通过岗位设置多元化，确定差异性评价竞争制、淘汰制，形成年龄和学历结构合理、教学佳、临床优、科研强、后劲足的国际化的师资队伍。

以培养杰出领军人才为目标：口腔医学院在未来5至8年，将培养1至2位世界级学术领军人才、2至3位国家级人才计划入选者、3至5位省部级人才计划入选者，为口腔医学培养拔尖创新人才及未来医学科学家。

忆往昔笔耕不辍奋斗不止迎难而上，望明日厚积薄发未来可期创一流。口腔医学院全体师生将不忘初心、砥砺前行，继续增强凝聚力、号召力，提升学科实力，为成为国际知名、国内一流的口腔院校不断努力。

（口腔医学院　陈莉莉）

协和医院——
百年协和　敢为医先

同济医学院附属协和医院是中国最早引入现代医学的医院之一。从1866年的两间病房开始,逐步建立医、护、技、教、卫医学体系雏形,从此,现代医学在中部生根发芽。

从新中国成立至今,近10位中国医疗专科创始人和奠基人从这里走出,9项国家科学技术进步奖、400多项破解医学难题的技术创新在这里产生。坚持面向世界科技前沿、面向经济主战场、面向国家重大需求、面向人民健康,不断向科学技术广度和深度进军,这是新时代广大科学家和科技工作者的使命,也是协和人未来的追求。

当前,协和医院由主院区、肿瘤中心、西院区和金银湖院区组成,编制床位6000张,设49个临床和医技科室。其中,血液科、心血管内科、普通外科、泌尿外科、麻醉科等10个学科为国家重点(培育)学科。心脏大血管外科、整形科、骨科、妇产科、消化内科、内分泌科、胸外科等25个科室入选国家临床重点专科建设项目。省级质控中心挂靠专科15个。临床医学进入ESI全球前1‰,入选教育部"双一流"学科。学科综合实力位列复旦大学医院管理研究所公布的"中国医院排行榜"全国前十。综合绩效考核稳居A+行列。医院入选全国首批区域医疗中心建设输出单位。

医院现有职工7751人,其中,专业技术人员6715人,高级职称人员739人,享受国务院特殊津贴者97人。各类国家级人才项目获得者62人,国家级教学名师 2 名，多人荣获中国医师奖、中国青年女科学家、国之名医等荣誉。

·勇开先河，引领现代医学在中部崛起·

1866 年，汉口开埠，中西文明与思潮交锋于此，附属协和医院的前身——汉口仁济医院应运而生，第一次将"仁爱济世"的现代医学之种落在觉醒的国人心中，也让自己的命运与中华民族休戚与共。

应对社会现实需求的过程中，现代医院的基础体系逐渐建立。19 世纪 80 年代，协和医院带来武汉最早的外科医生，最早在国内使用氯仿麻醉进行外科手术。1928 年，针对当时社会现状开设皮肤花柳科。1929 年，开设了武汉地区唯一的专科门诊"麻风病科"。小儿科、妇产科的创立，则大大降低了新生儿和孕产妇的死亡率。

医院积极进行公共卫生危机应对和公共卫生知识传播。1929 年，中国公共健康护理防疫站在协和建立。1931 年，武汉发生特大水灾，协和医院联系租用"罕拿摩勒"号运煤船，改造为"洪水急救医院"。

医学教育的影响则更为深远。协和医院在武汉最早开始护理技能培训，开办护士学校。打破女性就医沉疴，创建华中地区首座女子医院。开办"博医技专"，成为中国医技人才的摇篮。创办华中地区第一所专科医学院校"大同医科学校"，这是中国最早成建制的西医医学院之一，从此现代医学有了中国医生的身影。

·推动新中国医学发展，求解人民疾痛·

1949 年后，协和医院和平稳妥地收归国有。刚刚成立的新中国百废待兴，协和医院以保障人民健康为己任，组织骨干力量攻关、组建巡回医疗队深入基层，全力破解困扰人民群众最严重、最急迫的健康问题。

20 世纪 50 年代，我国每年有 200 多万人罹患心胸系统疾病。管汉屏教授刻苦钻研，大胆探索，成为湖北省首位在"五脏六腑"上动大手术的外科专家，连创中南首例肺叶切除等多个全国、中南地区"第一"，成果列入新中国成立十周年重大成果展。

1957年，我国皮肤性病学科主要奠基人之一的于光元教授在第十一届国际皮肤科学术大会上，首次在世界范围内提出"日光性皮炎"概念，为该病的诊治奠定了基础。

农村群众深受血吸虫病之苦，杨超前教授主持口服治疗血吸虫病药物的临床应用研究，避免了锑剂导致的严重毒副作用，为我国血吸虫病的临床治疗做出巨大贡献。

20世纪60年代，我国产棉区发现一种怪病：青壮年经太阳一照就高烧不退、浑身无力，部分地区病死率高达10%。童萼塘教授6年走访10余个省市26个县的农村，最终破解了"低血钾软病"之谜。

吉民生教授走遍湖北农村，开展大规模防治沙眼、防盲治盲工作，在全国首创沙眼防治法。朱通伯教授以中西医结合小夹板治疗骨折，被证实优于国外手术复位加石膏绷带固定术法，引起国内外巨大反响。

1978年1月，世界首例双氧水造影心脏超声检查在协和实施。当时心脏超声检查造影剂是靛氰蓝绿，检查的准确性不甚理想。王新房教授根据资料和动物试验，认为双氧水可以替代取得更好的造影效果。那个年代没有人体试验机制，王新房决定拿自己做试验，最终"双氧水心脏声学造影法"填补国际空白，被国内外广泛运用于临床。王新房由此成为中国超声医学主要奠基人之一，并三次荣获国家科学技术进步奖，被誉为"现代超声心动图之父"。

血液科沈迪教授历经多年寻找、研究，在世界上首先发现一种新病种——"新型血小板聚集功能缺陷症"，该病以他名字命名为"沈迪氏病"。

进入20世纪90年代，武汉协和的大批青年翘楚被派到国际顶级医学院学习、交流，为中国医疗卫生事业接轨世界探建虹桥，也为世界了解中国开了一扇窗。

微创是20世纪90年代国际公认的外科发展方向，但在当时，中国医生中见过腹腔镜的屈指可数。1995年，王国斌教授从德国学成归国，当年就创建了华中地区第一个独立完善的腹腔镜外科中心，从此拉开华中地区微创时代的大幕。当前，从微创到追求无创，从3D腔镜到手术机器人，协和已经实现手术科室微创技术全覆盖。

同时期,著名心血管病学专家戴闺柱教授阐明血脂与血凝之间的全新机制,与国际最先进的研究同步。肖传国教授提出"肖氏反射弧",开启了神经泌尿外科新领域。1997年,全省最早的大型医疗急救中心在协和挂牌。

在这一中国现代医学事业飞速发展的关键时期,协和医院立于时代潮头,引领中国现代医学的发展,并奔涌汇入国际洪流。

·紧跟强国强校步伐,"五个协和"成就发展辉煌·

2000年合校之后,依托华中大雄厚的科教研实力,医院发展步入高速快车道,"协和模式"成为公立医院高质量发展的样板。进入新时代,医院党委深入学习贯彻党的十八大、十九大以及历次中央全会精神,深入学习贯彻习近平新时代中国特色社会主义思想,认真贯彻落实全国卫生与健康工作大会、全国高校思政会精神,在教育部、国家卫健委和湖北省委、华中科技大学党委的正确领导下,医院党委把方向、管大局、作决策、促改革、保落实,团结带领全院党员和职工,落实"五个协和"建设任务,医院改革发展取得了丰硕的成果。

——党旗领航助力高质量发展

医院党委始终与党中央保持高度一致,牢固树立"四个意识",坚定"四个自信",做到"两个维护"。坚持社会主义办院方向,坚持和完善党委领导下的院长负责制。通过深入党的群众路线教育实践活动和"三严三实"专题教育、"两学一做"学习教育常态化制度化和"不忘初心、牢记使命"主题教育、党史学习教育,广大党员干部理想信念进一步坚定。"协和党建模式"深受好评,成为省委组织部直接联系的唯一医院党建联系点;院党委获中共中央授予的"全国先进基层党组织"。

——"实力协和"建设取得重要突破

医疗服务能力大幅提升。主要医疗指标稳居国内前列。2021年全年接诊门诊急诊患者700.8万人次、住院治疗31.2万人次、为12.4万人次开展住院手术，患者平均住院日8.2天，创历史最佳。国内首家与地铁无缝对接的新门诊大楼、第二外科楼暨头颈、妇儿中心相继投入使用。肿瘤中心院区实现了从单一内科向专科医院的跨越。西院区挂牌"武汉经济技术开发区（汉南区）中心医院"，金银湖院区一期顺利开业，挂牌"武汉临空港经济技术开发区中心医院"，二期暨国家区域重大疫情防控救治基地破土动工。中南地区唯一的质子医学中心主体实现结构封顶。

学科建设创历史佳绩。医院提出学科建设高质量发展计划，创新性地构建院内学科评估体系以评估出绩效，每年给予专项建设经费，促进学科科学合理规划和长足发展，使学科建设成为医院发展的重要支撑。医院现有10个国家重点（培育）学科和25个国家临床重点专科，居全国前五，15个专科挂靠湖北省质控中心，形成具有广泛影响的优势学科群，助力我校临床医学进入ESI全球前1‰。

2021年，医院进入复旦排行榜前十专科数达11个，获提名专科数增至20个，综合排名跻身全国第9。共有4个专科通过委省共建国家区域医疗中心评审。新增中华医学会专业分会副主任委员1人。新增湖北省重点实验室1个、湖北省工程研究中心1个。新增"长江学者"特聘教授1人，青年长江学者2人。

国际影响力日渐扩大。医院坚持"请进来""走出去"相结合，"朋友圈"从传统的英、德、美等扩充至"一带一路"沿线国家。医院先后与美国布朗大学、德国海德堡大学等8所世界知名医科院校签署合作备忘录；作为发起单位之一加入中国—中东欧国家医院合作联盟、中国以色列医院联盟；建成国际合作实验室5个、省级国际科技合作基地1个，获批国家自然基金委国际（地区）合作与交流项目、科技部国家重点研发计划"政府间国际科技创新合作""战略性科技创新合作"重点专项14项；诺贝尔奖获得者、英国驻华大使等重要嘉宾来访，一批专家学者在国际舞台发出了"协和声音"，多个学科参与制定疾病诊疗国际专家共识，CAR-T临床研究获Best of ASH（美国血液病学会年会）殊荣。

——"创新协和"建设取得重大成果

现代医院管理创新稳步推进。制定实施"十四五"发展规划，完成医院《章程》，修订《协和医院制度》，完善专业委员会配置，构建学科评估体系，先后推进护理、医技序列绩效改革，现代医院管理制度初步建立。创新性开展党政领导班子联片点、优秀管理团队评选、直面问政等活动，有效提高管理效能。获亚洲医院管理奖、全国医院管理突出贡献奖等荣誉。牵头国家卫健委医疗卫生建设装备标准委员会，高分通过电子病历功能应用五级评审。医院管理经验在国家卫健委《公立医院改革简报》刊发。在全国首届三级公立医院绩效考核中，医院取得 A＋，位列全省第一、全国前茅。

科学研究屡创佳绩。医院聚焦创新驱动战略，建立健全科研激励机制，充实科研团队，加快科研平台建设。医院连续9年国家自然科学基金项目数过百项，稳居全国前三。牵头国家重点研发计划项目、国家重大科技专项15项，居全国前列。发表一批高水平论文，在 Nature 自然指数排行榜中，居全国第6。新增国家科技进步奖二等奖3项，全国创新争先奖章、奖状各1项，省部级一等奖29项。新增省级重点实验室1个、省级临床研究中心/工程研究中心10个。

2021年，医院科技影响力首次跻身全国前十，中标国家基金145项、牵头国家重点研发计划4项，项目数居国内前列。新增何梁何利奖1项、吴阶平医药创新奖1项。首次在 Cell 发表重大研究成果，实现 CNS 主刊零的突破。新增湖北省科技成果特等奖1项、一等奖3项。2项成果通过中华医学科技奖一等奖答辩。高水平国际期刊论文数居全国医疗机构第2位。医院科技创新影响力位列 STEM 排行榜全国第9。

特色技术蓬勃开展。医院引导、鼓励专科打造核心技术。移植技术国内领先，累计完成重大器官移植逾3600例，其中，心脏移植数连续5年位居全国第一，儿童心脏移植累计突破100例。Car-T 治疗难治复发性白血病临床研究累计突破300例。微创技术规模增长，实现手术科室全覆盖，妇科腔镜微创率达90%。新兴技术快速发展，细胞治疗难治复发血液肿瘤达国际水平、中南首台射波刀落户我院，骨科开展全球首例5G环境下混合现实云平台远程手术。获批疑难重症提升工程（1.5亿）、国家医疗服务与保障能力项目（1000万）。CMI 值（1.32）和 DRGs 组数（844组）居全省首位（2018年）。参加国家卫健委"双提升"新闻发布会，向全国推介特色技术。

——"质量协和"建设持续深入推进

医疗质量稳步提升。建立健全三级质控体系，开展病案首页、合理用药专项整治等活动；加强信息化支撑，更新电子病历、HIS系统等，强化全过程实时质控。手术患者并发症发生率、低风险组病例死亡率等均优于国家标准，药占比、抗菌药物使用强度持续降低。新增省级质控中心15个，获批"全国人文护理示范基地"，以优异的成绩通过"三甲"复评。

教学质量持续提高。坚持立德树人，注重医教协同，加大投入，新增国家一流本科课程1门；获批国家临床教学培训示范中心、国家级实验教学示范中心、全国首批住培示范基地，已获批国家级住培基地31个、专培基地9个、重点专业基地2个；多人荣获全国教书育人楷模，各类国家级规划教材主编、副主编53人次；获国家教学成果二等奖1项、省级教学成果一等奖2项。截至2021年，累计培养本硕博6315人、规培生2847人、留学生622人、进修生9116人，获全国高等医学院校大学生临床技能竞赛、"挑战杯"大学生创业计划竞赛等比赛一等奖2项，省级优秀硕博士论文10篇。

2021年，口腔医学、医学检验入选国家一流本科专业建设点。新增宝钢优秀教师1人。新增国家级规划教材主编、副主编10人，新增湖北省名师工作室1个，新增国家住培重点专业基地（西医）4个。1名本科生荣获宝钢优秀学生特等奖，1名研究生获评"中国大学生自强之星标兵"，2支研究生团队分获全国"挑战杯"揭榜挂帅专项特等奖和红色专项二等奖。

人才梯队日趋优化。坚持党管人才，制订十年人才发展规划纲要，培养"三名一优"，构建多维度、全方位的人才引育体系，相继实施《高端科技人才登峰工程》《高层次人才引进管理规定》《优秀中青年出国奖励计划》等。2011年以来，引进双聘院士7人，聘请外籍教授31人，新增"中国医师奖"获得者2人，中国青年女科学家2人。在中华医学会等国家主流学会任职副主委及以上共28人次。

——"责任协和"建设彰显国家队担当

全力以赴抗击新冠肺炎疫情。抗疫期间,院党委坚决执行党中央要求,举旗定向、全面部署、科学决策,第一时间成立防控领导小组。班子成员全部下沉一线、靠前指挥,组建"三级抗疫梯队"和"一区两队"(党员责任区、党员突击队、全国首支插管小分队),集结骨干力量攻坚克难,迅速改造发热门诊、隔离病房,多方筹措物资,成为最早收治重症患者的定点医院之一;构建高效运行的救治体系,凝聚援鄂医疗队协同作战;率先发布系列协和诊疗方案,医院《新冠肺炎诊疗应急工作手册》获国务院联防联控机制全国推广;与50余个国家和地区分享协和抗疫经验。

医院先后开辟5大主场(3院区,2方舱),举全院之力,应检尽检、应收尽收、应治尽治,累计接诊发热患者2.3万余人次,住院收治5220人次,是国内行动最早、收治最多、治疗质量最好的医院之一;同步支援7家托管医院及金银潭医院、火神山医院,为抗疫贡献了协和力量。全国抗击新冠肺炎疫情先进集体、全国先进基层党组织、先进个人、中国质量奖提名奖等荣誉,充分体现了党和国家对我院抗疫工作的高度肯定与褒奖。

积极投身公立医院综合改革。全力推进医联体建设,托管医院7家,技术协作基层医疗机构51家,助力分级诊疗;主动加入武汉市医保;全面取消药品、耗材加成,响应"两控四改"要求,强化合理诊疗,门诊、住院均次费用控制在合理区间。

落实进一步改善医疗服务行动计划。突出以患者为中心,聚焦"看得上病",上线互联网医院,覆盖就诊全流程,畅通线上线下服务,持续推进预约诊疗;聚焦"看得好病",组建MDT团队43个,年诊疗病例超3500例,获国内首批"血栓防治示范基地""国家高级卒中中心"等;聚焦"看得起病",探索日间诊疗,年开展日间手术约6500例,部分病种人均住院费用、平均住院日显著降低,优质护理和人文关怀备受好评。我院5个主题、3个科室获国家卫健委通报表扬,成为华中地区获奖最多的医院。志愿服务形成品牌,全院组建22个志愿服务队(站),注册志愿者

5000余人。儿科"爱心学校"获中国青年志愿服务项目大赛金奖,心外科获"全国学雷锋活动示范点","大爱医心"项目获全国卫生健康行业青年志愿服务银奖。

积极承担社会责任。开展精准扶贫,帮扶湖北鹤峰、云南临沧、新疆博州、西藏山南等基层医疗机构,助力建成省级重点专科12个,2家医院通过三级医院评审。购买扶贫物资400余万元。落实对口支援,完成万名医师支援农村、援疆援藏援外、国家巡回医疗等任务。获评国家卫健委"生命卫士"、省市优秀援疆干部人才、央视"最美医生"等。获评"医疗扶贫贡献奖""中国消除贫困感动奖"等,获奖者受到习近平总书记亲切接见。完成应急保障,参与江苏昆山爆炸案、湖北监利客轮翻沉事故等重大事故救援,完成军运会医疗保障。2021年,医院紧急完成武汉、鄂州、荆州等地26万余份核酸采样任务;驻点支援石家庄、西安疫情防控;紧急救治"5·14龙卷风"受伤群众93人;火速驰援十堰市"6·13"爆炸事故医疗救治。驻鹤峰帮扶医疗队获"湖北省脱贫攻坚先进集体"称号。

——"幸福协和"建设成效显著

文化正能量不断彰显。开展院史院情教育,新编协和院史,重修院史展览馆,首推口述历史,使协和文化薪火相传。把社会主义核心价值观融入特色鲜明的文化品牌活动,多维度、多层次培育具有家国情怀的人才。广泛宣传报道医院改革发展成绩,年均对外发稿超过1000条次,受到新华社、人民日报、央视等主流媒体关注,医院官微粉丝数突破两百万,文化辐射力不断增强。创意传播成效显著,连续四年举办微信科普大赛,微电影《护心跑男》获"讲好中国故事"创意传播大赛特等奖、"讲好华中大故事"特等奖,网络点击率破亿次。建院150周年获国务院副总理批示、全国人大常委会副委员长发来贺信。

文明创建硕果累累。医院文明创建工作扎实有力,文明指数不断增强。以新职工志愿服务项目等为载体,打造协和特色志愿服务文化。以"双十佳""优秀共产党员""先进工作者""服务明星"评选等为抓手,发掘先进典型,弘扬正能量,获全国先进工作者、全国工人先锋号、全国巾帼示范岗、全国三八红旗手、全国向上向善好青年、中国好医生等荣誉。发热门诊团队获"中国青年五四奖章"集体,心外科、血液科获"全国青年文明号"。医院获武汉市创建全国文明城市突出贡献奖,连续七年获评"湖北省文明单位",连续四年保留"全国文明单位"荣誉称号。

幸福指数不断攀升。医院为广大职工搭建干事创业的广阔舞台,职工职业规划明晰,成长成才渠道畅通,全体职工共享改革发展成果。推行职工大病医疗互助、职工食堂改革等民心工程。关怀离退休老职工,帮扶困难职工,关心青年职工。集体婚礼、嘉年华、健步行等特色文化活动百花齐放。开展平安医院建设,实施净化医疗环境专项整治,落实警医联动,维护医务人员合法权益。

2021年,医院成功举办建院155周年系列活动。申报个性化邮资封,建成国内首个健康主题邮局。公立医院高质量发展大会、院士论坛等60余场学术会议顺利召开,全国人大常委会副委员长视频致辞,国家卫健委原主任、国务院医改办主任批示,省市政府及学校领导莅临讲话,有力地激发了全体职工干事创业的荣誉感、使命感。

——建功新时代,建设中国特色国际一流医学中心

新时代有新使命。在"五个协和"建设取得重要成果的基础上,协和医院将紧扣新时代的历史使命和战略重点,实施"五大战略",落地"十大计划",着力打造"五新高地",将美好蓝图变成生动现实,奋力开启医院改革发展新篇章。

实施质量先导战略,打造医疗服务新高地。医疗是民生之首,质量是立院之基。坚持人民至上、生命至上,实施质量先导战略,落地核心技术倍增计划、"满意医疗"提升计划,全力打造医疗服务新高地,实现质量一流、技术一流、服务一流。

实施人才支撑战略,打造人才建设新高地。致天下之治者在人才。实施人才支撑战略,落地知名专家培养计划、卓越医学生培育计划,建立有活力有创新的育人新机制,构建规模可观、结构合理、素质优良的人才"金字塔",形成人尽其才、人才辈出的生动局面。

实施创新驱动战略，打造医学科技新高地。创新是第一动力。实施创新驱动战略，以平台建设为支撑、以交叉创新为导向、以临床研究为重点、以体制机制为保障、以国际交流为助力，落地科研创新精进计划、学科升级计划，打造平台高、学科强、成果多的医学科技新高地。

实施高效管理战略，打造医院管理新高地。管理也是生产力。实施高效管理战略，推进高效管理提升计划、智慧医院落地计划，逐步完成向精细化、内涵式、集约性管理的转变，基本形成维护公益性、调动积极性、保障可持续的公立医院运行新机制，打造医院管理新高地。

实施美好家园战略，打造和谐幸福新高地。医院是员工共同的家园，员工是最宝贵的财富。实施美好家园战略，落地精神文明与文化引领计划、多院区基本建设计划，建设文化繁荣、和谐友爱、美丽安全的幸福新高地，使医院成为协和人的情感依托和精神港湾。

百年征途谋新篇，雄心壮志启征程。协和医院将以习近平新时代中国特色社会主义思想为指引，继续服务国家战略和人民需求，改革创新，重点突破，走高质量发展新路，加快建成国家级学科平台、卓越医学生培养体系，提升重大疾病科技攻关能力和医疗健康服务水平。朝着中国特色、国际一流医学中心的目标加速冲刺，发出更多华中大医学之声，助力新时代卓越华中大建设和健康中国建设。

（协和医院）

同济医院——
赋能高质量发展　助力健康中国

党的十八大以来，在华中科技大学的正确领导与同济医学院的大力支持下，同济医学院附属同济医院深入学习贯彻习近平新时代中国特色社会主义思想，以党的十八大、十九大及历次全会精神为指导，着力健康中国战略，瞄准国际一流目标和国家临床重大需求，锐意进取，奋发有为，持续推进医院高质量发展，为医科发展，为国家医疗卫生事业的进步，为建设健康中国、增进人民健康福祉做出了新的贡献。

医院连续16年获得"全国文明单位"称号，先后被授予"全国五一劳动奖状""全国职工职业道德建设十佳单位""全国卫生系统先进集体"等光荣称号，复旦版中国医院排行榜连续十年位居全国前十（2020年全国第六、中南第一）。

获批国家重大公共卫生事件医学中心、首批"辅导类"国家医学中心创建单位（综合医院）、国家卫健委和湖北省共建国家高质量发展试点医院、国家现代医院管理制度试点医院、首批国家区域医疗中心建设输出单位、国家临床医学研究中心等六大国家级项目。

"只要还有一口气，赶快赶快送同济""手术顺利，首选同济"……在荣誉与信任的背后，是同济医院为了提升救治本领和服务能力，为了中国人民的健康和中华民族的未来，始终不变的理想追求。

·历经三次创业,实现世纪腾飞·

1900年,同济医院由德国医师埃里希·宝隆创建于上海。取名"同济",寓意"同舟共济"。在积贫积弱的旧中国,同济医院在救亡中求生存,在斗争中求发展,在半个世纪的战火中砥砺前行。这是医院的第一次创业。

1955年,同济医院服从国家国务院决定,从上海整体搬迁至武汉,从长江入海口来到黄鹤楼下,综合实力冠中南。2000年,同济医院成为华中科技大学同济医学院附属医院,以新的姿态昂首跨入21世纪,在华中科技大学的正确领导下于改革中求突破、于创新中求卓越,综合实力有了质的飞跃,进入国内顶级行列。

从2013年开始的第三次创业(筹建光谷院区),医院在更高的起点上向国际一流医院迈进。2020年,医院第九次党代会明确了历史使命、确定了战略重点及创建国际一流医院"三步走"的发展战略;丰富并拓展形成了五大建院方针,明确坚持高质量发展主线,提升内涵建设三项能力,推进攻坚国际一流医院六大工程,实现三个转变的发展路径。医院先后开设光谷院区和中法新城院区,建成了孝感科技产业园区、汉南教育园区、中法新城科研园区等三个园区,"一体两翼"格局正式形成,"一院三区"战略布局日益完善,"一体化管理、同品质医疗"管理模式日趋成熟。目前,国家重大公共卫生事件医学中心、光谷同济儿童医院、国际康复医学中心以及质子治疗中心即将建成。

"看似寻常最奇崛,成如容易却艰辛。"同济医院历经122年的建设与发展,如今已成为学科门类齐全、英才名医荟萃、师资力量雄厚、医疗技术精湛、诊疗设备先进、科研实力强大、管理方法科学的集医疗、教学、科研、公共卫生和培干为一体的现代化综合性国家卫健委委管医院,综合实力稳居全国医院前列。

——加强公立医院党的建设,传承文化精髓

院党委扎实开展"三严三实"专题教育,推进"两学一做"学习教育常态化制度化，建立"不忘初心、牢记使命"主题教育长效机制，党史学习教育常抓不懈，充分发挥领导核心和政治核心作用，牢牢把握了正确的发展方向：始终坚持"党委领导下的院长负责制"，逐步形成了以科主任负责制、支部书记责任制、科室民主管理制度三大制度为支撑的内部运行机制；坚持"党管干部"，坚持"党管人才"，坚持"总揽全局、统筹推进"；认真贯彻落实全国高校思想政治工作会议精神，坚持意识形态工作责任制，牢牢把握了意识形态工作的主动权；认真落实党风廉政建设主体责任，落实纪委履行监督执纪问责专责，推进全面从严治党；坚持"党管党建"，基层组织建设不断加强，全院增设党工委2个，部门党委9个，党总支增至25个，党支部增至120个，党员日常管理日趋制度化规范化。

2019年，院党委被授予"全省党建工作示范单位"的荣誉称号，具有行业特色、全心服务群众的"不忘初心、牢记使命"的主题教育活动被新华社关注。2021年，医院党委被评为"全国卫生健康系统庆祝建党100周年专题活动典型案例先进基层党组织"，外科党委等11个党委被评为湖北省卫生健康委先进基层党组织，陈孝平、马丁被评为"全国卫生健康系统庆祝建党100周年专题活动优秀共产党员"。

同济医院将"文化建院"与"依法治院""科教兴院""质量立院""人才强院"一起列为医院的五大建院方针，继承和传扬同济精神、迁汉精神、伟大抗疫精神，全院职工将这些精神内化于心，外化于行，不断丰富和发展医院文化的内涵。

陆续开展"做生命的朗读者""生命是一次旅行""我和我的祖国""纪念建院120周年""我心向党初心永挚"等系列主题文化活动，传承医院百年文化，增强职工的文化认同感；践行"健康中国"战略，举办职工运动会、公益徒步活动，以全民健身倡导绿色健康生活方式；举办中国器乐专场音乐会、人文讲座等职工综合素质培训等健康的美育活动，占领文化阵地，培养了职工的责任感，增强凝聚力。通过"一科一品"实践，打造医疗服务宣传品牌，塑造"同济未来儿童学校"、"同济青年小名医"、"护心团队"、抗疫先锋"尖刀连"等优秀文化品牌；通过微电影、抗疫纪录片等记录"同济时刻"，讲好华中大故事，传递同济人仁心暖医的大爱情怀和崇德向善的核心价值理念，建立同济文化符号。全面立体的深层次医院文化建设塑造了一支有远大理想抱负、有深厚家国情怀、有伟大创造力的职工队伍，在伟大抗疫斗争中发挥了重要作用。

——重视平台建设，学科建设成效显著

学科建设是医院发展的重中之重，更是医院品牌、声誉、地位的基石。同济医院围绕高端技术，提前布局规划学科建设，不断推动新技术的开展和科研成果的快速转化，造福广大患者。

目前医院设62个临床和医技科室；拥有世界卫生组织康复培训中心、国家重大公共卫生事件医学中心、国家医学中心"辅导类"创建单位（综合医院）、国家妇产疾病临床医学研究中心；拥有国家重点学科11个（含培育学科3个）、国家临床重点专科33个（全国第二），教育部重点实验室2个、国家卫健委重点实验室2个和湖北省重点实验室4个。

在最新的复旦版《中国医院专科声誉排行榜》中，同济医院34个专科榜上有名。在全国专科综合和专科声誉两项排名中，妇产科、老年医学科、泌尿外科、普通外科、康复医学科、呼吸内科、小儿外科、生殖医学科、变态反应科、放射科、麻醉科、神经内科共12个专科均跻身全国前十，其中妇产科专科综合排名位居全国第三。

不仅如此，同济医院还牵头湖北省妇科、产科、器官移植等22个省级质控中心，数量居湖北省首位，引领学科发展前沿。通过打造同质化质控体系，为各学科提供质量控制的"同济方案"，保证人民群众的生命安全。此外，医院还有湖北省级临床医学研究中心14个、湖北省工程研究中心2个。

在最新一期临床医学ESI学科排名中，医院贡献度在华中科技大学排名第一。

——医疗服务立足华中，辐射全国

医院坚持"病人需求至上，倡导合作医学"的服务理念，积极推进现代医院管理制度，认真落实"进一步改善医疗服务行动计划"，优化服务流程，改善就医条件，有效满足人民群众的就医需求，全面提升患者就医

"获得感"。十年间，累计服务门急诊病人5400万人次、住院病人223万人次，施行住院手术91万台次。2018年、2019年全国医院综合绩效考核（55项指标）等级A＋、湖北省第一。

"让病痛止步于同济"，这是同济医院专家们的共识。从顶层设计到医疗的全过程管理和质量监控，持续推进医疗技术能力和医疗质量水平双提升。

以引领未来和"TOP"战略项目为抓手，坚持创新驱动发展，加强技术品牌引领，围绕肿瘤防治管控、器官移植、微创诊治技术、高效急救系统、基因诊治研究等5大平台，打造疑难急危重症救治、手术治疗、医疗保健、新技术新业务创新、高层次人才培养等5大基地。

医院每年开展新技术、新业务150余项。中国科学院院士陈孝平教授开创"劈离式原位辅助肝移植术"和"陈氏胰肠吻合术"，被世界顶级期刊 Nature 评价为国际肝胆胰技术改进和创新的领导者；中国工程院院士马丁教授创新宫颈癌治疗技术，在根治宫颈癌的同时，保留妇女生育功能，该成果被写入美洲国家癌症指南、欧洲妇科肿瘤诊断治疗专家共识和中国妇科恶性肿瘤诊治指南；国际欧亚科学院院士汪道文教授牵头撰写中国首个《成人暴发性心肌炎诊断和治疗专家共识》，将该病病死率降至5％以下，救治成功率长期稳定在90％以上；"十四五"国家重点研发计划"人畜共患烈性传染病临床救治创新技术与防护规范研究"获批立项，宁琴教授为首席科学家；全球新创自体干细胞移植联合CAR-T细胞免疫疗法；器官移植创造多项国内外纪录、肾移植存活率优于欧美发达国家；微创技术蓬勃发展，湖北省首台手术机器人落户我院，目前已广泛应用于泌尿外科、肝脏外科、妇科肿瘤、胸外科等；脑血管病临床转化研究取得新突破；多学科联合（MDT）急危重症救治水平达到国际先进水平；突破性将补肾益气活血法则运用于不孕症及妊娠并发症的治疗；胎儿产时手术全国第一；康复机器人获国际发明金奖；呼吸与危重症医学和老年医学等专病研究为国内领先；引进华中地区第一台"速锋刀"，极大提高肿瘤放疗效果……这些研究成果，都有效地、积极地进入转化医学平台，作用于临床，催生出大量"同济创新"，极大地提升了医生"看好病"的能力，亿万患者因此受益。

积极开拓新服务，打造新医疗，全面建设"同济云医"。2020年年底，同济医院成立湖北省首批互联网医院，以"全病程患者管理"为建设方向，有效打通线上医疗服务和线下医疗流程，打造覆盖诊前、诊中、诊后的线上线下一体化、智能化医疗服务模式，将医院的功能概念从"治疗"延伸为"健康"。开通仅仅一年，线上服务病人数已超百万人次，极大地满足了新形势下患者的就医需求。

医院还通过建立涵盖门诊和住院的多学科MDT团队、开通门诊通票、推广快速康复（ERAS）、无痛诊疗、便捷医保服务及提高护理服务人文内涵，为病人提供一站式、多学科联合的贴心医疗服务。

——立德树人，医学教育硕果累累

院党委坚持全面贯彻党的教育方针，一直坚持把立德树人作为中心环节，把思想政治教育融入医学专业教学，贯穿教学全过程，落实"三全育人"，教学质量不断提高。十年间，毕业本科生2223人、八年制601人、博士1467人、硕士3250人，为国家输送大批高质量医学人才。

人民卫生出版社出版的临床医学专业国家级规划教材的主编和副主编人数，我院在全国医院中排名第一，主编或副主编各类国家级规划教材近50部，最新版《黄家驷外科学》以及《中华内科学》等医学巨著也由我院教授主编。2020年，教育部高教指导委员会及临床实践教学联盟联合发布的全国临床实践教育质量排名中，我院排名第七。获国家级教学质量工程立项6项、各级教学成果奖21项，其中《外科学》第9版荣获首届全国教材建设奖优秀教材二等奖。

我院教师代表大学参加全国医学院校教学竞赛，实现一等奖零的突破。我院学子4次参加"全国高等医学院校大学生临床技能竞赛"，获得1次特等奖、3次一等奖，在"首届全国来华留学生临床思维与技能竞赛"中获最高奖。

铸魂育人，厚植职业情怀。创办"健康中国·课程思政"品牌，依托医学导论课程，鼓励教师在专业课的讲授中融入思想政治和品德修养的内容，开课前将医生职业素养、医德故事、华中大及同济精神、学科发展历程等元素融入专业课教学中。医学导论课程入选教育部课程思政示范课程，授课团队入选课程思政教学名师和团队。

在研究生教育中，突出党团班共建，以社会实践激发担当作为。开创"学生—班干—德育助理—辅导员—导师"五位一体模式，积极开展研究生思想政治工作。打造"同济颜（研）"志愿服务品牌，鼓励研究生投身社会实践，磨砺坚韧品格，承担社会责任。2012年成立博士研究生"三下乡"医疗志愿者服务团，足迹遍及省内多地。研究生党委获"湖北省高校思想政治教育工作先进基层单位"和"湖北省'三下乡'社会实践活动先进团队"，2019级博士第一党支部入选教育部第三批"全国党建工作样板支部"培育创建单位；先后有师生获评"湖北省高校思想政治教育先进工作者"、湖北省卫健委"优秀共产党员"、共青团中央"抗疫青年志愿者服务先进个人"等称号。

言传身教，以过程管理提升培训质量。在住院医师和专科医师规范化培训工作中，建章立制，健全医院—职能部门—培训基地三级管理机构。2014年起，共培训了3684名学员，历年均完成了紧缺人才专业招收任务。2015年，同济医院被评为湖北省住培"示范基地"。33个专业基地成为国家级住院医师规范化培训基地，9个专科开展国家级专科医师规范化培训试点。2019年建立全科医学科，牵头全科住院医师规范化培训工作。2020—2021年，妇产科、儿科、麻醉科、内科、急诊科、临床病理科、口腔全科共7个专科被评为全国重点住培专业基地。先后有8名医师荣获全国"优秀基地管理者""住培优秀基地负责人""住培学员心中好老师"等称号。医院还成为国家住培结业试题开发基地，国家住培临床实践技能考核基地，并承担了"十三五"住培规划教材的主编、副主编工作。

——立足创新，科研"同济现象"再谱新篇

医院围绕临床瓶颈问题探索符合中国人的诊疗标准，倡导多中心研究、多学科携手攻关。基于临床问题，做对病人有意义的科研，让顶尖的科技成果快速转化、造福民众，是同济人始终秉持的价值观。

2013年起，医院实施科研发展的TOP战略：面向国际医学前沿和国家重大需求，遴选10个左右学科，每年每个学科资助300万~500万元，连续资助三年；鼓励年轻医生，医院每年设立院科研基金，拨款100万元资助30～40项研究，扶持青年科技人员开展科研活动；强化优势学科，进行重点实验室评审，每次15个实验室入选，各资助150万元；提升公共科研平台的服务能力和水平，对医院公共科研平台，如实验医学研究中心、生物医学研究中心、动物医学研究中心、转化医学研究中心、生物样本库加大投入，提升科研服务的能力和水平；起步相对较晚的学科，每个实验室资助30万元。在该战略的推动下，医院国家临床重点专科建设坚持"做对病人有意义的研究"，在临床重大疾病和关键技术领域取得多项重大突破，填补一系列国内外空白。王伟教授团队"针灸用于无先兆发作性偏头痛预防的RCT研究"入选2020年全球神经领域十大研究进展，被评为2020年度中医药十大学术进展。

2012以来连续10年获国家自然科学基金立项突破百项，2017年达157项，全国排名第一。已获国家科技成果二等奖11项，连续6度10年SCI论文被引用次数居全国第二，2018年SCI学科影响因子前1/10期刊的收录论文数居全国第二。2017年科技影响力排全国第六。现有54个专业完成药物临床试验资格备案，51个专业完成医疗器械临床试验资格备案，临床试验专业数在全国医疗机构中处于领先地位。

2019年5月，医院正式启用8万平方米的国际一流的科研大楼，全面提升了科学研究的条件和管理水平。

——搭台筑巢，人才培养高位推进

医院实力的比拼归根结底是人才的比拼。同济医院在国内率先提出"创建国际一流医院"的目标后，人才培养驶入快车道，并通过"内培外引"模式致力于培养医界领军人物，助推医院国际化进程。

"留住人才，需要待遇，更要感情，最重要的是靠事业。"同济医院推出一系列支持政策，事业留人、感情留人、待遇留人，让优秀人才学有所成，学有所用。通过建立院士平台、学科平台、疾病治疗平台和科研平台引进人才。根据人才发展不同阶段的需求，量身定做，形成完善的链条。分类施策，全面培养人才、精准扶持人才：设立拔尖人才专项经费分类分层次助力院士、领军人才、国家级青年人才开展创新科学研究；设立优秀青年科学基金，为青年人才科研工作起步做好保障；设立临床骨干专项资助基金，支持各学科临床技能的提升。医院通过中德医学会、"六个二"工程等方式深耕国际合作，提升人才的国际化视野。

医院形成了两院院士领衔、名医名家荟萃的人才格局。其中，陈孝平2015年当选为中国科学院院士，马丁2017年当选中国工程院院士，拥有国家级高层次人才50人（含国家级青年高层次人才15人）、省级高层次人才97人、市级高层次人才65人、卫生部有突出贡献中青年专家14人、享受国务院政府特殊津贴者96人。一大批专家、教授享誉海内外。以这些人才为核心的同济人才队伍，汇聚成服务百姓的强大力量，汇聚成推进健康中国建设的强大动力。

——与国家同舟，与人民共济

同济医院始终坚持"与国家同舟，与人民共济"，始终秉持对医学真理的执着追求，对国家民族的责任担当。在每一个重大公共卫生事件中，同济人都是参与者、引领者和贡献者，用精湛的医术、高尚的医德和奉献的精神书写着一个又一个医学传奇与人文传奇。

四川雅安抗震救灾，昆明"3·1"严重暴力暴恐事件，昆山工厂、宜昌当阳爆炸事故，蔡甸消泗乡、天门黄潭乡抗洪，"东方之星"旅游客轮倾覆事件，恩施鹤峰、仙桃食物中毒事件，陕西"胡蜂蜇人"事件，麻城市房屋垮塌事件，恩施朝阳坡小学恶性伤人事件，大广高速鄂州境内跨线桥垮塌事故，浠水县群体烧伤事故，武汉市"514风灾"，十堰燃气爆炸事故……同济医院秉承公立医院的公益性，一心赴救，甘于奉献，圆满完成一系列重大医疗救援任务，得到了各级政府、部门和广大人民群众的高度赞誉。

2020年初，在武汉新冠肺炎疫情防控中，同济医院作为抗疫排头兵，率先主动将发热门诊扩大50倍接诊病人，率先主动将中法新城院区和光谷院区开辟为抗疫主战场；国务院副总理孙春兰6次坐镇同济医院指挥全省抗疫；国家卫生健康委主任马晓伟到同济医院召开重症救治例会十余次；重症床位数、接诊发热病人数、收治重症病人数、ECMO使用例数、80岁以上病人数、线上咨询免费服务量均为全国最多；还成立了全国第一个发热门诊临时党支部，最早喊出"不计报酬，无论生死"的口号；在全国率先发布《新冠肺炎诊疗快速指南》，主编指南、共识72个；创建重症救治"同济模式"，被国务院联防联控机制医疗救治组发文推广；被中宣部授予"时代楷模"光荣称号；获"全国抗击新冠肺炎疫情先进集体"光荣称号。2020年4月26日，国家卫健委发文，决定以同济医院为主体设置国家重大公共卫生事件医学中心，这是全国第六个国家医学中心。

作为国家重大公共卫生事件医学中心的主体单位，同济医院还积极派送医务人员支援国内外抗疫工作，累计派出98人次支援金银潭医院、社区隔离点及方舱医院；22批次144人次赴莱索托、安哥拉以及国内的河北、吉林、杭州、昆明、南京、厦门、甘肃、黑龙江、新疆、大连、青岛、北京、上海等地区支援当地新冠疫情防控和救治；组织并带领25批2555名医护人员参与武汉市硚口区、沌口区、江夏区、东湖高新区、汉南区、鄂州市等地核酸筛查大会战，共采集核酸样本551991人次；1500余名医护人员完成社区卫生服务中心疫苗保障任务。如今，国家重大公共卫生事件医学中心平战结合远程指挥中心和会诊中心已投入使用，空地一体化急救基地挂牌成立。该中心建成后，将形成以国家医学中心为引领、国家区域医疗中心为骨干的国家、省、市、县四级救治体系，打造预防、预警、救治、管理、培训、研发等为一体的国家重大公共卫生事件长效防控机制。

以健康扶贫为抓手，"让更多人拥抱健康，让居民获得高质量医疗服务"，深入基层持续开展医疗扶贫，促进群众健康，在同济医院已成常态。医院积极开展援疆、援藏相关工作，10年来，共派出医务人员55人次执行支援任务，足迹遍及西藏山南地区、新疆博州、青海西宁和广西南宁等地。

受国家卫健委委派，同济医院自2012年起，每年组建一支国家医疗队赴深度贫困地区开展为期一个月的巡回医疗活动。10年来，同济医院共派出百余名专家分赴湖北恩施、山西、青海、云南、海南、内蒙古、四川等地下乡入村，开展巡回医疗和健康医疗知识讲座，支援开展常见病多发病、疑难重症、特殊疾病诊治，让基层人民享受到国家医疗队的健康服务，同时提升了基层医疗卫生服务能力，在当地建起一支支"带不走的医疗队"。

组建医疗联合体，助力分级诊疗。医院已经形成了城市医院联盟、逐级托管、对口支援、远程医疗、专科联盟等多种形式的医联体，助力分级诊疗。目前医院已建设28个院级医联体，30个专科（病）医联体。通过派出驻点帮扶专家同时结合帮扶医院的实际需求与医疗定位，分类分层、因地制宜，开展医联体建设工作，形成以"院—院，科—科，点—点"为核心的立体帮扶模式，依托当地医院开展常见多发病、疑难重症、特殊疾病诊治等活动，积极完成各项健康扶贫和应急救援任务。2019年，受国家卫健委、国家发改委委派，作为输出医院支持山西白求恩医院建设国家区域医疗中心。帮扶的湖北省咸宁市中心医院、海南省文昌市人民医院、江西省信丰县人民医院等基层医联体医院已经实现了80%患者看病不出县。其中，托管咸宁市中心医院开创三级医院托管三级医院的先河，由新华社内参深入报道，被誉为"同济咸宁模式"。医院被评为"全省脱贫攻坚先进集体"。

——敢为人先，管理创新成果丰硕

立志做医疗行业高质量领跑者，同济医院一直以守护健康生命线为己任，推出一系列具有同济特色的医疗管理、绩效管理、多院区管理、科室管理新模式，积极推进质量认证、质量强院。

2012年，同济医院成为亚洲最早通过德国KTQ质量管理模式体系认证的医院。这一模式要求"以病人为导向"，运用现代信息技术对质量实施精准监管，精准构建病人安全质量体系。2015年通过德国KTQ认证复评；2017年外科学系获"中国质量奖提名奖"，医院获"第七届武汉市市长质量奖"；2019年医院荣获"湖北省长江质量奖"；医院两次荣获中国医院协会医院科技创新奖一等奖；2022年成为湖北省唯一的委省共建高质量试点医院。

2018年，国家卫健委医疗技术和服务双提升同济新闻发布会，介绍同济医院围绕健康中国战略，着力医疗技术和质量双提升，打造人民群众看得见、摸得着的就医获得感。2020年，同济医院在中国医院（综合医院）"患者、医务人员双满意"排名中位列全国第一。

同济医院三院区"一体化管理，同品质医疗"的管理模式确保了医务人员水平同质化、医疗流程同质化、病人接受的服务同质化，优质医疗资源服务半径不断扩大。在 2020 年的新冠肺炎疫情中，同济医院充分发挥多院区"一体化管理"的实践经验，经受疫情大考。国家卫健委为此专题调研我院多院区管理工作，"同济模式"成为国家多院区管理工作的重要参考。

——汇通中外，国际知名度不断提升

配合"一带一路"倡议，开展对外医学交流。近 10 年来，18 个国家和地区共 1960 余位专家来访；医院选派 700 余人赴海外学习交流，3000 余名职工出国（境）参加国际会议和学术交流；与德、美、英等国的一流医疗机构签订了合作协议。

深耕对德交流，德国几任总统和总理均高度肯定同济医院为推动中德医学交流做出的贡献。多次成功举办中德—德中医学协会联合年会，并在中德两国卫生部长的共同见证下，与中德医学协会和德中医学协会签订三方合作协议。德国现任总统施泰因迈尔强调要将同济医院打造成中德交流的标杆。2018 年 10 月，同济医院光谷院区挂牌武汉中德友好医院，这是国内首家中德友好医院。2019 年 9 月，时任德国总理默克尔成功访问同济医院，称赞"同济医院很棒"！

"凡是过往，皆为序章。"医院将紧扣高质量发展主线，不断创新医院管理，建立并完善高质量的发展体制机制，积极参与公立医院综合改革，推动优质医疗资源下沉，推进创建国际一流医院"三步走"战略，以坚定的政治姿态、饱满的精神状态、良好的社会形象、优异的工作成绩迎接华中科技大学 70 周年校庆！迎接党的二十大胜利召开！

（同济医院　蔡敏　常宇）

梨园医院——
扬帆起航四十载　再接再厉谱新篇

同济医学院附属梨园医院坐落于长江之滨、东湖之畔，是华中科技大学附属综合性教学医院和第三临床学院，是国家卫生健康委员会预算管理单位，是湖北省卫生厅授牌的"湖北省老年病医院"。历经40年发展与沉淀，代代梨医人发扬"敬业求实、团结进取、开拓创新、和谐发展"的精神，践行"学业求真、医德求善、环境求美"的办院理念，形成了自己独特的学科优势和办院风格，在老年医学领域享有盛誉。

· 砥砺奋进筑根基 ·

梨园医院始建于1979年，最初是湖北省委省政府为解决老干部医疗保健而兴建的一所医院，由湖北省委组织部直接领导。省委组织部领导亲自筹备班子、指导踏勘选点、筹集资金、领导建设，最终选址于东湖梨园，同时在全省各地各单位选调优秀的业务骨干组建医院。

医院于1979年元月正式开工，1981年完成一期工程，建设床位200张，并开院收治患者。1985年5月，二期工程开工，1987年7月建成并投入使用，床位增加到500张。至此形成南北两栋住院楼，以医技楼相连，各病区均建有100平方米左右的阳光活动室。

医院环境优美、风景秀丽，亭台水榭相映成趣，花坛锦簇群芳斗艳。室内装配空调，四季如春，病区建有娱乐场所，设备舒适，是患者治疗、康复和疗养的胜地。

建院初期，医院定位于"以治为主、疗养为辅、疗治结合"，是一所集老年病医疗、康复、预防保健和科研"四位一体"的新型老干部医院，收治患者对象为老红军、老干部、高级知识分子，湖北省委给医院命名为"湖北省梨园医院"。医院领导班子均由湖北省委组织部管理和任命。首任院长李晖是知名的呼吸专家，曾任武汉医学院附属第二医院副院长、中华医学会老年医学会常委、湖北省首届老年医学会主任委员。

医院在开院同时就成立了"老年病研究室"，结合老年病防治开展科研，由李晖院长兼任研究室主任。1985年9月，经湖北省人民政府批准，在梨园医院正式设立"湖北省老年医学研究所"，李晖教授担任名誉所长。研究所主要开展老年医学基础研究、老年人生理正常值研究、百岁老年综合研究、衰老机理研究、抗衰老药物及微量元素与健康、寿命关系以及老年营养等研究。其中关于健康老年人生理正常值的研究、微量元素与长寿、微量元素抗衰老作用等研究获多项省科技成果二等奖和三等奖。

1989年10月，医院由省委组织部省老干局系统移交省卫生厅管理，湖北省老年医学研究所也随同医院一并移交管理。

1997年5月，省委省政府批复同意同济医科大学增设一家附属医院，将梨园医院并入其中，梨园医院由"湖北省梨园医院"更名为"同济医科大学附属梨园医院"，成为国家卫生健康委员会（原卫生部）委属委管44家医院之一。"湖北省老年医学研究所"增挂"同济医科大学老年医学研究所"。

2000年5月，华中理工大学与同济医科大学等合并成为华中科技大学，医院成为"华中科技大学同济医学院附属梨园医院"，研究所成为"华中科技大学同济医学院老年医药学研究所暨湖北省老年医学研究所"。

建院以来，医院深耕老年医学领域，形成了老年医学特色。2003年4月，湖北省卫生健康委员会（原湖北省卫生厅）命名我院为"湖北省老年病医院"。

2002年，医院成为武汉市社会医疗保险定点医院。2008年又进一步成为首批湖北省新型农村合作医院、湖北省商业保险定点机构，为百姓和社会提供更加便利的医疗服务。

2010年至2012年期间，我院为支持武汉二环线及东湖隧道市政建设，出让部分土地，武汉市政府在杨春湖地区进行还建。目前，我院杨春湖院区已建成一个社区卫生服务中心和一个精神心理卫生中心。

2013年8月，医院建成新门诊楼并投入使用。新门诊楼紧邻二环线东湖隧道口，面朝居民小区，人民群众就医更加便捷。

2015年10月，在各级政府的关心、支持下，经过多方共同努力，医院总体建设发展规划终获国家住建部及国家卫健委批复。

医院总体建设发展规划的重要组成部分包括新内科大楼和综合楼。2021年5月，新内科大楼建成并投入使用，新增建筑面积3万平方米。新内科大楼采用古典简约式的设计，典雅端庄，与东湖风景区整体格调相统一；大楼内部整洁明亮，设施设备焕然一新；从病房向外看去，水光潋滟，草木青青，湖光山色尽收眼底。新内科大楼建成后，医院就医环境得到大幅改善。

40年励精图治，40年薪火相传。40年时间，梨园医院从一所老干部医院，成长为一所集医疗、教学、科研、康复、预防、保健于一体的综合性教学医院。床位数由建院之初的200张增至1200张，职工人数由300余人增至1300余人，各类医疗设备仪器逐年增加，医疗服务能力不断提升。

·人才强院谋发展·

建院初期，省委组织部从武汉同济医院、武汉协和医院、湖北医学院附属一院（现湖北省人民医院）、湖北医学院附属二院（现中南医院）、湖北省中医进修学校（现湖北中医药大学）等单位，以及从全省各地抽调了一大批业务突出、年富力强的中青年骨干专家，组建了我院建院之初的内科、中医、康复、药剂、检验等科室，搭建了医院基础专科构架，为我院的人才建设和学科发展奠定了坚实的基础。

医院还陆续聘请了中国工程院院士、"长江学者"以及海内外知名专家学者为我院特聘教授，助力我院学科建设和专科发展，同时立足自身，加大人才培养力度。医院有11名专家享受国务院、省政府特殊津贴，14人入选湖北省、武汉市中青年医学骨干人才，3名专家入选湖北省中医名师，20余名专家在各级专业学会担任主委、副主委。专业技术人员由建院时140人发展到700余人，高级职称人员由建院时的10余人发展到400余人。现有博士生导师15人，硕士生导师46人。

医院是同济医学院第三临床学院，1998年获批老年医学硕士点，开始正式招收硕士研究生，1999年医院开始承担临床医学本科理论与实践教学。2008年开始招收博士研究生。医院发挥老年医学领域优势，为社会培养高级专业人才，累计培养硕士、博士研究生300余人。医院现有内科、外科、精神、影像、神经、康复、全科、急诊等8个专业的住院医师规范化培训基地以及老年病、精神心理2个专科护士临床培训基地，培养住培生及专科护士数百名。2018年我院开展国培项目——职业院校护理教师素质提高班，已累培训400余名护理教师。

·学科发展结硕果·

医院内、外、妇、儿等学科门类齐全，设有一级诊疗科目29个，临床医技科室37个。医院以老年病专科为发展重点，40年深耕老年医学领域不辍，在老年心脑血管、呼吸、消化、内分泌、肿瘤、肾病、血液、普外、骨外（手外）、泌外、胸外疾病及其并发症的治疗和康复等方面积累了丰富的经验，医院逐步形成了以老年保健、老年疾病的诊疗康复为特色和优势的医疗格局，有老年病科、精神心理科、检验医学科等多个重点专科。

为做好老年保健和康复，我院于1981年建院初期就设立了康复理疗科，1988年成立康复中心，全面开展康复评定、物理治疗、作业治疗、语言治疗及中医康复等诊疗项目，制定了多项康复诊疗及技术操作规范，参与了省康复治疗技术骨干培训班的教学工作，获批多项国家及省级科研项目。

随着人口老龄化的到来，糖尿病及心血管疾病患病率不断攀升。2001年我院开设创面修复科，针对糖尿病足等慢性难愈合创面开展治疗。中国医疗保健国际交流促进会糖尿病分会足病师学组主委、国际糖尿病足学会唯一中国委员由我院专家担任。该科设立以来开展了国家、湖北省等各级科研项目近20项,"一种制备医用创面修复材料的方法"获国家实用新型发明专利,"创新糖尿病足多学科序贯合作一站式诊疗技术"获湖北省科学技术进步奖三等奖,主编《糖尿病足及下肢慢性创面修复》等专著3部。2016年,湖北省慢性创面及糖尿病足医学临床研究中心设于我院,依托创面修复科开展研究。2020年我院在心内科的基础上成立心血管临床医学中心,开展心血管内科治疗、外科手术、急危重症抢救、心血管影像和功能检查、心血管介入诊疗等,着力打造一流的心血管专科。2021年10月,代谢异常及血管衰老实验室通过认证成为湖北省重点实验室。

建院以来,医院重视临床科学研究,累计获批国家及省市等各类科研项目近400项,通过成果鉴定50余项,获各级科学技术进步奖、成果奖近30项,专利近20项,出版各类著作和教材80余部,学科实力和科研实力不断增强。

·社会服务为人民·

杏林春暖,清风无限。40年来医院不忘医者初心,牢记救死扶伤使命,先后派出医疗队赴恩施来凤、神农架林区、孝昌、通山等地区进行医疗支援,同时还派出专家参与援疆、援藏、援非等医疗服务工作。在1998年抗洪救灾、2003年抗击"非典"、2008年汶川地震等重大事件,我院均派出医疗队进行医疗救援。

2020年1月,新冠肺炎疫情突然暴发。在医院党委的坚强领导下,全院干部职工众志成城,勠力同心,作为武汉市新冠肺炎疫情防控指挥部定点发热门诊和医疗救治机构,医院共收治住院新冠肺炎患者525例,其中老年患者居多,年龄最大的患者达103岁。医院同时还派出60多名医护人员援助武汉雷神山医院和方舱医院,协助各级疫情防控指挥部,参与巡诊指导工作。

常态化疫情防控期间,医院积极履行社会责任,陆续派出医护人员1500余人次,深入社区、单位开展核酸采集和检测。2022年4月初,我院19名医护人员组成援沪医疗队再次集结出发,逆行出征驰援上海,奋战59个日夜,为抗击上海新冠肺炎疫情贡献了力量。

医院主动服务社会，长年坚持深入社区、乡镇开展义诊、健康宣讲、疾病筛查等，其中心血管临床医学中心被评为武汉市学雷锋志愿服务示范点。医院还多次派出医疗队及专家执行世界军运会、武汉马拉松比赛等大型活动医疗保障及干部保健任务。

· 凝心聚力谱新篇 ·

40年砥砺奋进，40年春华秋实。新时期，医院坚持公立医院的公益性，以人民健康为中心，以公立医院的责任为使命，以高质量发展为目标，持续改进医疗服务质量，不断提高医疗服务水平，着力提升人民群众就医体验。未来梨园医院将继续秉承"敬佑生命、救死扶伤、甘于奉献、大爱无疆"的职业精神，以医者仁心仁术，守护百姓生命健康，奋力书写新的华章！

（梨园医院　李晶　张翔）

哲学学院——
崇学明道达至善　立德笃行以成人

华中科技大学哲学学科始于 1977 年恢复高考后华中工学院开办的哲学师资班。经过 40 余年的发展，华中大哲学学院已成为我国哲学教育和哲学研究的重镇，具有本、硕、博、博士后全链条人才培养体系，拥有哲学一级学科博士、硕士学位授予权，为国家和地方培养了一大批优秀的哲学专业人才。

·发展概述：三个春天·

1980 年前后学校设立哲学研究所（校直属研究所），这是华中工学院在全国理工科大学率先创办文科且最早设立的文科研究与教学机构之一，首任所长为马克思主义哲学家李其驹先生，继任所长为黄金南教授，现任所长为欧阳康教授。

1980 年到 1996 年，是华中大哲学学科发展的第一个春天。当时哲学研究所聚集了一大批在国内哲学界具有很大影响的学者，如康宏逵、张华夏、林定夷、涂又光、张辉碧、黄克剑、陈家琪、许苏民、黄见德、王炯华、殷正坤、宋子良、李思孟等。1982 年下半年，学校以哲学研究所的优秀师资面向全国开办哲学教师进修班。

1996 年，为适应哲学教学与研究的需要，在原哲学研究所的基础上组建了哲学系。先后引进了国内著名学者张曙光教授、欧阳康教授、韩东屏教授；与此同时还先后引进了一批在国内哲学界崭露头角的中青年学者，如邹诗鹏、张廷国、万小龙、高秉江、马天俊、李耀南、董尚文、陈刚等。作为华中大哲学学科发展史上的第二个春天，这一时期也是哲学学科建设发展最快的时期。

2001年哲学系开始正式招收本科生。2003年，原哲学系承担"两课"教学的教师被重组到政教系（即现在的马克思主义学院），哲学系成为专业哲学系。殷正坤、钟书华、邹诗鹏、张廷国、雷瑞鹏、廖晓炜先后任哲学系系主任。

2020年8月，哲学学院正式成立，董尚文教授为学院首任院长。新学院、新气象，党建引领，党政齐心，全体教职工凝心聚力，努力奋发。11月22日上午，华中科技大学哲学学科发展战略咨询会在华中科技大学1号楼311会议室举行。来自中国人民大学、中山大学、北京师范大学、南开大学、吉林大学等26所兄弟高校的27名专家学者以线上和线下相结合的方式出席本次战略咨询会。2021年，学院就获评校先进基层工会、消防安全工作先进单位、信访工作先进集体、"党旗领航工程"优秀组织单位以及国有资产管理绩效、资产标准化地址更新专项工作优秀奖等。学科建设、教师队伍建设和人才培养自此更是走上立足长远、主动谋划、争取资源、协同发力的新征程，华中大哲学学科发展进入第三个春天。

·学科建设：形成特色·

在历届学校领导的关心和支持下，经过同仁们四十余年的不懈努力，华中大哲学学科形成了鲜明的办学与科研特色，其锐意进取的开拓精神和开放兼容、充满活力的学术风格深受国内外同行的好评。

1981年，哲学学科开始招收硕士研究生；1983和1987年分别获得马克思主义哲学和科学技术哲学2个硕士学位授予权。进入21世纪以来，学科建设方面连上台阶。2000年设置哲学本科专业，2001年招收本科生；2003年和2005年分别获得马克思主义哲学和科学技术哲学2个博士学位授予权；2003年哲学学科入选省部级重点学科（一级学科）；2007年获准建立哲学博士后流动站；2011年获得哲学一级学科博士学位授予权。现有马克思主义哲学、中国哲学、外国哲学、科学技术哲学、伦理学、宗教学6个二级学科硕士、博士学位授予权。同时设有国家治理研究院、德国哲学研究中心、解释学研究中心、生命伦理学研究中心等科研平台。

2019年哲学专业入选国家"双万计划"、湖北省一流本科专业建设点，2020年入选教育部"强基计划"，成为2020年度国家级一流本科专业建设点（2021年公布）。

华中大哲学学科凭借其突出的成绩，获得了社会各界很好的主观评价和客观评价。2006年本科教学评估被评估组专家认为是"最年轻、最具活力的哲学系"，"教学质量'无可挑剔'、发展速度'不可思议'"。在2017年12月28日公布的教育部第四轮学科评估中，华中大哲学学科被评为B+学科，全国并列第九，综合排名居于全国前20%，科研成果全国第四，师均收录论文全国第三。2009年引进邓晓芒教授，其十卷本《黑格尔〈精神现象学〉句读》（500万字，2018年人民出版社出版）被德国海德堡科学院院士、图宾根大学哲学系教授奥特弗利德·赫费誉为"严格贴近原文的、内容丰富的解读"，清华大学哲学系教授黄裕生认为它"标志着中国学者研究、理解《精神现象学》所达到的一个历史阶段"。该成果入选"华中科技大学年度重大学术进展"（2019年），也作为礼物赠予来访的时任德国总理默克尔（2019年）。

华中大的哲学系是年轻的，2020年成立的哲学学院更是"初入江湖"，我校哲学学科之所以能够取得如此卓越的成绩，重要原因之一就是哲学系成立之初即明确提出"入主流、重交叉、创特色"的办学指导思想，成立哲学学院后更是秉持"崇学、明道、立德、笃行"的院训，践行"爱智、求真、尚善、致美"的原则，突出教学在学院发展中的核心地位，以本科生教育为立院之本，以研究生教育为强院之路。

哲学学院历届领导和同仁始终贯彻"主流"意识，努力引进一流的人才，鼓励一流的科研，倡导一流的教学，培养一流的学生。

·师资队伍：人才汇聚·

哲学学院现有专任教师 31 人，其中教授 13 人，副教授 10 人，讲师 8 人，是一支以邓晓芒、欧阳康教授为领军人物，中青年学者为主体的老中青合理搭配的哲学生力军。目前，60 后、70 后和 80 后是中坚力量，总计 29 人，其中教授 10 人；还有 8 位海外博士加盟哲学学院，主要来自英国和德国，包括一位深研国外马克思主义的外籍专任教师 Daniela Caterina。

·科学研究：影响扩大·

2000 年，当代中国著名马克思主义哲学家欧阳康教授加盟华中大，与当时新进的一批青年才俊，如张曙光、邹诗鹏、马天俊、张廷国、高秉江等，做出了"生存哲学"系列特色学术研究成果。2009 年引进当代中国著名哲学家邓晓芒教授，2010 年引进国外马克思主义研究领域的学术大家王晓升教授，2013 年引进哲学解释学研究大家何卫平教授，先后建立校级平台——德国哲学研究中心、解释学研究中心暨伽达默尔文献馆。

目前，欧阳康教授团队的国家治理理论与实践研究和雷瑞鹏教授团队的生命伦理学和科技伦理研究是成功的学科交叉典范，具有重大的影响力。前者建立的科研平台"国家治理研究院"（2014 年 2 月成立），现为国家治理湖北省协同创新中心、CTTI 入选智库、AMI 高校核心智库，相关研究成果获教育部高等学校科学研究优秀成果奖（人文社会科学）二等奖和湖北省社会科学优秀成果三等奖。后者建立的科研平台"生命伦理学研究中心"（2002 年 10 月成立）由国际哲学院院士邱仁宗教授担任主任，多次承办生命伦理学高端国际学术会议。2019 年获批国家社科基金重大项目 2 项：大数据驱动地方治理现代化综合研究（负责人欧阳康，2021 年通过中期检查，获得滚动资助 40 万）、大数据时代生物样本库的哲学研究（负责人雷瑞鹏）。获科技部重点研发计划项目 1 项：合成生物学伦理、政策法规框架研究（负责人雷瑞鹏，项目总经费 495 万）。雷瑞鹏在 *Nature* 发表的有关"基因组编辑的伦理和治理问题"的论文《在中国重建伦理治理》，是国内人文学科领域学者在 Nature 杂志发表的第一篇政策性评论文章。

外国哲学团队在德国古典哲学、解释学、现象学、中世纪哲学等领域的研究，居全国领先水平。邓晓芒教授的康德三大批判中译（获教育部第四届全国高校人文社科奖一等奖）、《康德〈纯粹理性批判〉句读》（三卷本）和《黑格尔〈精神现象学〉句读》（十卷本）等研究性著作广受国内学者称赞，其主持的国家社科基金重大项目"德国古典哲学与德意志文化深度研究"已顺利结项。专攻解释学的何卫平教授的专著《解释学之维——问题与研究》获第八届湖北省社会科学优秀成果二等奖（2013 年）。精研中世纪哲学的董尚文教授相关研究成果《阿奎那语言哲学研究》《托马斯哲学专题研究》，获教育部和省级优秀成果奖 3 项。

近 10 年，主持国家级科研项目 50 余项，其中国家社科重大项目 4 项、教育部社科重大攻关项目 1 项；在研省部级以上项目经费累计 1000 万元。发表高质量论文 500 余篇，其中 SSCI/A&HCI 收录 20 篇，《中国社会科学》11 篇，《哲学研究》24 篇，Nature 主刊 1 篇，《新华文摘》等国家级文摘转载 20 篇。

获教育部高等学校科学研究优秀成果奖（人文社会科学）9 项：第三届（欧阳康）、第四届（欧阳康）、第六届（陈刚）和第八届（欧阳康、董尚文），邓晓芒教授连续四届获奖（第一届至四届）。获华中科技大学重大学术进展奖 4 次（举办五年来，学院教师 4 次获奖，其中欧阳康教授团队两获殊荣，邓晓芒教授团队和雷瑞鹏教授团队各一次）。

· 人才培养：金字招牌 ·

始终突出教学在学院发展中的核心地位，以本科生教育为立院之本，以研究生教育为强院之路。2012 年前后，经过教育思想大讨论，面对"社会需要哲学，哲学服务社会"的现实，哲学学院创造性地提出"科学精神与哲学素养相融合"的一流本科人才培养理念，主要依托 6 项国家级、省级教改项目和 2 项国家社科基金重大项目，首创并实践了科学精神与哲学素养相融合的一流哲学本科人才培养体系，从德智体美劳诸方面协同推进人才培养，成效显著。

——落实"五育并举"

精心打造精品课程,夯实德育、智育基础。成功打造"哲学导论"课程思政品牌和以"马克思主义哲学原理""批判性思维""伦理学""哲学、文化与人生智慧"为骨干的课程思政示范群。

"哲学、文化与人生智慧""人文社会科学哲学"分别入选国家级首批一流本科课程(线上课程类,2020年)、国家级精品资源共享课(2016年),"哲学导论(1—6讲)"和"哲学导论(7—16讲)"分别入选第二批、第六批精品视频公开课(2012年,2014年)。

成功推出中国大学慕课"哲学、文化与人生智慧"(2017年)"伦理学的邀请"(2018年)和"批判性思维"(2019年)。"中华民族精神"获湖北省首批省级本科精品在线开放课程(2019年)。

助力学校课程思政建设,2021年还创办了《课程思政教学研究》辑刊(半年刊),入选学校"一刊一集四指南"。

2022年,成立体育工作委员会,形成党委—工会—院办—学工四位一体的工作模式,落实全民健身和以体育人工作,师生身体素质显著提升,心理健康水平日益提高。

连续推出美育育人哲学舞台剧《我,俄狄浦斯》(2016年)、《她,安提戈涅》(2017年)、《你,莎士比亚》(2018年)、《浮士德·美杜莎之筏》(2019年)、《玩偶之家·复归》(2020年)等。获国家级大创立项1项(现象学视域下莎士比亚经典角色人性结构中"根本恶"的还原与戏剧哲学教学模式初探,2020)和武汉地区高校大学生戏剧节银奖(《她,安提戈涅》,2018)、铜奖(《浮士德·美杜莎之筏》,2020)。

2021年,创造劳动教育落地新模式——耕读教育,已签订耕读教育教学基地2家(谦益农业虚心谷、邢绣娘生态园);助力就业,已签订实习实训基地2家(鄂旅投黄梅公司、九派新闻)。

——教研牵引为教学水平提升注入"活水"

2022年欧阳康教授团队"社会认识论人才培养改革虚拟教研室"入选"教育部首批虚拟教研室"。

先后获得国家级教改项目 2 项："全员育人和全员自育互动：构建以培养高素质优秀人才为目标的大学生文化素质实践教育体系"，是教育部财政部人才培养模式创新实验区项目（2007 年）；"新文科战略背景下科学精神与哲学素养相融合的创新型一流哲学本科人才培养体系研究与实践"，是首批教育部新文科研究与改革实践项目（2021 年）。获省级教改项目 4 项："《批判性思维》课程建设与研究"（2011 年），"'哲学、文化与人生智慧'慕课的教育教学实践与社会传播效益"（2019 年），"新文科背景下一流哲学本科专业建设方案和实践探究"（2021 年），"新文科背景下通识教育核心课程体系建设"（2022 年）。

——教学研究成果显著

2018 年"'批判性思维'课程体系建设与创新人才培养"获湖北省高等学校教学成果二等奖。2019 年"立德树人、文化育人与生命自觉——理论探索与实践创新"入选首批教育部《高校思想政治工作研究文库》。

2021 年"科学精神与哲学素养相融合的创新型一流哲学本科人才培养体系建构与实践"，获华中大教学成果一等奖。

2021 年张瑛老师获湖北省青年教师教学竞赛二等奖。2019 年"科技与人文融合的创新型哲学专业本科人才培养团队"入选湖北高校省级教学团队。

欧阳康教授 2019 年入选国家级教学名师，2020 年获评湖北省首届"最美社科人"。

——精心做好课堂延伸

徐敏教授十余年如一日，坚持举办"喻家山哲学小屋"，迄今已举办 300 余场学术活动。2003 年，创办"慧源哲学茶座"，不定期邀请国内外著名专家学者做客讲座，迄今近 300 期。首讲嘉宾为时任全国人大常委会副委员长李铁映，主题为"哲学是一把圣火"。2006 年，创办《慧源》杂志，为学生初鸣之作发表、师生深度交流提供平台，记录学生学术成长历程。

——人才培养成绩斐然

本科毕业生去向主要为深造（含考研、推免和出国）、公司企业、事业单位（考公、选调等）等，研究生毕业后去向主要为高校科研机构、中学教师、企事业单位（含考公、选调等）等。

优秀毕业生代表有本硕博均是华中大哲学专业的钟林同学（2010届本科），现任黄冈市黄梅县委常委、常务副县长，挂职共青团中央青年发展部，在校期间获"湖北省社团标兵""校三好研究生标兵"等荣誉称号，获研究生国家奖学金，考取国家二级心理咨询师、国家二级人力资源管理师；现任中海地产总部人力资源部高级经理的李文烜同学（2012届本科），在校期间任华中科技大学学生会副主席、人文学院学生会副主席、校辩论队主力四辩，参加2010百所高校世博辩论大赛，获华中赛区冠军、全国季军；现任华中科技大学哲学学院专任教师的张若愚同学（2013届本科），在校期间获"校科技创新标兵""校启明特优生"等荣誉称号，获"湖北省'一二·九'诗歌散文大赛特等奖"等赛事奖励，赴牛津大学交流，2013—2020年，攻读硕士、博士（英国杜伦大学）；现任中央广播电视总台记者的敖鑫同学（2018届本科），2018—2021年，推免攻读硕士（华中大），在校期间获"优秀共青团干部""优秀学生干部""优秀毕业生"等荣誉称号，获国家励志奖学金、知行奖学金、光华奖学金。

在校本科生频频获奖，各种竞赛成绩突出，以2019—2021年为例。

2017级本科生鲍紫莹获全国第六届大学生艺术展演活动艺术表演类甲组一等奖，胡家轩获第二届大学生校园媒体大赛优秀作品奖、第12届中国大学生计算机设计大赛纪录片单元中南赛区二等奖；2018级本科生常若帆获2020年"创青春"湖北青年创新创业大赛商工组决赛金奖，邓豪获第二届全国高校国际组织菁英人才大赛三等奖及个人风采奖、第九届武汉大学模拟联合国大会"最佳议员"、西安交通大学模拟联合国大会联合国气候峰会"最佳代表"。

2019级本科生张博迪获第十七届"挑战杯"全国大学生课外学术科技作品竞赛红色专项活动二等奖；2020级本科生向阳彤欣获第三届"志愿文学"征文一等奖，岳星辰（2020级强基班）获湖北省第三届"万方杯"学术搜索挑战赛特等奖、中南七省"万方杯"学术搜索挑战赛二等奖和全国大学生求职模拟大赛三等奖；2021级本科生傅思元获2021年"外研社·国才杯"全国英语演讲大赛校园选拔赛一等奖等。

博士研究生在校期间学术能力凸显。罗正东获第十二届湖北省社会科学优秀成果奖二等奖，熊治东获第十二届湖北省社会科学优秀成果奖三等奖，何涛、欧亚昆、冉奎、罗正东、蔡银银、肖萧等一批博士生在国际一流期刊上发表学术论文。

· 国际交流：水平提升 ·

招收本科生以来，就与英国剑桥大学、牛津大学，美国过程中心、哈佛大学、哥伦比亚大学，波兰卢布林大学，德国海德堡大学等世界知名学府、研究机构建立了良好的合作关系，与卢布林大学、坎特伯雷大学等签署学生联合培养协议。

邀请国际哲学学会主席莫兰、英国杜伦大学赞威尔、德国图宾根大学赫费等来院讲学、授课。德国哲学研究中心已与德国各大学建立了学术联系，正往其他欧洲大陆国家、英美的大学延伸。

2021年起举办"慧源哲学海外名家大讲堂"，已举办6场。

欧阳康教授团队自2015年起，连续七年举办"东湖论坛·全球治理"国际研讨会（全球治理与国家责任、绿色发展与全球治理、国际组织与全球治理、人类命运共同体与全球治理、"一带一路"与全球治理、大国关系与全球治理、地缘政治与全球治理），邀请国内外学者专家、研究机构共商全球治理，贡献中国智慧。

· 社会服务：彰显情怀 ·

哲学服务社会，社会需要哲学。以国家重大发展战略需求为导向，在以下方面做出突出贡献。

——以智抗疫助力国家公共卫生安全

欧阳康教授团队编印《国家治理参考》（抗疫专辑）137 期，提出政策建议案 120 余项，呈报省委省政府、省疫情防控指挥部，部分建议案上报中央，30 余项被采纳。2020 年 2 月 1 日提交的《关于健全湖北对新冠病毒的精准检测和有效隔离体系的几点建议》被采纳，成为武汉抗击新冠肺炎疫情的关键转折点。

提交预判国内外疫情形势变化及其地缘政治影响的内参建议稿 20 余篇。加盟国际组织，融入国际抗疫合作。雷瑞鹏入选 WHO 伦理学与 COVID-19 专家组，参与制定 WHO 应对 COVID-19 路线图及一系列伦理准则和指南。

——绿色发展研究助力国家和地方高质量发展

开展绿色发展理论研究，撰写绿色发展对策建议，为国家高质量发展提供决策参考，为地方高质量发展提供决策依据。在国内外首创性发布年度《中国绿色 GDP 绩效评估报告》（已出版 4 卷），为研判中国绿色发展走势提供大数据支撑；撰写《推广绿色 GDP 绩效评估引领绿色发展方向》《我国绿色发展区域差距仍将持续》等一系列政策建议案，被新华社内参《高校智库专刊》采纳。《关于在湖北率先实施绿色 GDP 绩效评估的建议》《推进湖北长江经济带绿色发展的思考与建议》等政策建议案被《决策咨询》采纳，并获时任湖北省常务副省长等领导肯定性批示；《中国绿色 GDP 绩效评估报告》（2016 年湖北卷、2017 年湖北卷）获时任湖北省委书记等领导肯定性批示。

——中欧人文思想交流助推文明互鉴

学院在欧陆哲学与文化研究方面积累深厚。学校将邓晓芒的《黑格尔〈精神现象学〉句读》作为文化交流的代表性成果赠送给 2019 年来访的时任德国总理默克尔。波兰前副总理兼财长科勒德克先后两次来学院访问，就"一带一路"和"绿色发展"与师生展开交流。

依托法国哲学、生态伦理学等领域的研究成果,为实施中法两国总理签署的"中法武汉生态示范城项目"建言献策,并与中法生态新城管委会建立战略合作关系,就生态建设的伦理规范研究签订合作意向书。

学院主持的国家外专局"一带一路"引智项目"启蒙时期到20世纪中俄法三角区域的文化传输模式研究",为推动"一带一路"建设提供可借鉴的文化资源。与柏林自由大学共同承担德国联邦教育部"世界哲学"研究项目,与海德堡大学哲学系共建"伽达默尔文献馆"。

——公共政策综合研究助力新兴科技伦理治理

雷瑞鹏在 Nature 发表"Reboot Ethics Governance in China"(2019),率先提出"科技伦理治理"概念。2020年发表的《科技伦理治理的基本原则》,被学习强国、求是网等20多家门户网站全文转发。2022年3月,中共中央办公厅、国务院办公厅印发《关于加强科技伦理治理的意见》。

雷瑞鹏参与科技部"面向2035国家'十四五'中长期科技发展规划"编制,为类脑研究等制定伦理规范;向国家卫健委、科技部等部门提交政策建议10余篇,涉及头颅移植临床试验、机器人、人类生物样本库、突发状况下科学研究的伦理规范和框架等方面,均获肯定性批示。

举办"中法生命伦理学研讨会""纪念《纽伦堡法典》70周年国际研究伦理论坛""中英科技风险与公众沟通"等高端国际学术会议;雷瑞鹏受邀出席2020年iGEM(国际基因工程机器大赛)主题讨论,基于其主持的国家重点研发计划项目"合成生物学伦理、政策法规框架研究",提出科技伦理治理中国方案。

——搭建学术平台服务学科建设和治国理政

创建中国辩证唯物主义研究会社会认识论专业委员会和中国自然辩证法研究会生命伦理学专业委员会,乃中国现代外国哲学学会德国哲学专业委员会荣誉会长单位、第八届湖北省逻辑学会会长单位、湖北省伦理学会荣誉会长单位;主办学术刊物3个:欧阳康主编《华中科技大学学报(社会科学版)》、邓晓芒主编《德国哲学》、董尚文教授主编《课程思政教学研究》。

创办国家治理研究院、湖北地方治理研究院，连续举办5届"国家治理体系与治理能力现代化高峰论坛""全球治理·东湖论坛"，编辑《国家治理参考》近200期，出版国家治理研究丛书近20部，发表相关研究论文200余篇，提交建议案300余篇，为国家和地方治理提供智力支持。

（哲学学院　舒年春）

经济学院——
经世济民　与时代同行

1981年至1982年间，老一辈著名经济学家张培刚、林少宫教授相继领衔，创办了经济研究所和数量经济研究所，开启了我国理工科大学开办经济学教育的先河；1994年，学校批准单独成立经济学院，这也是改革开放以来国内理工科大学中组建的首家经济学院。学院积极探索、大胆开拓，取得了可喜的成绩，已培养出一大批学界、政界、商界的优秀人才，涌现出一批国内外知名经济学家，被誉为"华中科技大学经济学家群现象"。

华中科技大学的经济学科从创建至今已走过了40年的历程，40年来，张培刚、林少宫两位大师，秉爱国之心，承兴国之志，引领一代代经济学人，从无到有，以"明德厚学，经世济民"为己任，为建设具有中国特色、世界一流经济学科打下坚实基础。唯奋斗者进，唯开拓者强。代代相传、奋斗不息！

· 创业艰难　奋发前行 ·

历史的长河奔流不息，总有人在乘风破浪，奋发前行。在改革开放的浪潮中，在中国经济觉醒的年代里，华中科技大学（原华中工学院）率先在国内理工科大学中创建经济学科，并逐步完成由单一的工科院校向综合性大学的转变。

20世纪50年代,华中工学院设立政治经济学教研室,承担全校政治经济学课程的教学任务。

1978年12月,党的十一届三中全会召开,国家进入改革开放的历史新时期。在改革开放的春风吹拂下,神州大地万物复苏、生机勃发,国家各项事业蓬勃发展。全校师生响应党中央"一定要极大地提高中华民族的科学文化水平"的号召,提出了"奋力攀登科学高峰"的口号,政治经济学教研室的教师们深受鼓舞,积极谋划重新投身于经济学教育和科研事业。

1979年9月,华中工学院成立工程经济系,不久更名为经济管理工程系,并开始招收研究生(徐滇庆等为首届研究生)。

1981年3月,华中工学院在社会科学部政治经济学教研室的基础上成立经济研究所,著名经济学家张培刚教授担任首任所长,并开始招收经济学专业方向硕士研究生(张燕生等为首届硕士研究生)。经济研究所的成立是华中科技大学经济学科发展的起点,从此学校开始独立从事经济学科学研究和人才培养工作。

1982年,华中工学院在数学系成立数量经济研究所,著名经济学家林少宫教授担任首任所长。1980年开始招收数量经济专业方向硕士研究生(田国强等为首届硕士生)。

1983年2月,为适应学校发展和教育改革的需要,华中工学院将政治经济学教研室与经济管理工程系合并,成立了经济和管理工程系。1983年开始招收首届技术经济(物资经济)专业本科生(1992年更名为投资经济专业),这是我校经济学科第一个本科专业。

1985年5月,教育部发文同意华中工学院设立经济管理学院。同年9月,经济管理学院正式成立,下设经济学系、数量经济学系、管理工程系、社会学系,这也是全国高校中第一批成立的经济管理学院,由张培刚任名誉院长。1986年1月,林少宫任经济管理学院院长。

1988年4月,华中理工大学成立经济发展研究中心,张培刚教授任中心主任。同年11月,国家教委批准我校增设国际贸易本科专业(1986年设立国际贸易专科专业),1989年招收首届本科生。

在学校由单一的工科院校向综合性大学转变的发展战略指引下，为促进我校经济学科和管理学科的发展，1994年4月，经学校决定，撤销经济管理学院，分别成立经济学院、工商管理学院和社会学系。经济学院由原经管学院的经济学系、数量经济学系和学校直属的经济发展研究中心三个部分共同组成。张培刚教授任名誉院长，林少宫教授任顾问，夏振坤教授任首任院长，"三老"黄金搭档，坐镇经济学院，引领学院快速发展。当时，在理工科大学中单独成立经济学院，我校是国内第一家。

·乘势而上 奋斗不息·

学科是人才培养和科学研究的根基，因此，学科建设是学院一切工作的重中之重。经过几代人的不懈努力，华中大经济学科建设走过了不平凡的奋斗历程，实现了快速发展。

1994年经济学院成立时，只有西方经济学专业和国际贸易专业（当年由工业外贸专业调整而更名）2个硕士点和技术经济、国际贸易、数量经济学3个本科专业。当时我校经济学科才刚起步，基础还比较薄弱。经过反复讨论，学院确立了学科发展的战略方向和思路。一方面，认识到社会主义市场经济已被确立为我国经济体制改革的目标模式，这一宏观大背景的转变，使得西方经济学这一现代市场经济的基础理论学科在我国大有用武之地；另一方面，也认真分析了当时我校的理工科大学背景和经济学科的既有状况，特别是有张培刚教授和林少宫教授这两位留美经济学博士作为学科带头人，是我校得天独厚的条件。经过两个方面的综合考虑后，明确了我校经济学科必须努力跟踪和追赶现代市场经济学的潮流，走直接与国际先进水平接轨的新路，即今天所说的"国际化"之路。同时，经济学院又确立了以获得博士点为首要目标，首先从西方经济学和数量经济学这两个二级学科制高点突破的思路，既使科研和人才培养跟上市场经济和国际化的大趋势，又可以使其他二级学科比较容易地派生出来。

经过努力，经济学院于1998年获得西方经济学专业博士点，2003年，学院相继获得数量经济学专业博士点、理论经济学博士后流动站、西方经济学省级重点学科，成立了湖北省人文社科重点研究基地——华中科技大学现代经济学研究中心。2005年，学院获得理论经济学和应用经济学两个一级学科硕士学位授予权，涵盖16个二级学科硕士点。2007年，西方经济学二级学科被评为国家重点学科，成为我校文科首批两个国家重点学科之一。2008年，理论经济学被评为湖北省重点一级学科，数量经济学被评为湖北省重点二级学科。2010年，学院获得理论经济学和应用经济学2个一级学科博士学位授予权，并与数学与统计学院共同获得统计学一级学科博士学位授予权。2011年，学院设立应用经济学博士后流动站。2013年，理论经济学和应用经济学均被评为湖北省重点一级学科。

发展至今，学院现设有经济系、金融系、国际经济与贸易系3个系。有一级学科博士、硕士学位授予点3个（理论经济学、应用经济学和统计学），专业学位硕士点2个（金融、国际商务），理论经济学和应用经济学博士后流动站共2个。本科专业6个［经济学（含启明创新实验班）、金融学（含中英合作国际班）、金融工程、国际经济与贸易（含全英文国际班）、国际商务、经济统计学］，经济学、金融学专业获批国家级一流本科专业建设点，国际经济与贸易专业获批省级一流本科专业建设点。

经济学院以推进建设一流高水平经济学科为契机，不断加强自身建设，承担新使命，直面新挑战，焕发新活力，擘画新发展，探索新转型，开创新局面。40年来，华中大经济学科在国内国际的学科影响力显著增强。在第四轮学科评估中，我校理论经济学和应用经济学均位居前20%（B+）。2021年，我校经济学与商学首次进入ESI全球前1%；2022年，应用经济学在泰晤士中国学科评级中首次进入A级。

百年大计，教育为本，教育大计，教师为本。高水平学科的建设，高水平人才的培养，离不开一支高水平的师资队伍。

经济学院刚成立时，其师资队伍无论是年龄结构还是教师自身的知识结构都有诸多不利条件：从年龄结构来看，1994年建院之初，学院的教师队伍中，60岁以下教授仅1人；从学历结构来看，有博士学位者只有4人，其中青年教师仅2人；而从教师的知识结构来看，由于专业方向的调整和转向以及原有的工科院校的条件制约，当时一部分教师还面临经济学理论基础和专业水平双重薄弱的窘境；此外，由于学院当时还处于创立阶段，在人才引进上也有很多困难。

针对这些情况，学院在建院之初就明确了师资队伍建设的奋斗目标：通过改善师资队伍的年龄结构，提升教师队伍的知识结构，提高教师的科研和教学水平，在一个较短的时间里将经济学院的教师队伍建设成为一个年龄结构合理、知识结构先进、教学和科研水平高的研究型团队。围绕着这一目标，学院采取了种种措施来加速师资队伍的建设，师资队伍建设经历了"三步走"阶段。第一步"自身培养"阶段，从20世纪80年代末至90年代中期，由于当时学院尚无经济学科博士点，就通过张培刚教授挂靠武汉大学西方经济学专业博士点联合培养博士生，先后选送徐长生、张卫东、刘建洲、张建华、林珏、汪小勤、方齐云、宋德勇等8位青年教师攻读博士学位，这批教师为后来申报西方经济学专业博士点奠定了梯队基础；第二步"国内引进"阶段，20世纪90年代末至21世纪初，陆续引进了王少平、彭代彦、周少甫、简志宏、范红忠、欧阳红兵、孔东民、钱雪松等10多名教师；第三步"国外引进"阶段，2010年以来，经济学院在全校率先试行"年薪制"，引进了一批国内外一流高校的优秀教师，初步实现师资队伍的"国际化"。

经济学院始终把师资队伍建设放在学科建设的核心地位，以学科带头人为领航，以优秀青年教师的培养和人才引进为中心，经过多年的不懈努力，打造了一支教学和科研水平高的国际化师资队伍。学院现有专任教师70余人，其中教授、副教授近60人，国务院政府特殊津贴专家4人，国家级和省部级人才称号10余人，入选"华中卓越学者"（含领军岗、特聘岗、晨星岗、教学岗）8人。绝大多数教师具有博士学位和出国访问进修的经历。近几年引进了一批国际一流大学的博士，聘请了一批国内外著名的经济学家为兼职教授，其中包括诺贝尔经济学奖获得者赫维兹（Leonid Hurwicz）、麦克法登（Daniel L. McFadden）、赫克曼（James J. Heckman）、恩格尔（Robert F. Engle）、詹姆斯·莫里斯（James Mirrlees）以及哈佛大学珀金斯（Dwight Perkins）、弗里曼（Richard B. Freeman）担任荣誉教授。

·立德树人　奋勉育才·

十年树木，百年树人。学科建设的核心竞争力是人才培养。经济学院秉承"德才兼备、全面发展、国际视野"的现代化办学理念，在"宽口径、厚基础、强实践、重创新"的人才培养模式下，心怀"为党育人、为国育才"的初心使命，坚持德育为先，贯彻落实立德树人根本任务，打造具有中国特色的经济学创新人才培养基地。

点燃一盏灯，照亮一群人。学院2000级本科生胡吉伟勇救落水儿童而牺牲，教育部、共青团中央先后授予他"舍己救人的优秀大学生""全国优秀共青团员"荣誉称号。为传承胡吉伟精神，学院通过创建"胡吉伟班"，感召一批人，激励一代人。从第一届到第八届，"胡吉伟班"已经走出200多名富有理想的青年学子，一代代"胡吉伟班"成员在崇高理想信念的指引下，用行动传递着优质的班风、学风、校风。"胡吉伟班"也成为全国高校"以德立班"的华中大样本。

2017年，"胡吉伟班"建设经验得到时任政治局常委刘云山、国务院副总理刘延东的批示，并被中央媒体集中报道，班风学风建设经验在全国推广，入选全国高校思想政治工作精品项目。2018年，"胡吉伟班"获评中宣部"全国学雷锋示范点"。"胡吉伟班"党支部先后获评教育部第二批全国党建工作样板支部、全国高校"两学一做"支部风采展示特色成果奖、湖北省委高校工委"支部好案例"展评活动一等奖、2021年湖北省委教育工委"先进基层党组织"等荣誉称号。"胡吉伟班"团支部获评湖北省"百生讲坛"金牌团支部。2022年，学院第八届"胡吉伟班"团支部荣获"全国五四红旗团支部"荣誉称号。

近年来，学院聚焦"卓越学科和卓越人才"两个关键发力点，突出"三全育人"在学科建设和人才培养中的中心地位，打造"五心工程"，为学生成长成才保驾护航，形成具有华中特色的经济学科"三全育人"培养模式。2018年，学院获评教育部首批"三全育人"综合改革试点学院。

高度重视学生培养，坚持"面向全体、因材施教、人人成才"的培养理念，大力探索学术型、创新型和应用型人才的分类培养。经院学子在学术创新、科研竞赛、社会实践、志愿服务的舞台上成绩斐然。近年来以两篇全国百优博士论文为代表的学术型人才辈出。近 5 年学生在中国"互联网＋"大学生创新创业大赛中累计获奖 13 项，其中金奖 9 项。累计培养 100 多名来自世界各国的研究生，涌现了以蒙古国财政部副部长布娜为代表的一批国际优秀校友。

40 年来，随着华中大经济学科的发展，已培养出数千名活跃在学界、政界、商界的优秀人才。其中活跃在国际国内的一批知名经济学家，被誉为"华中科技大学经济学家群现象"。

· 攻坚克难　奋力开拓 ·

科学研究带动学科发展。华中大经济学科以西方经济学和数量经济学为主攻方向，高起点开展经济学教育和科研，在发展经济学、计量经济学等领域形成了鲜明的学科特色。近 5 年来，学院科研成果丰硕，共获得各级各类科研项目百余项，承担了国家级科研项目 40 余项，省部级科研项目 40 余项。在《中国社会科学》、《经济研究》、《管理世界》、JIE、JET、JoE、$JBES$、JFE、JCF 等国内外高水平期刊上发表论文 500 余篇，获得省部级以上奖项 20 余项。

依托张培刚发展经济学研究基金会、张培刚发展研究院、麦克法登-林少宫经济学奖学金，致力于构筑经济学学术共同体。设立张培刚发展经济学优秀成果奖、张培刚发展经济学青年学者奖、张培刚优秀博士硕士论文奖、麦克法登-林少宫奖学金等多种奖项，表彰高水平学术成果和学者，推动中国经济学的本土创新和教育传播；近年来，学院先后举办第十六届中国经济学年会、首届中国发展经济学学者论坛、中国留美经济学会 2021 年会，以及经济学科创建 40 周年庆典暨第四届张培刚发展经济学青年学者奖颁奖典礼（2021）等高水平学术会议；学院每年累计举办 100 余场高水平学术讲座和研讨会，营造了浓厚的学术氛围，促进学术交流并引领学术发展，为中国经济改革和发展提供智力支持。同时，学院还特别注重开展高层次学术研究，聚焦中国问题，贡献中国方案，组织出版《中国经济转型与创新驱动发展》系列丛书。两项成果分别入选 2018、2019 年度华中科技大学年度重大学术进展。

广纳学术资源，形成社会合力，助力学科发展。学院拥有现代经济学研究中心、创新发展研究中心2个省级人文社科重点研究基地，张培刚发展研究院、国开行-华中大发展研究院、华中大-建行普惠金融研究院等研究机构，以及10多个研究中心和研究所。打造了一批以"两基地、三研究院、多中心"为代表的高水平研究平台。

不断扩大教育对外开放，深化国际合作，开创国际交流新格局。学院成立以来，先后与美国、英国、加拿大、德国、澳大利亚、新加坡等国的10多所著名高校建立了互派访问学者、合作研究以及联合办学等合作关系。近年来，学院发挥"一院一校"计划、巴西米纳斯吉拉斯联邦大学孔子学院、来华留学生基地、"华中科技大学蒙古国研究中心"四大平台效应，拓宽了和伯明翰大学、米纳斯吉拉斯联邦大学、蒙古国人民党战略研究院等全球高校和学术机构的交流合作，联通了发达国家和发展中国家，有力地展示了中国高等教育发展的新风貌。每年广邀海内外著名学者前来讲学，举办学术讲座和重要会议超过百场。重视学生对外交流学习，多次组织相关专业学生赴日本、德国、巴西等地开展实践实训。学院充分发挥两位大师级学者的国际影响力，是全校最早开始组织各种形式的国际交流合作的学院之一，并逐渐形成了全方位、多层次、高水平的国际交流格局。

·发挥优势　奋进担当·

把论文写在祖国大地上！华中大经济学人始终紧扣时代脉搏，以国家重大战略需求为导向，紧密结合地方经济社会发展的重大问题，积极开展学科交叉和应用研究，充分发挥在理论和政策研究上的优势，取得了一系列显著的成绩。

张培刚教授、夏振坤教授为中部崛起战略提出了理论依据。

学院与国开行共建的发展研究院，完成《开发性金融理论与实践》，成果转化为课程教学，为开发金融人才培养与科学研究提供了有力的智力支持。

学院科研团队先后承担了"国家高质量发展与现代产业体系建构""财政部现代财政制度与国家治理项目""开发性金融支持产业升级研究"等国家和省部级项目30余项，同时还承担了大量的"十四五"规划决策咨询课题。多名教授长期担任湖北省、武汉市等政府咨询专家，研究成果和政策报告直接服务于经济建设。"创新驱动产业结构优化升级研究"等多项成果受到中央及省部级领导的批示和相关部门的决策采纳；《中国经济从高速增长转向高质量发展研究》的系列报告，为中共中央和国务院制定《关于推动高质量发展的意见》提供了有力的支撑。

响应国家打造全面开放新格局号召、参与"中国（湖北）自由贸易试验区"等国家重大改革开放战略建设。

学院始终坚持"三个全面"，助力精准扶贫，数十名师生长期投入脱贫攻坚工作，扎实推进教育扶贫，在湖北、广西、云南等联系点开展的工作成效显著。受国务院扶贫开发领导小组委托，连续三年组织40余名师生参与了13个"贫困县退出"的第三方评估。评估报告被委托方选为模板，整体工作被评价为"优秀"。学院承担华中科技大学对口红安的定点扶贫任务，从2016年开始，投入200多万元，用于红安乡村振兴行动，修缮了张培刚故居，将张培刚故居所在地下陈家田村，打造成了红安美丽乡村建设的新名片。

在2020年抗击新冠肺炎疫情的斗争中，学院师生积极参与科研抗疫，共提交30余篇专题研究，建言献策，提供了一批高质量的研究成果。此外，学院教师充分发挥在理论和政策研究上的优势，结合地方发展实际，围绕产业创新、区域发展、绿色转型和开放发展等重大问题，开展专题研究并建言献策，在产学研结合和校地合作等方面，产生了一批高质量的成果。

· 继往开来　奋勇前行 ·

四十年栉风沐雨，不忘初心；四十年薪火相传，砥砺前行。站在"两个一百年"的历史交汇点，华中科技大学经济学院正以习近平新时代中国特色社会主义思想为指导，扎根荆楚大地，传承明德厚学、经世济民的价值追求，全力推进一流高水平经济学科建设，续写无愧于时代的壮丽诗篇。

新时代下，学院将更加积极面向国家重大战略需求、面向国民经济主战场、面向人民生命健康、面向世界科学研究前沿，致力于求解"数字化、绿色化、均衡化"发展新问题，着力构建具有"中国特色、中国风格、中国气派"的发展经济学理论体系；学院将持续聚力一流学科建设，坚持特色发展之路，大力推进交叉融合创新，积极探索新型科研教育模式，进一步拓展国际合作，打造具有中国特色的经济学创新人才培养基地；全面提升学院的学术竞争力、社会影响力和国际影响力，为教师、学生和校友创造更好的发展平台。我们坚信，在不久的将来，华中科技大学经济学院一定会建设成为一流的经济学院，卓越的经济学院！

（经济学院）

社会学院——
三十七载奋进正芳华　勇立潮头踏浪逐红日

三十七年风雨征程波澜壮阔，三十七年育人初心历久弥坚。华中科技大学是我国恢复、重建社会学学科最早的高校之一，1980年成立社会学研究室，1985年建立社会学系。20世纪90年代，我校社会学学科快速发展，在工业社会学、科学社会学、社会研究方法、社会问题研究等领域取得一系列具有影响力的成果，涌现出一批享有较高知名度的专家学者。三十七年来，社会学院几代学人筚路蓝缕，走出了一条不断进取的学科发展之路。

·历史沿革·

1978年十一届三中全会后，邓小平同志提出尽快恢复社会学学科。1980年1月，中国社会科学院社会学研究所成立，著名社会学家费孝通担任首任所长，组织开展恢复发展社会学的工作。在这样的大背景下，华中工学院院长朱九思高瞻远瞩，抢抓机遇，率先在国内工科院校中成立社会学研究室，大力发展社会学学科。

1981年夏，第二届中国社会学讲习班在北京召开。朱九思得知这一消息后，为学校争取到了分配给湖北省的全部10个名额，并组织教师参加培训。1982年春，第三届中国社会学讲习班，即"武汉社会学研究班"在我校开办。现在社会学界公认，1982年在武汉举办的讲习班和1980年、

1981年在北京举办的两期讲习班一起，为中国社会学"恢复其冬眠30年之生命力"奠定了重要的人才基础，我校社会学也在全国形成了一定的影响力。

1983年7月，我校成立社会学研究所，聘请知名社会学家费孝通先生的助手王康教授兼任所长。1985年9月，我校成立社会学系，社会学学科开始进入蓬勃发展的阶段。1986年，经国家教育委员会批准，我校获得社会学硕士学位授予权。1987年，教育部批准我校设立社会学本科专业，1988年起，学校招收全日制社会学专业本科生。在扎实推进社会调查方法、社会学概论、社会心理学等社会学基础课程的同时，社会学系开设工业社会学、农村社会学等具有学校特色的专业课程，形成比较完备的课程体系。1994年3月，我校进行文科院系调整，整合新闻、中文、哲学、社会学等学科，成立文学院，1996年，风笑天教授接任文学院院长的职务，并兼任社会学系主任。这一时期，风笑天出版了在社会学界颇具影响力的《现代社会调查方法》。社会学系教师李振文等参与编写的《社会学导论》，雷洪、范洪编写的《社会学简论》，李振文、孙非编写的《社会心理学导论》，余荣佩编写的《工业社会学》等一系列具有影响力的社会学著作和教材也先后出版。

进入新世纪，社会学系坚持将学科建设作为中心工作，一方面以申报社会学博士点为目标，努力提高学科水平；另一方面拓展学科领域，发展与社会学关联的学科，建立了社会保障研究所、人口研究所、华中科技大学中国乡村治理研究中心；更重要的是引进了一批具有较高学术水平和较大学术影响力的教师，如孙秋云、丁建定、吴毅、贺雪峰、石人炳等，推动了社会学学科的快速发展。

2000年，社会学系开始招收社会工作专业本科生；2001年，获得社会保障硕士学位二级学科授予权；2003年，获得应用心理学二级学科硕士学位授予权；2006年，获得社会学、社会保障博士学位二级学科授予权和社会学硕士学位一级学科授予权；2009年，获得社会工作专业硕士学位（MSW）授予权；2010年，获得社会学博士学位一级学科授予权；2013年，获批民政部社会工作专业人才培训基地；2015年，获批社会学一级学科博士后科研流动站；2016年，社会学系更名为社会学院，华中科技大学养老服务研究中心获批成为湖北省普通高校人文社会科学重点研究基地；2017年发布的第四轮学科评估中获得B+；2020年，社会工作二级学科博士生正式招生，社会学专业入选国家级一流本科专业，"社会福利思想"课程入选首批国家级一流本科课程；2021年，社会工作专业入选国家级一流本科专业。

· 发展特色 ·

——紧扣时代主题，发展学科方向

我校社会学学科始终关注中国社会重大理论问题，服务国家需求，在三农问题、人口政策、社会福利制度等方面的研究取得了丰硕的成果。目前，社会学院在社会问题、农村社会学、社会保障、政治社会学、经济社会学、人口学、人类学、社会管理与服务、乡村振兴、社会工作等领域、方向的研究均在学术界有重大影响。农村社会学在深度田野调研基础上的理论探索具有鲜明的特色，在社会服务及决策支持上具有明显的优势；福利社会学长期关注典型国家社会保障制度史研究及其比较研究，在社会福利思想、中国福利政策等领域居于国内学界领先地位；人口社会学在性别比失衡、低生育率和流动人口问题等方面的研究具有较大的学术影响，在人口政策咨询方面具有较大优势和特色；乡村振兴研究在精准脱贫理论与政策实践、精准脱贫评估与经验总结、乡村振兴与农村社会治理等研究方面具有较大影响；社会工作研究在老年社会工作、反贫困社会工作、学校社会工作、医务社会工作等方面的成果具有较大社会影响。

初心如磐，奋楫笃行。近10年（2012—2021），社会学院获批国家及部级社科基金39项，其中国家社科基金重大项目1项、重点项目7项、教育部重大攻关项目1项；获省部级以上奖励44项；在国内外各类期刊发表学术论文300多篇，其中A类以上论文40篇、B类以上论文69篇；出版各类著作50余部，编辑出版华中科技大学社会学文库（目前出版近35部）；启动华中科技大学"双一流"教材建设，第一批出版教材有5部；

启动社会学院精品视频课程建设，第一批建设课程基本完成录制，上线近10门课程。

学院倡导并连续举办六届"全国社会学青年学者论坛"，产生较大学术影响。围绕乡村振兴、社会保障、婚姻家庭与性别、人口政策等重大民生问题举办的近10次国内国际学术研讨会产生较好的学术影响和社会影响。华中科技大学-海德堡大学国际交流平台建设取得成效，校聘海外兼职教授3人。

——整合相关资源，深远布局平台

好风凭借力，扬帆正当时。立足于中华民族实现伟大复兴战略全局，积极响应国家、社会、人民的时代需求，2013年，社会学院设立社会工作专业人才培训基地（中国民政部），2016年，设立华中科技大学养老服务研究中心（省级），2019年，设立人口与家庭发展研究基地（国家卫健委），2020年，设立老龄科学研究基地（全国老龄协会），共4个省部级平台基地；同时，学院也获得学校支持，2004年设立中国乡村治理研究中心，2021年设立华中科技大学乡村振兴研究院，共2个校级研究机构；1996年设立社会调查研究中心，2018年建立社会工作研究中心、社会学理论研究中心、社会保障研究中心，2019年设立经济社会发展研究中心等，共6个院级研究机构。建有30余个不同类型的实习基地，设有社会调查实验室和社会工作实验室等，面积330平方米、设备百万余元。资料室有中外文图书近3万册、期刊百余种。

近年来，学院深化与政府部门、国内外高校、机构及企业的合作：与武汉市民政局签订全方位战略合作协议，与特拉华大学、香港理工大学应用社会科学系、不列颠哥伦比亚大学文学院等签订合作协议，与广州市老人院签署框架性合作协议；成立国内第一所由高校、企业联合的社会责任产学研基地——华中大金蜜蜂企业社会责任研究院，成立"泰康建投-华中大社会学院产学研实践基地"。

——广纳天下英才，谋求长远发展

济济多士，乃成大业。社会学院现已拥有一支科研水平高、教学效果好、社会声誉盛的教师队伍,现有教授12人,副教授15人,形成了以中青年博士教师为主的教学、科研队伍。学科梯队完备,年龄及学缘结构合理。44%以上的教师具有哈佛大学、斯坦福大学、加州大学伯克利分校等海外名校访学经历,三分之二的教师具有出国学术交流的经历。同时,学院坚持开放办学,聘请海内外知名学者担任客座教授;聘请27位武汉、广州、深圳等地著名社工机构负责人为我校社会工作专业学位兼职导师。

专任教师承担多项重要学术兼职,并担任《社会保障评论》《社会保障研究》《社会保障制度》等著名学术期刊学术委员,在国内外学术界拥有较深远的学术影响力。

学院将积极培育青年教师作为长远发展大计,制订《华中科技大学社会学院青年团队支持计划方案》等多种形式的支持计划,以项目为方式,以学科交叉、培育人才、产出学术成果为导向,对有共同研究趋向、具备形成创新研究潜力的青年教师团队进行资助,倡导跨学科组建研究团队,致力于组建一支前瞻性强、战略定力足、学术水平高的教师团队。

——心系社会学子,培养社会栋梁

社会学院始终坚持社会主义办学方向,深度聚焦培养强国建设所需要的可堪大任之才,不断完善立德树人系统工程。在人才培养上,学院坚持"五个并重"的英才培养模式,即基本理论与基本方法并重、基础知识与专业技能并重、课程教学与实践教学并重、国内交流与国际交流并重、创新教育与创业教育并重;同时搭建了思政育人、学风育人、创新创业育人、实践育人、文化育人、心理育人相结合的育人体系。学院坚持"本科生导师制"的优良传统,保证每位学生配备一位专业老师。导师深入学生学习生活,进行课程学习、专业实习、毕业论文的指导;掌握学生的思想动态,帮助学生端正专业思想和学习态度;关心学生的身心健康,帮助解决学生心理问题;支持和指导学生参加双创活动、社会实践、社会调查、社会服务等课外活动,并通过开展各类大赛与专业讲座、定期开展红色教育、组织学生服务社会等方式,促进学生的全面发展。

社会学院积极促进学生参与境外学术交流,开展广泛合作,为学生成长提供包容、开放、稳定的教育平台。学院是学校国际交流重点项目实施单位，为学生提供出国交流深造的机会。近5年，学院本科生在学期间出国（境）交流近90人次，他们赴美国、英国等国（境）外名校访学，追求真知，投身技能报国之路。

人才培养成效显著，多年来优良学风班比例100%，2017年学生出国率达到30.43%，排名全校第二，且主要赴剑桥大学、哥伦比亚大学、伦敦政治经济学院等国际知名高校深造。学生专业能力强，近5年参与国内外学术论坛100余人次，在各类期刊发表论文580余篇，在中英文权威期刊发表论文60余篇；先后斩获余天休社会学优秀博士论文奖、费孝通田野调查奖、湖北省优秀暑期社会实践队、团中央百篇优秀调研报告、首届全国MSW案例大赛一等奖、第二届全国MSW案例大赛特等奖等奖项；学生创新创业能力强，多次在"挑战杯"全国大学生课外学术科技作品竞赛、"创青春"全国大学生创业大赛等比赛中获奖。历届毕业生就业率位居全校文科院系前列。

——践行初心使命，服务国计民生

社会学院始终牢记为党育人、为国育才的使命，着力培养有着坚定理想信念的师生人才，引导人才坚守心怀"国之大者"、具备人文关怀、敬业奉献、服务民众的优良品格，鼓舞和感召师生胸怀至诚报国之志，投身建设伟大梦想的时代伟业中。

人才队伍服务社会需求，多位教授受聘为国家部委以及地方党政机关智囊，参与政策调研和决策咨询。近5年，学院教师政策建言获国家级批示的有19篇，省部级6篇。2021年，郭林、任敏、王彦蓉、胡鹏辉等教师研究成果受国家层面关注，获民政部领导批示。院长丁建定被聘为民政部专家咨询委员会委员。向德平教授获得第九届"林护杰出社会工作学人奖"。

学生实践持续推进，设立境内外实践基地近50个。近5年，学院共组建队伍60余支，赴20余省开展社会实践，撰写调研报告近百篇，逾150万字，多篇报告被当地政府采纳；获省优实践团队4次、省社会调查报告大赛一等奖3次，获评2019年团中央百篇优秀调研报告。在实践中培育了学生投身基层的人生追求，研究生基层选调人数大幅提升，从

2016 年的 2 人提升至 2020 年的 19 人（占比提升 16.8%），共输送优秀选调生 57 人。

·展望未来·

历史，在奋斗中铭刻；未来，在奋斗中开拓。过去三十七载的奔赴岁月，见证了社会学院从稚嫩绿芽到扎根社会主义大地的砥砺行程，奠定了社会学院继续坚持新发展理念、完成时代大考的坚实基础。所当乘者势也，不可失者时也。处在世界百年未有之大变局、我国发展的重要战略机遇期，社会学院将继续坚持党的领导，以习近平新时代中国特色社会主义思想为指导，全面贯彻党的教育方针，秉承"笃学力行、善世正心"的院训，坚定"服务国家富强、民族复兴、人民幸福"的基本目标，踔厉前行，推动学院高站位高质量内涵式发展，筹谋新时代"双一流"学科特色建设，培育一批批勇于担当、善于担当、勤于担当的社会主义新人。

（社会学院　肖莉　丁建定　岐尚鲜　何陈晨）

法学院——
守正创新谋发展　踔厉奋发谱新篇

风雨兼程，岁月峥嵘，刚刚走过二十载的法学院即将迎来华中科技大学七十华诞。华中科技大学法学学科伴随着当代中国法治化进程的步伐在较短时间内实现了跨越式发展。学院秉持"创一流、重特色、倡交叉、国际化"的理念，积极落实立德树人根本任务，注重发挥综合性大学多学科优势，致力于培养"德法兼备"的应用型、复合型和涉外高端卓越法治人才，逐步建成了结构合理、特色突出，全面覆盖本硕博的培养体系，在学科建设、人才培养、科学研究、社会服务、国际交流等方面取得了骄人的成绩。

·不忘来路　回首奋进来时路·

华中科技大学法学教育缘起于1981年，学校参加了司法部组织的全国第一套"高等学校法学试用教材"编写工作。1983年，华中工学院成立专利情报研究室，面向研究生开设专利法课程；1985年，中国高等学校知识产权研究会成立大会在华中工学院召开；1986年，华中工学院成立法律教研室；1988年，在联合国世界知识产权组织（WIPO）和中国专利局的推动下，华中工学院创办知识产权专业第二学士学位班，成为全国首批开展知识产权高等教育和专业研究的院校之一。1992年，学校开始培养法学专业本科生，是全国重点理工大学中率先开展法学专业教育的院校之一。

1994年，学校成立文学院，设立政治与法律系等五个系；同年，开始招收法学专业双学位班与辅修班；1996年，学校获批当时全国唯一的科技法学专业硕士学位授权点。这一阶段，在学校文科特色发展的潮流中，法学教育呈现出勃勃生机。

2001年1月，华中科技大学法学院正式成立，由华中理工大学、同济医科大学和武汉城市建设学院三所高校的法律学科整合组建，并大力引进优秀师资。著名法学家、北京大学罗玉中教授出任首任院长。学院分设法律学系、科技法与知识产权系。其中，科技法研究所是中国科学技术法学会常务副会长单位、全国高校科技法研究会会长与秘书长单位，获批首批校级人文社会科学重点研究基地。

2003年，学院创设法学德语班特色教学并延续至今，探索国际化法律人才培养新路；2005年，获批法律硕士LLM授权点，并成为985工程"科技发展与人文精神"国家哲学社会科学创新基地的重要学科平台；2006年，成为首批开展知识产权方向在职法律硕士研究生教育的五家试点单位之一；2009年，获批国家知识产权局"全国专利保护重点联系基地"。

2011年，学院开始博士生培养；2012年，获批最高人民法院"全国知识产权司法保护理论研究基地"；2013年，法学一级学科获评湖北省重点学科；2016年，入选荆楚卓越法律人才协同育人计划；2020年，获批法学一级学科博士学位授权点，同年获批"铸牢中华民族共同体意识研究基地"，实现我校国家级文科基地零的突破；2021年，获批"国家人权教育与培训基地"，同年法学专业入选国家一流本科专业建设点；2022年，作为全国首批13家发起单位之一，共同发起建立了习近平法治思想高校协同研究机制。

目前，学院有专兼职教师60余人，在校生达1000人。现任院长为教育部"长江学者"特聘教授、全国哲学社会科学领军人才、全国"十大杰出青年法学家"、联合国高级咨询专家汪习根教授。

·乘势而上　高速发展出新篇·

法学学科是对哲学社会科学具有支撑作用的重点学科之一。新时期建设法学学科要更加注重学科在传承文明、创新理论、资政育人、服务社会中发挥作用。同时，在新文科建设的时代大潮中，法学学科主动与学校具有显著优势的理、工、医、管等学科进行深度交叉融合，凸显特色。学院党委坚持以习近平新时代中国特色社会主义思想为指导，组织全体师生、校友凝心聚力、踏实奋进，力争在全面依法治国等国家重大战略中做出更大贡献。

师资队伍建设不断加强。学院实施人才强院战略，通过"内培外引"的方式不断加强队伍建设。现有专兼职教师60余人，其中教授20余人，副教授（副研究员）20余人。教师团队中，国家级人才计划入选者10人次、省部级人才计划入选者9人次，享受国务院特殊津贴专家3人，中国法学会二级学会副会长2人次。中青年骨干教师在科研教学一线中不断得到学术成长。学院引进联合国专家、海外著名研究机构首席科学家、海外名校高层次人才等，聘请著名法学家和高端实务专家担任兼职教授等，有效充实了师资力量。

研究平台建设成果丰硕。学院着力将大平台的科研优势转化为学科骨干的发展效能，转化为育人的优势资源。学院现有3个国家级文科研究平台：由中央四部委设立的铸牢中华民族共同体意识研究基地；由中宣部、教育部设立的国家人权教育与培训基地，在维也纳设立的华中科技大学人权法律研究院欧洲研究中心；由教育部设立的全国高校习近平法治思想协同研究中心。此外，学院还获批教育部"教育立法研究基地"、最高人民法院"全国知识产权司法保护理论研究基地"、湖北省人大"湖北省地方立法研究和人才培养基地"、湖北省法院"湖北司法大数据研究中心"等9个省部级基地。与清华大学等5家单位联合发起中国计算法学发展联盟，积极推动新法科建设。

科学研究成果稳步增加。近5年主持国家社科基金重大课题等各类科研项目近100项。在《人民日报》《光明日报》等发表系列理论文章，其中《习近平法治思想的时代背景与本质特征》被"学习强国"转载，单篇点击量达3000万。在《求是》《中国社会科学》《法学研究》《中国法学》和SSCI高水平刊物上发表论文200余篇，出版中外文专著数十部。研究成果入选国家哲学社会科学成果文库，获湖北省哲学社会科学优秀成果奖一等奖等省部级科研成果奖数项。

决策咨询服务水平提升。学院教师把论文写在祖国大地上，积极服务国家战略需求，产生重大社会影响。教师作为主要成员参加中央重大委托课题"习近平法治思想"研究工作，被中央主要领导、多位中央政治局常委和委员批示。牵头起草《中国人权白皮书》3部，获中央主要领导批准，全球发行。参与制定国务院《科技发展法制和政策研究》等国家立法规划、国家重大科研计划。就《中华人民共和国商业秘密法》等立法修订向全国及地方人大及其常委会等部门提供咨询意见数十项。负责联合国发展权项目研究，参与国际公约和标准起草，成果写入联合国官方文件。学院教师为中央政治局和全国人大常委会授课；为湖北省委理论学习中心组、湖北省人大常委会等省市机关单位作专题辅导数十场。

专业人才培养喜报频传。积极构建"五育并举"培养新体系，学生在各类竞赛中获得多项荣誉：中宣部"中国共产党与中国人权百年"融媒体大赛一等奖4项，荣获第二届和第六届中国国际"互联网＋"创新创业大赛国赛金奖，2022国际刑事法院中文模拟法庭比赛（ICC）全国一等奖，第十一届中国版权知识竞赛全国一等奖2项，第十二届"挑战杯"大学生创业计划竞赛湖北省金奖等。毕业生考取公务员、选调生人数连续多年全校第一，受到用人单位好评。以"全国五一劳动奖章"获得者、"全国优秀公诉人"、"全国模范检察官"为代表的一批杰出毕业生在法治中国建设中贡献着力量。

国际学术交流活动频繁。学院与联合国人权理事会（UNHRC）、世界知识产权组织（WIPO）、全球水伙伴组织（GWP）、联合国亚太经社理事会、牛津大学、哥伦比亚大学、德国马普所等建立良好合作关系。先后有100余名毕业生在国际著名学府深造。积极打造牛津大学暑期研学品牌项目。学院承办2019年中欧人权研讨会、2019年南南人权论坛、2020年疫情防控中的中西方人权观比较国际研讨会、2021年人工智能与司法大数据国际研讨会、2022年中欧人权研讨会等高规格国际会议，引发广泛关注。多名师生在联合国理事会会议、韩国政府会议等高端国际会议作主题发言。本科生撰写的研究报告在联合国官网发布。

近年来，学院办学声誉持续提高，受到新华社、人民日报、光明日报、中央电视台、欧洲时报、奥地利新闻报等重要媒体的高度关注与持续报道。

·抢抓机遇　奋进担当新使命·

展望未来，任重道远。法治关乎国家民族的前途命运。没有高质量的法学教育，就不可能有健全的法治。为全面推进依法治国砥砺前行，培养更多具备爱国意识和人文情怀，具有扎实专业能力、德法兼修的复合型、应用型、涉外高端法治人才，正是华中科技大学法学院的使命所在。

在新的起点，学院将深入学习贯彻习近平法治思想，主动担当，凝心聚力，厚植"德法兼修"卓越法治人才培养的沃土，加强学科间的交叉融合，立足法治实际提升学科质量，不断推进知识创新、方法创新，产生更多法学研究成果，为建设一个具有核心竞争力的一流法学院而不懈奋斗。在加强中国特色法学学科体系、学术体系、话语体系建设的新征程中贡献更多"华中大智慧"。

（法学院　唐柳　王欢欢　姜芳　鄢斌）

马克思主义学院——
厚积薄发七秩奋进　立德树人争创一流

　　七十年栉风沐雨，砥砺前行；新时代风鹏正举，争创一流。马克思主义学院与华中科技大学"同呼吸共奋进"。1952年建校伊始，学校即组织师资对全体学生开设马克思主义理论课，并于1954年7月正式设立马列主义教研室，这是学校最早设立的24个教研室之一。2007年9月，成立马克思主义学院，这是湖北地区最早成立的马克思主义学院。到今天，马克思主义学院已厚积七十载，正紧紧围绕"立德树人、立信致真、立言咨政"的理念，扎实推动学院发展，在新时代争创一流。

·与校同生　变革发展·

　　马克思主义学院的历史可追溯到建校之初设立的马列主义教研室，当时教研室下设马克思主义哲学、政治经济学和科学社会主义3个教研组，主要承担华中工学院的马克思主义理论课的教学工作。之后，教研室历经多次变迁，于1981年升级组建为华中工学院社会科学部，下设马克思主义哲学、政治经济学和科学社会主义3个教研室。同年，社会科学部在政治经济学教研室的基础上设立经济研究所，由著名经济学家张培刚教授担任首任所长，设经济学专业方向硕士点。1983年，经济学研究所从社会科学部分出去，与经济管理工程系合并成立了经济和管理工程系。1985年，社会科学部改称社会科学系，下设马克思主义哲学、政治经济学和中共党史三个教研室。

1986年，基于社会发展过程中法律方面的问题多发，法律专业较为热门，法律人才社会需求量大，经过对实际情况的调查，在一批具有法学背景的老师们的推动下，华中工学院社会科学系增设法律教研室。1992年，为满足学科发展和人才培养两方面的需求，一部分哲学的师资和学生从社会科学系分离出去单独成立哲学研究所，留下的是专门从事马克思主义理论研究、开展马克思主义理论公共课教学的师资，社会科学系也就更名为政治教育系。1994年，法律教研室开始招生，为了加强对外名称的准确性，政治教育系再次更名为政治与法律系。

这一时期，马克思主义理论课教师在超额完成公共课教学任务的同时，也围绕教学产出了一批优秀成果，主要是完成了相关课程教材的编写：自主编写"政治经济学"课程教材《政治经济学》；随着市场经济的发展，编写了《社会主义市场经济学》教材；应教育部开设"中国社会主义建设"课程的要求，编写了《中国社会主义建设》《社会主义市场经济学》教材；为了开设"当代资本主义经济"课程，编写了《当代资本主义经济》教材等。依托自编教材，马克思主义理论课的教师们在教学上也孜孜不倦、不遗余力地讲好课。比如，"政治经济学"采用双语教学，其中的基本概念部分用英语来讲。而为了提高听课效果，老师们收集了大批生动的材料，比如在讲农村经济体制改革时，"说凤阳，道凤阳，凤阳本是个好地方，自从出了个朱皇帝，十年倒有九年荒；说凤阳，道凤阳，改革鼓点先敲响，三年跨了三大步，如今飞出金凤凰"，形象地体现了人民公社与大包干、联产承包责任制的前后对比。

1998年，政治与法律系归属新成立的人文学院，下设法律教研室、经济学教研室、中国革命史教研室、科学社会主义和国际关系教研室。

·双管齐下，思政教学·

1980年，华中工学院校党委宣传部、青年工作部和校团委三方牵头设立形势与政策教研室，并于1981年开始在青年工作部设专人负责思想教育工作。1982年到1984年间，教育部先后下发《关于在高校逐步开设共产主义思想品德课的通知》（1982年）和《关于高校开设共产主义思想品德课的若干规定》（1984年）两个重要文件。为落实两个文件精神，华中工学院党委于1987年4月决定在学校党校的下面成立一个思想政治教育研究室，跟高教所的研究室结合。同年12月，学校党委又正式发文，成立思想政治教育教研室（也称德育教研室），与党校思想政治教育研究室合并。

德育教研室一经建立，就高度关注学生的思想状况，聚焦大学生发展，在大学生中先行开展了一系列的社会调查。比如教研室团队跟踪一个教学班，调查了200多名大学生，将大学生的成长与发展困惑归纳为"目标的失落与确立""自我的冲突与认同""理论的困惑与选择"以及"学习的依赖与主动"4对矛盾，根据这4对矛盾进行针对性的教育。这在全国高校引起了极大的反响，很多学校都用这4对矛盾去进行思想品德教育。此外，教研室还逐个访谈调查了100名优秀学生党员，归纳他们成长的规律，其中有一条规律就是这些学生都有积极的生活态度。所以，在后来的教育教学过程中，老师们就特别注意培养学生积极的生活态度。总之，通过这些调研，思想品德课的老师们就更加知道学生需要什么、在想什么、有什么成长规律，然后将其纳入教材、纳入课程，提高思想品德教育的针对性和有效性。

德育教研室还主张依托学科，以理论指导帮助学生去认识思想问题、解决思想问题。当时，针对不同年级的大学生开设有三门课程。其中，一年级开设"青年心理学"，主要针对从中学到大学的过渡，解决学生人生的方向、发展目标等问题；二年级开设"青年伦理学"，主要解决思想品德问题；三年级、四年级开设"青年社会学"，主要解决认识社会、社会责任感以及解决怎么样从学校到社会的过渡等问题。由于这些课程切实为学生考虑，学生愿意听，取得了很好的教学效果。

依托调查和理论的教学落到实处后，德育教研室对思想品德教育教学进行了全盘考虑和综合评估，决定把课堂教学进一步延伸到课堂以外。于是，德育教研室又成立了学校第一个心理咨询室，24小时服务同学们。德育教研室的专职老师们公开自己的联系方式和办公地点，随时准备应学生之约，学生有任何的问题和困惑都可以前来寻求帮助。为了使心理咨询工作能更好地促进大学生的成长，同时做出自己的特色，教研室商议成立一个专门的大学生发展指导中心。1995年5月16日，华中理工大学大学生发展指导中心正式挂牌成立，这是现在华中科技大学心理健康教育中心的前身。大学生发展指导中心挂牌不到一年，来中心咨询的人就络绎不绝。中心帮助了很多人，也收到了很多毕业学生的感谢信。

1998年，思想政治教育教研室（德育教研室）并入新成立的人文学院，与政治与法律系并列。

· "马列""思政"融合，新世纪新发展 ·

2000年，在合校大背景下，华中理工大学政治与法律系与武汉城市建设学院社会科学系融合组建了华中科技大学政治教育系。政治教育系设有"马克思主义理论与思想政治教育"硕士点，当时仍隶属华中科技大学人文学院。与此同时，一部分具有公共管理专业背景和法律专业背景的师资则从政治教育系脱离，分别于2000年、2001年组建了公共管理学院和法学院。2004年，人文学院内部调整，思想政治教育教研室（德育教研室）并入政治教育系，第一次实现了"马克思主义理论课"与"思想品德课"的"两课"融合。2005年，华中科技大学人文学院政治教育系与同济医学院社会科学部正式合并，同时从人文学院分离出来组建了具有独立建制的华中科技大学政治教育系。

2005年12月23日，教育部颁布《关于调整增设马克思主义理论一级学科及所属二级学科的通知》。2006年，政治教育系获得马克思主义基本原理二级学科博士点和马克思主义理论一级学科硕士点。为了高举马克思主义旗帜，建设马克思主义理论一级学科，凝聚一支专职从事马克思主义理论课教学和研究的教师队伍，开好以马克思主义理论教育为主要内容的思政课，2007年9月，华中科技大学马克思主义学院成立，这也是湖北地区最早成立的马克思主义学院，由原政治教育系主任洪明教授担任首任院长。学院成立以来，紧紧围绕"立德树人、立信致真、立言咨政"的理念，扎实推动学院内涵式发展，取得一系列工作成绩。

党旗领航成效显著。建立并实施"第一议题"制度，深刻领悟"国之大者"，推动新时代马克思主义学院建设的行动自觉更加坚定。加强党支部建设和党员队伍建设，实施党支部书记抓基层党建述职评议考核制度。落实党支部工作条例，推进党支部标准化规范化建设，"毛泽东思想和中国特色社会主义概论"教研室党支部获评全国党建工作样板支部，硕士生党支部获湖北省高校"支部好案例"二等奖。强化"马院姓马、在马言马"的鲜明导向，实施思政课教师上岗宣誓制度，在湖北省是第一家；创新思想政治理论课课程体系建设，逐步建成以习近平新时代中国特色社会主义思想为核心内容的思政课课程群。扬正气树新风，开展党风廉政、师德师风、财务政策及财经纪律培训，积极营造实干氛围，谋大事、干实事，增强班子凝聚力。

人才培养体系逐步完善。拥有马克思主义理论一级学科博士点、硕士点和马克思主义理论博士后流动站，在马克思主义基本原理、马克思主义中国化研究、思想政治教育、党的建设4个二级学科招收硕士和博士研究生。2012年，马克思主义理论学科被评为湖北省重点学科。自2017年起新增马克思主义理论（思想政治教育）双学士学位授予资格，并在全校范围招生。学院成立至今培养了各层次优秀毕业生。围绕造就高素质人才的培养目标，学院致力于从政治素养、专业素养、综合能力等多方面推进人才培养工作。

平台建设成效逐步显现。拥有湖北省新时代文明实践研究院和湖北省中国特色社会主义理论体系研究中心华中科技大学分中心2个省级研究平台，建有华中科技大学党的建设研究中心校级研究平台，另设有马克思主义基本原理研究所、马克思主义中国化研究所、思想政治教育研究所、党的建设研究所和习近平新时代中国特色社会主义思想教研中心5个院级研究平台。

师资队伍建设成效显现。现有专任教师74人，其中教授15人，副教授21人，讲师38人；国家级青年人才称号1人，国务院学科评议组成员1人；"国家级教学名师工作室"主持人1人，全国高校优秀中青年思想政治理论课教师择优资助计划1人；全国高校思想政治理论课教师年度影响力人物1人、影响力提名人物2人；湖北省高校思想政治教育先进个人1人，湖北省高校十佳思想政治理论课教师3人，湖北省宣传文化人才培养工程"七个一百"项目2人，湖北名师工作室主持人1人；湖北省督学

1 人；先后入选湖北省高等学校马克思主义中青年理论家培育计划 11 人。

人才培养特色鲜明。现有湖北省教育厅颁布的名师示范课堂 14 个。学校素质教育通识选修课程"城市与文化遗产"和必修课"思想道德与法治"分别于 2020 年和 2021 年入选湖北省一流本科课程。另外，获得首届全国高校思想政治理论课教学展示活动特等奖、一等奖各 1 人，获得 2021 年湖北省高校思政课教师教学展示活动特等奖 1 人、一等奖 2 人。

教学活动多元生动。学院坚持以教学为中心，教学引导科研，科研深化教学，本着"让学生真心喜欢""让学生积极参与""让学生终身受益"的教育教学理念，不断推进教学改革，增强课堂教学的吸引力和实效性。探索思想政治理论课"互动式教学""半翻转课堂""精品思政选修课"等教学创新，使思政课"配方"更新颖、"工艺"更精湛、"包装"更时尚。在全体师生的共同努力下，思想政治理论课教学改革与研究成果显著。近 5 年共有 14 项教改项目立项，其中省级 6 项，校级 8 项。主要围绕高校思想政治理论课的教学改革和创新，从教学法和教学模式方面进行相关研究。具体包括实践教学法、现场教学法、"价值澄清"教学法、"论坛陈述与评论"教学法、互联互通教学模式、翻转课堂教学模式、差异化教学研究、互动教学研究和网络课程平台教学研究等。如把教学搬到武汉红色文化现场以及深挖校本资源，把科学家精神融入课堂等，积极探索思政课程改革创新新路径，给学生别开生面的教学体验，让课程内容不仅入耳、入眼，更入脑、入心。

特色课程优质新颖。学院聚焦学术科研与课程教学共同发展，致力于打造国家级精品理论课程。"深度中国"系华中科技大学第一批高水平素质教育通识选修课程（公共选修课程）立项建设项目，课程聚焦当代中国理论与实践中的时事热点问题，内容涉政治、经济、文化、社会、生态、外交等多方面，特邀教师包括丁烈云、邵新宇、李元元、尤政、陈孝平等院士为代表的一批专家名师。课程自开设以来，便受到各级媒体、国内同行、广大师生的高度关注和一致好评，连续 2 次（2019 年、2020 年）入选教育部"一省一策"集体行动，2020 年入选首届国家级一流本科课程，教学团队被评为湖北高校省级教学团队，成为学生争相选修、媒体持续报道、社会广泛关注的"网红爆款"思政课。

2021年春，马克思主义学院为推进"四史"教育与思政课教学有机融合，面向全体本科生开设"四史"学习课程"百年中国"，通过讲授中国百年来对发展道路的探索，帮助学生从全局了解中国共产党历史，尤其是党团结带领人民完成"三件大事"、创造世所罕见的"两大奇迹"、迎来从站起来富起来到强起来的"三次伟大飞跃"的奋斗历程，促进学生更深入地认识党情、国情、社情，以正确的历史观、民族观、国家观、文化观，理解中国共产党为什么"能"、马克思主义为什么"行"、中国特色社会主义为什么"好"。特邀李元元、尤政等院士以及喻立平等社会科学界知名专家来授课。在校内，"百年中国"开课以来逐渐成为人气课程，持续受到学生热捧；在校外，"百年中国"同样受到媒体高度关注，引发新一轮报道热潮。

科研成果持续增长。学院拥有一支潜心学术、严谨求实、持之以恒的优秀科研队伍，近年来在马克思主义基本原理、马克思主义中国化研究、思想政治教育、党的建设等二级学科领域取得较为丰硕的研究成果，培育了若干个结构合理、年富力强、敢于创新的学术团队。近5年来，学院获得国家社科基金项目20项、教育部人文社科项目10项，项目经费总计近600万元。在《马克思主义研究》《哲学研究》《管理世界》等国内外核心期刊及《人民日报》《光明日报》《经济日报》等报纸理论版发表文章640余篇，出版专著近50部。其中，数十篇论文分别被《新华文摘》《中国社会科学文摘》《人大复印资料》等全文转载，6项成果获湖北省优秀社会科学成果奖。

学术交流助力发展。学院紧跟学术前沿与学术热点，全方位、多领域、深层次开展学术交流活动。"喻园求真学术论坛"邀请了一大批知名学者进行学术指导。连续举办十六届华中科技大学马克思主义青年论坛学术活动，助力学校学院学术成果互学互鉴。举办马克思主义学院研究生授课大赛，积极组织研究生开展"周末理论大讲堂"网络学习活动，不断提高研究生理论宣讲与授课水平，不断壮大青年马克思主义者和思政课教师后备队伍。

导学关系健康发展。学院为进一步提升研究生教育水平和人才培养质量，通过面向在读全体研究生发放问卷开展学情调查，梳理研究生的切身诉求，针对诉求一一回应。结合学情调查，明晰当前形势和任务，以全面提升研究生培养质量为导向，实施完善招生机制、优化课程体系、增加课程供给、增强过程管理、提升研究生导师培养能力等举措。

学生工作颇有特色。学院历来重视学生党建工作，形成了一套"特色党日活动、红色基地观摩、支部共建、社区志愿活动"相结合的学生政治素养培养机制，秉承理论与实践相结合的方式，创新党员与入党积极分子"一对一"帮扶模式，确保学生政治素养提升工作的全面覆盖。实行学生课外学习与导师指导相结合的模式，提升学生的专业素养；组建"马克思主义经典阅读小组""马语者阅读会"等课外学习小组，为学生专业素质的提升搭建了广阔的平台；组织"同上一堂思政课"授课比赛和微党课讲授等活动，发挥学生专业所长，在实践中提升学生综合素质和能力。

社会服务广受赞誉。学院积极参加习近平新时代中国特色社会主义思想和党的路线方针政策的宣讲工作。学院连续多年荣获湖北省委讲师团理论宣讲先进单位、湖北省委宣传部"理论热点面对面"先进单位。学院10余位教师参加团中央讲师团、湖北省委讲师团和学校讲师团，形成了一支老中青相结合的理论宣讲专家队伍。学院与中共深圳市龙华区共建"深圳互联网党建研究院"，帮助地方政府探索"互联网＋党建"的新模式和新途径；在蕲春县横车镇建立"乡村振兴研究中心"，委派教师带领研究生对横车镇的特色产业进行调研，帮助横车镇制定"十四五"规划。学院为各级党政机关和企事业单位开展干部理论培训和党务培训，均取得良好社会反映。

七秩奋进，争创一流。新时代，马克思主义学院全体师生将凝心聚力、踔厉奋发、笃行不怠，为增强学科自信心和硬实力，为提升核心竞争力和学术影响力，为创建重点马克思主义学院和建设一流学科而不懈奋斗，奋力书写无愧于时代和人民的马克思主义学院新篇章。

（马克思主义学院　林桢栋　岳奎　王明飞　王健　余鹏涛　王樱霏）

教育科学研究院——
博学笃行敢为先　立己达人天地宽

时间回溯至1980年,在改革开放的大潮中,为了适应学校教育教学和管理改革的需要,在时任党委书记兼院长朱九思的关注和推动下,华中工学院高等教育研究室成立。伴随着教育体制改革的步伐,为了适应学位点建设和培养高等教育研究专门人才的需要,高等教育研究室于1985年更名为高等教育研究所。20世纪90年代,中国高等教育在经历了大调整之后迎来了大发展的黄金时期。为顺应学校逐步恢复学院建制的大趋势,2000年,高等教育研究所升格为教育科学研究院。

42年风雨兼程,学院摘下众多全国和全校文科第一的桂冠:1986年正式获批全国理工科高校中第一个高等教育学硕士点,并自1986年起率先在国内创设首个高等教育研究交流平台"全国大学教育思想研讨会",现已连续举办18届;率先在国内开展大学文化素质教育研究,助力学校成为教育部大学生文化素质教育指导委员会首家主任委员和秘书长单位;率先在国内倡导并开展院校研究,发起成立中国高等教育学会院校研究分会;率先在中国探索并呼吁专业博士学位研究生教育,并获批为首批教育博士人才培养试点单位;1996年设立学校第一个文科博士点(教育管理学,1998年调整为高等教育学),2007年成为学校首次获批国家重点学科的两个文科院系之一,2014年率先实现学校文科教育部"长江学者"特聘教授项目零的突破,2015年率先拿到学校文科第一个高等学校科学研究优秀成果奖(人文社会科学)一等奖。

42载春华秋实，学院培养了近3000名硕士与博士毕业生。他们主要在教育理论研究战线和高校管理工作岗位上建功立业，表现尤为突出，150多名院友在高校担任（或曾担任）校级领导，其中正职（校长、党委书记）90多人，近80名毕业生在高校教育学院（高教所、院校所）担任负责人，3人获评"长江学者"，为中国教育研究与教育事业的发展做出了重要贡献。

42年来，几代教科人筚路蓝缕，锐意进取，坚持"学术为基、育人为本"的办学理念，践行"博学笃行、立己达人"的院训精神，与中国改革开放共同成长，走出了一条"突出应用性、注重成果转化和社会服务"的不同于师范大学教育学科的特色发展新路，谱写了一曲以高水平学科建设服务高水平大学改革发展，进而推动中国教育事业改革和发展的华章。

·筚路蓝缕开新路　研究实践齐并进·

1979年，在时任党委书记兼院长朱九思的推动下，华中工学院成立高等教育研究组，党委宣传部蔡克勇兼任组长，着手就学校发展面临的关键问题进行研究，以推动学校的改革与发展。1980年，学校以"华中工学院高等教育研究组"的名义，围绕朱九思提出的"科学研究要走在教学的前面"和"理、工、文、管结合"这两个主题，连续在《光明日报》和校报上发表多篇论述文章，对学校乃至全国的高等教育改革和发展都产生了重要影响。

1980年10月19日，华中工学院《关于成立高等教育研究室的通知》（院发字［1980］89号）文件发布，正式宣告华中工学院高等教育研究室成立。高等教育研究室克服了经费不足、办学办公条件有限等诸多困难，建立了专兼职相结合的研究队伍，着手开展高等教育研究，创办学术刊物。同年，《高等教育研究》正式创刊。曾任《高等教育研究》副主编、高等教育研究所副所长的陈昌贵教授回忆，每一期杂志出版后，朱九思都会仔细翻阅，且时常指出问题和需要改进的地方。1983年，由朱九思、蔡克勇、姚启和主编，全体专兼职人员参与研究和撰写的我国第一本高等学校管理学专著——《高等学校管理》出版。同年，《高等工程教育研究》

创刊发行。目前,《高等教育研究》和《高等学校管理》的影响均位居教育类期刊前列,受到国内学术同行的高度认可。

1985年,高等教育研究室改设为高等教育研究所,共有专职研究和管理人员7人,这是当时规模较大、实力较强的高等教育研究机构。在蔡克勇、姚启和、文辅相、冯向东和陈昌贵等前辈学人的精心策划与齐心努力下,高等教育研究所于1986年正式获批高等教育管理学硕士学位授权点,抓住了非常难得的办学机遇,也由此奠定了学校在高等教育学学科建设中的国内领先地位。同年,经高等教育研究所倡议,学校联合湖南大学和南京航空航天大学,开始举办"全国大学教育思想研讨会"。这是我国第一个全国性的高等教育研究学术交流平台,两年一届,三校轮流举办。会议以高等教育改革与发展中的重点、难点、热点问题背后的教育思想为研讨主题,注重学术争鸣,邀请全国各地的学者参加,影响深远,延续至今。

20世纪90年代初,鉴于理工科学生人文素养较为缺乏的情况,学校率先在全国开展高校文化素质教育,高等教育研究所在其中发挥了重要的学术支撑作用。涂又光、文辅相、刘献君等学者发表了《文化素质教育应确定全人教育理念》等学术论文100余篇,出版了《文化素质论》和《在专业教学中进行人文教育》等多部著作。一系列学术成果指导了学校的文化素质教育实践,创建的"三个层次、六个方面"的文化素质教育体系,在全国起到了示范作用。

高等教育研究所时期,以获批的高等教育学硕士学位点为基础,在时任校长杨叔子院士和厦门大学潘懋元教授的大力支持下,高等教育研究所联合武汉大学、华中农业大学与湖北大学相关学科教师,积极谋划申报博士点,并于1996年成功获批教育管理学博士点(1998年调整为高等教育学博士点),实现学校文科博士点零的突破。1999年起,高等教育研究所开办了"高等教育学专业博士学位课程大学校长进修班",在当时属开创性举措,在全国范围内引发了较大反响。进修班招收的学员以各级各类高校的校级领导为主,也包括一些高校中层干部,还有少量教育行政管理干部和教育企业领导。他们中的大多数在日后的工作实践中做到了学以致用,从而使学院举办的校长进修班成为推动我国高校改革与发展的一次重要尝试,对国家试点教育博士专业学位人才培养起到了较好的助推作用。

·新世纪开启新征程　特色领航快速发展·

2000年，是三校合并组建华中科技大学并开始新的谋篇布局之年。当年12月，华中科技大学教育科学研究院正式成立，时任学校党委副书记刘献君教授兼任学院首任院长。经过前期的沉淀与积累，在刘献君院长的带领下，副院长张应强、沈红、别敦荣以及全院教职员工齐心协力，稳扎稳打，迎难而上，学院由此进入了快速发展阶段，并在发展中逐渐形成了鲜明的学科特色，实现了一系列重点突破。

在分析国内主要高等教育研究机构的学科特色和自身学科特点的基础上，学院在2000年就提出了院校研究必将成为我国高等教育改革发展的新需求和高等教育研究的主要形式的重要论断，因此决定发展和强化院校研究特色，并确立了"突出院校研究特色，适度进行学科拓展，建设基础宽厚、重点突出、特色鲜明、优势明显的教育学学科群"的学科建设和发展目标。简而言之，教育科学研究院逐步拓展办学格局，为建设教育学一级学科博士点做好准备，并形成办学特色，以强化学院在国内高等教育研究领域的领先地位。

在拓展办学格局方面，学院于2000年获批教育经济与管理硕士学位授权点，2003年获批教育学原理、课程与教学论、发展与教育心理学、教育技术学4个硕士学位授权点，学术型硕士点由1个增加至6个。2007年，学院获批教育硕士专业学位授权点，成为综合性大学中较早获批教育硕士培养权的单位之一，对改善学院办学条件和拓展本学科与中小学之间的联系意义重大。在博士层次人才培养方面，学院积极支持本院与其他学院相关学科教师参与高等教育学专业博士生的招生与指导工作，带动了相关学科的建设与发展。2003年，学院又成功获批教育与经济管理博士学位授权点。2007年，学院获准设立教育学博士后科研流动站。

在形成办学特色方面，2000年3月学院率先设立全国第一个院校发展研究中心。在刘献君、赵炬明等教师的带领下，教科院学习借鉴美国院校研究，并以发起成立中国高等教育学会院校研究学会为旗帜和平台，积极探索中国院校研究理论和方法，坚持推进中国院校研究向办学实践与学科专业转化。每年组织召开全国性的院校研究学术年会，隔年组织召开院校研究国际会议，编辑出版院校研究案例库，组织撰写院校研究教材，培训院校研究专门人员，加强院校研究国际交流和合作。2005年，院校发展研究中心成为学院首个获批的湖北省高校人文社会科学重点研究基地。2007年，学院的高等教育学学科获批为国家重点学科，这与学院选择和重点打造院校研究优势特色学科方向密不可分。经过20多年的努力探索，院校研究已成为学院聚集人才培养、科学研究与社会服务多方面功能为一体的重要学术领域，得到了国内外学术同仁的高度认可。

刘献君院长在带领大家拓展办学格局和培育办学特色的同时，也十分注重办学条件和师资队伍建设。2004年，由院友吴文刚先生捐建的5100平方米的教育大楼投入使用，教育大楼设有学术报告厅、图书资料中心、多媒体教室、案例教学教室、学术研讨室和教师工作室等，办公、教学、科研与学术交流场所等一应俱全，极大地提振了学院师生员工建设一流教育学科的信心与决心。在刘献君担任院长期间，还引进了10多位专任教师，基本上满足了当时学院教学与科研的需要，为学院今后的发展奠定了良好的基础。

2008年，学院行政换届，张应强任院长，沈红、别敦荣任副院长。2018年，陈廷柱接任学院院长，李太平、张俊超任副院长，2019年初学院党委成立。10余年来，学院行政班子成员与江洪洋、董晓林、王小月等几任书记一道，协同全院师生员工继续励精图治。在平台、专业与学科建设方面，学院于2009年获批区域高等教育发展研究中心湖北省高校人文社会科学重点研究基地，2010年开始招收培养教育博士，2011年获批为教育学一级学科博士点。在代表性人才与科研项目方面，张应强先后获评教育部"长江学者"特聘教授（2014年）、中宣部文化名家暨"四个一批"理论人才（2015年），陈廷柱主持的"加快教育现代化建设教育强国实施路径研究"（18JZD049）获批2018年度教育部哲学社会科学研究重大课题攻关项目，陈廷柱入围教育部2018年度"长江学者奖励计划"青年学者。科研获奖方面，近10年来学院教师的获奖数量与层次均高居学校文科院系榜首。2020年，学院教师获第八届高等学校科学研究优秀成果奖（人文社会科学）一等奖1项、二等奖1项、三等奖2项，约占全校获奖总数

（共 13 项）的 1/3，也是唯一获得一等奖的院系。值得一提的是，由刘玉教授牵线搭桥，在杨叔子院士与李培根院士的支持下，2017 年，长安创新投资管理有限公司董事长屈向军校友捐资 500 万元，依托学院设立了创新教育与批判性思维研究中心，对培育学院新的学术生长点起到了重要的助推作用。

·乘风破浪潮头立　创新机制谋新篇·

2020 年，以庆祝教育学科成立 40 周年为契机，教育科学研究院改造维修了学院大楼，学院的办学环境焕然一新；凝练形成了院训院徽，学院有了自己的形象识别系统；筹得捐赠经费与设备超过 1000 万元，学生实验与学习条件大为改善；系统梳理了学院的发展历程与办学成就，明确提出"坚持学术为基，走人才培养、科学研究与社会服务融通并重之路；坚持以人为本，走人文关怀、贡献导向与制度建设协同并进之路；坚持特色引领，走学院与各研究所联动的争先保优之路；坚持立足本校，走交叉创新之路"。

——重点加强工程教育研究

学院聘请李培根院士担任博士生导师，加大培养工程教育研究人才力度。2020 年 10 月申请设立华中科技大学工程教育研究中心，联合学校优势工科院系，推进工程教育教学研究，助力学校工程教育人才培养模式改革和申报国家教学成果奖。2021 年 1 月，在教科院和教育培训学院的共同努力下，教育部长江经济带地区新工科教育研究基地获批，将推动成立长江经济带地区工程教育研究联盟，带动区域工程教育研究水平整体提升。在教育部的支持下，受中国工程院委托，学院正在申请创办 *Engineering Education* 工程教育国际期刊，以提升中国工程教育国际话语权与竞争力，并与中文刊《高等工程教育研究》形成合力，加快提升学校工程教育研究在国内的地位与影响。

——重点加强对外联络与合作

2021年,学院组建了首届学院发展咨询委员会,聘请国家教育咨询委员会委员、中国高等教育学会原会长瞿振元先生和本院资深教授刘献君先生担任学院咨询委员会主任,外聘了40多位重要学者与大中小学校长参与学院人才培养和改革发展等事项;与厦门大学教育研究院、南京大学教育研究院合作发起"全国高校高等教育学研究生学术论坛",已组织召开三届论坛,学生提交的会议论文多达600篇,在全国高教研究同行中产生了广泛的影响。2021年12月,学院联合学校基础教育管理办公室举办了"首届基础教育创新发展论坛",聚焦普通高中教育改革发展,汇集知名专家学者、校长进行专题汇报交流,旨在为普通高中教育改革和高质量发展贡献智慧和力量。2022年起,学院将"喻园教育讲坛"改造为学术前沿、教育热点、掌校治学、优博之路四大系列讲座,邀请国内外学术同行参与学院学术交流,并全程直播,以服务国内外相关学科师生。

——重点加强服务学校的相关工作

学院历来重视为学校提供力所能及的服务。2012年,国家级教师教学发展中心获批;自2014年起,面向全校本科生组织开展"华中科技大学本科生学习与发展调查",每轮调查结束后,向学校提供整体调查报告和37份分院系报告。仅2021年,高等教育研究团队就完成了学校领导、党校办、组织部、人事处、研究生院、本科生院等机关部处和部分院系交办委托的重点研究任务10余项;基础教育研究团队积极承担学校的教育帮扶工作,坚持参与附属小学、附属中学教育教学改革;心理学研究所积极参与学生心理咨询与心理健康教育工作,为师生解决心理难题。在资政建言方面,学院积极推进相关写作课程建设,积极疏通上报决策参考渠道。2020年4月,张妍教授等撰写的《疫情期间高校毕业生毕业、就业需求现状调查与建议》被《人民日报内参》采用。2020年8月,刘献君教授带头完成的《民办高等教育亟待走出质量洼地》报告获上级有关部门批示。2021年12月,彭湃副教授撰写的关于《专业学位硕士培养模式需提高针对性》的建议被《人民日报内参》采用并获批示。2022年4月,校党委书记李元元带队到学院调研，学院领导明确表示将把如何构建立德树人教育体系与立德树人评价体系，设立华中大研究中心服务学校改革发展作为长期发展的重要任务之一。

回首过去42载奋进历程，教育科学研究院在历任学校领导的关心指导下，在队伍建设、学科发展、人才培养、科学研究和社会服务等多方面都取得了重要进展，走出了一条不同于师范大学办教育学科的特色之路，形成了"特色发展、重视师资、形成氛围、共同创造"的独特经验。目前，教育科学研究院已成为我国教育学科人才培养、科学研究和社会服务的重要机构，专任教师队伍达30人，保持在教育学一级学科评估全国第11位左右，在国际国内具有较大的影响力。

展望未来，教育科学研究院将秉承"博学笃行、立己达人"的院训，坚持"有情怀，讲正气；有思想，接地气；有特色，成体系；有地位，重贡献"的目标定位，构建聚焦特定学科方向的学术生产机制，升级可以承接重大任务的团队协作机制，促成以研究所为主导的成果体系化机制，探索服务学校改革发展的政策激励机制，潜心修炼，扎根大地，坚持鲜明的办学特色，形成特色与体系相辅相成的办学格局。乘风破浪，勠力同心，砥砺前行，教育科学研究院将继续凸显服务教育强国战略地位功能，拓展引领教育现代化格局的作用，助推国家和华中大教育现代化的国际影响和品牌建设，切实服务学校卓越人才培养、特色一流大学建设、文化空间创新的"卓越、开放、特色"一流大学实践，在助力中国特色的世界一流大学以及中国式的高等教育现代化建设中贡献力量。

（教育科学研究院）

人文学院——
知行合一　以文化人

40多年来，华中科技大学人文学科的发展，经历了从无到有，而今已是枝繁叶茂，在学术界、教育界有着卓著的影响。其中，中国语言文学学科筚路蓝缕的创设，发挥了引领性的作用。该学科的前身，是著名语言学家严学宭先生于1980年创建的中国语言研究所。人文学院的建制，始于学校1987年设立的文科办公室，经历了人文学部（1990—1994年）、文学院（1994—1998年）等发展阶段。1985年组建的中文系，始终是人文学院的中流砥柱，并于1987年开始招收本科生。40多年来，人文学院始终坚持走"入主流、重交叉、创特色"的办学思路，依托华中科技大学卓越平台，取得了较大的成绩，各个方面都有了长足的发展。学院现有汉语言文学、汉语言文学（"强基计划"古文字学方向）、汉语国际教育三个本科专业（方向）；拥有中国语言文学一级学科硕、博士学位授权点和博士后流动站。

· "著名"的邂逅与中文学科的创立及其发展 ·

华中科技大学中国语言研究所是全国理工科大学创办的第一个文科研究所。这个研究所的创办，标志着我国理工科高校的文科觉醒，揭开了我国理工科高校人才培养模式转型的帷幕，即适应时代发展需要，从单科性人才培养向复合型、综合性人才培养模式转型。

中国语言研究所的成立，是著名教育家朱九思先生和著名语言学家严学宭先生"邂逅"的硕果。严学宭先生时任湖北语言学会会长，朱九思先生任华中工学院院长兼任湖北省委文教部副部长。因中国语言学会的筹备会确定在武汉召开，严学宭先生作为筹备组负责人之一，常向朱九思先生请示汇报，而朱九思先生也对严学宭先生的工作给予了大力支持，两人故此熟识。作为教育家的朱九思先生，早在1977年就意识到我校专业设置过窄的弊端，他认为，随着形势的发展，应该走培养通才的道路，专业过窄的大学应该向文理工互相渗透的综合性大学转型。严学宭先生对朱九思院长的办学理念非常感兴趣。在两位先生的共同努力下，华中科技大学于1980年秋天正式成立中国语言研究所。

1985年，学校以中国语言研究所师资为主，整合1982年成立的大学语文教研室，组建成中国语言文学系。中国语言文学系成立之初，只设立了高等学校管理秘书专科专业，1987年，汉语言文学本科专业被批准开始正式招生。2000年，"语言学及应用语言学"博士点成功申报，这是我校人文学科的第一个博士点，是零的突破，为学校文科建设和发展奠定了基础。2007年，获批"国际汉语教育专业硕士学位点"，是首批24所试点院校国际汉语教育硕士点之一，也是首批24所高校中唯一一所以理工为优势学科的学校。

·守本与拓新：学科方向与发展特色·

人文学院拥有中国语言文学湖北省一级重点学科，汉语言文学专业入选国家级一流本科专业，汉语国际教育入选省级一流本科专业。本学科坚持走"强基础，重交叉，创特色"和"小而精"的发展之路。其中语言学科兼具传统学术研究规范和前沿学术视野，在保持古文字学、汉语史等传统学术优势的前提下，着力拓展基于传统小学与现代信息技术相结合的语言学研究，积极开展"数据挖掘技术和语言研究"、人工智能（AI）语言学跨学科交叉研究，取得丰硕的成果。文学学科持续聚焦于文学"经典化"研究，同时推进文学的跨学科交叉研究。中国当代文学经典化研究强调作家和批评家的共构，已出版"中国当代文学经典化研究丛书"12卷。

在《文学评论》《文艺研究》《中国现代文学丛刊》等刊物发表高水平论文数十篇。基于近现代中西方思想文化交流语境的中外文学批评，基于跨学科交叉研究的文学与科学及中国古代文史会通研究，也取得了诸多成果。

·奋厉与腾渊：科研成果与创新平台新突破·

"十三五"期间，学院获批国家社科基金重大项目2项、重点项目1项、一般及青年项目6项，教育部人文社科基金面上项目3项、青年项目1项，全国高校古籍整理委员会项目3项。在《文学评论》等高水平学术刊物发表论文260余篇，出版各种著作39部。科研成果获国家级科学研究优秀成果奖1项、省级社科优秀成果奖3项。学院主办刊物《语言研究》（CSSCI核心来源期刊）在学界影响广泛。学院设有国家语言文字推广基地、中国语言研究所、历史研究所、国学研究院、中国当代写作研究中心、新媒体语言文化传播研究中心等研究机构，建有普通话培训测试工作站、汉语水平等级考试中心。

2021年，国家语言文字工作委员会公布了第二批"国家语言文字推广基地"名单，62家单位入选，华中科技大学名列其中。我校国家语言文字推广基地依托人文学院进行建设，目前已开展国家乡村振兴重点帮扶县（云南镇雄）教师国家通用语言文字能力提升在线示范培训班、校园用语"啄木鸟"行动、推广普通话宣传周等活动。

·强基与交融：人才培养取得新成绩·

中国语言文学一级学科形成了从本科到博士研究生的完整人才培养体系，并设有中国语言文学一级学科博士后流动站。本学科坚持"立德树人"宗旨，致力于培养厚基础（扎实掌握人文社科系统知识和理论）、宽口径（具备现代信息技术及一定理、工、医学科知识视野），能满足新时代社会建设所需的复合型中文人才。学院采取"一生一方案""一生一导师"的培养模式，以多维课程为基础，打造通识课、核心课、应用课相结合的三位一体课程体系，培养新时代综合型文科人才。除承担本院人才培养任务外，人文学院还发挥学科优势，为全校本科生开设了"中国语文"，同时每年为全校各院系大学生开设了数十门高质量的公共选修课，这些课程为助力学校本科人才培养、完善大学生知识结构、提升大学生人文素养发挥了重要作用。

·牵手与弘扬：国际交流合作新台阶·

学院每年开展高水平的国内外学术交流活动，邀请海内外知名学者来院讲学。近年来组织学生前往突尼斯、马来西亚、越南等国开展"一带一路"主题社会实践，组织学生赴英国牛津大学、美国加州大学伯克利分校等海外名校交流。学院先后选派优秀教师赴新西兰坎特伯雷大学、巴西米纳斯吉拉斯大学的孔子学院开展国际中文教育，并与泰国拉卡邦先皇理工大学达成"2+2"合作办学意向。学院现有来自俄罗斯、巴西、日本、韩国、越南等10多个国家和地区的50余名国际学生，开设汉语言文学、汉语国际教育、中国文化和历史等方面的必修课和选修课，培养了一大批知华友华爱华的国际学生，国际声誉和影响力日益提升。

（人文学院　何锡章　李军钧　常文雅）

外国语学院——
栉风沐"语"来时路　韶"华"不负向未来

· 回眸 · 启学院篇章 ·

华中科技大学外国语学院前身为华中工学院公共课教研室俄文教研组，始建于1953年。1959年，学校建立基础课部，下设有外语教研室，设俄文教研组和英文教研组，后增设了日语教研组。

1980年，外语系正式成立，于1981年9月招收了首届科技英语专业的本科生。7年之后的1988年，又招收了首届日语专业本科生。2000年5月合校后，华中理工大学外语系、同济医科大学外语部以及武汉城市建设学院外语教研室合并，组建华中科技大学外语系。积累5年后，2005年10月，华中科技大学外国语学院正式成立，下设英语系、日语系、德语系、大学外语教学中心。此后，外国语学院规模继续扩大，2009年3月组建了翻译系，2011年10月组建了法语系。

1986年7月，经国务院学位委员会批准，学院设立了专门用途英语（后更名为外国语言学及应用语言学）专业硕士点，是全国理工科院校外语专业中最早建立的硕士点之一。而今，学院已拥有外国语言学及应用语言学、英语语言文学、日语语言文学和德语语言文学等4个二级学科硕士学位授权点以及翻译硕士专业学位授权点。2019年，学院获批外国语言文学一级学科博士授权点，外国语言文学成为湖北省省级重点学科。学院现建有湖北省语言学习示范中心,各种语言类实验室软硬件齐全。

风雨兼程路,悠悠七十载。从初创到多语种、多学科的发展历程中,一代代外院人敢于竞争、善于转化、追求卓越、力争一流、稳步前进,在学科建设、人才培养、队伍建设、科学研究、国际交流、社会服务等方面取得了突出的进步。

·奠基·促学科建设·

外国语学院现拥有外国语言文学一级学科博士、硕士学位授权点,翻译硕士专业学位授权点。在 2016 年 QS 现代语言学科全球排名中,外国语学院位列前 200 名,国内高校前 10 名;在 2019 年软科中国最好学科中,排名挺进了前 16%。而外国语言文学学科在第四轮学科评估中获得 B 级,在参评高校中也位列前 20%~30%。

外国语言文学一级学科以外语教育研究、翻译研究、外国文学研究和外国语言研究为优势方向,以具有学科交叉特色的国别与区域研究为新的学科增长点。

外语教育研究领域具有深厚的历史底蕴与研究基础。这一领域以二语习得、自主学习、语言教育理论与实践、教师发展为主要研究领域,高质量成果迭出,国内影响力与日俱增。其中,学术带头人徐锦芬教授在 SSCI 及 CSSCI 等重要期刊上发表论文 180 多篇,出版专著和主编各类教材 30 多部;在 2009 年学科高被引作者前 100 名排行中,位列全国外语学科第 4 位;分别于 2017 年和 2020 年入围中国哲学社会科学最有影响力的学者之一(两次语言学学科均排名 12)。学术新秀李成陈则积极回应社会需求,关注高等教育、基础教育阶段和农村留守儿童的英语学习,发表了 SSCI、CSSCI 来源期刊研究型论文 20 余篇,其中 5 篇论文入选了"ESI 高被引论文"。

翻译研究领域则凸显理工优势、对接国家战略,以科技翻译、文学翻译、翻译教学和口译研究为骨干方向,注重学科交叉性和创新性,逐步形成了国内翻译研究的师资高地和研究重镇,在国内外的翻译研究领域形成了越来越突出的影响力。在这一领域，老中青相结合的教研团队师资结构合理。其中，学术带头人许明武教授长期致力于科技翻译研究，享受国务院政府特殊津贴，主持国家社科基金等多项课题，在国内外期刊发表论文100余篇，成果被广泛引用；黄勤教授和王树槐教授主要从事文学翻译、翻译教学和批评研究，主持国家社科基金等多项课题，在国内具有广泛的影响力；青年教师梁林歆主要致力于典籍英译与形象建构研究，担任国际多家翻译学刊物编委与书评主编，入选湖北省人才项目；潘峰老师主攻语料库翻译学，在国际期刊发表论文十余篇。此外，张易凡、丁珣和朱浩然等老师的口译服务质量享誉华中地区，曾为国内外领导人、数位诺奖得主、国内外顶尖学者提供口译服务，为武汉军运会、武汉网球公开赛等大型赛事提供语言服务。这一领域研究通过教研工作及社会服务，以全球话语能力建设提升服务"国之大者"能力，以更好地助力"讲好中国故事"和"传播好中国声音"。

外国文学研究领域聚焦国内外文学领域前沿问题，重视理论探索与文本分析相结合，在西方文论、外国儿童文学、英美小说研究、德语经典文学和中德文学关系等领域涌现出了多项显示度高的标志性成果，基于跨学科的文化比较与跨文化研究也具备较强的科研实力。学术队伍以中青年学者为主，包括两名外籍专任教师，其中三位老师入选华中卓越学者。至今，学院在该领域已累计发表国际A&HCI期刊论文和国内CSSCI期刊论文200余篇，出版专著10余部，主持国家级项目近10项。陈后亮教授的"后理论"研究、惠海峰教授的儿童文学研究、谭渊教授的中德文学关系研究皆在国内外学界有一定影响。惠海峰教授受邀担任国际儿童文学著名期刊编委，谭渊教授入选2018年度"洪堡学者·资深学者项目"。

外国语言研究领域的国际化特色明显，以学术英语研究、语料库语言学研究、计算语言学和计量语言学为优势研究领域，具备创新性跨学科研究方法和定量研究两大实力雄厚的优势。该领域致力于通过综合运用数据挖掘、机器学习以及神经心理实验等科学研究工具和方法，推动和引领国际国内学术英语、语言认知以及语义演变等前沿领域的发展。学术骨干有潘璠教授、唐旭日教授、黄洁教授和朱浩然副研究员等，他们以学术英语、语言认知、语言演变、语言哲学、实验语音学及双语习得等语言本体和应用研究为主要方向，理论与实践并重，研究成果对学术写作、词典编撰、情感计算等领域有重要价值。

跨文化与国别区域研究领域是新的学科增长点。该领域教师积极服务国家整体外交战略，具有跨学科、跨国别和跨语种的特点，以跨文化研究、欧洲研究与亚太研究为主体方向，兼顾跨文化与国别区域研究的理论探索与现实应用。该团队将学术研究与咨询服务相结合，努力服务国家战略需求，在跨文化交际，跨文化传播，德法等欧洲主要国家的政治、宗教与历史文化，日本政治与外交等领域取得了多项富有创新性的成果。学术骨干彭仁忠教授聚焦跨文化交际、跨文化传播等研究方向；林纯洁博士以德国史、纹章学等领域为研究特色，入选湖北省人才项目和华中卓越学者；王竞超博士以日本政治与外交、亚太国际关系、国别区域研究理论与实践等领域为研究重点，曾多次参与外交部、教育部、湖北省相关专家咨询会议，并向中央办公厅、中央海权办、新华社等部门提交咨询报告多份，多次获得采纳或批示。

·初心·育一流人才·

在本科生培养方面，外国语学院在"国际化、复合型、精英型"的人才培养理念指导下，培养专业知识扎实、人文素养深厚、德才兼备、具有国际视野和竞争力、社会需要的外语人才。

学院扎实推进专业建设和课程建设。英语专业和翻译专业获批国家级一流本科专业建设点。现有"大学英语"和"英汉互译"两门国家级精品课程，"大学英语"和"英汉互译"两门国家级精品资源共享课，"大学英语词汇解析"获首批国家级一流本科课程，大学外语系则获批湖北省优秀基层教学组织。

学院极为重视外语类保送生招生工作，2017年至2021年保送生占比保持在25%～35%，生源质量结构合理。近10年来，学院本科生每年在三十多项省级及以上的学科竞赛中获奖，在诸如"外研社杯"全国英语演讲、写作和阅读大赛，全国高校日本知识大赛和全国高校法语演讲比赛等重量级赛事中，学生纷纷斩获佳绩。学生创新创业能力的培养也始终受到学院的重视，自 2018 年来，学院已获批国家级项目 7 项、省级项目 20 项。结束四年大学时光，学生毕业后也受到世界知名学府和社会用人单位的广泛青睐。新冠肺炎疫情之前，学生的国际交流和国际升学率保持在 50％以上，海外升学的学校包括牛津大学、哥伦比亚大学、南洋理工大学等世界知名高校。此外，部分学生也进入了央视国际频道、安永华明会计事务所、中铁建电气化局集团等知名企业。

除承担本学院学生的培养外，学院还承担了全校本硕博学生的公共外语教学。学院推行的大学英语教学改革卓有成效，形成了大学英语特色课程体系。大学外语系紧扣新时代大学英语教改要求，锐意改革、大胆创新，面向全校本科生开设公选课"Husters 走世界"，推出英语原著阅读、英语角等课外学习平台，助力学校国际化建设。

在研究生培养方面，学院对标"双一流"建设目标和新文科发展要求，致力于培养系统掌握本学科基础理论知识、了解学科动态前沿、具有科研创新精神和能力、能在专门研究领域取得高质量的创造性成果的外语人才。

在课程设置方面，学院始终增强跨学科元素，将新技术元素、跨学科方法融入课程，提升文科研究生的跨学科融通能力，同时利用外籍教师和国际化合作资源，加大国际化课程建设力度。在教师的大力培养下，研究生高水平科研创新成果逐年增加。2016—2021 年学生发表国际一流期刊和 CSSCI 期刊论文 147 篇。2016—2021 年，翻译专业硕士生 81 人次参加了国家/省/区级各类口笔译大赛，1 人获全国口译大赛二等奖，2 人获全国口译大赛三等奖，1 人获得第 33 届韩素音国际翻译大赛优秀奖，1 人获得 2021 年全国大学生英语竞赛 A 类国家级二等奖。近 64 人获 CATTI 二级证书，其中 1 人获得 CATTI 一级口译证书。

·布阵·强师资队伍·

外国语学院现有专任教师 162 人，其中教授 19 人、副教授 66 人。教师中，有 1 人斩获"湖北省师德先进个人"，1 人斩获"湖北名师"，5 人斩获校"教学名师奖"，1 人斩获"新世纪优秀人才"，3 人斩获省级人才项目，3 人斩获湖北省五一劳动奖，有 3 位教授还在教育部高等学校教学指导委员会外国语言文学类专业教学指导委员会和大学外语教学指导委员会任职。

通过组建学科团队，整合学科资源，学院形成了一支活跃在学科研究前沿、具有自己特色的研究领域或研究方向、在国内学术界具有较高知名度和影响力的学科带头人队伍。主要包括在国内二语习得与外语教育等领域具有很大影响力的徐锦芬教授、在翻译学领域具有很强的学术影响力的许明武教授、德语学科带头人谭渊教授、外国文学研究领域的优秀青年学者陈后亮等。

学院注重选拔、培养和造就学术梯队，一批年轻学者在各个研究领域迅速成长，在国内逐步形成影响力，如惠海峰、黄洁、林纯洁、梁林歆、李成陈、吴雪、潘峰、朱浩然、王竞超、许方、王烟朦、闫梦珠等。

学院还极为注重人才引进，近10年来从海内外知名高校引进35位青年学者，包括外籍教师2人，师资结构逐步优化。教师能力的提升也得到重视，教师博士化率达到55%。在全院多年的努力下，已经形成了良好的考核激励机制，目前50%的教师实现了科学研究常态化。

·争先·攀科研高峰·

在综合改革政策激励下，学院已经形成了良好的学术氛围。自2012年以来，累计获得国家社会科学基金项目31项，其中重点项目实现了"零"的突破，累计获得教育部人文社科基金项目也达19项。2017年以来，学院教师在国际一流期刊发表了论文265篇，其中7篇论文入选ESI高被引论文，在CSSCI及北图核心期刊发表论文则达到200篇，由此可见，学院的国内外论文发表均位居国内高校前列。2017年以来，学院出版了学术著作74部，获得了湖北省社会科学优秀成果奖二等奖1项、三等奖4项，举办了国际国内学术会议13场，在促进国际国内学术交流的同时，也大大提升了学术影响力。国际科研合作方面更是活跃，多位科研骨干曾到美国麻省理工学院、英国伦敦大学、澳大利亚阿德莱德大学、德国哥廷根大学等海外名校进行科研合作，2017年以来，他们与国外学者合作发表共30篇（部）论文、专著。

·远航·登国际舞台·

围绕"双一流"建设目标,外国语学院正在积极开展和稳步推进国际交流与合作。2016年至2019年,学院与澳大利亚阿德莱德大学开展了"一院一校"计划,积极选派中青年教师及优秀学生赴外交流。近4年来,学院累计派出了23名教学和科研骨干赴该校进行学术访问,并派出了16名学生赴该校学习澳大利亚原住民相关历史和文化。在2020年之前,学院每年都会资助10多名教师出国(境)参加学术会议,参会教师们纷纷在会上宣读论文,和与会学者认真交流,助推了教师们国际论文的发表。

海外孔子学院的建设工作也少不了外国语学院的身影。学院多年来派出多位师生担任孔子学院的中方院长、汉语教师及志愿者,助力推广传播中国文化。学校在海外共建有美国韦恩州立大学孔子学院、新西兰坎特伯雷大学孔子学院、巴西米纳斯吉拉斯大学孔子学院三所孔子学院,外国语学院教师胡泓、梁丽、江静、余千华、范杏丽、姚霖霜、程进、刘毅曾赴这三所孔子学院担任中方院长。多年来,学院累计派出了十多名教师在这三所孔子学院担任汉语教师志愿者,派出了将近60名学生在全世界各地的孔子学院担任志愿者,在汉语推广、中国文化传播及促进国际教育文化交流方面做出了突出贡献。其中,2016年新西兰基督城市政府破例授予首任坎特伯雷大学孔子学院中方院长胡泓以"荣誉市民"称号。这不仅是对其个人的褒奖,更是对坎特伯雷大学孔子学院的高度肯定。

学院持续推进与海外多所大学合作的学生交换留学项目、实习项目、志愿服务项目等,与英国剑桥大学、澳大利亚阿德莱德大学、德国罗斯托克大学、瑞士伯尔尼大学、比利时布鲁塞尔自由大学、法国斯特拉斯堡大学、日本北海道大学和新潟大学等多所知名院校签署校际合作协议,学生出国比例稳步提升。2020年以前,本科生每年参与境外交流项目保持在70人次左右,日语、德语、法语等专业学生本科期间有出国交换经历的人数比例常年保持在60%以上。研究生每年参与境外交流项目保持在20人次左右,参加国际学术会议10人次左右。学院高度重视国际组织人才培养，致力于提升学生的国际组织任职能力，2018年，14级学生王抒晗赴联合国人权理事会实习，实现了我校学生前往国际组织实习零的突破。

·担当·履社会责任·

自建院以来，外国语学院始终秉持着一颗初心，用世界语言源源不断地讲述着中国故事。随着"一带一路"倡议、国家中部地区崛起战略推进，学院师生利用自身语言优势，为中部地区推进国际化战略奠定语言基础。

近年来，学院师生共参与了百余场湖北省和华中地区国际交流大型活动，担任英、日、德、法等多语种翻译，内容涵盖了政治、经济、文化、生态、法律、医疗等各个领域。谭渊教授曾于2017年11月在时任湖北省委副书记、省长王晓东与萨克森州州长斯坦尼斯拉夫·提里希会谈期间担任翻译，2019年9月德国时任总理默克尔访问湖北和华中科技大学期间全程参与接待策划、资料翻译，并担任会谈翻译；张易凡、丁珣、朱浩然等教师作为同声、交替传译员，曾在第七届世界军人运动会及发布会、历届武汉网球公开赛、第二届汉口北"一带一路"市场采购贸易论坛、英国"非凡城市周"等大型国际会议与活动中担任翻译及双语主持，服务对象包括国家副主席王岐山等国家领导人，比利时国王菲利普、英国前首相特蕾莎·梅等外国政界人士，李嘉诚等商界要人，撒贝宁、李娜等文体界人士。新冠肺炎疫情期间，教师广泛参与疫情防控，提供翻译服务。张易凡带领着学生，承担了我国科技部提交给世界卫生组织的新冠肺炎疫情防护系列科普文章及防疫科普视频字幕翻译及校对工作，科普视频成片得到全国政协副主席万钢的高度评价；丁珣则于2020年4月19日二十国集团卫生部长视频会议上担任同声传译，服务了多个国家和地区卫生部长及世卫组织负责人等约40人。

由于专业水平扎实，学院教师提供的翻译服务质量享誉湖北省乃至全国。教师们注重将语言服务平台转化为教学资源，他们将学子们带入语言服务场景，鼓励学子参与各项翻译工作。在他们的引导下，学生踊跃参与了第七届世界军运会赛事、历届武汉网球公开赛、硅谷武汉创业论坛、世界超级计算机峰会等大型国际活动与会议，积极承担着各式各样的语言服务工作。新冠肺炎疫情期间，学子投身防疫物资进口相关文件的翻译工作，包括产品说明、医疗器械产品注册证书及进出口申报文件等，广受采购部门及医疗单位好评。有约10名学生志愿者加入"A2N小组"等疫情知识宣传自媒体平台，翻译来自《柳叶刀》《新英格兰医学杂志》《科学》等期刊的防疫相关文章，有效传播防疫措施与常识。据统计，近6年内，学院师生从事的翻译活动共计超过400场。

除志愿服务外，外国语学院也向社会提供考试及培训服务。外语考试中心于1982年正式成立，承办多种国家级和海外考试，包括托福（TOEFL-iBT）、美国研究生入学考试（GRE）、经企管理研究生入学考试（GMAT）、日本语能力测试（JLPT）、韩国语能力考试（TOPIK）、日本语（NAT-TEST）、托业（TOEIC）、全国大学英语四、六级考试口试（CET-SET）、各语种专业四/八级考试等。截至2019年，考试种类多达16项，每年举办考试190场，服务考生近22000人次。通过高质量的考试服务，外语考试中心已在华中地区形成头部效应。

培训服务的典例则为华中科技大学歌德语言中心，是华中科技大学和德国歌德学院的中德合作项目，成立于2016年，外国语学院作为该项目的牵头单位，负责管理中心的日常运行。项目面向学校师生及湖北武汉地区德语学习者开展语言培训及等级考试，为中德医学人才交流、中南地区中德科技人文交流提供保障。自2017年9月正式启动以来，歌德语言中心已累计为2200多名学员提供语言培训、考试服务。

面对新的挑战和发展战略机遇期，学院将继续遵循"育人为本，创新是魂，责任以行"的办学理念，对标我校"双一流"建设，敢于竞争，善于转化，努力提高教学质量和研究水平，在投身学术科研、社会服务、国际交流和文化传承的过程中建设高水平的外语学科，为培养一代又一代有家国情怀、国际视野、专业本领的高素质复合型外语人才而奋斗。

（✎ 外国语学院　刘芳　胡祎　杨红艳　孙俊　张欣　王若维　高峰　程进　尹小璐　方芳　李嘉琦）

新闻与信息传播学院——
四十载求新博闻　融合发展共奏华章

39年前，华中工学院顺应时代的呼唤，创办了国内工科院校的第一个新闻学专业，领一时风气之先。39年来，通过五代新闻传播教育工作者励精图治、辛勤耕耘，新闻系成功地实现了从单一新闻专业向多学科专业，从单一本科层次向包括本科、硕士、博士、博士后的多层次，从单一教学功能向教学科研并重的多功能综合性学院的转型，如今的新闻与信息传播学院已跻身中国新闻传播教育界的第一梯队。

· 筚路蓝缕，首创文理交叉新特色 ·

学院发展的历史要追溯到20世纪80年代，学校（时为华中工学院）以朱九思院长为代表的决策者高瞻远瞩，提出要把学校办成以理工为基础的综合性大学。1982年11月，学校向教育部报送的《今后设想和十年规划（第二稿）》中，新闻学被列入新增专业计划。1983年5月，中宣部和教育部联合召开了建国以来第一次全国性的新闻教育会议，着重讨论了我国新闻教育的发展规划问题。随后，中宣部和教育部联合发出《关于加强新闻教育工作的意见》。学校抓住机遇，率先在国内理工院校中设立新闻学专业。1983年10月，新闻学院的前身新闻系成立。由此，学校的新闻教育办学正式拉开历史序幕。

作为国内理工科大学的第一个新闻学专业，如何发展并没前例可循。千头万绪，先抓人的工作。报人出身的朱九思院长提出，教师必须受过新闻专业科班教育，还要有在媒体工作的实际经验。于是，教师在"教新闻"之前，必须会"干新闻"。多数教师来自新闻媒体单位，如来自《湖北日报》的汪新源、湖北广播电台的程道才。依托学校学科门类众多、实力强劲的理工科专业，融合人文社会科学专业，师资力量得以大大增强。

在学校的支持下，新闻系在东五楼建成了配备放大机和全套冲洗设备的8个暗室，进口了日本索尼的广播三管摄像机、录像机、编辑机、监视器等设备。校领导及新闻系筹建组更是早下功夫，积极收集和购买图书报刊资料，新闻系很快积累了一批新中国成立前的和国外的图书报刊影印本。国内数一数二的先进摄影、电视设备，丰富且宝贵的图书报刊资料，为新闻教育的发展奠定了扎实的硬件基础。

在办学理念上，如何突出特色？朱九思院长和第一届系领导班子定下了"文理交叉"的基调，果断地将高等数学、计算机语言、科学技术史、驾驶汽车等纳入课程体系，邀请校内理工专业的专家教授给新闻系办科学专题讲座，让学生的视野思维和科学前沿紧紧结合在一起，让学生的知识体系复合多元，让文科人才在科技的沃土中孕育，这一做法令学界、业界耳目一新。

在招生上，新闻系先招干修班，目的一是"练兵"，让零教学经验的老师与有工作经验的干部生教学相长；二是占先机，培养各地新闻业务骨干，不仅扩大了影响，还能促进校企合作。在积累了一定的教学和管理实践经验后，1984年，新闻系开始招收第一批本科生，并创办了《改革信息报》，举办了全国首届新闻新学科学术研讨会，参与承办了全国首次"史沫特莱在中国"学术研讨会，影响广泛。

·薪火相传，探索学科发展新突破·

经过10余年的发展，新闻系在"文理交叉"的发展之路上不断探索，稳扎稳打，实现各项突破。1996年，获新闻学硕士学位授予权，与此同时广播电视新闻学本科专业开始招生。

1998年4月，学校党委决定让新闻系脱离文学院，成立学院。学校（时为华中理工大学）校长周济结合信息社会的时代大背景和学校对跨学科的整体性的前瞻性设计以及期许，提出新闻学院要加上"信息"二字。4月28日，新闻系与学校现代教育技术中心合并组建华中理工大学新闻与信息传播学院。

在学科发展和人才培养思路上，学院提出"实行新闻学与传播学并重，人文、社科与信息学科大跨度交叉，传播文化与传播科技紧密结合，培养既有扎实的人文、社科功底，又能掌握现代传播工具的现代化新闻与信息传播人才"。

1998年，学院在全国首创网络新闻传播教育，这是在学科发展和人才培养上的重要创新实践。学院在全校理科二年级学生中选拔学生，实行"2+2"的培养模式，着重培养学生的工程设计能力、熟练的计算机技术、优秀的新闻采编水平。2000年6月，首届网络新闻传播班22名毕业生被各大媒体"一抢而空"，再次引发教育界和新闻界的广泛讨论。

与此同时，学院在一级学科博士点建设上取得重大突破，建构了本硕博贯通式培养。2000年取得传播学硕士学位授予权，2003年获得新闻学博士学位授予权，2005年获得传播学博士学位授予权，成为全国5家拥有新闻传播学一级学科博士授予权的院校之一。2007年，学院被批准设立新闻与传播学一级学科博士后流动站。2008年，学院成为中国新闻教育学会副理事长单位，新闻传播学科获批为湖北省一级学科重点学科。新闻学和广播电视学专业列入教育部国家级特色专业。2012年，在教育部发布的第三轮学科评估结果中，新闻与信息传播学院名列全国第五，初露峥嵘。

·异军突起，打造华中大新闻教育新模式·

创业维艰，守成不易。经过长达30年的不懈努力，学院在学科专业、教学研究、科学研究和文化建设等方面，均积累了丰富的办学经验，并逐渐形成了具有华中大新闻教育特色的发展模式。2013年10月4日，来自国内外的170多位中外新闻学院院长、新闻传播学者、媒体嘉宾共同庆贺华中大新闻传播教育创办30周年。时任校长李培根院士在庆祝会上说：

"当年喻家山下破土而出的一株幼苗,如今已成长为一棵参天大树。""新闻学院为华中科技大学的发展增添了强劲活力。"

30年院庆之际,学院请专家编纂了一本50万字《华中科技大学新闻传播教育史稿》,建设了以学院史稿、院训、院徽、院歌、院名石等为依托的文化载体。院训"秉中持正,求新博闻",不仅彰显了学科与专业的特色,而且与校训一脉相承,彼此烘托。学院文化的繁荣,增强了师生对于学院、专业、学科的认同感和归属感,也增进了他们之间的合作,促进了学院的学科发展。

学院强调学者治院,重视人才建设。为了营造潜心科研的氛围,激发教师的活力,2014年,学院打破常规,从优秀青年副教授中破格遴选了两名博士生导师。同时,学院向社会募集资金,首创冠名教授岗位,受到学界好评。

学院秉承以人为本的宗旨,重视人才培养和课程建设。2017年,学院作为学校第一批实施按学科大类招生改革的单位,开始实施新闻、广电、广告三个专业统一招生和培养。同时,本着"校院共建、本硕共享、内外联通"的原则,设立了24家北上广深主流权威媒体实践基地。在此期间,学院先后获批多门国家精品视频公开课、国家精品资源共享课、国家级精品课;1人获评2016年度湖北名师工作室主持人,1人获得2016年度湖北省青年教师教学竞赛一等奖、全省五一劳动奖章,"培养中国特色社会主义新闻评论员——华中科技大学评论学社创新评论人才培养之路"获得第九届高校校园文化建设优秀成果一等奖……

在科研平台建设上,由学院负责牵头,中国人民大学、复旦大学、中国外文局、解放军南京政治学院等参与的"国家传播战略协同创新中心",于2013年10月正式挂牌成立,中心于2018年1月更名为"国家传播战略研究院";学科建设上,学院自主设置目录外二级学科公共关系学博士点,成为国内第一个二级学科公共关系学博士点;科研成果上,学院平均每年立项3项国家课题,成为国内A刊论文发表大户。在2017年教育部发布的第四轮学科评估结果中,新闻学院获评A,名列全国第三。2018年,学院被中宣部新闻局列为"密切联系单位"。至此,经过30余年的建设,"华中大新闻教育模式"已然成型,并得到业界、教育界的高度认可。

· 追求卓越，育栋梁创一流开辟新征程 ·

在新的历史时期，人工智能、大数据、云计算、计算传播等新型技术背景给新闻教育带来了前所未有的机遇和挑战。如何培养具有家国情怀、国际视野的卓越新闻传播人才？如何进一步凸显学院学科交叉的专业培养特色？新闻学子如何讲好中国故事、传播好中国声音？如何发挥学院新闻传播研究智库的社会影响力，服务国家传播战略？学院积极谋划，整合资源，在组织建设、教学科研、人才梯队、社会服务等方面取得了显著成果。

——以党旗领航为龙头，群雁齐飞展新姿

学院党委以党建为龙头，坚持以习近平新时代中国特色社会主义思想为指导，贯彻落实全国教育大会、全国宣传思想工作会及学校党代会等精神，加强基层组织和师生党员队伍建设，师生先进事迹不断涌现。近5年，学院累计3名教工、7名学生被评为校级优秀共产党员，5个党支部被评为校级先进基层党组织，获评先锋党支部4次，成功创建荣誉班级"胡吉伟班"2个。本科生低年级党支部微党课被选送到教育部"两学一做"支部风采展示，《实践创新实干路，助推青年中国梦》获湖北省"书记好党课"二等奖、党员教育电视片观摩评比优秀奖。学生政治素质高、专业能力强，广受用人单位认可。40余名毕业生投身选调，志愿服务基层。1人入选全国青马班，30余人入选校级青马班。连续5年获评范敬宜新闻学子奖。获大计赛、大广赛奖项近百项。80人任武汉世界军运会志愿者，114人任抗疫志愿者（含1名首批疫苗接种志愿者），1人当选荆楚高校禁毒宣传形象大使。连续拍摄11部毕业电影，获全国教学创新项目，成为兼具知名度和美誉度的校园文化建设品牌。

2019年，湖北省委宣传部与华中科技大学共建新闻学院正式启动，学院进入部校共建新闻学院（2019—2021年）行列。学院每年获得300万元专项拨款，用于课程体系建设、马克思主义新闻观实践育人、学术交流、学科建设和博后学术研究。

——以全媒体融合为契机，守正创新育新人

学院以立德树人为根本任务，人才培养成效显著。2018年赵振宇教授领衔的《新闻评论人才培养创新体系的构建与实施》获得了国家级教学成果奖二等奖。中国青年报编委、社评部主任曹林，中央电视台新闻评论部马璐璐……一批优秀人才从这里走出，成为新一代的"意见领袖"，其中多人获得中国新闻奖，学院被誉为"新闻评论的黄埔军校"。同年，为深入贯彻落实卓越新闻传播人才2.0计划，学院全面启动了新一轮人才培养方案创新改革，研讨人才培养模式由"文工交叉"向"多学科融合"转变。2020年，在学校支持下，学院投入1600万建设了全媒体与智能传播实验中心。实验中心深度融入本科人才培养，成为传播校园文化、展示新闻学子风采的重要载体。同时通过大学生创新创业项目、新闻周、品牌周、新闻传播大讲堂、博闻课堂、光明课堂、攀登工作坊等特色教学活动，增强学生"坚实的脚力、明亮的眼力、睿智的脑力、深耕的笔力"。

学院在构建大思政体系和课程思政等方面力争上游，取得了丰硕的成果。一是以马克思主义新闻观为统领，全面落实"三全育人"综合改革。举办"马新观"大讲堂，党委委员集体讲授"马克思主义新闻观"，"新闻学原理"获校课程思政"一院一品"立项。2021年，学院牵头制定学校《新文科课程思政建设教学指南》，编写新闻学院课程思政案例集。二是将"社会认知实践课程"写入人才培养方案。自2017年以来，累计近1000人次组成近140支实践认知队伍深入全国各地，交出360余份宣传报道，得到新华网等权威媒体的广泛报道，先后获得人民网"全国马克思主义新闻观实践教育项目三等奖"、团中央"全国大学生'一带一路'暑期社会实践十佳团队"等。三是加强校内外协同育人，与人民日报、光明日报等共建实践基地。2020年，与光明日报人事部共建"光明新闻创新实践中心"。

学院注重构筑良好的氛围，建设了一支开放、有活力、有创造力的优秀教师队伍。学院现有专任教师43名、专职博士后6名，在年纪结构上呈现为以中青年学者为主体的橄榄球结构。教师队伍中，现有国家级人才计划入选者8名，省部级人才计划入选者6名，校级人才计划入选者10名。

——以国家战略传播为突破，讲好中国故事传新声

目前，学院通过专业交叉的路径，凝练学科方向，基本上形成了以新闻传播史论、新媒体传播、战略传播为支点的品字型学科布局。近年来在科研立项、成果转化、平台建设上成绩显著。

在科研立项和获奖方面，近 4 年获批承担 27 项国家社科/自科项目，4 项国家社科重大项目，承担 28 项教育部等中央部委项目，获教育部优秀成果奖 2 项、湖北省社科成果奖 9 项。陆续推出一批科研成果，如系列知名学术会议——国家传播战略高峰论坛、公关与广告国际学术论坛、智能传播与健康治理国际学术会议、中国媒介考古工作坊、新闻传播史论课程群教学改革研讨会等，系列理论与应用丛书——"国家形象蓝皮书""新媒体社会责任蓝皮书""喻园新闻传播学者论丛""媒介与文明译丛""公共关系与战略传播译丛""智能传播丛书"等。

在平台建设方面，2018 年，学院牵头成立"中国故事创意传播研究中心"，2019 年 6 月与中国外文局达成战略合作，以推进中国文化"走出去"，共建了中国故事创意传播研究院。由中国外文局主办，华中科技大学新闻学院作为学术支持承办的"讲好中国故事"创意传播大赛，已举办两届，培育出了如《护心跑男》《继往开来》等数百部反映时代主题又震撼人心的好作品。

2021 年 12 月，学院在国家级教学科研平台取得突破，"大数据与国家传播战略实验室"入选教育部哲学社会科学实验室（培育）。近 4 年，学院提交咨政报告 40 余篇，并获得省部级重要领导批示。

——以"家文化"为纽带，同心逐梦谱新篇

从 1983 年的初创到第四轮学科评估的引领，学院的精神文化代代相传。从老一辈学者笔耕不辍的开创精神，到领军中年学者不断奋进的示范精神，再到新青年学者创新进取的拼搏精神，这三种精神在学院文化中占据绝对主流，形成了团结一心、积极进取的良好文化氛围，得到同行兄弟院校的肯定和赞许。

2018年，学院大楼东六楼重新改造，让每位老师都有了一间"拎包入住"的温馨工作室。在新闻传播学科创建35周年之际，学院吹响"回忆集结号"，以57位教职工的回忆录为基础，出版了《三十五年回眸：喻家山下的新闻传播教育情缘》，每一篇文章、每一行文字都体现了老师们对新闻学院深厚的感情。

拼搏进取、风清气正、团结友善、携手成长，在师生共同努力下，学院形成了宝贵的"家文化"。"家文化"在一次次师生下午茶、师生趣味运动会、传统节日联欢会、毕业嗨歌会等活动中得以升华和传承，也成为学院持续发展的最大内驱力。

海纳百川气象万千，岁月激流奔腾不息。2023年，新闻学院将迎来四十华诞。在时代大潮中破浪前行的新闻学院，已经站在新的历史起点。在技术进步、全球化发展和行业变革的当今时代，新闻传播实践处于革命性的转折点上，对于新闻传播学科的建设发展而言，这是激动人心的时代机遇。新闻学院将审时度势，奋发作为，推进多学科融合，坚守自身的追求与品格，彰显特色、矢志一流，为建设世界一流的新闻传播学科，为传承和创新中华文化与文明、构建人类命运共同体做出应有的积极贡献。

（新闻学院　谢琳　梁光琼）

管理学院——
阔步四十载 同频新时代

喻家山下,岁月如歌。自 1979 年组建以来,在与中国改革开放共同成长的过程中,管理学院一直秉持"明德厚学,求是创新"的校训,团结协作,厚积薄发,不断加强师资队伍建设,持续提升人才培养质量和科学研究水平,积极拓展国内外合作资源。43 年来,一代一代的管理学院学者和学子,薪火相传,砥砺前行,在学科建设、科学研究、人才培养、师资发展、国际合作、社会服务等方面都取得了迅速发展和重大突破,现已发展成为学科优势突出、专业设置合理、师资力量雄厚、科研成果丰硕,在中国管理学领域和实业界有着重要影响和地位的管理学院。

· 维艰创业新启程 ·

20 世纪 50 年代,华中工学院曾设立工程经济教研室,承担全校工程技术专业的技术经济与企业管理课程的教学任务。1964 年,工程经济教研室被取消。

1978 年 12 月,党的十一届三中全会召开,国家进入改革开放的历史新时期,在长江之滨、喻家山下,曾在"文革"中遭受严重破坏的华中工学院也及时地吐绿绽蕊了。全校师生响应党中央"一定要极大地提高中华民族的科学文化水平"的号召,提出了"奋力攀登科学高峰"的口号。曾被迫放弃学术和梦想的工程经济教研室的教师们深受鼓舞,积极谋划重新投身管理教育事业。就在党的十一届三中全会刚刚落幕的12月，蔡希贤、黎志成、张蕾丽联名写报告给学校党委，提出恢复教研室并希望建立管理专业。朱九思同志等校领导对此高度重视，很快给予批准。

1979年1月，工程管理教研室成立，暂归自动控制系领导，由蔡希贤、黎志成负责。这次重建，不仅是恢复教研室，更是一项调整学科结构、建立新专业、向综合性大学发展的战略措施。1979年9月27日，管理学院的前身——工程经济系正式成立。1980年9月，工程经济系更名为经济管理工程系。

复建之初的工程管理教研室面临诸多困难，仅靠南一楼四楼的一间小教室办公，不仅图书、教材等极度匮乏，师资力量更是单薄。在学校的大力支持下，教研室积极扩充师资队伍，到工程经济系成立时，教职工队伍已扩大到近40人，办公场所也迁至南一楼八楼。

1979年冬，国家物资总局科教司梅洛司长一行到华中工学院考察，希望学院建立一个全新的物资管理专业，为全国物资管理系统培养高级管理人才。华中工学院领导和系领导对此高度重视，通过积极磋商，华中工学院与国家物资总局在专业建设、科研合作上达成了高度共识，开始着手筹建国内第一个物资管理工程专业，国家物资总局在办学经费上给予大力支持。1980年，经济管理工程系第一个本科专业——物资管理工程专业开始招生，当年招收学生82名。1981年11月，华中工学院管理工程专业经国务院学位委员会批准，拥有了硕士学位授予权。1982年，经济管理工程系第二个本科专业——工业管理工程专业开始招生。1983年2月22日，为适应学校发展和教育改革的需要，华中工学院将政治经济学教研室与经济管理工程系合并，成立了经济和管理工程系。由房宏宇、王嘉霖任系党总支书记，韦启文任系主任。1984年2月，王嘉霖任系主任；1985年2月，陈珠芳任系党总支书记。

1983年，在中国教育部与加拿大国际开发署（CIDA）的共同推动下，经济和管理工程系代表华中工学院，与加拿大多伦多大学对口开展中加管理教育合作项目（CCMEP），并获得了来自两国政府的多项资助。借助该项目，学院34名教师赴多伦多大学访问、进修或攻读学位；引进了许多先进的经济管理课程，多名加拿大教授来院授课；此外，在文献资料、计算机设备及教学办公设备等方面也得到明显改善。同时，经济和管理工程系与国家物资总局建立了良好、紧密的合作关系，得到了国家物资总局的极大支持。经济和管理工程系因此在学科建设、师资培养、教学体系形成、科学研究、办学条件等方面都获得了快速的进展。

自1982年起，经济和管理工程系作为国内较早面向在职管理干部开展培训和学历教育的高等学府管理教育基地，先后受国家物资总局、湖北省委组织部以及其他部委、地方经委委托，开办了多期干部专修班、短训班以及企业经理培训班，培养了一大批掌握系统经济技术知识的管理骨干，为我省以及国家的经济发展和企业管理水平的提高做出了重要贡献。

·探索前行新航向·

1985年5月10日，国家教委发文［（85）教计字060号］同意华中工学院设立经济管理学院；9月6日，经济管理学院正式成立，是当时华中工学院最早成立的学院，也是全国第一批成立的经济管理学院。刚成立的经济管理学院尚属虚体，各系仍设相对独立的管理机构。1988年3月17日，学院成为实体，下辖管理工程系、经济系、社会学系和数量经济系。在这一阶段，经济管理学院本着"团结和谐，积极拼搏，创新进取，资源整合"的精神，钱衡弼书记和蔡希贤院长提出将学科建设、师资培养、专业建设和科学研究作为学院发展的重点。

1990年9月，经过艰苦努力，经济管理学院获得首个博士学位——管理工程（后更名为管理科学与工程）授予权，学院首位博士生导师黎志成教授当年开始招收博士研究生。

为适应经济社会发展对专业人才的需求，学院依据自身特点和优势，全面加强专业布局和建设。1987年，管理信息系统专业开始招收本科生；1992年设立税务与会计教研室；1993年，全国首个非财经类高校建立的税务专业——税务（计算机辅助管理）开始招收本科学生，同时筹建会计学专业；1993年，华中理工大学获得MBA试办权，成为全国MBA教育的26个试办单位之一；1994年2月，学院设立财务与金融教研室，筹建财务管理专业。

在这一阶段，向太斌书记和陈荣秋院长提出积极响应国家关于积极发展各类成人高等教育的要求，学院面向社会大力发展了成人教育，先后为湖北、湖南、广西、江西、广东珠海等多个地区的物质系统、工业企业、政府机关的技术人员和经营管理人员开办工业管理、物资管理和信息管理夜大班或函授班，为当地的成人教育发展和人才培养做出了贡献。

学院坚持"科研走在教学前面"的理念，高度重视科研工作，主动面向国家、社会需求，敢于竞争、积极攻关，努力在管理理论和应用研究方面有所突破，学院的科学研究水平有了显著提高。从1987年黎志成获得学院首个国家自然科学基金课题起，到1994年工商管理学院单独成立，管理工程系共承担了国家自然科学基金资助课题25项。同时，学院主持或承担了一大批国家863计划项目课题、高校博士点专项研究基金资助课题和省、部级纵向课题，一批成果经专家评审认为达到国际领先水平，获得省（部）、市级科技成果奖；学院与地方和企业的横向科技合作研究上也得到了较大发展，承担了许多大型企业或地方政府的重要课题，取得了良好的社会效益、经济效益。

1987年至1994年，华中理工大学与加拿大多伦多大学进行了第二期的管理教育合作项目，学院共派出教师、联合培养研究生等38人，进一步加强了队伍建设，提高了人才培养的质量。同时，学院充分利用CIDA资助，改善了教学、科研设施。

· 阔步迈进新布局 ·

1994年4月5日，经学校决定，撤销经济管理学院，分别成立工商管理学院、经济学院和社会学系，其中工商管理学院主要由原管理工程系发展而成，向太斌任党总支书记，陈荣秋任院长。为了理顺学院的管理体制，充分发挥学院整体的力量，学院由原院、系、教研室3级机构改为院、系两级机构，同时打破原教研室的界限，教师按专业进行了适当的调整，使从事相同专业的教师集中到一个系，改变了系"小而全"的局面，成立了管理工程系、流通管理系、信息管理系、财务会计与税务系和知识产权教学与研究中心。1994年9月，科技发展研究中心划归工商管理学院管辖。1995年7月，学院机构调整，成立了财务与金融系、财政税收系、会计系和全国第二个独立的知识产权系。至此，学院已形成较完整的教学机构布局，拥有流通管理系、管理工程系、信息管理系、财务与金融系、财政税收系、会计系及知识产权系等7个系，拥有1个校级研究机构——科技发展研究中心。

1998年1月4日，工商管理学院经学校批准更名为管理学院。2000年2月，全国科技管理干部教育培训协作网办公室成立，挂靠管理学院。2000年5月，科技部干部管理学院并入华中科技大学，其中科技部干部管理学院管理系及科技部直属的科技统计信息中心并入管理学院。

在这一阶段，学院大力发展学科建设，完善学科布局，并确定了"缩小专科，稳定本科，大力发展研究生教育"的办学举措。1994年起，学院开始招收财务管理、会计学专业本科生；同时，为顺应经济社会及国家机构调整的变化，物资管理工程专业调整为物资流通管理专业。1996年，学院申请并获得了经济法学（原为科技法学）硕士学位授予权。1998年，学院申请并获得了技术经济及管理硕士学位授予权和企业管理硕士学位授予权，管理科学与工程学科被评为湖北省重点学科。1998年，因国家高等学校本科专业名录调整，工商管理学院根据自身的特点和优势对专业进行了一系列调整：原工业管理工程专业转为工商管理专业，管理工程系也相应更名为工商管理系，管理信息系统专业更名为信息管理与信息系统专业，税务（计算机辅助管理）专业转为财政学专业，物资流通管理专业因专业名称被取消而停止招生。1999年，学院增设市场营销专业。2000年，学院申请并获得了企业管理博士学位授予权及会计学专业硕士学位授予权。2000年8月，华中科技大学成立MBA教育中心，挂靠管理学院。2000年11月，全国MBA教育指导委员会对前两批26所MBA教育试点院校进行合格评估，我校MBA教育综合排名位居全国第7。2001年，管理科学与工程专业博士后科研流动站设立。这一阶段，管理学院学科布局基本完善：拥有管理科学与工程、企业管理2个博士学位授权点，有管理科学与工程、企业管理、技术经济及管理、会计学和经济法学5个硕士学位授权点及MBA专业硕士学位授予权，有工商管理、市场营销、信息管理与信息系统、财政学、财务管理及会计学等6个本科专业。

这一阶段，管理学院的科研工作有了突破性的发展。科研经费快速增长，1994年实际到校经费仅50多万元，2001年实际到校经费超过560万元。1998年，戚昌文获得学院第一个国家自然科学基金重点项目。由于在863/CIMS的研究中成果突出，1999年作为学校的参加单位之一，学院获得CASA/SME颁发的"大学领先奖"，陈荣秋获此殊荣。

1997年8月，学院成功主办首届工业工程与工程管理国际学术会议，该会议在刚刚回归的香港召开，社会各界反响热烈。1998年至2003年，学院再次参与中国和加拿大两国政府的合作项目——中加大学与工业合作项目，与加拿大蒙特利尔大学共同为中国中部地区能源领域的龙头企业培养了一批核心人才，并为这些企业提供了重要的管理和技术支持。

·跨越发展谋新篇·

2001年，国家进入第十个五年计划。3月底，学院召开学科建设研讨会，确定了建设"国内一流、国际知名"的管理学院的长期目标，提出了"以质量求生存，以特色求发展，以水平求地位，以队伍建设为保证，以不断改革为动力"的学科建设方针。2001年6月，管理学院搬迁至建筑面积近万平方米的管理大楼——逸夫科技楼，学院的办学条件得到进一步改善。

2002年，华中科技大学成为首批正式开展高级管理人员工商管理硕士（EMBA）学位教育的高校之一。2003年12月，学校成立EMBA教育及高级管理人员培训中心，挂靠管理学院。

2003年4月，学院制定新一轮学科建设发展规划，院长张金隆提出了"创品牌，办名院"，建设"国内一流、国际知名"管理学院的长期发展目标，明确了"学科、特色、人才、环境、资源、交流、成果、机制"十六字建院方针，即"以学科建设为龙头，以特色建院为契机，以教师和干部队伍建设为支撑，以营造良好工作学习环境为基础，以资源优化配置为条件，以加强国际、国内学术交流与合作为导向，以高水平、高质量成果和适应社会需求的人才为目标，以机制创新和科学管理为手段，逐步实现学院的发展目标"。提出了"博士化、国际化、本土化"的培养和引进相结合的师资队伍建设策略,确定了"稳定本科、发展硕士、优化博士、拓展在职人员教育、限制成人教育规模"的办学举措,提出了"企业领袖的摇篮、管理大师的殿堂"的人才培养理念。在此期间,为顺应学院学科建设的发展,学院对教学机构进行了相应的调整,设立生产运作与物流管理系、管理科学与信息管理系、工商管理系、财务金融系、会计系、财政金融管理系、科技管理与知识产权系等7个教学单位。

2006年2月,李振文任学院党总支书记;2007年4月,学院行政换届,张金隆继任学院院长;2008年6月,张涛任学院党总支书记。2008年12月,全国政协副主席、原国家审计署审计长李金华出任管理学院名誉院长。2007年7月,学院新建的3.2万平方米的独立管理大楼投入使用,学院办学条件达到国内一流水平。

管理学院领导班子在谋划学院下一步发展规划中提出要创办一本学术期刊,并将创办知名学院与创办名牌期刊统一起来。经过近一年的精心筹划,国家新闻出版署批准华中科技大学创办《管理学报》杂志,该杂志由教育部主管。次年2月学校批准成立《管理学报》杂志社,《管理学报》编辑部(以下简称"编辑部")成立并开始工作。编辑部运行伊始,张金隆作为社长兼主编就代表学院领导班子明确提出,要对标国内领先期刊打造一流期刊品牌,不将刊物办成本院研究成果的"自留地"。从此,这一目标定位便成为编辑部工作的指针。2004年7月《管理学报》创刊号出版,第一届编委会正式成立,张金隆任主编,蔡玉麟任执行主编。2004年11月1日,《管理学报》被"万方数据——数字化期刊群"收录,这也标志着《管理学报》正式融入中国学术期刊群。

自创刊以来,《管理学报》一直注重大力倡导和推进中国管理学者开展"立足本土,直面实践"的管理研究,始终坚持面向管理科学前沿,面向国家需求,刊文栏目逐步涵盖管理科学与工程、工商管理两大学科领域。经过18年的办刊实践,《管理学报》的期刊质量稳步提升,办刊特色逐渐鲜明,已跻身国内管理学术期刊的前列方阵,也在业内创造了令人称道的"管理学报现象",获得了学界和企业界的广泛肯定和支持。

学院拥有一支深谙世界先进管理理念、熟悉中国企业发展经验的优秀师资队伍。到 2009 年 7 月，学院有教师 123 人，其中近 80% 拥有博士学位。教师结构为教授 35 人（含 26 位博士生导师），副教授 54 人，讲师 34 人。拥有楚天学者 3 人，享受国务院政府特殊津贴的专家 12 人，湖北省有突出贡献中青年专家 4 人，省级学科带头人 1 人，教育部新世纪优秀人才 2 人。

作为实力雄厚的科学研究和管理咨询机构，管理学院的科研实力在这一阶段体现出强劲的增长势头。年实际到校科研经费从 2004 年起，一直保持在 1000 万元以上，2008 年达到 1548 万元。学院每年获得国家基金资助的项目数在全国管理学院中位居前列，从 2001 年到 2009 年的 9 年间，学院共申请到国家自然科学基金和国家社会科学基金资助项目 110 项。

2009 年，学院在"敢于竞争、善于转化、聚精会神、科学发展"实践载体引领之下，按照"解放思想，求真务实，科学发展"的学习实践科学发展观的总体要求，以"国际化、本土化、特色化"为发展思路，坚持"人才强院、质量建院"的方针，全面提升学科实力，坚定推进国际商学院论证工作，大力推行文化立院。物流管理专业喜获国家特色专业及省级品牌专业。2010 年，本科信息管理与信息系统专业获批湖北省品牌专业。我院获批开办启明学院的创新人才实验班并招收首批学生。中国人民解放军总装备部国防专利局正式批准在我院设立总装备部国防专利局国防知识产权教育培训基地，成为国内第一家专门从事国防知识产权人才培养的基地。会计专业硕士（MPAcc）培养、资产评估专业硕士、工业工程专业硕士项目成功获批。《管理学报》入选中国科学院文献情报中心《中国科学引文数据（核心）库》以及中国科学技术信息研究所《中国科技论文统计源期刊（中国科技核心期刊）》，并被湖北省新闻出版局评为"第七届湖北省优秀期刊"。

2012 年，学院党委在书记金凌志的带领下，围绕"改革促发展、创新促突破"的总体思路，推动学院加快"国内一流、国际知名"的建设步伐，院长王宗军提出依托理工科大学的优势，以学科、师资和品牌、机制为抓手，以综合改革为契机，不断推进学科建设、质量提升、人才培养、品牌打造、国际合作和机制完善，在教育、研究、社会服务三个领域共同发展。学院进行首轮综合改革，制定了综合改革方案，围绕目标，进一步发挥分管领导、系主任、部门负责人作用，充分调动广大教职员工积极性，全面推进综合改革进程。重点推进学科、人才、大奖、考核、教学五大特区建设。鼓励和支持大项目、大团队、大人才、大成果、大基地的申报。在教育部学位与研究生教育发展中心组织的第三轮评估中，学院管理科学与工程一级学科并列排名第14，工商管理一级学科并列排名第22。针对在学科评估中的问题，学院成立学科与科研管理办公室，组织制定学科发展规划和新学科培育计划，明确学科突破与发展方向，推进科研平台基地建设，积极组织和支持各类科研成果的鉴定和申报工作，组织专著、教材的出版，并出台相应的支持办法。与此同时，学科的国际影响力明显增强，管理学院ESI前1%的学科贡献较大，对经济学/商科的贡献率为57.8%，排名第1，对社会学的贡献率为11.1%，排名第4。通过一系列举措，在国家自然科学基金项目申报上取得重大突破，总获批18项，其中，李志纯获批国家优秀青年科学基金项目1项（学院首次），龙立荣、龚朴分别获批国家自然科学基金重点项目。国家支撑计划取得突破，获批国家支撑计划项目1项、霍英东基金资助1项。国际认证取得重大突破，学院成功通过了国际三大认证之一的国际工商管理士协会（AMBA）认证，这是学院MBA、EMBA项目乃至整体发展道路上具有历史和战略意义的一大步，亦是学院实现建设国内一流、国际知名管理学院使命过程中的又一个里程碑。社会服务进一步发展，湖北省企业家培训基地运转良好，成功承办省委组织部"湖北省国有企业发展战略专题研讨班"、省发改委"百名现代化服务业领军人才（后备）培训班"、省经信委"湖北省'123'企业家培育计划之中小民营企业成长工程专题培训班"；省会计领军人才培训班落户学院；华中科技大学中国（南方）减贫与发展研究院在学院成立。国内外学术交流取得新进展，学院来访专家学者人数、教师出访学术交流量均位居全校第一。2012年6月，学院被列为学校校友总会的常务理事单位。12月，管理学院校友会正式成立，标志着学院校友工作迈入新的起点。

学院始终坚持以学科建设为龙头，以提高人才培养质量和科学研究水平为两翼，以深入开展党的群众路线教育实践活动为载体，溯本求源、开拓创新。在新一轮湖北省重点学科的申报和评选工作中，管理科学与工程和工商管理两个一级学科成功获批湖北省重点学科。学院科研成果继续保持良好发展态势，基础理论研究有进展。科研经费到账首次突破2000万元，国家自然科学基金共获批16项，国家社会科学基金获批2项。为营造有良好的学术氛围，学院整合了各类零星讲座，设立了学院学术交流品牌论坛"喻园管理论坛"，并按照每周2~3场的频率，邀请国内外顶尖高校知名教授到学院做报告。同时，学院鼓励教师积极参与国家标准制定、国家规划和立法等工作，鼓励教师参加国（境）外学术会议并作大会发言、鼓励教师参与社会兼职等，以扩大学院的影响力。

学院不断加强教师队伍建设，佐治亚州立大学罗宾逊商学院首席教授、营销学领域世界知名专家V.kumar教授获批为我院"长江学者"讲座教授。修订了教师年度考核办法、聘期考核办法等制度。新建财务金融实验室，该实验室是我院首次建设的专业实验室，对促进管理学科建设、带动整体教育水平的提高具有不可替代的作用。2013年，学院分团委获"五四红旗分团委"（全校十佳），研究生会获十佳院系研究生会（以第1名的成绩蝉联）。国际认证取得新进展，通过了AACSB认证的资质申请，启动了预认证程序。同时，AACSB委任的认证顾问Frank Bostyn教授对我院进行了首次访问，指导开展下一步的认证工作，这是我院在AACSB认证道路上迈出的第一步也是重要的一步。成功举办2013中德"跨境合作创新与知识产权"研讨会、"第十届华中大EMBA管理论坛"、"2013中国房地产百强企业研究成果华中发布会暨首届武汉城市发展论坛"以及"2013湖北省现代服务业发展论坛"等大型论坛，学院影响力不断扩大。

2014年，信息管理与信息系统、物流管理、工商管理（人力资源方向）、市场营销、财务管理、会计学、财政学7个专业于5月顺利通过学校本科专业评估并取得"两优一良四合格"的好成绩（全校85个专业参评，其中优秀专业28个）。科学研究取得突破，SCI/SSCI检索论文数量在全国12所名牌高校管理学院中排名第2。获批国家自然科学基金共12项，含2个国际地区交流项目。5名教师获得全国"百篇优秀管理案例"，全国"百篇优秀管理案例"数量列全国第二。"长江学者"讲座教授V.kumar到岗工作，学院成立Kumar国际营销科学研究中心。本科生科技创新教育取得突破，获得CIMA2014商业精英国际挑战赛全国总冠军。学院与美国佛罗里达州立大学签署3＋1＋1项目协议，与法国斯特拉斯堡大学签署知识产权合作备忘录。2014年，学院获得特许公认会计师公会（The Association of Chartered Certified Accountants，简称ACCA）认证，MPACC项目开设ACCA方向班。《管理学报》取得突破，被中国社会科学院中国社会科学评价中心评定为"权威"期刊。

·创新发展新征程·

进入新时代，管理学院以习近平新时代中国特色社会主义思想为指导，深入学习贯彻习近平总书记有关教育工作的重要论述，坚持社会主义办学方向，牢牢抓住全面提高人才培养能力这个核心点，落实立德树人根本任务，加速建设世界一流管理学科。

2015年，学院继续深化改革，加强内涵建设，进一步加强学科建设，积极开展国际学科评估及"十三五"规划制定工作，出台《关于系学科建设经费使用办法的补充规定》，逐步完善《新版学术期刊分类》。学院在国家杰出青年科学基金项目上实现零的突破，李志纯申报的"交通基础设施投资与交通需求管理"项目获得国家杰出青年科学基金资助。同年，学院获批国家自然科学基金项目11项，全年学院教师在UT DALLAS经济管理类国际公认权威（顶级）期刊目录（24种）发表论文6篇，为历年发表数量之最，增长显著。12月，学院MBA/EMBA项目成功通过AMBA再认证，并被授予最高五年的认证期限。通过AMBA再认证是对学院近年来发展成绩的肯定，也是对学院MBA教育一直坚持国际化战略和不断自我创新的认可。

2016年，李志纯入选教育部"长江学者奖励计划"特聘教授，这是我院继国家杰出青年科学基金实现零的突破后，高端人才队伍取得的新的重大突破。全年，学院教师在UT DALLAS经济管理类国际公认权威（顶级）期刊目录（24种）发表论文7篇，其中第一作者/通讯作者6篇，与2015年发表6篇相比，保持了持续增长的态势。学院党委启动"二四六"计划和"携同成长"计划。"二四六"计划，围绕"增效益""创品牌"两大工作目标，坚持"均衡""质量""分类""责任"四个发展导向，抓好"调结构""强队伍""抓服务""促党建""国际化""民生化"六项重点任务。"携同成长"计划旨在通过构建教师、学生、校友、社会四个携同体，培育德智体美劳全面发展的"新商科"管理学子。

2017年，第四轮学科评估结果公布，我院工商管理获评A－，位居全国前10%；管理科学与工程B+，位居全国前20%。软科中国最好学科排名，我院管理科学与工程学科与清华大学并列全国前1%，列全国第二，这也是我校进入全国前1%的两个学科之一，并入选学校"双一流"管理与传播学科群建设；工商管理位居全国前10%，排名第17。全年，学院教师在UT DALLAS经济管理类国际公认权威（顶级）期刊目录（24种）发表论文7篇，发表数量位居全国商学院第三。获批国家基金共15项，其中，常亚平获批国际（地区）合作与交流重点项目1项，获批面上/青年项目14项。EDP培训项目成功加入国家级培训项目——工业和信息化部中小企业经营管理领军人才培训项目，并成为全国首个面向企业高级人才的"两化融合人才培养基地"。

2018年，学院深入学习宣传贯彻党的十九大精神，认真传达学习全国教育大会精神，以"双一流"建设为主线，全面落实立德树人根本任务，在学科建设、人才培养、师资队伍、科学研究、品牌提升和国际战略等各方面均取得突出成绩。国家自然科学基金创新研究群体取得突破，该群体由王红卫牵头申报，是管理学院、华中科技大学在国家自然科学基金委管理科学部获批的首个创新群体，取得了历史的突破，将对我校管理学科的发展产生重要的推动作用。国家级科研获奖取得重大进展，获教育部2018年高校优秀成果（科学技术）科技进步一等奖1项。国家自然科学基金获批经费数取得突破，获批经费1074.11万元，位列全国管理学院/商学院第一。科学研究绩效继续保持优异，获批国家基金9项，专家建议得到国家领导人批示。其中《关于健康扶贫多重保障机制问题及建议》的相关研究报告得到了国务院副总理胡春华的批示。学科知名度和社会服务能力继续提升。2018年，软科中国最好学科排名，我院管理科学与工程学科继续保持全国第二，仍然是我校进入全国前1%的两个学科之一；软科世界一流学科排名，我院工商管理、管理学中国内地排名分列第三、第五，工商管理学科入选校（Ⅰ类）特色学科。2018年1月，学院经过充分的调研和讨论，提出了新一轮的综合改革方案《管理学院综合改革方案（2017—2020）》。拟通过高端人才培育工程、科研水平攀升工程、品牌影响打造工程、教育质量提升工程、高端国际对接工程、校友资源整合工程、行政管理增效工程等七大工程推进综合改革，实施教师岗位分类管理，建立教师以岗位职务为基础、以考核为导向的有序升降奖罚的激励制度，实现管理学院的快速发展目标。学院瞄准信息技术、物流、先进制造行业，与湖北顺风、深圳赛格、法国IPAG商学院等达成战略合作协议，开展"工信部领军人才项目""中国邮政集团干部领导力""湖北烟草管理知识培训""卓尔控股有限公司管理人员培训"等优质项目培训，培训人数达600人次。

2019年，学院启动"先锋起航"计划，继续实施"七大工程"，不断加强学科建设、师资队伍建设、品牌建设，全面推进AACSB现场认证和新一轮综合改革，持续推进管理学院创新发展。2019年，软科中国最好学科排名，我院管理科学与工程学科继续保持全国第二；在世界一流学科排名中工商管理跃居内地高校排名第二，管理学位居内地高校排名第四。国家自然科学基金立项14项，并在"长江学者奖励计划"青年学者取得突破。2010年至今，学院教师在UT DALLAS经济管理类国际公认权威（顶级）期刊目录（24种）发表论文35篇。截至2019年，我院"百篇优秀案例"数量位居全国第三。《管理学报》荣获2018年国家哲学社会科学文献中心学术期刊数据库"管理学学科最受欢迎期刊"称号。

2021年4月，学院行政领导班子换届，杨治任院长。2022年3月，胡艳华任院党委书记。管理学院迈向创一流的新征程。院党委明确了"创新、融合、质量、品牌、开放、责任"的发展理念，杨治提出把握科商融合，知行合一，遵循学科建设内涵与人才培养规律有机统一。学院在人才培养、学科发展、国际化提升、社会服务、品牌提升和文化建设方面取得新突破，申请获批首届国家级虚拟教研室1个（全校仅6个），获批国家级一流本科专业建设点3个，新文科建设试点专业1个，获全国优秀教材二等奖1项（全校仅5项），宝钢教育奖（教师奖）1人，新增国家级人才计划1项，获批自科12项，其中重点3项，获批社科2项，其中重大1

项,重点 1 项。首次获批教育部社科重大 1 项。SCI/SSCI 论文发表数量在全国商学院排名第 4。布局"1+4"学科发展方向和重点交叉领域。软科排名内地第 1、第 3,泰晤士高等教育评级双 A。荣获 2022 年度全球商学院卓越奖 2 项,成立全国商学院首家"终身学习中心"。《管理学报》产生新的期刊工作领导机构,张金隆任荣誉主编,杨治任社长兼主编。《管理学报》的发展迎来了新的阶段。秉持"促进管理学科学术交流,介绍国际先进管理理念,助力中国管理学派成长,推动管理学科不断发展"的办刊宗旨,倡导开展探索中国本土管理面临的重大理论和实践问题的管理研究,打造"国际知名,国内一流"的管理学术交流平台,以更加昂扬和奋进的面貌迎接中国管理学科高质量发展的明天!

40 余载拼搏进取,华中科技大学管理学院正以建设"国内一流、国际知名"的管理学院为目标,坚持"创新、融合、质量、品牌、开放、责任"的发展理念,把握科商融合,知行合一,遵循学科建设内涵与人才培养规律有机统一,弘扬"团结包容、创新进取"的学院文化,培养具有全球战略眼光、有胆略、思路宽、善经营、具有国际竞争力的创新型管理人才,汇聚各方力量,朝着更加辉煌的明天努力迈进!

(管理学院)

公共管理学院——
敢想勇为廿一载　矢志一流育英才

在华中科技大学全面迈向综合性大学的进程中，为适应国家和社会急需大批高素质、专业化的公共政策和公共事务管理人才的需求，公共管理学院于 2001 年应运而生。在学校党委和行政的领导下，公共管理学院秉承"领导者的摇篮、政府的思想库"的办学目标，不断开拓创新、砥砺奋进，在艰难中求发展，在发展中创特色，主动与学校优势学科交叉融合，开辟了一条独具特色的办学道路。经过二十一年的发展，公共管理学院已经成为国内一流、国际知名的学院，在全国第四轮学科评估中位列 A 类，在学科建设、人才培养、科学研究、社会服务和国际交流等方面成效显著。

· 异军突起，出奇制胜，高瞻远瞩奠基石 ·

公共管理学院起源于华中理工大学人文学院政法系。1997 年夏，学校召开教育思想大讨论，时任人文学院党总支书记的徐晓林教授汇报了关于行政管理学科建设规划的设想，并提交了《行政管理学科建设规划》，详尽描述了国内外行政管理学科的发展动向，分析了我校该学科发展的态势，前瞻性地提出了"网络时代的行政管理""非均衡状态下的行政管理""变动社会中如何维持社会稳定"等社会管理研究方向，提出了一个行政管理学科发展的中长期远景规划，并建议学校抓住机遇发展 MPA 教育，着眼政府高级行政管理人员、高级公共管理者的培养。徐晓林教授的设想和建议获得华中理工大学周济校长的高度重视。学院的"创业者们"在徐晓林教授的带领下，团结一心，群策群力，共同为公共管理学科的诞生而努力。1998年，人文学院开设了专升本行政管理专业，正式对外招生。1999年6月，人文学院政法系成立公共管理教研室，刘建平副教授任教研室主任。在徐晓林教授的主持下，"创业者们"趁热打铁，2000年向学校提交了《建领导者的摇篮，政府的思想库——公共管理与公共政策学科发展规划》，详细阐述了我校发展公共管理与公共政策学科的紧迫性、广阔前景和建设规划，建议学校将公共管理与公共政策学科纳入学校整体发展战略规划。

2000年8月，经国务院学位办批准，我校成为全国24所首批公共管理硕士（MPA）专业学位试点单位之一，为政府部门及各种非政府组织（NGO）提供专业的教育培训和咨询服务。

2001年1月5日，公共管理学院成立大会隆重举行，中国工程院院士、湖北省委常委、华中科技大学校长周济发表了以《出奇制胜　异军突起》为题的热情洋溢的讲话。周济校长指出："正是基于公共管理和行政管理的重要性，我们学校在新的世纪开始的时候，把这个学科定位为我校下一步重点发展的学科、重点支持的学科，从而专门成立了公共管理学院。""我校强调异军突起，出奇制胜，有所为，有所不为。公共管理学科是我校要有所为的学科，是我校今后发展出奇制胜的学科。"

新成立的公共管理学院以政治学与行政学、公共事业管理2个本科专业和行政管理硕士点为基础，同济医学院社会医学与卫生事业管理、教育科学研究院教育经济与管理以学科形式参与，聘学界泰斗、中国"MPA之父"夏书章教授为名誉院长，徐晓林任公共管理学院党总支书记，刘建平任学院副院长，陈茂盛任学院副院长（兼）。

为庆祝公共管理学院成立，2001年1月5日至7日，公共管理学院与湖北省行政管理学会联合举办"知识经济与政府管理"理论研讨会，此次理论研讨会齐聚了政治学和公共管理两大学科的著名专家，增加了学术同行对华中科技大学公共管理学院的了解。

·勠力同心，共谋发展，筚路蓝缕启山林·

建院之初，学院只有 8 名教师，2 间办公用房，办公面积不足 150 平方米，缺师资、缺资金、缺办学空间、缺图书资料，面对薄弱的软硬件条件，"创业者们"没有退缩，在徐晓林教授的带领下，大家雄心勃勃，提出了"一年一个样，三年大变样，五年大翻身"的奋斗目标，全院教职工不畏艰难，勠力同心，共谋发展，一步步促成目标的实现。

要建设一流的学院，必须有一流的学科。2003 年，学院明确提出"标志性人才、标志性成果、标志性学科"的建设思路，制定了学科建设、学术研究、基地建设发展规划。学院每年召开学科发展研讨会，研讨会的主题紧紧围绕"瞄准学科前沿，建好学术梯队，落实发展措施，稳步迈向一流"的目标展开，一次次卓有成效的讨论，都为学科发展带来了新的活力、新的生机。经过几年的探索，学院逐渐形成了数字城市政府管理（电子政务）、科技政策与科技管理、城市土地资源管理等多个有特色的学科发展方向和团队。

一流学院的建设需要有一流的办学条件相匹配。随着办学规模的迅速扩大，原有办公空间已经无法满足学院快速发展的需要，为此，学院领导班子和全体教师展现出极大的魄力，提前谋划，精心组织，多方筹措。2007 年 7 月 29 日，公共管理学院大楼正式落成启用，它是公管人团结拼搏的成果，也是学院"创业精神"的集中体现。

学校对公共管理学院寄予厚望，给予了大力支持和悉心指导。学院成立前，周济校长高瞻远瞩，在公共管理学科基础较为薄弱的情况下，表示要举全校之力争取成为公共管理硕士（MPA）专业学位的试点单位，之后又促成学校将公共管理学科定位为重点发展、重点支持的学科，专门成立公共管理学院。在学院成立之初，周济校长给学院确定了"5 个一"的目标，即"一个博士点，一栋大楼，一个一级学科，一个博士后科研流动站和一本期刊"。2002 年 3 月，校党委书记朱玉泉教授在首届 MPA 开学典礼上致辞表示："我校将倾全校之力，充分借鉴国外和兄弟院校的经验，积极开拓创新，努力创新，逐步形成一套适合我国社会发展需要的MPA办学模式。"2003年4月，校长樊明武院士在听取了学院发展规划汇报后，肯定了学院两年多取得的成绩，指出学院应当着力在"入主流"（弥补文科根基较弱）和"举旗帜"（发挥学校工科优势）两个方面下功夫，并对院系定位、国际化办学、管理制度等七个方面提出具体要求。2005年11月，校长李培根院士在公共管理学科发展研讨会上，发表了题为"应用领先，基础突破，协调发展"的讲话，提出学校大力发展文科要先从应用性的文科做起，公共管理作为应用性很强的学科，应当运用公共管理理论来解决实际问题，他还对学院教师提出三点希望：一是希望大家把注意力集中到做学问上来；二是希望大家能够沉下去，沉下心多到基层去开展调查研究；三是要注重多学科交叉、文理融合，多开展跨学科研究。

在学校领导的关心和支持下，经过全体公管人的努力拼搏，学院快速发展。2005年，学院获批公共管理一级学科博士学位授予权，拥有行政管理、土地资源管理等二级学科博士点。2007年，经国务院学位办批准，学院设置了全国首个电子政务博士点、首个公共安全与应急管理博士点。2009年，学院获批设立公共管理博士后科研流动站，2011年获批非传统安全博士点，2020年获批应急管理博士点。

学院学科建设屡创佳绩。2012年，"非传统安全"被列入国家"985工程"（2010—2020）重点建设项目。2009年，在教育部组织的第二轮学科评估中，我校公共管理学科位列全国第4；2012年，公共管理学科在第三轮学科评估中获评全国第5；2017年，在第四轮学科评估中位居A类。2015年，学院被国家人力资源和社会保障部、全国博士后管理委员会联合评估为全国博士后优秀设站单位。2017—2021年，在上海软科发布的"中国最好学科排名"中连续五年位列前5%。此外，2010年，公共事业管理专业入选国家级特色专业建设点；2019年，公共事业管理专业入选首批国家一流本科专业建设点；2022年，行政管理专业入选国家一流本科专业建设点。

学院不断加强研究基地建设。2009年，非传统安全研究中心获评"湖北省人社科重点研究基地"，文科综合实验教学中心获评"湖北省实验教学示范中心"。2010年，湖北省反腐倡廉理论研究基地和湖北省纪检监察干部教育培训基地落户学院。同年，学院建成世界最先进的"电子决策剧场"，并以其为依托，与美国亚利桑那州立大学牵头成立"全球电子决策剧场联盟"。2017年东盟研究中心入选"教育部国别和区域研究备案中心"。2019年学院成为"铸牢中华民族共同体意识"国家级研究基地的主要建设单位之一。

· 守正创新，勤恳耕耘，跨越发展结硕果 ·

建院以来，公共管理学院始终秉承华中科技大学严谨务实的优良传统，以实际行动践行"敢于创新，善于转化"的发展理念，围绕"领导者的摇篮，政府的思想库"的办学目标，守正创新，勤恳耕耘，取得了跨越式发展，结出累累硕果。

——建一流教师队伍，创一流教学质量

一流的学科建设需要一流的教学科研水平，一流的教学科研水平要求一流的教师队伍。二十一年来，学院坚持"三精四高"原则，即"精品教师、精品教材、精品课程""高起点、高要求、高标准、高质量"，着力建设一流的教师队伍。

建院初期，学院面临师资力量严重不足的问题，为此学院明确提出把广纳天下贤才放在突出位置，不断引进高层次教师。一方面，通过贯彻"引进再培养"策略快速壮大师资，从国内外引进高水平博士，再通过"两进两出"模式，提供"进政府门、进国外名校门"和"出校门、出国门"的机会，帮助教师拓宽视野，提高水平。另一方面，采取借助"外援"的策略，如跨校、跨行业聘请兼职教授讲学，跨院系借用教师讲授基础课程，邀请国内外著名大学学者、各级政府和公共部门的领导来学院授课。

当前，学院拥有一支高素质的教学科研队伍，包括教授19人，副教授21人，中青年教师均有留学经历，博士化率100%。学院教师被国务院学位委员会聘为公共管理学科评议组成员，被教育部聘为高等学校公共管理类学科专业教学指导委员会副主任委员，被国务院学位委员会聘为全国公共管理硕士（MPA）专业学位教育指导委员会委员，被教育部聘为国家大学生创新创业训练计划专家工作组副组长，担任国际东部地区公共行政组织（EROPA）电子政务研究中心专家委员会副主任委员，担任中国系统工程学会教育系统工程专业委员会主任委员，担任湖北省社科联副主席，担任湖北省人民政府咨询委员会委员。

建院以来，学院始终坚持多措并行，努力提高教学质量。通过开展"十大名师"评选活动，鼓励教师争当名师。通过打造精品教材和精品课程，为教学质量的提高打下坚实基础。学院逐渐形成了教学工作科研化、科学研究教学化、学术讲座制度化、学风教风建设常态化等一系列工作方案，同时建立了教师工作评估奖惩制度，全面调动教师教书育人的积极性与创造力。

推进教育教学的改革与创新。注重抓班风、学风，促进学生主动学习，加强创新创业教育，优化专业课程体系，重视课程建设，落实教学质量保障措施，努力提高教学质量。1名教师获第二届全国高校青年教师教学竞赛二等奖，2名教师分获湖北省高校青年教师教学竞赛一等奖和三等奖，2名教师获"宝钢教育奖（教师奖）"，公共事业管理专业教学团队获评"湖北省高校省级教学团队"。《电子政务》《城市管理学》《房地产管理学》《公共经济学》四本教材被评为普通高等教育"十一五"国家级规划教材，《电子政务》《土地资源学》被评为"十二五"国家级规划教材，电子政务课程入选第四批国家级精品资源共享课立项项目。学院长期坚持争创一流教学，教学成果斐然，获国家教学成果奖一等奖1项、二等奖4项，湖北省教学成果奖一等奖6项。

——"三化"模式抓培养，与时俱进育英才

学院始终坚持"以学生为中心"，将学生放在教育的主体位置。建院之初，根据学科特点和办学目标，提出了"国际化、信息化、工程化"的人才培养模式，将"人文教育""专业教育""社会实践"作为人才培养的三大板块，推进专业教育与综合教育相结合、专业教育与人文教育相结合、理论教育与实践教育相结合。迈进新时代，学生的个性化发展及其需求更加多元化，人才培养质量要求更高，学院及时将"三化"模式调整为

"个性化、信息化、国际化",实施基于价值引领的公共管理新文科人才培养模式。经过多年探索,通过党建带团建,学风促班风,因材施教,精准施教,培养了一大批德智体美劳全面发展的优秀学子。

学院学风追求卓越。建院以来,17名本科生获得学校最高荣誉——"三好学生标兵";近5年,本科生推免保研率稳居35%以上,平均升学率超55%。研究生获校文科"学术十杰"18人次。

人才培养凸显特色。学院倡导"将论文写在祖国大地上",参加专业实习和社会实践成为公管学子的必修课。15支社会实践队荣获湖北省"三下乡"暑期社会实践优秀团队,1支社会实践队荣获《中国青年报》评选的"全国百强"暑期社会实践队。

创新创业蔚然成风。连续三届"挑战杯"全国大学生课外学术科技作品竞赛一等奖获奖作品中均有公管学子拼搏的身影。在第三届和第四届中国研究生公共管理案例大赛中,学院研究生斩获一等奖、二等奖、三等奖各一项,并荣获"最佳案例奖"和"最有价值队员奖"。

文艺体育显才能。在校内,公管学子多次夺冠"华工杯""新生杯"篮球赛。在校外,本科生赵芸蕾夺得伦敦奥运会羽毛球女双、混双冠军,王晓理两次收获羽毛球世锦赛女双冠军。本科生李昀锐饰演学校2015年毕业电影《和你在一起》男主角,毕业后不断拼搏,已立足站稳影视行业。

社会熔炉展担当。2020年初,新冠肺炎疫情来袭,一批院友不畏艰险,迎难而上,坚守基层岗位,开展疫情排查、交通管制、物资调配、社区下沉等工作,守护一方百姓安全,4名MPA研究生获市级抗击新冠肺炎疫情先进个人。院友谭伟扎根在基层一线、历练在基层一线、成长在基层一线,坚守扶贫岗位,2021年4月被湖北省委、省政府表彰为"湖北省脱贫攻坚先进个人"。

二十一年来,学院共培养本科毕业生1893名,其中392人被推荐免试研究生,近100人保送至北京大学、清华大学、中国人民大学等国内重点高校,120余人赴境外著名大学留学深造。培养学术型研究生2200余名、MPA研究生3200余名,多名学生毕业后成为选调生、公务员等公职人员,在祖国西部、基层、国家重点单位发展。

——科学研究稳基础，社会服务扩影响

学院以科学研究服务教学创新，以科学研究通往世界，科研工作已从"规模发展"转向"高质量发展"。

学院获得国家自然科学基金项目和国家社会科学基金项目百余项，其中国家级重大重点项目近20项。出版专著百余部，在SCI/SSCI/CSSCI等期刊发表重要学术论文千余篇。获得省部级科技成果奖励30余项。

学院坚持服务社会，及时将科研成果转化为现实生产力。立足基层，开展基层干部履职能力培训，培训学员近万名。为"一带一路"沿线国家培训政府高级别官员，产生了广泛的社会影响力，受到国际好评。积极开展决策咨询，向各级政府建言献策，多项成果在中央、省部级领导的报告中得到体现，2项成果获得国家领导人肯定性批示，3份咨询研究报告获得教育部采纳，50余份咨询研究报告获得部委领导、省市主要领导人批示，2名教授荣获中国行政管理学会授予的"优秀专家建言奖"。新冠肺炎疫情期间，学院积极组织教师发挥专业优势，以"智"抗疫，为科学抗疫出谋划策。围绕疫情大数据分析和精准防控、社区管理、复工复产等工作，9名教师向省、市疫情防控指挥部提交多份咨政报告和建言献策，14份报告获得省市主要领导的肯定性批示和政府部门采纳，武汉市疫情防控指挥部向学院发来感谢信2封，多名教师受到表扬。

——坚持开放式办学，突显国际化视野

公共管理学院建立和成长于全球化浪潮中，立足国内，放眼世界，开放式办学，是公共管理学院的基本方略。

实施优秀学者"引进来、走出去"。学院坚持邀请国际知名学者来院讲学，内容涉及公共管理、公共政策、电子政务、应急管理、系统工程等众多领域，授课对象覆盖青年教师、MPA研究生、学术型研究生和本科生等，显著拓宽了师生视野。学院还积极推荐青年学者以留学、访学、交流等多种形式走出国门，走进名校门，提升教学和科研能力水平。

率先开展境外办学。2006年9月，学院开办首届"管理学（电子政务）专业硕士学位研究生课程"澳门班，培养澳门特别行政区政府公务员以及其他公职人员，得到澳门特别行政区行政长官何厚铧先生和全国政协副主席马万祺先生的高度评价。

国际学生教育成绩斐然。2004年，学院开始招收国际研究生，从最初每届招收3人，到现在每届招收几十人，累计培养400余人，国际学生教育数量质量稳步提升，不少国际学生学成回国后在当地政府部门担任重要职位。

全力推进国际交流与合作。学院多次访问美国、英国、法国、俄罗斯等国际知名大学，与美国雪城大学（锡拉丘兹大学）、挪威奥斯陆大学等签订合作协议，形成了合作办学、联合培养人才的有效机制；与法国波尔多大学、新西兰维多利亚大学、泰国孔敬大学等签署合作备忘录；依托东盟研究中心与马来西亚、柬埔寨、越南、老挝等国家的政府和大学建立了常态合作交流机制。

· 发扬传统，赓续使命，砥砺奋进谱新篇 ·

二十一年来，在学校党委的领导和支持下，学院始终突出党的领导，坚持党旗领航，坚持发挥党组织的政治核心作用，围绕发展抓党建、抓好党建促发展，将立德树人工作成效作为检验一切工作的根本标准，将师德师风作为评价教师队伍建设的第一标准，将组织建设和制度建设作为学院发展的根本保障，铸就了学院高质量发展的基石。

当今世界正面临百年未有之大变局，全球治理和国家治理现代化为公共管理学科创造了新的发展机遇。公共管理学院作为湖北省高等学校优势特色学科群"智慧治理与战略传播"建设的牵头单位，责任和使命更加重大。

赓续使命再出发，砥砺奋进谱新篇。公共管理学院将立足经济社会的发展需要，面向国家重大战略需求，紧紧抓住新文科建设机遇，以习近平新时代中国特色社会主义思想为指导，贯彻落实党的十九大精神，牢记新时代"为党育人,为国育才"的初心使命,坚持"领导者的摇篮,政府的思想库"的办学目标,团结奋斗、勇毅前行,引领公共管理一流学科建设,奋力谱写公共管理学科新篇章,为全球治理和国家治理现代化做出积极贡献。

(公共管理学院)

体育学院——
强健体魄塑造品格　华中体育筑梦强国

·回眸——学校体育工作蒸蒸日上·

华中科技大学体育学院的前身为华中工学院体育教研室,始建于1953年。1978—1985年期间,学校体育工作以增强学生体质,传授体育知识、技能为主要任务,围绕体育教学、群体活动、大学生身体素质研究等方面开创了我校体育事业发展的思路。

1985年,为适应时代发展对高校体育工作提出的新要求,学校成立了体育运动委员会,体育教研室提升为体育课部,体育课部下设办公室、科研室和2个教研室,全面提升学校体育教育质量和科研水平。1988—1999年期间,体育课部根据学校要求,进一步完善管理机构建设,下设基础教研室、专项教研室、学校体育研究室、办公室、实验室5个部门,对机构设置、职能、规章制度、政策方针作进一步的拓展和确定,为体育课部的整体提升构建了良好的框架。

2000年5月合校时,华中理工大学体育课部、同济医科大学体育部、武汉城市建设学院体育教研室合并为华中科技大学体育课部,2001年更名为华中科技大学体育部。

2005年,体育学硕士学位授予权获批。2007年,首批体育教育训练学研究生入学。2019年11月,华中科技大学体育学院正式成立并获批体育学士学位授予权。2020年9月，首批运动训练专业本科生入学。体育学院现下设有学院办公室、5个教研室、群体室、竞训室、科研室、研究生办公室、体质测试中心和场馆管理中心等12个科室。体育学院的成立是学校主动参与、对接体育强国建设和践行国家战略发展的重要举措和具体路径，将进一步推动学校体育工作的全面发展。

风雨兼程路、悠悠七十载，学校体育工作得到全面发展，现拥有6个场馆群，室内外运动场地总建筑面积近30万平方米，满足广大师生员工日益增长的多元化、多层次体育运动需求。其中光谷体育馆和游泳馆达到承办国际一流赛事标准。一代代体育人敢于竞争、善于转化、追求卓越、力争一流、稳步前进，在学科建设、人才培养、队伍建设、科学研究、国际交流、社会服务等方面取得了突出的进步，为培养德智体美劳全面发展的社会主义建设者和接班人发挥着不可替代的作用，在学校发展的光辉历史里，谱写着自己的篇章。

·创新——体育教学改革硕果累累·

体育教研室、体育课部、体育部、体育学院，四个名称代表了我校四段不同寻常的学校体育发展历史，同时也记录了我校体育教学工作的发展历程。伴随着新时代教育的发展，学校体育迎来了新的春天，体育教学工作也随之蓬勃发展。

追根溯源，艰苦开拓。1952年教育部和国家体委联合颁布了《学校体育工作暂行规定》，1953年华中工学院体育教研室成立，场地、器材简陋，教职工艰苦创业。

1979年教育部和国家体委联合下发了《高等学校体育工作暂行规定》。1985年，体育课部成立。教学过程从自编教材，到参考苏联教材和以"劳卫制"为主要教学内容；制定了各项教学文件，修订和逐步完善了教学计划，健全了正常的教学秩序，执行了体育课不及格只发肄业证的规定。

稳步前行，卓有成效。1990年，国家教育委员会、国家体育运动委员会联合颁布《学校体育工作条例》，2003年教育部颁发了《全国普通高等学校体育课程教学指导纲要》，在一系列国家政策的指引下，我校体育教学工作紧跟时代步伐，一步一个脚印深入课程改革，相继出台了《华中理工大学体育能力合格标准》《体育基础理论大纲》与《体育基础课与专项课大纲》等，并于1992年、1997年被学校评为优质课程，同期被国家教委授予"全国普通高等学校体育课程评估优秀学校"光荣称号。

创新发展，以体育人。2014年教育部颁发《普通高校体育工作基本标准》及《国家学生体质健康标准》，2018年全国教育大会召开，习近平总书记在全国教育大会上指出，帮助学生在体育锻炼中享受乐趣、增强体质、健全人格、锤炼意志。2020年中共中央办公厅、国务院办公厅印发了《关于全面加强和改进新时代学校体育工作的意见》，为贯彻落实国家相关文件精神，2021年我校推出《华中科技大学关于全面加强与改进学校体育的实施意见》（简称学校体育工作"20条"）。

——完善课程建设，深化教学改革

2016年开始，我校围绕新时代学校体育"四位一体"教学目标，创新使用分层分类、课内外一体化教学，通过体育课程教学、课外体育锻炼、体育竞赛、体质健康测试、课程思政和心理教育5个方面的深化改革，构建全方位、全覆盖、一生一案的大学体育培养体系，到2021年基本形成了完整的学—练—赛体育课程思政教学体系。

学生体质健康水平显著提高，2022年教学班级学生体质合格率96.67%，优良率30.25%，进入全国先进行列。2018年学院首次开展教学班学生运动技能大赛，体育课程运动项目由原来的15项增加到了28项，项目丰富多彩，同运动项目不同班级的学生开展运动技能比赛，有效提高了学生的运动技能水平；与我校心理健康教育中心合作，开展运动促进心理健康特色课。

——开创线上教学，丰富教学方式

2020年面对突如其来的新冠肺炎疫情，根据学校"推迟开学、按时开课"的总体指导方针，学院全体教师克服重重困难，开设433个线上体育课堂，完成了14296名学生的体育教学任务，为疫情期间学生的身心健康点亮了曙光。体育学院首门"大学体育理论"慕课为2020年线上教学奠定了良好的基础。全校开展体育线上教学尚属首次，由此被教育部获邀在全国高校体育教学指导委员会上做体育线上教学经验分享，获得了同行高度认可。

——完善制度保障，产出教学成果

在学校体育工作"20条"中，体质测试合格率和毕业挂钩，首次进入我校本科生培养方案，同时也推出华中科技大学"运动技能等级证书"实施细则等。为切实落实学校体育工作"20条"目标任务，体育教学已完成体育长学制、大课程体系的设计，大学本科一、二、三年级开设144学时公共体育必修课，其中本科一、二年级为120学时，本科三年级为24学时，构建"长跑＋游泳＋专项技能"学校体育教学模式。

积极开展大学体育课程改革理论与实践、体质健康促进及运动与心理健康为主的相关研究。近5年，获批教育部人文教学研究项目3项、省级教研课题10项，出版教材5部，发表高水平教学研究论文若干。多位教师获教学质量一等奖、课堂教学优质奖、校教学竞赛一等奖，获评华中卓越学者（教学岗）。大学体育网球、足球、瑜伽等课程参与国家及省级一流课程评比。

·传承——校园体育文化欣欣向荣·

秉承"德智体美劳"全面发展的育人理念，充分发挥体育的育人功能，通过丰富的课外体育锻炼和完善的校园体育竞赛，促进学生的身心健康，培育体育精神，形成人人崇尚运动、人人喜爱锻炼、人人参加竞赛的校园体育文化。

逐步形成课外体育锻炼氛围。自体育教研室成立起，就高度重视学校群体工作的开展，积极组织田径运动会、环校跑等各类体育活动，带动全校师生积极参加课余体育锻炼。体育课部成立后，进一步丰富学生课余体育锻炼内容，既增加了师生喜闻乐见的健美操、武术、太极拳等内容，也拓展了当时较为新颖的韵律操、现代舞、国标舞等项目。1989年，体育课部被湖北省人民政府授予"体育先进单位"称号。

1992 年，学校召开全校体育工作会议，大力推动早操活动，帮助学生养成课余锻炼的习惯，并逐步打造春季学校运动会、秋季各院系运动会、新生运动会、"华工杯"三大球比赛、单项体育协会比赛的学校体育竞赛体系，形成了浓厚的校园体育文化氛围。1993 年体育课部被国家体委授予"全国群体先进单位"称号。

2000 年，体育部不断深入校园体育文化建设，以大学生体育俱乐部为抓手，不断深入推动课外体育锻炼。2003 年"非典"期间，体育俱乐部活动成为学生疫情期间必不可缺的生活内容，成为抗击"非典"的一项重要工作。同时，体育部不断整合资源，丰富校园体育活动，打造品牌体育竞赛，相继推出校园体育文化节、明星运动员讲座、阳光体育长跑等品牌活动，吸引全校师生积极参与群体活动，营造了良好的校园体育文化氛围。2020 年新冠肺炎疫情暴发，体育学院积极组织开展丰富的线上群体活动，如线上体能挑战赛、居家锻炼视频展示比赛、体育锻炼视频共享等，带动学校上万名师生参与体育活动，舒缓师生面对疫情的压力。

不断完善校园体育竞赛体系。目前已经形成以"二会、三杯、五跑"为核心，以校级竞赛为龙头、教学竞赛为基础、院（系）竞赛为品牌、俱乐部竞赛为特色的校园赛事体系，形成了"月月有比赛，周周有活动"的常态，每年成功举办系列校级体育比赛 20 余项，参与人数达到 15 万人次；指导体育协会和俱乐部开展体育比赛 30 余项，指导各院系开展体育竞赛活动 60 余项。其中，学院对接学生体育活动需求，创新开展的春、秋季体育嘉年华，荧光夜跑等校级赛事，广受学生好评，如 2021 年秋季体育嘉年华活动有 5000 余名师生参与，视频直播＋照片直播总曝光量突破千万，总声量 5186 条次，登上同城热搜榜。多次承接全国大学生校园足球八强赛、名校篮球赛、全国大学生篮球一级联赛等具有较大社会影响力的国际、国内体育赛事，为学校赢得了良好的社会声誉。

以赛促练提升体质健康水平。为进一步建立和完善学生体质健康评估机制，学院创新举办华中科技大学春季运动会暨《国家学生体质健康标准》测试及挑战赛。在 2022 年春季挑战赛中，肺活量单项男生最好成绩达到 7507 毫升，50 米单项男生最好成绩达到 6 秒，1000 米单项男生最好成绩达 2 分 47 秒，引体向上单项男生最好成绩达 50 个，仰卧起坐单项女生最好成绩达 77 个。我校体育教学与体质监测中心获评"2022 年度全国高校优秀体测师范单位"。

· 进取——运动队成绩屡创辉煌 ·

艰苦卓绝，开创体育代表队。1960 年 10 月，文工团体育大队（简称文体大队）成立，共 13 个队，200 多人，文体大队在历届全省大学生运动会上所向披靡，曾 3 次代表湖北省参加全国田径、举重等比赛，获得了 1 次冠军和 2 次亚军，田径团体总分及许多单项比赛常年稳居湖北第一。

传承突破，代表队成绩斐然。随着体育事业的发展，我校也加快了代表队建设力度，建立健全了 A、B、C 三级运动队管理体系，确立了建设立足高校、面向国际的高水平代表队体系和分层级建设普通生代表队的工作思路，现共有各类代表队近 30 支。

高水平代表队以全国单项锦标赛、全国大学生运动会（现为全国学生运动会）、全国运动会、世界大学生运动会乃至亚运会和奥运会系列赛事为参赛目标，在全国各类比赛中获得优异成绩，培养出一批具备高素质、高学识、高运动水平的大学生。1987 年 4 月，我校作为 51 所招收高水平运动员的试点大学之一，重点建设篮球队、足球队和田径队，在 1992 年全国学生运动会获得男子篮球和田径冠军，并获得"校长杯"。

2000 年后我校逐步增加了女子篮球队、乒乓球队、武术队、龙舟队等 8 支高水平运动队，三次荣获全国学校体育工作最高荣誉"校长杯"奖杯。田径队屡屡在湖北省高校田径运动会和省运会上获得团体冠军，在全国大学生运动会上获得多枚金牌；女子篮球队先后荣获第十四届全国学生运动会亚军，CUBA 中国大学生篮球联赛亚军 4 次；男子篮球队曾获得全国大学生 CUBA 篮球联赛总冠军；足球获全国青少年校园足球联赛大学组高水平乙级联赛冠军。

女子龙舟队组建于 2020 年 10 月，两年间在中国龙舟公开赛（上海站）、中国大学生龙舟锦标赛和首届世界龙舟联赛（福州站）共拿下 5 个冠军和 5 个亚军的优异成绩；乒乓球队和武术队，在全国单项锦标赛和大运会中也数次获得奖牌。

以苏雄峰、顾全、翟欢、游娜等为代表的优秀运动员多次站在全国和世界大赛冠军领奖台。苏雄峰先后在全国大学生运动会上打破男子跳远纪录，在2010年第十一届亚运会获得银牌，在2011年深圳世界大学生运动会上以8.17米的成绩获得冠军，成为我校建校以来第一个自主培养的世界冠军。

普通生代表队以领跑湖北高校、参与全国大学生体育比赛为目标。各代表队先后获得CUVA中国大学生排球联赛（阳光组总决赛）全国冠军、中国大学生足球联赛校园组西南赛区第一名、CUBA中国大学生篮球联赛二级联赛西南赛区第一名、中国大学生网球锦标赛（总决赛）男子甲组团体冠军、中国大学生阳光体育乒乓球比赛混合团体亚军、世界青年桥牌锦标赛双人组冠军。

自2012年起，我校和武汉大学每年共同举办"同城双星龙舟友谊赛"，八年同城较量增加了两校的师生互动，为学生提供了展示风采、切磋技艺的舞台，也成为湖北高校赛事、武汉城市的一张名片。龙舟队秉承着"为校争光、义不容辞"的信念，先后在中华龙舟大赛、中国龙舟名校赛、世界龙舟名校赛上斩获6金4银3铜，屡创佳绩，已成为我校特色体育运动项目品牌。

联合培养，世界冠军扬名海内外。我校积极与湖北省体育局、中国国家队共同培养优秀运动员，如李娜、李婷、姜山、高凌、昌雅妮等。其中李婷和高凌分别获得2004年雅典奥运会网球女双冠军和羽毛球混双冠军。李娜获得2008年北京奥运会女子网球女单第四名，并在之后的网球大满贯法网和澳网捧得冠军。昌雅妮获得2022年第19届世界游泳锦标赛跳水项目女双3米跳板金牌。

体教融合，开创高水平发展平台。充分发挥国家体教融合政策，搭建省校共建平台，我校与湖北省体育局共建高水平篮球队和田径队，与中国赛艇协会、中国皮划艇协会和湖北省体育局签订"科技助力奥运水上运动"的战略合作协议，运动训练女子龙舟队3名队员正式入选国家龙舟队，并将代表中国队参加杭州亚运会。积极拓展后备体育人才培养基地，在全国多所高中拥有田径、篮球后备体育人才基地，实现了资源优势互补，为高水平运动队建设提供了更广阔的发展空间。

· 开拓——国际体育交流日新月异 ·

体育赛事交流提升学校影响力。建校之初成立的文体大队就开展了国际体育交流活动，在20世纪60年代我校田径队曾作为湖北省田径代表团成员与越南国家田径队举行友谊赛。20世纪90年代，随着我国改革开放历史进程，我校男篮到日本参加邀请赛，莫斯科体育大学舞蹈教师来我校表演并参与学生教学活动，冰岛国家乒乓球队来我校参观访问，海峡两岸体育代表团来我校参观。

合校之后，我校男、女篮球队先后访问了泰国、美国、韩国。龙舟队参加世界名校龙舟大赛、"大美东湖"国际名校赛艇挑战赛。武术队参与我校赴英国孔子学院的交流活动。我校举办过世界名校足球邀请赛等国际赛事、中日韩大学生登山户外交流活动，极大地丰富了校园文化生活，带动了群众体育的蓬勃开展。

2019年10月，第七届世界军人运动会女子篮球项目在我校光谷体育馆举行，共有中国、美国、德国、法国、巴西、加拿大6支代表队71名运动员及32名技术官员参加，中国女子篮球队以六连胜的战绩夺得第七届军运会冠军。近1500名工作人员及志愿者参与完成17场次比赛的各项工作，比赛现场观众累计达34539人。组委会主席，国际军体执委、国际军体篮球官方代表、国际军体代表团团长，省市领导前来现场观摩指导。赛事期间，各媒体平台刊发各类新闻200余条。女子篮球竞委会紧紧围绕"办赛水平一流、参赛成绩一流"目标，落实绿色、共享、开放、廉洁办赛理念，不负众望，不辱使命，高标准、高质量、高效率地完成了女子篮球比赛工作任务。

体育学术交流增强文化辐射力。参加中国名校篮球赛事委员会与常青藤联盟交流会议、海峡两岸登山交流活动、中日韩大学生登山运动交流峰会、2017年中美高校体育论坛、德国科隆体育大学体育科学学术研讨大会；举办世界名校足球文化论坛、"2020中德国际论坛——后疫情时代下的体育发展和体育产业：挑战与展望"等多项国际体育学术与文化交流活动。2018年我校获批教育部中华优秀传统文化传承基地（龙舟），举办

2022年中华龙舟发展国际论坛——新时代龙舟运动的文化传承与创新发展，来自国际龙舟联合会、亚洲龙舟联合会、中国龙舟协会和各高校等近20名国际专家学者济济一堂，深度挖掘中华优秀传统文化价值内涵，增强师生文化自觉和文化自信。

·积淀——师资队伍建设实力雄厚·

学院师资队伍随着我校体育工作的发展阶段与进程而不断发展壮大。1953年华中工学院成立之初设置的体育教研室，只有7名体育教师。2022年，体育学院拥有教职工94人。其中，专任教师86人、教授和研究员8人、副教授41人、讲师及以下28人，博士9人、硕士50人，国际级裁判6人、国家级裁判15人、世界冠军3人。

党的十八大以来，学院确定了师资队伍建设"引育并重"的目标，制定引进、培养人才规划。一是不断强化教师教学科研能力，对新进教师有组织地安排指导教师，鼓励青年教师攻读硕士博士学位，先后选送10名教师到美国西密歇根大学、佐治亚州立大学以及法国、英国等高校访问、进修、学习，旨在全面提升教师队伍的综合素质。二是注重青年教师招聘与人才引进，近10年来从海内外知名高校招聘引进23位青年教师和学科带头人，包括多名世界冠军，师资结构逐步优化，教师中拥有硕士、博士学位比率达到62.7%。三是坚持分类培养，注重师德师风建设，形成了良好的考核激励机制，教师们坚守理想、钟情事业，用情教学、用心育人，师资队伍建设取得新成绩。

教师队伍不断积淀力量，为学院"入主流、重交叉、创特色"的学科建设目标不断增添新鲜血液与活力。近5年有来自美国爱荷华州立大学电力系统、华中科技大学管理科学与工程、清华大学体育社会学、东京大学预防医学等研究方向的4名博士后流动站出站人员。近10年，共有10余名毕业于美国德州农工大学、东京大学、北京体育大学、上海体育大学、华中科技大学等，具有工科、医科、文科等多学科研究方向的博士。

教师教学能力明显提升。1人获首届全国高校体育教师校园足球教学与指导技能大赛三等奖，2人获湖北省普通高等学校青年体育教师比赛一等奖、二等奖，3人获校教学竞赛一等奖。

教师专业业务能力突出。1人担任过教育部全国高等学校体育教学指导委员会委员。1人获中华人民共和国第十三届运动会群众比赛柔力球花式单人自编项目冠军；20名教练员指导的运动员多次在全国各类体育赛事上摘金夺银，仅在全国学生运动会就共获11个冠军、7个亚军、12个季军；10余人次获全国大学体育单项锦标赛优秀教练员称号，2名教练员分别入选第26、27、30届世界大学生夏季运动会中国代表团成员。

师资队伍实力显著提升。通过搭建平台，组建团队，学院形成了一支在湖北以及全国高校具有一定知名度和影响力的学科带头人队伍。主要包括大学生体质健康研究方向的谢彬教授、公共体育服务及政策研究方向的栾丽霞教授、体育产业方向的孙竞波教授、龙舟传统文化与传承方向的井玲教授、课程建设与大众健身方向的尹继红教授、运动训练方向的余长青教授、篮球赛事组织管理方向的曾洪涛教授等。

栾丽霞教授主编普通高等院校"十四五"规划体育精品教材《网球运动教学与训练》，2021年带领团队申报国家级线下一流课程（待批）；承担了湖北省社科基金项目、教育部人文社科一般项目、湖北省教学改革等项目，尤其在2020年获得国家社科立项，提升了体育学院科研水平和促进了学科建设，实现了零的突破。

曾洪涛教授是篮球国际级裁判员、篮球国际级技术代表、国际篮联技术监督、国际篮联裁判讲师，担任北京奥运会、亚运会、世界杯、亚洲杯、亚锦赛、世界军人运动会、世界大学生运动会等国际篮联一级赛事篮球项目技术代表10余次。目前担任国际篮联技术委员会委员，是全世界十三名委员中唯一的中国人，同时也是第一位在世界杯级别的比赛中担任技术监督的中国人。主持国际篮联《篮球规则》《规则解释》和《篮球裁判员手册》的翻译和审定工作，累计发行超过40万册，在业界影响力广泛。

教师先进典型不断涌现。学院教师队伍1人获全国群体工作先进个人。1人获全国学生体质健康调查研究工作先进个人称号、湖北省学校体育先进工作者、湖北省有突出贡献中青年专家。1人获教育部、国家体育总局等五部委授予"深圳世界大学生运动会先进个人"称号。1人获湖北青年五四奖章，并被湖北省人民政府记功一次。1人获武汉市五一劳动奖章。1人获评校教学名师，2人获评校师德先进个人，3人获评校三育人等荣誉称号。

展望未来，任重道远。体育学院将抢抓机遇，迎接挑战，在喜迎70周年校庆之际，在学校迈向世界一流的征程上，在服务国家体育强国战略中，坚守立德树人的初心，携手砥砺前行，以实际行动迎接党的二十大胜利召开。

（体育学院　井玲　蒋玉梅　陈治华　童胜玢　王锋　江皓　张南）

艺术学院——
喻家山下艺育六十载

"泱泱汉水,浩浩长江,喻家山麓,东湖岸旁。"在华中科技大学这所美丽的森林校园里,历来传承着以美育人的教育理念。在 20 世纪 60 年代,学校正式成立文体大队,面向全校师生开展美育教育。随着学校的迅速发展,依托多学科、国际化资源的优势,华中科技大学于 2019 年 5 月成立了艺术学院。艺术学院坚持专业艺术教育和公共艺术教育协同发展,以专业艺术教育提升公共艺术教育水平,致力于复合型艺术人才的培养,建设具有华中大鲜明特色的美育教育高地。

· 学院发展历程回眸 ·

1953 年 10 月 15 日,华中工学院成立大会和开学典礼举行。成立初期,学校就非常重视师生的文化生活,提倡"三好育人",即"身体好、学习好、思想好",同时成立学生文工团,第一任团长是余有芳,副团长是邹雪秋。

1960 年秋,为了促进学生的全面发展,保证文体骨干的学习和健康,普及和提高学生的文体素养,学校党委决定组建文体大队,下设文工团和体育大队,负责组织开展全校的文体活动和培养文体骨干,由霍慧娴任文体大队政委。

1980年6月,华中工学院成立院文体大队,由李崇阁任大队长兼党支部书记,带领275人开展校园文体活动,他们被誉为"华工园里一枝花"。

1985年5月,院文体大队面向在校师生,开展普及音乐知识等系列音乐教学研究活动。为加强对第二课堂以及公共音乐选修课的管理,学校决定成立音乐研究室,由沈建军担任音乐研究室主任兼院文工团艺术指导,同年音乐研究室改为音乐教研室。

1987年5月,为全面执行党的教育方针,加强美育教育,经学院委员会研究决定,成立美育课部,将音乐教研室纳为下设科室,同时将原由党委宣传部领导的美术摄影研究室划归美育课部领导,改名为美术与摄影教研室。任命姚宗干同志兼任美育课部主任,沈建军同志任美育课部副主任。

1988年1月,华中工学院更名为华中理工大学。1991年,学校出台《华中理工大学学生大型文体活动管理办法》,规范校内各类文体活动。美育课部为促进教师专业能力提升,鼓励教师赴专业院校进修学习。

1994年3月,学校为进一步深化美育教育,将美育课部改名为艺术系,隶属人文学院管辖。该系由音乐教研室与美术教研室组成。学校美育教育得到大力发展,举办了丰富多彩的文化艺术活动,创办了校园文化艺术节,同时面向全校开展高雅艺术进校园活动。

1999年1月,为更好地适应学科专业目录调整的需要,学校研究决定,撤销人文学院艺术系建制,同年11月成立大学生艺术团。

大学生艺术团成立之初,致力于在全校学生中普及艺术知识和技能,提高学生的艺术修养,培养具有深厚专业技术知识和较高艺术水平的高素质复合型人才,同时开设了系列音乐美育通识公共选修课程;组建了交响乐团、合唱团、民乐团、舞蹈团、戏剧团和键盘队六个团队;创建"同歌同行""春华秋实"等校园文化艺术品牌;首次发行大学生原创歌曲专辑《理想青年》。大学生艺术团举办的系列校园文化艺术活动,成为学生们大学生活的美好记忆。

2016年5月,大学生艺术团更名为艺术教育中心。艺术教育中心在艺术团发展的基础上,通过完善课程教学、实践活动、艺术展演、校园文化,推出"四位一体"的建设机制,立体打造了面向未来的艺术教育新课堂。艺术教育中心每年承担素质教育、通识课程、艺术训练课、短期艺术实践课，承担多项教学研究项目，承担学校"双一流"文化传承与创新子项目的建设任务。在着力提升艺术教学质量的同时，艺术教育中心组织策划80场活动，打造"森林艺术节""新年演出季"等品牌；在教育部主办的全国大学生艺术展演活动中，荣获4项全国一等奖；先后承办大型赛事的闭幕式，如首届"创青春"全国大学生创业大赛，第二届中国"互联网＋"大学生创新创业大赛等。

艺术教育中心高水平艺术团多次受孔子学院总部委托，赴新西兰、澳大利亚、巴西等孔子学院巡演，展示艺术教育风采。中心逐步推进国际交流，邀请哈佛大学指挥等到校开设艺术课程，带来名校的教育体验；组织合唱爱好者、交响乐团学子到斯坦福大学和哈佛大学开展艺术与科学短期课程，拓宽视野。

2018年9月10日，习近平总书记在全国教育大会上发表了重要讲话，明确提出"要全面加强和改进学校美育，坚持以美育人、以文化人，提高学生审美和人文素养"。2019年5月，为了更好地贯彻全国教育大会的精神，学校成立艺术学院，艺术教育迎来了新机遇。学院的成立在积极响应国家号召的同时依托华中科技大学多学科、国际化资源的优势，以艺术与科技交叉为特色，坚持专业艺术教育和公共艺术教育协同发展，以专业艺术教育提升公共艺术教育水平，致力于复合型艺术人才的培养，建设具有华中大鲜明特色的美育教育高地。

·学院始终坚持党旗领航·

2020年11月，艺术学院党委正式成立。为落实学校党委对一流人才培养的目标，学院党委自成立以来，始终以"围绕中心抓党建，抓好党建促发展"为指导，着力加强党的政治建设，提高基层党建工作质量。

学院党委制定并坚持落实党委会"第一议题"制度，及时学习习近平总书记重要讲话和批示指示精神，使之成为思考问题、开展工作、解决难题的有力向导。强化责任担当，在立德树人、改革发展、人才引育等重大事项上把好政治关，推进从严治党；落实立德树人，党委会专题研讨团学工作，执行党支部工作联系点制度，教职工党员"一对一"帮扶学生；加强党员队伍建设，做好优秀青年教师和高级职称教师的党员发展工作，提高学生党员发展质量；坚持党管人才，加强师资队伍建设，健全人事制度体系，加强教师培训力度。

艺术学院发挥学科特色开展教育学习活动，将理想信念教育贯穿党员教育工作始终，以专业课程及活动为载体传递党的思想，形成党建和专业双促进的良好局面。

党员领导干部深入教学一线，开展党课教育，以"中国共产党的光辉历程""聆听艺术经典中的艺术精神""党旗领航，做红色基因的传承者"等为主题讲授党课。立足课程思政，学院结合学校党史学习教育，构建三全育人的育人格局，推出音乐思政课"我们的国歌"及专题党课"红色旋律中的百年党史"；牢记初心使命，在中国共产党成立一百周年之际，为推动广大师生坚定革命理想信念，学院组织观看革命史诗话剧《一心向党》、舞剧《永不消逝的电波》，以及大型抗疫舞台剧《逆行》；弘扬榜样力量，为学习推广优秀共产党员典型事迹，学院主动承办国家话剧院原创剧目《谷文昌》在我校的演出；理论联系实际，学院组织党员、团员赴武汉汉剧院，开展汉剧文化寻访暑期社会实践，探寻汉剧发展历程，实地感受中华传统文化的力量。

2020年10月，中共中央办公厅、国务院办公厅印发的《关于全面加强和改进新时代学校美育工作的意见》，是全面推进学校美育改革发展的纲领性文件和行动指南。

2021年3月，学校为响应党中央号召成立美育工作委员会，制定并印发《华中科技大学关于全面加强和改进美育工作的实施意见》，拟定《华中科技大学美育教学改革试点方案》和《华中科技大学美育教学评价改革方案》等指导文件。面对全校师生的不同艺术基础与审美需求，艺术学院通过公共选修课程和艺术实践课程、美育审美体验、美育试点学院等方式全面落实"一生一艺"。

艺术学院艺术教育中心每年面向全校师生举办100场艺术实践活动；研究探索在综合性大学高质量开展美育课堂教学、美育实践活动和美育校园文化，通过周周有精品的艺术演出、人人进综合美育课堂、处处有艺审美体验,全面浸入美育"一生一艺"教育。

艺术学院建设有校学生交响乐团、合唱团、舞蹈团、民乐团、键盘队、戏剧团 6 支高水平艺术团。自 1999 年开始,艺术团各团队先后荣获全国大学生艺术节一等奖 6 项、二等奖 4 项、三等奖 2 项,湖北省大学生艺术节一等奖 33 项、二等奖 15 项。

·学院不断加强学科建设·

2019 年 5 月,艺术学院成立,同年 10 月 15 日,中国音乐学院沈诚教授受聘艺术学院首任院长。

艺术学院依托华中科技大学多学科、国际化资源的优势,以艺术与科技交叉为特色,致力于培养德智体美劳全面发展、强基础、宽口径的高端复合型艺术类人才。艺术学院以"小而精、高质量、有特色"为办学定位,高起点规划学院的发展目标,扎实推进专业建设、课程建设和队伍建设,凝聚了众多具有重要影响力的艺术名师。按照音乐表演、舞蹈表演、艺术与科技三个专业方向进行建设,顺应新时代社会文化发展需求,探究艺术发展的新向度,开拓艺术创新的新视界,聚焦艺术领域的国内外前沿性动态,培养具有扎实的艺术专业知识、高水平的艺术表现能力、良好的人文和科学素养,适应未来新兴业态发展需求,富有创新精神的艺术专业人才。

艺术学院音乐表演专业于 2021 年招收首届学生,舞蹈表演专业计划 2023 年招收首届学生。学院以培养德智体美劳全面发展的社会主义建设者,具有扎实的音乐专业知识理论基础、高水平的音乐表演能力、良好的人文和科学素养,富有创新精神,德才兼备,可持续发展的高素质复合型音乐艺术人才为目标。所掌握的知识和能力适用于专业艺术表演团体、艺术院校、社会文化机构、艺术与科技等行业的专业人才需求,能适应未来社会文化发展的多种需求。

在人才培养过程中,学院着力提升学生的表演技能和审美品位的同时,注重与国内外一流艺术院校的学术交流,拓宽学生艺术视野;发挥学校多学科优势,不断提高学生的人文素质和科学素养;通过多学科交叉的项目式学习计划，培养学生的创新思维和创业实践能力。

艺术学院倡导学生跨学科辅修专业双学位，拓宽音乐专业学生的职业发展方向，在人才培养上实现与专业音乐、舞蹈院校和师范类院校的错位发展，适应新时期社会经济文化和新型业态发展的现实需要。

·结合学院特色做好社会服务·

——走进社区

艺术学院学生团队每年举行"学生走进社区"主题艺术展示活动，走进社区，丰富社区精神文化生活。通过"一站式"社区艺术展演，走基层，用艺术进行宣传教育和社区服务，让艺术惠民落到实处，让中华传统优秀文化艺术更加贴近民众生活。此举既丰富了社区民众的艺术生活，也使同学们通过活动了解民众需求，树立服务于祖国和人民的远大理想。

——对外交流

艺术学院邀请哈佛大学、耶鲁大学、斯坦福大学等指挥到校开设艺术课程，带来名校的美育教学理念，同时指导交响乐团和合唱团排练演出。艺术学院艺术教育中心组织合唱爱好者和交响乐团学子赴斯坦福和哈佛大学开展艺术与科学的短期课程。艺术教育中心高水平艺术团于2015年、2017年、2019年受国家孔子学院指派，先后赴新西兰、澳大利亚、巴西和非洲国家的孔子学院参加巡演巡展活动。高水平艺术团演绎的优秀中国文化艺术作品，受到各国政府以及当地民众的热烈欢迎和喜爱，同时受到驻外领事馆、孔子学院和社会各界的高度评价，为学校赢得荣誉。

艺术学院秉持"明德厚学，求是创新"的校训，秉承"育人为本、创新是魂、责任以行"的办学理念，贯彻建设"学生、学者与学术的大学"的教育思想，深化教育教学改革，全面推进素质教育，构建和完善充满活力的创新人才培养体系；以"小而精、高质量、有特色"为办学定位，按照音乐表演、舞蹈表演、艺术与科技三个专业方向进行建设，着力培养德智体美劳全面发展，德才兼备，具有扎实的艺术专业知识、高水平的艺术表现能力、良好的人文和科学素养，富有创新精神的高素质复合型艺术专业人才。

学院依托华中科技大学多学科、国际化资源的优势，以艺术与科技交叉为特色，坚持专业艺术教育和公共艺术教育协同发展，以专业艺术教育提升公共艺术教育水平，建设具有华中大鲜明特色的美育教育高地，贯彻落实党的教育方针、实现立德树人的根本任务和要求。

艺术学院将以习近平新时代中国特色社会主义思想为指导，全面贯彻党的教育方针，坚持社会主义办学方向，以立德树人为根本，以社会主义核心价值观为引领，以提高学生审美和人文素养为目标，弘扬中华美育精神，以美育人、以美化人、以美培元，把美育纳入人才培养全过程，培养德智体美劳全面发展的社会主义建设者和接班人。

（艺术学院）

继续教育学院——
服务大局　融入贡献

自 1956 年起步举办继续教育以来，特别是党的十九大及学校第四次党代会以来，学院坚持把握时代脉搏，与时俱进地创新发展路径，努力融入、服务、贡献国家区域和学校发展战略，实现了多轮转型发展。

·成人教育：积极服务区域急缺人才培养需求·

1956 年 7 月，华中工学院筹备成立夜校部，主要面向在汉大型国企，首批招收机械、电力类 3 个专业 180 名学生，学校继续教育起步。1984 年，设立人才培训中心，主管全校各类成人教育。1988 年，成立成人教育学院、继续教育学院，两院合署办公。20 世纪 80 年代中期至 90 年代初期，同济医科大学、武汉城市建设学院也相继设立继续教育科、成人教育学院（部），为地方医疗卫生、建筑行业培养专门人才。

从 1956 年至 1999 年，三校的继续教育部门（以下统称"学院"）以高等成人教育（函授、夜大、业余）和自学考试为主要办学形式，依托优势学科和行业优势，积极响应地方和行业需求，为地方培养急缺人才。

1958 年，学院首办函授教育，覆盖中南 5 省，并逐步向其他地区辐射。到 20 世纪 90 年代，学校函授教育发展到了湖南、河南、湖北、广东、广西、海南、江西、安徽、山东、四川等 10 多个省（自治区）。

20世纪90年代初,学院积极响应国家号召,通过"定向"人才培养服务区域经济社会发展。学校与广西壮族自治区人事厅、河南省南阳市人事局、湖北省襄阳市人事局等先后签订校地人才委培协议。学校按国家招生计划录取,按照全日制教学计划,为当地培养全日制普通专科和成人脱产(全日制在校学习)专科学生。为切实保障人才培养质量,学校成立专科部,统筹这类学生的教育教学管理。学院制定、实施一系列管理措施,如教学工作基本规范、教学改革基金实施办法、毕业设计规范、生产实习工作条例等。学院同时争取各专业院系和企业的支持,根据专业设置与人才培养计划,聘请各相关院系资深教师承担制订教学计划、编写教材、担任主讲教师的任务,聘请企业的工程师参与授课和生产实习环节指导,使理论教学与生产实践教学相结合,着力培养专业知识和专业技能兼备的人才。一批批学子毕业后迅速成长为单位、区域、行业的业务骨干或管理骨干,一大批校友走上领导岗位。他们至今活跃在广西、河南、湖北乃至全国各地各行业,为当地,也为母校的发展贡献着自己的力量。

·网络教育:全面融入区域行业创新发展·

随着互联网信息技术在我国的逐步普及与发展,学校再次勇立中国高等教育创新发展的潮头,参与倡导发起"现代远程教育"(网络教育)。2000年7月,学校成立网络教育学院,开始试点现代远程教育。2005年7月,学校决定将网络教育学院、继续教育学院、同济医学院成教部合并组建远程与继续教育学院。新学院归口管理并主办网络教育、成人教育、自学考试、高等职业教育,同时举办非学历教育培训等;2006年,学校明确学院为非学历教育的归口管理部门。至2018年,学院以网络教育为主要办学形式,先后在20多个省(区、市)设立了学习中心,实现了全国范围内的现代远程教育布局,全面融入区域、行业发展进程,积极为贫困地区和长三角、珠三角产业转型升级服务。

在湖北,学院积极投入学校对口支援恩施土家族苗族自治州来凤县的工作。2013年1月,学院在来凤县设立"华中科技大学远程教育来凤教学站",为来凤干部职工、企业员工、乡村工作人员、各界群众提供在职学历教育。截至2022年1月，共有876名在职人员通过网络教育的学习形式顺利毕业。这些毕业生，多为基层管理人员和企业员工，其文化知识水平的提高，促进了个人事业的发展，一大批毕业生走上了当地党政机关、企事业单位领导岗位，助推了地区经济和社会事业的发展。

学院全力投入援疆工作。2011年在新疆大学、2013年在石河子大学建立了网络教育学习中心，为新疆经济发展培养了大批应用型人才。

学院注重欠发达地区医疗卫生人才的培养。在云南，为医院系统开办护理、药学类专业，累计培养医药护理人才4019人。

在珠三角，学院积极参与"圆梦计划"。"圆梦计划"由共青团广东省委员会联合广东省教育厅、财政厅、人社厅等于2010年发起实施。项目立足广东加快产业转型升级这一核心任务，以新生代产业工人综合素质提升为核心诉求，重点资助广东新生代产业工人参加以网络教育形式为主的高等学历教育，首开全国先河。学院2011年至2018年一直参与其中，为广东经济社会发展和产业转型升级培养了2970名产业人才。

在主办网络教育近20年里，学院充分运用现代信息技术，依托专业院系的力量，先后开设了46个专科专业、54个本科专业（其中高起本18个，专升本36个），建设了1928门专业课程，其中国家级精品课10门，形成天网、地网、人网合一，网络、通信、纸质、光盘等多媒体统一使用的现代继续教育体系，广泛适应了学生多元化、个性化的学习需求。

这一时期，学院非学历教育获得进一步发展。2003年11月和2011年11月，依托学院建设的教育部"全国重点建设职业教育师资培养培训基地"和人力资源和社会保障部"国家级专业技术人员继续教育基地"分别获批。学院以职教国培计划项目等为代表的非学历教育短期培训工作逐步推进。

·非学历教育：努力贡献国家和学校发展战略·

2017年，党的十九大要求"办好继续教育"；2018年学校第四次党代会提出"聚力内涵发展，建设新时代卓越华中大，迈向世界一流"的要求。

2018年10月，校党委常委会决定全面停止学历继续教育招生；2019年2月至7月，学院全面停止了各类学历继续教育招生。2019年5月，校党委常委会决定设立"华中科技大学教育培训学院"，与远程与继续教育学院实行"一套班子、两块牌子"运行。2022年3月，校党委常委会决定学校继续教育实施管办分离：成立基础与继续教育管理办公室，承担管理全校继续教育工作的职能；远程与继续教育学院更名为继续教育学院（教育培训学院），为学校继续教育办学的主体。

新时代、新要求、新变局中，学院坚决贯彻落实中央和校党委的决策决定，自2019年起，全力发展非学历教育，全力推动转型发展，为国家、区域和学校的发展战略做贡献。

学院认真贯彻落实党的十九大和学校第四次党代会精神，及时修订、实施"十三五"发展规划，编制、实施"十四五"发展规划。明确学院要做到"四个坚持"：坚持校党委要求的"服务大局、办出特色、安全规范"办学理念；坚持"服务、融入、贡献、研究国家与区域发展战略和学校'双一流'建设"工作思路；坚持非学历教育"三进三化"（进政府、进行业、进企业，特色化、精品化、高端化）发展路径；坚持构建具有"一流服务力、一流影响力"的现代化继续教育体系，建设一流教育培训学院，力争早日实现学院高质量、内涵式发展。

近年来，学院在学历教育停招后的矛盾凸显期、全面从严治党"体检"叠加期、新冠肺炎疫情防控胶着期，不等不靠不怨不要，全体员工以滚石上山的毅力，咬紧"去存量、做增量、防变量、高质量"的工作重点与目标，抢抓转型发展的窗口期。学历教育想方设法稳妥、安全、快速"去存量"，为学院轻身、转身发展赢取时间和人力等成本；非学历教育持续推进质与量"连续倍增、跨越发展"计划，坚持走"三进三化"发展之路，依托学校在大数据与人工智能、智能制造、智能建造、公共卫生、管理等领域的学科优势，在专业技术人才和企业经营管理培训领域，打造具有鲜明学校特色和核心竞争力的高端教育培训；平安学院建设，不断提升全员"焦点不转移、矛盾不上交"的大局意识，坚持常态化风险研判、预警、警示教育、制度建设和应急处突，严格规范管理和接访态度，全力把问题化解在学院，严防在办学的各领域发生有损学院和学校利益与声誉的

"变量"；有所为有所不为，瞄准重点，分阶段下大力气突围突破、奋战强攻，努力以点带面，实现高质量、内涵式发展。

学历教育停止招生三年多来，在校党委、校行政的决策领导与持续关心下，在职能部门、兄弟院系及学院老同志们的理解支持下，经过全体员工的努力，学院转型发展、高质量发展取得明显进展。

——非学历教育"三进三化"成果显现

一是非学历教育核心业务短期培训项目收入增势显著。2019年，学院完成短期培训项目收入2343.4万元（年度内按协议完成了的项目收入，含已完成但经费暂未到账的收入，不含经费已到账但项目未完成的收入），首次突破2000万元，与2018年完成的1193.22万元相比，增长96.39%。2021年，纵使受新冠肺炎疫情影响，也完成2126.4万元，接近历史峰值。

二是高质量发展势头鼓舞人心。近3年，国家级培训计划和央企委托项目收入占比均在60%以上，超历史峰值。新增工业和信息化部中小企业经营管理领军人才培训机构和人社部中国就业培训技术指导中心湖北省唯一"数字技术工程师培育项目首批培训机构"等4个全国性、河南省首批基础教育教师培训基地等3个省级继续教育基地，依托这些基地，2019年、2020年、2021年，成功申报培训班次分别达28、11、21个。创新发展路径，积极寻求与大型国企，特别是央企开展稳固的非学历教育合作，建立3个大型国企培训基地；2021年，承办大型央企系统委托的培训班20个，其中中车集团、国家电网、中国烟草、中国铁建委托的班次都在4个以上。

三是培训特色和品牌初步显现。以职业院校和中小学师资培训、工信部中小企业经营管理领军人才培训、央企管理干部和专技人才培训为代表的项目，在主管部门和行业中已享有盛誉。进一步做大做强职业院校教师素质提升计划国培项目，承办的项目逐步从湖北辐射到其他多个省份，在业内形成了"强工医、强师资、强实践"的培训品牌。2019年以来，先后为湖北、甘肃、江苏、河南等省举办6个学科27个专业的培训班，参训在职教师955人次；2007年以来，该项目累计培训2100余人次。

——服务贡献国家、区域和学校发展战略，展现新作为

一是积极投身国家脱贫攻坚和乡村振兴战略，坚持为学校精准扶贫、定点帮扶地云南省临沧市临翔区开展干部培训。主动策划学院工信部中小企业领军人才校友会代表及有关专家赴临沧市临翔区考察交流帮扶，校友会与当地签订百万元农产品帮扶采购意向协议，2021年度已完成40万元的采购。将工信部领军人才班的面授课开到枝江、嘉鱼等县城，促进领军企业家与当地政府有关负责人、企业家的交流互动。

二是努力融入学校"双一流"建设和中心重心工作，探索"培训＋"服务与贡献。学院积极为学校人才培养、科学研究、重大活动（事件）等服务。仅2021年，为南方电网、东风汽车、中国铁建、齐鲁制药等学员企业牵线了8个场次的校招活动；联系学员企业、协助工程实践创新中心派学生前往开展实践教学1次；为校企科研合作联系科研人员交流互访、推荐专家18场（人）次，已促成百万级的校企科研合作。近3年，倡导争取校友、学员和社会力量向学校教育发展基金会直接捐赠，支援学校抗疫、70周年校庆和日常建设，学校已获工信部领军人才校友等方面的抗疫与办学资金捐赠46.9万元。

——学历教育攻坚"去存量"成效显著

2019年12月底，学院有各类在籍学生70507人，其中，网络教育学生64221人、成人教育学生3830人，湖北省自考综合业务管理平台注册数据库（2013年起）非全日制自考助学考生2456人。至2022年5月30日，剩余在籍学生16006人，其中，网络教育学生13600人、成人教育学生156人，非全日制自考助学考生2250人。在校学习的学生于2021年1月清零。学院新一轮轻身、转身高质量发展迈上了宽阔的快车道。

（继续教育学院）

国际教育学院——
砥砺奋进　不断开创来华留学工作新局面

2022年7月23日，由我校和中非创新合作中心主办、埃塞俄比亚人工智能研究所协办的"中非非洲文字识别技术创新论坛"在我校举办。中非双方在教育和人才资源开发上的合作是"一带一路"倡议中非常重要的组成部分，论坛旨在探讨中非之间有关文字识别技术的学术合作与产业应用。校长尤政、副校长陈建国，教育部国际交流与合作司副司长贾鹏，埃塞俄比亚驻华大使特肖梅·托加，以及有关高校的学者学生参加论坛。

作为学生代表，我校2019级埃塞俄比亚籍博士研究生Wondimu Gebre（王兴）同学在报告中结合在华求学的亲身经历，讲述埃国学子在华深造，利用所学回馈祖国的动人故事。在测控技术"一带一路"联合实验室副主任白翔老师的指导下，他开发了五个埃塞俄比亚的官方用语阿姆哈拉语的数据集，用于语言文字的检测识别。这项研究将推动非洲语言的数字化和智能化，加强非洲人工智能在语言领域的发展。埃塞俄比亚驻华使馆专门向学校发出感谢函。

王兴是我校培养的众多优秀来华留学生的代表。2012年以来，学校招收非洲留学生2856人，其中埃塞俄比亚籍117人。他们中的大多数，回到了自己的国家，继续传承续写着中非友谊，并为"一带一路"倡议共建落地贡献力量。仅在埃塞俄比亚，就有许多华中大毕业生走上了重要的工作岗位，如环境科学与工程学院的Kemal Mohammed Zeinu博士（中文名周哲）现任埃塞俄比亚Kombolcha（孔博勒查市）市长，经济学院的Elyas

Abdulahi Mohamued 博士（中文名莫煜）现任 Jigjiga（吉吉加）大学副校长，公共管理学院的 Dresse Sahilu Goshu 博士（中文名古树）现任 Bahir Dar（巴赫达尔）市市长，这些优秀的来华留学毕业生在所在国的各行各业发挥着积极作用。

1962 年 8 月 29 日，4 名越南籍留学生来校报到，自此，学校开始招收培养来华留学生。60 年来，学校始终服务国家战略需求，狠抓人才培养质量，来华留学生规模不断扩大，来华留学生质量持续优化，学校来华留学生工作取得优异的成绩。2017 年，来华留学生人数达到 4049 人，涉及 173 个国家，其中"一带一路"等国家重大外交战略实施国人数占比超过 50%。来华留学生质量不断提高，"十三五"期间，学校以来华留学生为第一作者发表的 SCI 论文 561 篇，影响因子最高 14.356，影响因子 10 分以上的论文 11 篇，高被引论文 21 篇，整体规模和质量位列"985"和"双一流"重点建设高校前十名。

·来华留学工作 60 年回顾·

学校的来华留学工作伴随着新中国的发展而成长，在新时代腾飞。

1962 年 8 月 29 日，华中工学院院长查谦和党委书记朱九思在招待所热情地接见了来自越南民主共和国的 4 名留学生，与他们亲切座谈，合影留念。随后，学校工作人员和学生代表带领他们参观了校园。自此，学校 60 年来华留学工作不断探索创新的奋进历程开启了。

改革开放以前，学校招收外国留学生主要是受国家有关委托，在工程技术领域为发展中国家培养人才，同时接收少量汉语学习进修生。党的十一届三中全会后，伴随着国家改革开放的深入，学校的来华留学工作持续发展。1991 年学校正式开设留学生全英文授课计算机科学与技术专业硕士班。为做好中国政府奖学金学历生的汉语培训教学工作和语言进修生的培养，1996 年学校成立了对外汉语教学中心，到 1998 年学校在校来华留学生人数达到 100 人。2002 年学校成立国际教育学院，专门负责来华留学的组织实施工作。2008 年学校被教育部确定为首批 38 所"中国政府奖学金自主招生项目院校"。

进入新时代，学校以习近平新时代中国特色社会主义思想为指导，全面贯彻习近平总书记在全国教育大会上的重要讲话以及历次给来华留学生的回信精神，来华留学工作进入快车道。2013年教育部国际司正式发文，批准我校成为国家首批来华留学示范基地。2019年学校获批商务部援外通信工程全英语授课学历学位项目。2021年学校来华留学工作高分通过首次"来华留学质量认证"。学校现有通信工程等6个专业面向全球招收全英语授课本科生，全英语授课通信工程本科专业获得湖北省教学成果一等奖，31个学院225个专业面向全球招收硕士研究生和博士研究生。"十三五"以来，学校招收了来华留学生9300余人，已经毕业7700多人。2017年，学校来华留学生人数达到4049人。60年来，学校招收培养各类来华留学生15000余人。

·开拓创新，不断提高来华留学生源质量·

2021年10月27日，我校承办的国家高端援外项目"信息与通信工程硕士班"举行开班典礼。副校长陈建国和中国驻纳米比亚大使馆商务参赞刘明哲出席致辞，来自16个国家的34名学员在线参加典礼。我校自2017年承办此项目以来，已经为37个"一带一路"倡议沿线国家培养了132名信息与通信工程专业人才。

学校在来华留学工作中，始终瞄准国家战略需求，依托学校学科专业和人才培养优势，积极开发适合发展中国家，特别是"一带一路"倡议沿线国家需求的培养项目。学校先后成立"华中科技大学东盟研究中心""华中科技大学中国—蒙古合作发展战略研究中心"等研究平台，建立了临床医学（MBBS）、通信工程、机械工程及其自动化、生物医学工程、国际经济与商务、药学等6个全英文授课专业，以及"信息与通信工程专业"硕士项目、"东盟高端人才培养"项目等来华留学硕博高端培养项目，2021年新增包括国家留学基金委"丝绸之路"专项、"高校研究生"专项、"中非基础设施项目"、"中非医师培训"项目等国家专项奖学金项目9个（获批奖学金名额500多人），位列"双一流"建设高校前列。

学校多次承办"一带一路"倡议沿线国家高级别政府官员培训项目，

有效提升了我校在"一带一路"倡议沿线国家的国际影响力，为发展与"一带一路"倡议沿线国家的合作交流提供有力支持。来华留学通信工程专业自2006年开办以来，依据国家战略需求，不断升级，先后培养本科生300余人。2017年，通信工程硕士专业被批准为商务部援外学历学位教育项目，成为全国唯一的通信工程专业援外硕士项目，为提升"一带一路"倡议沿线国家通信基础设施建设与信息技术发展水平，提供了强有力的人才与技术支撑。临床医学全英文授课项目（MBBS）自2007年招收首批来华留学生以来，已经招收来自70多个国家的1000多名学生学习，产生积极国际影响。

在来华留学生招生录取过程中，国际教育学院严把入口关，加强对申请人的综合素质审查。针对来华留学生生源特点，不断完善来华留学生预科培养机制。2015年学校率先实施来华留学预科教育项目，对申请来我校攻读本科学历的外国学生，开展系统的语言能力、数学物理基础知识的培训，为他们入校学习打好基础。截至目前，已为全球20多个国家的近400名国际学生提供了专业化的预科培训，其中90%以上的学生通过预科项目的学习，顺利进入我校或国内其他高校学习医学、工程、经管类本科专业。即使在2020年疫情期间，仍在线上开展预科项目，有效地提高了来华留学生生源质量。

针对疫情后的国际形势，学校有关部门积极应对，开拓创新。国际教育学院与国内外优质外籍学生学校探索建立来华留学生基地。积极推进武汉、深圳、成都、北京、上海等外籍学生集中城市的国际学校生源基地建设，先后与马来西亚宽柔中学、武汉枫叶国际学校、武汉三牛中美中学等外国学生集中的中学签订了优质生源基地合作协议。同时，发挥学校优势，深化与国外大学的合作，创建反向"2＋2"项目，吸引国外高水平大学的学生来我校完成本科后两年的培养，国际教育学院先后与越南胡志明交通大学、泰国拉卡邦先皇理工大学等签订了反向"2＋2"办学项目协议。

多举措并行，学校来华生源质量稳定提高。即使在疫情下的2021年，我校来华留学生人数申请总量仍达到1845人，涉及123个国家，录取总量达到1137人，录取率61.63%。

·多举措并举，全面提高来华留学学生专业培养质量·

2022年6月24日，学校2022届来华留学毕业生座谈会举行。45名毕业生代表通过线上和线下的方式畅谈在校学习成长的经历和收获，纷纷表示，要秉承学校"明德厚学，求是创新"精神，为促进中外交流做贡献，为母校增光添彩。副校长陈建国和国际教育学院院长周莉萍分别致辞，并向毕业生代表赠送了《习近平谈治国理政（英文版）》。

积极推进"来华留学大工科教育基地"建设，提高来华留学生培养质量。建立来华留学大工科和医科等以学科群为主体的教学基地。学校依托电信学院等单位，建立了"华中科技大学来华留学大工科教学基地"，打通本科前两年的基础课程培养渠道，整合全英语授课教学的优势师资和课程资源，实现来华留学生工科本科生大类招生、大类培养。

发挥各专业院系的专业特色，打造"留学华中大"品牌培养项目。学校成功举办了发展中国家信息技术应用培训班、非洲法语国家信息安全技术培训班等多个国际项目，得到了突尼斯外交部、科特迪瓦电信部等多个国家部门的高度好评。自2013年起，中欧能源学院与牛津大学联合开展"华中大—牛津大学"暑期实习项目，即使在疫情下仍持续开展，除牛津大学学生外，还有来自克罗地亚、波兰、俄罗斯、新加坡、马来西亚、加拿大等国家的学生参与，影响不断扩大。

克服疫情的不利影响，保证各项培养工作顺利开展。国际教育学院开发了线上"问学华中大"线上学习平台。两年多来，通过该平台持续为境内外国际学生打造精品课程，免费配套教学资源近400份，服务了14个院系、近1000名学员。利用线上平台，执行了英国剑桥大学交际汉语特色项目、联合国政府官员培训项目、中秘高等教育交流研讨班、HSK中国名校体验营、机械学院数控技术科技部援外培训项目等，有力地保证了疫情时期我校来华留学学生的培养质量。

来华留学教育得到院系老师们的大力支持。生命科学与技术学院杨光教授的3BIO实验室自2011年以来，培养国际学生31名，国际学生参与发表论文40多篇，国际学生以第一作者发表论文30多篇，其中SCI论文

20余篇,3名毕业博士生获得"优秀毕业论文奖",6名毕业博士生获得"优秀留华毕业生"荣誉称号。物理学院葛国勤教授,指导的巴基斯坦学生 Basit Abdul(中文名李军),在读期间发表SCI论文5篇,其中4篇为A类;协和医院内分泌科陈璐璐教授,指导的印度学生 Mohammad Ishraq Zafar(中文名夏克),发表SCI论文6篇,影响因子最高8.192。在不久前结束的湖北青年创新创业大赛中,经济学院荷兰籍博士生李健和经济学院韩国籍硕士研究生黄清参加的项目获得金奖。

·深化趋同化管理,培养"知华、友华"人才·

2022年5月14日,华中科技大学迎校庆暨第三届中外学生龙舟友谊赛在喻家湖举行,来自全校19个学院、37个国家的近100名中外学生参赛,校长尤政,校党委副书记马建辉,副校长陈建国、梁茜参加活动并为获奖学生颁奖。

学校在来华留学学生的管理工作中,坚决贯彻落实习近平总书记给北京大学和北京科技大学来华留学学生回信的精神,不断深化趋同化管理,培养知华友华优秀人才。

加强对来华留学学生日常管理和法治教育。学校依托经济学院、管理学院、公共管理学院、人文学院、生命科学与技术学院、计算机科学与技术学院、土木与水利工程学院、化学与化工学院、电子信息与通信学院、基础医学院和药学院等11个学院,建立了来华留学示范基地,配置了专职辅导员,加强对来华留学学生的日常管理。来华留学新生一入校,学校有关部门和学院都要组织他们开展对国家有关法律和学校《学籍管理规定》《学生违纪处分条例》等规章制度的学习。新冠肺炎疫情发生以后,国际教育学院和相关学院、部门紧密配合,深入细致地做好来华留学学生的工作,保证了他们有序离返学校,实现了校内"零感染"。

加强来华留学生中国国情教育,帮助来华留学生了解中国历史文化,了解社会主义中国,了解中国共产党。学校开设了中国国情必修课程。在帮助来华留学学生深入了解中国传统历史文化的同时,特别注重帮助来华留学学生了解现代中国,开展了"发现中国""感知中国"等专题教育活动。2018年至2020年，学校主办包括《5G背景下的数字化转型》《中国减贫实践及成就》《走进中医学》等国情专题报告18场，组织开展"百名博士进光谷"活动。国际教育学院开展"汉语＋专业特色项目"夏令营，涵盖了人工智能、生命科学、智能制造、经济管理、中国治理、医药卫生等多个领域，通过学术讲座、语言课程、实地考察、研讨会、文化沉浸等形式，向来华留学学生呈现客观真实的中国及独特的中国发展模式。

开展多种形式的文化活动。针对不同国别学生的特点，国际教育学院和相关的学院适时组织开展乡村走访、传统文化体验、中国文化知识、校史知识竞赛、龙舟赛等活动。来华留学学生在教育部留学服务中心举办的"我与中国的美丽邂逅"系列征文活动暨短视频大赛、湖北省教育厅组织的中华经典诵写讲大赛"诵读中国"等各层级比赛中获得优异的成绩。

与共和国同行，与新时代共进。习近平总书记在全国教育大会上指出："要打造更具国际竞争力的留学教育，将我国建成全球主要留学中心和世界杰出青年向往的留学目的地，吸引海外顶尖人才来华留学，培养未来全球精英。"国际教育学院将在学校党委的领导下，全面学习贯彻习近平总书记关于来华留学工作系列重要讲话精神，砥砺奋进，不断开创学校来华留学工作新局面。

（国际教育学院　黄超　刘德强　王迎霜　严薇）

后记
POSTSCRIPT

七秩峥嵘弦歌不辍，踔厉奋发薪火相传。70年来，一代又一代华中大人赓续红色基因、挺立时代潮头，在危机中育先机，于变局中开新局，走出了一条中国共产党领导下新中国创立、发展、创新高等教育，建设中国特色世界一流大学的独特发展之路。

为了较为全面地反映各院系团结奋发、砥砺前行、干事创业的奋斗历程，从中总结办学理念和发展经验，进一步提升办学治理水平，我们编辑出版了《奋进华中大》一书。

本书的编辑得到了学校的高度重视。谢正学总体指导、统筹把关，詹健、万霞具体负责全书整体策划、沟通协调等工作，粟晓丽、李萌负责文稿征集、结构设计、推进协调等工作，范千、汪伟颢负责文稿汇总、信息完善等工作。张雯怡、汪泉、郭雨辰、刘雪茹、史梦诗、陶然、祝一超、罗祎、张思晗、班倩等为文稿征集做了大量联系沟通、校对修改等工作；各院系发挥主体主力作用，组建专班、协作发力，高质量地完成文稿撰写工作；华中科技大学出版社鼎力支持本书的出版，在此一并致谢。

在编辑该书的过程中，虽然我们力求全面、完整地反映建校70年来各院系建设发展的特色、成就和经验，但由于时间仓促，各单位情况不一，加之水平有限，书中疏漏及不妥之处在所难免，恳请读者批评指正。

编　者

2022 年 8 月 20 日